Eine Arbeitsgemeinschaft der Verlage

Wilhelm Fink Verlag München
Gustav Fischer Verlag Jena und Stuttgart
A. Francke Verlag Tübingen und Basel
Paul Haupt Verlag Bern · Stuttgart · Wien
Hüthig Fachverlage Heidelberg
Leske Verlag + Budrich GmbH Opladen
Lucius & Lucius Verlagsgesellschaft Stuttgart
J. C. B. Mohr (Paul Siebeck) Tübingen
Quelle & Meyer Verlag · Wiesbaden
Ernst Reinhardt Verlag München und Basel
Schäffer-Poeschel Verlag · Stuttgart
Ferdinand Schöningh Verlag Paderborn · München · Wien · Zürich
Eugen Ulmer Verlag Stuttgart
Vandenhoeck & Ruprecht in Göttingen und Zürich

Einführungskurs Erziehungswissenschaft
Herausgegeben von Heinz-Hermann Krüger

Band IV
Heinz-Hermann Krüger/Thomas Rauschenbach (Hrsg.)
Einführung in die Arbeitsfelder der
Erziehungswissenschaft

Die weiteren Bände

Band I
Heinz-Hermann Krüger/Werner Helsper (Hrsg.)
Einführung in Grundbegriffe und Grundfragen der
Erziehungswissenschaft

Band II
Heinz-Hermann Krüger
Einführung in Theorien und Methoden der Erziehungswissenschaft

Band III
Klaus Harney/Heinz-Hermann Krüger (Hrsg.)
Einführung in die Geschichte von Erziehungswissenschaft und
Erziehungswirklichkeit

Heinz-Hermann Krüger
Thomas Rauschenbach (Hrsg.)

Einführung in die Arbeitsfelder der Erziehungswissenschaft

2. durchgesehene Auflage

Springer Fachmedien Wiesbaden GmbH 1997

ISBN 978-3-322-89609-4   ISBN 978-3-322-89608-7 (eBook)
DOI 10.1007/978-3-322-89608-7

© 1997 by Springer Fachmedien Wiesbaden
Ursprünglich erschienen bei Leske + Budrich, Opladen 1997
Das Werk einschließlich aller seiner Teile ist urheberrechtlich geschützt. Jede Verwertung außerhalb der engen Grenzen des Urheberrechtsgesetzes ist ohne Zustimmung des Verlags unzulässig und strafbar. Das gilt insbesondere für Vervielfältigungen, Übersetzungen, Mikroverfilmungen und die Einspeicherung und Verarbeitung in elektronischen Systemen

Satz: Leske + Budrich
Umschlaggestaltung: Alfred Krugmann, Stuttgart

Editorial zum Einführungskurs Erziehungswissenschaft

Die Reihe Einführung in die Erziehungswissenschaft in vier Bänden ist so konzipiert, daß sie Studierenden in erziehungswisssenschaftlichen Hauptfachstudiengängen (Diplom, Magister) im Grundstudium sowie Lehramtsstudierenden die erforderlichen Kenntnisse in erziehungswissenschaftlicher Begriffs- und Theoriebildung sowie methodischem Grundwissen, über die Ideen- und Sozialgeschichte von Erziehung und Bildung und über die Arbeitsfelder von PädagogInnen in schulischen und außerschulischen Berufen vermitteln soll. Die einzelnen Bände sind so strukturiert, daß sie sich als Grundlagentexte für einführende Lehrveranstaltungen in das jeweilige Themengebiet eignen.

Der Einführungskurs Erziehungswissenschaft umfaßt vier Bände:

I. Einführung in Grundbegriffe und Grundfragen der Erziehungswissenschaft
II. Einführung in Theorien und Methoden der Erziehungswissenschaft
III. Einführung in die Geschichte von Erziehungswissenschaft und Erziehungswirklichkeit
IV. Einführung in die Arbeitsfelder der Erziehungswissenschaft

Die Bände I und IV erschienen erstmals im Herbst 1995, die Bände II und III erscheinen erstmals im Frühjahr 1997.

Von anderen Nachschlagewerken und Einführungstexten im Bereich der Pädagogik unterscheidet sich die hier vorliegende Reihe durch das sozialwissenschaftlich und empirisch ausgerichtete Verständnis einer modernen Erziehungswissenschaft. Dementsprechend wird versucht, den Wandel von Erziehung und Bildung sowie der Disziplin Erziehungswissenschaft vor dem Hintergrund gesellschaftlicher Modernisierungsprozesse zu verorten. Auch wird dem Ausdifferenzierungsprozeß der Erziehungswissenschaft und der pädagogischen Handlungsfelder insofern angemessen Rechnung getragen, als neben der Schule auch alle anderen pädagogischen Arbeitsfelder ausführlich dargestellt werden.

Den Autorinnen und Autoren der vier Bände sind von den Herausgebern unter anderem die folgenden Grundsätze als Orientierung bei der Texterstellung gegeben worden.

– Inhaltliche Orientierung bei der Abfassung der Beiträge an den oben genannten theorieprogrammatischen Perspektiven.
– Jeder Beitrag soll für Studienanfänger verständlich geschrieben sein und im Literaturverzeichnis nur zentrale Einführungstexte und Standardwerke angeben, die für das Weiterstudium geeignet sind.

Es bleibt abschließend noch allen Autorinnen und Autoren, die an diesem Einführungskurs mitgearbeitet haben, für die produktive und reibungslose Kooperation zu danken. Unserer besonderer Dank gilt Petra Essebier und Gunhild Grundmann in Halle für die umsichtige und ausdauernde Mitarbeit bei der Redaktion der ersten drei Bände sowie bei Randolf Körzel in Trier für die Mithilfe bei der Endredaktion von Band III.

Heinz-Hermann Krüger
Martin-Luther-Universität Halle

Inhalt

Einleitung 9
(Heinz-Hermann Krüger/Thomas Rauschenbach)

I. Familie: Elternhaus, Familienhilfen, Familienbildung 15
(Karin Böllert/Maria-Eleonora Karsten/Hans-Uwe Otto)

II. Schule: Regelschulen, Reformschulen, Privatschulen 29
(Wolfgang Klafki)

III. Berufsbildung: Betriebliche Berufsbildung, berufliche Schulen,
Weiterbildung 61
(Rolf Arnold/Hans-Joachim Müller)

IV. Öffentliche Kindererziehung: Kinderkrippe, Kindergarten, Hort 89
(Ursula Rabe-Kleberg)

V. Kinder- und Jugendarbeit: Freizeitzentren, Jugendbildungsstätten,
Aktions- und Erholungsräume 107
(Werner Thole)

VI. Erwachsenenbildung: Volkshochschulen, Verbände, Initiativen,
Bildungsstätten 125
(Hans Tietgens)

VII. Mädchen- und Frauenarbeit: Mädchenbildung, Frauenselbsthilfe,
Frauenprojekte 141
(Renate Klees-Möller)

VIII. Medien- und Kulturpädagogik: Medienerziehung, Kulturarbeit,
jugendkulturelle Bildung 159
(Hans-Jürgen von Wensierski)

IX. Beratung: Lebenswelt, Netzwerk, Institutionen 177
(Frank Engel/Frank Nestmann)

X.	Gesundheitsförderung: Gesundheitserziehung, Gesundheitsberatung, Gesundheitsdienste	189
	(Christian Palentien/Klaus Hurrelmann)	
XI.	Hilfen für behinderte Menschen: Sonderschulen, Rehabilitation, Prävention, integrative Einrichtungen	203
	(Alfred Sander)	
XII.	Stationäre Erziehungshilfen: Heim, Wohngruppe, Pflegefamilie *(Wolfgang Trede/Michael Winkler)*	219
XIII.	Soziale Randgruppenarbeit: Obdachlose, Nichtseßhafte, Jugenddelinquenz	235
	(Karl-August Chassé)	
XIV.	Interkulturelle Arbeit: Migranten, Einwanderungsgesellschaft, interkulturelle Pädagogik	251
	(Ursula Apitzsch)	
XV.	Pädagogische Aus-, Fort- und Weiterbildung: Fachschule, Fachhochschule, Universität	269
	(Thomas Rauschenbach)	
XVI.	Erziehungswissenschaftliche Forschung: Hochschulen, außeruniversitäre Forschungseinrichtungen, Praxisforschung	287
	(Heinz-Hermann Krüger)	

Autorinnen und Autoren 303

Einleitung

Heinz-Hermann Krüger/Thomas Rauschenbach

I.

Eine Einführung in Arbeitsfelder der Erziehungswissenschaft gibt es bislang nicht. Dies hat Gründe. Gründe, die zunächst einmal in der schwierig zu beantwortenden Frage liegen, was denn überhaupt Arbeitsfelder der Erziehungswissenschaft sind.

- Der erste Ort der Erziehung ist unstrittig die *Familie*. Hat sich hiermit zwar die Erziehungswissenschaft in Forschung und Theorie kontinuierlich befaßt, so ist sie für ausgebildete PädagogInnen allenfalls insoweit ein Arbeitsfeld, als damit berufliche Tätigkeiten verbunden sind wie im Falle der Familienbildungsarbeit, der Familienberatung oder der sozialpädagogischen Familienhilfe.
- Der zweite Ort der Erziehung, mehr ein Ort der Bildung, ist ebenso unzweifelhaft die *Schule*. Die Schule scheint „das" Arbeitsfeld der Erziehungswissenschaft schlechthin zu sein. Als zentraler öffentlicher Ort der Begegnung von Heranwachsenden mit ausgebildeten, berufstätigen PädagogInnen verkörpert die Schule wie kein anderes Arbeitsfeld das Beziehungsgefüge, in dem Angehörige unterschiedlicher Generationen in ein geplantes Arrangement von Bildungs-, Lern- und Erziehungsprozessen eingebunden sind.
- Schon bei der Suche nach weiteren pädagogischen Arbeitsfeldern besteht nicht in jedem Fall Einigkeit über eine enge oder weitere Verwandtschaft mit der Erziehungswissenschaft, sei es der Kindergarten, die Krippe oder der Hort, sei es die außerschulische Jugendarbeit, die Erwachsenenbildung, die berufliche Bildung, die Freizeit- und Kulturarbeit oder sei es das gesamte, inzwischen weitverzweigte Gebiet der Sozialpädagogik und Sozialarbeit.

Unstrittig ist dabei zunächst nur, daß nicht in allen Arbeitsfeldern Kinder und Jugendliche, also Heranwachsende die Adressaten sind: Etwa in der Erwachsenenbildung, in der beruflichen Bildung oder in der Sozialarbeit sind ausdrücklich auch Erwachsene Zielgruppe der Arbeit. Unstrittig ist ebenfalls, daß nicht alle Aufgaben als Erziehungs-, Bildungs- oder Lernaufgaben im engeren Sinne verstanden werden können, wie etwa im Falle der interkulturellen Arbeit, der Beratung oder der Randgruppenarbeit. Und unstrittig ist schließlich auch, daß nicht in allen Arbeitsfeldern universitär ausgebildete ErziehungswissenschaftlerInnen, also LehrerInnen und Diplom-PädagogInnen, die Hauptgruppe des beschäftigten Personals repräsentieren: So arbeiten z.B. in den Kindertageseinrichtungen ganz überwiegend ausgebildete ErzieherInnen, in der Freizeit- oder Kulturarbeit eine unübersichtliche Zahl unterschiedlichster Berufsgruppen oder im Jugendamt überwiegend ausgebildete SozialarbeiterInnen.

Dennoch gibt es, unter umgekehrten Vorzeichen, eine Gemengelage von Tätigkeiten, Aufgaben und Arbeitsfeldern, für die in unterschiedlicher Ausprägung und Kombination zutrifft, daß es sich um Arbeitsfelder handelt,

- in denen es um Kinder und Jugendliche als Adressaten der Arbeit geht,
- in denen Aspekte der Erziehung oder der Bildung, des Lernens oder der Hilfe, in jedem Fall aber der Personenänderung oder des pädagogischen Bezugs im Mittelpunkt stehen,
- in denen in nicht unerheblichem Maße pädagogisch ausgebildetes Personal, LehrerInnen, Diplom-PädagogInnen, Sozial-PädagogInnen, ErzieherInnen etc. als Fachkräfte arbeiten.

Wir haben vor diesem Hintergrund und in Anbetracht des nach wie vor starken gesellschaftlichen und sozialen Wandels, mit dem die Erziehungswissenschaft und ihre Teilgebiete konfrontiert sind, bewußt eine breite Auswahl von Arbeitsfeldern der Erziehungswissenschaft angestrebt, um auf diese Weise die sich abzeichnenden Entwicklungen, die in dieser Hinsicht im Gange sind, sichtbar zu machen. Insofern gibt dieser Band auch einen Überblick über die Vielfalt jener Arbeitsfelder, in denen nicht nur LehrerInnen und Diplom-PädagogInnen, hochschulausgebildete ErziehungswissenschaftlerInnen, sondern auch pädagogisch qualifizierte Fachkräfte unterhalb der universitären Ausbildungen tätig sind.

II.

Die Konturen des modernen Bildungs-, Erziehungs- und Sozialwesens in seiner heutigen Gestalt bildeten sich in den zwanziger Jahren dieses Jahrhunderts heraus. Die Vorgeschichte indessen beginnt bereits im 19. Jahrhundert (vgl. dazu Tenorth 1988). So kommt es im Verlaufe dieses Jahrhunderts zu einer sukzessiven Durchsetzung des öffentlichen Schulsystems. Beispielsweise besuchten bereits 1864 in Preußen fast 9 von 10 schulpflichtigen Kindern die damals sechsjährige Elementarschule, die spätere Volksschule. Daneben bildete sich im Deutschen Reich nach 1879 in der Phase der Hochindustrialisierung allmählich das duale System der Berufsausbildung heraus (vgl. Blankertz 1982, S. 201). Und im letzten Drittel dieses Jahrhunderts schließlich werden neben den Blinden- und Gehörlosenschulen sogenannte Hilfsschulen für schulleistungsschwache Volksschulkinder eingeführt.

Aber auch in anderen Bereichen der pädagogischen Praxis setzten in der ersten Hälfte des 19. Jahrhunderts erste Institutionalisierungsversuche ein. Teilweise angelehnt an die Kindergartenbewegung Fröbels wurden in Preußen Kleinkinder-Bewahranstalten von Vereinen in Verbindung mit den Kirchen organisiert, die allerdings nur ein Prozent der Kinder bis zum Alter von 5 Jahren betreuten. Im Umkreis der evangelischen und katholischen Kirche wurden darüber hinaus von Wichern bzw. Kolping sozialpädagogische Einrichtungen in Gestalt von Armen- und Fürsorgeanstalten sowie Rettungshäuser für verwahrloste Jugendliche geschaffen. Bedeutsam im Kontext der gesellschaftlichen Neuordnung des Lernens von Erwachsenen wurden in der damaligen Zeit neben den öffentlichen Volksbibliotheken vor allem auch die Arbeiter-Bildungs-Vereine, die in Deutschland nach 1840 relativ weit verbreitet waren.

Während somit im 19. Jahrhundert sich notwendige Modernisierungsprozesse vor allem in der Verallgemeinerung der Elementarbildung sowie in der Neuordnung der beruflichen Bildung niederschlagen und sich erste Ansätze einer Verarbeitung von Modernisierungsfolgen in der Gründung von sozialpädagogischen Betreuungseinrichtungen oder selbstorganisierter Erwachsenenbildungsvereine manifestieren, kommt es in den ersten Jahrzehnten des 20. Jahrhunderts, insbesondere in den zwanziger Jahren, zu einem umfassenden Modernisierungs- und Institutionalisierungsschub im Bildungs-, Erziehungs- und Sozialwesen. Exemplarisch erwähnt seien etwa: die in der Weimarer Verfassung von 1919 festgelegte Einführung einer einheitlichen vierjährigen Grundschulbildung für alle Kinder, der kräftige Ausbau des Berufs- und Fachschulwesens nach 1920, der im Reichsjugendwohlfahrtsgesetz von 1922 vorgesehene Aufbau eines von öffentlichen und freien Trägern organisierten Systems der Jugendpflege und Jugendfürsorge, die in den zwanziger Jahren vollzogene Einrichtung von kommunalen Volkshochschulen oder aber auch die in den ersten Jahrzehnten des 20. Jahrhunderts einsetzende Gründung von Pädagogischen Akademien in Preußen für die Ausbildung der VolksschullehrerInnen.

Der weitere Ausdifferenzierungsprozeß der pädagogischen Praxisfelder vollzog sich in Westdeutschland dann vor allem im Gefolge der sozialliberalen Bildungsreformpolitik ab den späten sechziger Jahren. Es kam nicht nur zu einer längeren Dauer der Schulpflicht und zu einem gravierenden Anstieg der Besuchsquoten höherer schulischer Bildungsgänge einschließlich der Hochschulen. Enorm expandiert ist in den vergangenen Jahrzehnten auch der vor- und außerschulische Bereich – vom Kindergarten über die Jugendarbeit bis hin zur beruflichen Weiterbildung. Zudem sind in Reaktion auf veränderte gesellschaftliche Problemlagen und teilweise angestoßen durch soziale Protestbewegungen, wie z.B. die Frauenbewegung, neue Arbeitsfelder entstanden wie etwa die Mädchen- und Frauenarbeit, die Kulturarbeit, die Altenarbeit oder die Gesundheitsförderung. Parallel dazu setzte ein Akademisierungs- und Professionalisierungsschub der pädagogischen Berufe ein. Die Ausbildung von Grund- und HauptschullehrerInnen wurde im Kontext der Integration der Pädagogischen Hochschulen in den meisten Bundesländern an die Universitäten verlagert und damit der Realschullehrer- und GymnasiallehrerInnenausbildung angeglichen. Im Jahr 1969 wurde zudem ein erziehungswissenschaftlicher Diplomstudiengang eingeführt, der AkademikerInnen insbesondere für einen Arbeitsmarkt außerhalb von Schule und Hochschule qualifizieren sollte. Durch die Einrichtung dieses neuen Studienganges erfuhr zugleich das Fach Erziehungswissenschaft an den Hochschulen einen enormen Expansions- und Ausdifferenzierungsschub, der nicht nur einen Zugewinn an Stellen, sondern auch eine beträchtliche Ausweitung der Forschungskapazitäten mit sich brachte.

III.

Im Unterschied zu den Nachbardisziplinen, wie etwa der Soziologie (vgl. Korte/ Schäfers 1993), ist das Fach Erziehungswissenschaft somit auf eine Vielzahl praktischer Handlungsfelder bezogen und in der Folge der Pädagogisierung aller Lebensbereiche entstehen ständig neue Felder für erzieherische Berufe. Das breite Spektrum der pädagogischen Tätigkeitsfelder reicht gegenwärtig von immer noch stark verregelten, bürokratischen Institutionen, wie z.B. der Schule oder dem Jugendamt über institutionell weniger komplexe und offenere pädagogische Einrichtungen, wie etwa Kulturzentren oder Jugendbildungsstätten, bis hin zu entgrenzten pädagogischen Räumen und Lernorten, wie z.B. Fußballfanprojekte oder Bildungsreisen, die sich außerhalb der bekannten Einrichtungen und Träger etabliert haben. Dementsprechend unterschiedlich ist auch der Akademisierungs- und Professionalisierungsgrad sowie der soziale Status der in diesen verschiedenen Handlungsfeldern tätigen PädagogInnen. So arbeiten in den verschiedenen Schulformen in der Regel an Universitäten ausgebildete LehrerInnen im Beamtenverhältnis. Allerdings ist nicht nur in den neuen Bundesländern momentan politisch umstritten, ob auch künftig noch alle LehrerInnen den privilegierten sozialen Status des Berufsbeamten erhalten sollen.

In den außerschulischen pädagogischen Praxisbereichen, wie der Erwachsenenbildung oder der beruflichen Weiterbildung, sind neben LehrerInnen oder anderen Berufsgruppen, wie etwa Meistern, auch Diplom-PädagogInnen im Angestelltenverhältnis tätig, die ein vollakademisches erziehungswissenschaftliches Hauptfachstudium an Wissenschaftlichen Hochschulen absolviert haben. Letztere sind zudem neben den Diplom-SozialpädagogInnen/-SozialarbeiterInnen, die ein sechssemestriges Studium an einer Fachhochschule – zuzüglich eines einjährigen Berufsanerkennungsjahres – hinter sich gebracht haben, bei öffentlichen, insbesondere aber bei freien Trägern beschäftigt. Zur Gruppe der sozialen Berufe gehören außer den an Universitäten ausgebildeten Diplom-PädagogInnen mit dem Schwerpunkt Sozialpädagogik und den FachhochschulabsolventInnen auch noch die ErzieherInnen, die an Fachschulen mit stärkerer berufspraktischer Akzentuierung zumeist in vier Jahren ausgebildet werden (vgl. Rauschenbach 1994, S. 265). Neben diesem Kernbereich von in pädagogischen Arbeitsfeldern hauptberuflich beschäftigten Fachkräften gibt es noch eine breite, kaum mehr überschaubare Grauzone von auf Honorarbasis tätigen DozentInnen in der Weiterbildung bis zu der Vielzahl von ehrenamtlich tätigen, oft kaum ausgebildeten Personen (z.B. in Jugendverbänden).

Wie stellt sich unterdessen die aktuelle Lage der pädagogischen und sozialen Berufsgruppen dar? Auf dem Teilarbeitsmarkt Schule gab es 1993 im gesamten Bundesgebiet rund 835.000 LehrerInnen. Davon arbeiten ca. 680.000 in den alten und mehr als 158.000 in den neuen Bundesländern. Etwa ein Sechstel aus der angegebenen Gesamtsumme aller LehrerInnen ist im Bereich des berufsbildenden Schulwesens tätig. Alle anderen arbeiten in den verschiedenen allgemeinbildenden Schulformen einschließlich der Sonderschulen (vgl. BBWFT 1994, S. 100f.). Auf dem Arbeitsmarkt für soziale Berufe, der alle Felder von der Elementarerziehung, über die Heimerziehung, die Beratungsstellen, das Jugend- und Sozialamt sowie die Altenhilfe bis hin zur Suchtkranken- und Behindertenhilfe umfaßt, waren zuletzt etwa 850.000 Personen, davon 640.000 im Westen und 210.000 im Osten

Deutschlands tätig. Etwa jede siebte Person aus dieser Gruppe an Erwerbstätigen hat eine Hochschule besucht (vgl. Statistisches Bundesamt 1994).

Vergleicht man die Relationen zwischen LehrerInnen und Erwerbstätigen in sozialen Berufen, so läßt sich festhalten, daß die Größenordnungen dieser beiden Berufsgruppen inzwischen fast identisch sind. Ganz anders stellte sich dieses Verhältnis in Westdeutschland noch Anfang der siebziger Jahre dar, als auf 10 LehrerInnen nur rund 4 Angehörige sozialer Berufe kamen (vgl. Krüger/Rauschenbach 1994, S. 11). Bedingt durch den Ausbau und Bedeutungszuwachs des außerschulischen Bildungs-, Erziehungs- und Sozialwesens ist der Arbeitsmarkt für soziale Berufe in den vergangenen zwei Jahrzehnten enorm expandiert. Und auch für die nächsten Jahre ist zu vermuten, daß sich dieser Wachstumstrend fortsetzen wird. Die Ausweitung der öffentlichen Kindertageseinrichtungen, die Zunahme der sozialen Dienste im Bereich der Pflege und der Altenhilfe sowie die sich tendenziell noch weiter ausdifferenzierenden Angebote an sozialen Hilfen werden wahrscheinlich zu einer weiteren Nachfrage führen. Dabei ist allerdings schwer abzuschätzen, wie stark der offenkundige gesellschaftliche Bedarf unter dem politischen Primat von Haushaltsnotwendigkeiten zurückgeschraubt wird, wie die aktuelle Debatte um die Finanzierbarkeit von Kindergartenplätzen für alle Drei- bis Sechsjährigen zeigt.

Für die neuen Bundesländer stellt sich zudem als spezifisches Problem, daß angesichts der extremen Rückgänge der Geburtenzahlen ein erheblicher Abbau des Personalbestandes in den Kindertageseinrichtungen nicht zu umgehen ist, während zugleich in anderen Bereichen der Jugendhilfe, z.B. im Jugendamt, in der Heimerziehung oder in der Jugendarbeit, qualifiziertes Personal fehlt (vgl. Galuske/Rauschenbach 1994, S. 212).

Ähnlich ungünstig wirkt sich dieser drastische Geburtenrückgang auch auf den zukünftigen LehrerInnenbedarf aus; die Einstellungschancen können hier nur in einigen Mangelfächern wie z.B. Religion, Ethik, Sozialkunde bzw. im Berufsschulbereich einigermaßen positiv eingeschätzt werden. Ungleich günstiger stellt sich hingegen die Situation in den alten Bundesländern dar: Hier kann aufgrund wachsender SchülerInnenzahlen und einer anderen Altersstruktur der Lehrerschaft in den nächsten zehn Jahren mit einem Einstellungsbedarf von weit über 20.000 LehrerInnen pro Jahr gerechnet werden (vgl. Weegen 1994, S. 209).

IV.

Im Gegensatz zu den meisten bislang vorliegenden Einführungen in die Pädagogik, die neben den Schulen, in Gestalt der allgemeinbildenden Schulen, der Institutionen des berufsbildenden Schulwesens und der Sonderschulen allenfalls noch den Bereich der Weiterbildung bzw. der Erwachsenenbildung thematisieren (vgl. neuerdings Müller 1994), wird in diesem Band versucht, ein möglichst breites Spektrum pädagogischer Arbeitsfelder von der Familienhilfe und der Elementarerziehung über die verschiedenen Institutionen der schulischen und nachschulischen Bildung bis hin zu den Hilfen für Behinderte und soziale Randgruppen sowie den erziehungswissenschaftlichen Ausbildungsformen und Forschungsinstituten vorzustellen. Angesichts des ständigen Wachstums pädagogischer Berufe und Praxisfelder kann auch der hier vorgelegte Überblick und die dabei zugrundegelegte Systematik keinen Anspruch auf Vollständigkeit und Abgeschlossenheit erheben.

Die gewählte Gliederungslogik folgt zunächst der Reihenfolge, in der diese pädagogischen Institutionen im Laufe des Lebens durchlaufen bzw. in Anspruch genommen werden können: von der Familienerziehung und der öffentlichen Kindererziehung über die Schule, die Jugendarbeit und die Berufsausbildung bis hin zur Erwachsenenbildung und Weiterbildung. Im weiteren werden dann neben klassischen Arbeitsfeldern der Sozialpädagogik bzw. der Sonderpädagogik, wie etwa Heime oder Werkstätten für Behinderte, auch eine Reihe von Praxisfeldern vorgestellt, wie z.B. die Mädchen- und Frauenarbeit, die Beratung, die Gesundheitsförderung, die Kulturarbeit oder die Interkulturelle Arbeit, die sich erst in jüngerer Zeit herausgebildet haben. Beiträge zur Ausbildungssituation in pädagogischen Berufen und zur erziehungswissenschaftlichen Forschung als Arbeitsbereich schließen den Überblick ab. Bei der Abfassung ihrer Beiträge sind die Autoren und Autorinnen in der Regel den Vorgaben der Herausgeber gefolgt, in dem sie die historische Entwicklung des jeweiligen Arbeitsfeldes skizzieren, die wichtigsten Grundbegriffe, theoretischen Positionen und Handlungskonzepte zum jeweiligen Praxisfeld vorstellen und das Arbeitsfeld mit seinen Institutionen, administrativen Rahmenbedingungen und Ausbildungsvoraussetzungen als Tätigkeitsfeld und Arbeitsmarktsegment für pädagogisches Personal beschreiben. Außerdem wird in einer Reihe von Beiträgen auch die besondere Situation des Aus-, Ab- und Umbaus der pädagogischen Praxisfelder in den neuen Bundesländern mit berücksichtigt.

Der vorliegende Einführungsband ist so aufgebaut, daß sich jedes Kapitel für sich lesen läßt. Die LeserInnen, die sich somit für ein spezielles Handlungsfeld, z.B. für die Schule, interessieren, können mit ihrer Lektüre dort beginnen. Zudem ist die Reihenfolge der Kapitel so angelegt, daß sich der Band als Grundlage für Seminarveranstaltungen eignet, in denen ein einführender Überblick über die Arbeitsfelder der Erziehungswissenschaft gegeben werden soll.

Literatur

Blankertz, H.: Die Geschichte der Pädagogik. Wetzlar 1982.
Bundesministerium für Bildung, Wissenschaft, Forschung und Technologie (BBWFT): Grund- und Strukturdaten, Ausgabe 1994/95. Bonn 1994.
Galuske, M./Rauschenbach, Th.: Jugendhilfe Ost. Weinheim/München 1994.
Korte, H./Schäfers, B. (Hrsg.): Einführung in Spezielle Soziologien. Opladen 1993.
Krüger, H.-H./Rauschenbach, Th.: Erziehungswissenschaft – eine ganz normale Disziplin? In: Krüger, H.-H./Rauschenbach, Th. (Hrsg.): Erziehungswissenschaft. Weinheim/München 1994, S. 7-16.
Müller, D.K. (Hrsg.): Pädagogik, Erziehungswissenschaft, Bildung. Köln/Weimar/Wien 1994.
Rauschenbach, Th.: Der Sozialpädagoge. In: Lenzen, D. (Hrsg.): Erziehungswissenschaft. Ein Grundkurs. Reinbek 1994, S. 253-281.
Statistisches Bundesamt: Fachserie 1 „Bevölkerung und Erwerbstätigkeit", Reihe 4.1.2 „Beruf, Ausbildung und Arbeitsbedingungen der Erwerbstätigen" (Ergebnisse des Mikrozensus 1993), Wiesbaden 1994.
Tenorth, H.E.: Geschichte der Erziehung. Weinheim/München 1988.
Weegen, M.: Perspektiven zwischen LehrerInnenbedarf und LehrerInnenmangel. Trends und Orientierungen auf dem Teilarbeitsmarkt Schule. In: Krüger, H.-H./Rauschenbach, Th. (Hrsg.): Erziehungswissenschaft. Weinheim/München 1994, S. 201-214.

I. Familie: Elternhaus, Familienhilfen, Familienbildung

Karin Böllert/Maria-Eleonora Karsten/Hans-Uwe Otto

Inhalt

1. Einleitung
2. Familie im historischen Wandel
3. Familientheoretische Ansätze
4. Familiale Differenzierungsprozesse im Spiegelbild erziehungswissenschaftlicher Forschung
5. Familienhilfen und -bildung als sozial- und familienpolitisch konstituierte pädagogische Handlungsfelder

Literatur

1. Einleitung

Faßt man die gegenwärtigen Diskussionen über Familie zusammen, so kann man auf der einen Seite nun schon seit einigen Jahren immer wieder zu dem gleichen Schluß kommen: da ist von Krise, wenn nicht sogar von Zerfall der Familie die Rede, der Abschied von der Familie scheint vollzogen zu sein. Neben diesem erstaunlich kontinuierlichen Szenario eines Verlustes von Familie wird auf der anderen Seite die zunehmende Bedeutung von Familie betont, erscheint Familie als „Projektionsfläche für Ängste und Sehnsüchte in einer unwirtlichen Welt" – so Warnfried Dettling (1995, S. 130) –, der vor diesem Hintergrund das Fazit zieht, daß die Debatten über die Familie in der modernen Gesellschaft „sich auf einem ideologisch verminten Gelände" bewegen (ebd.).

Angesichts der Widersprüchlichkeit in der Interpretation derzeitiger Familienbilder und -welten erscheint von daher zunächst erklärungsbedürftig, was heute noch unter Familie verstanden wird, bevor dann unterschiedliche theoretische Ansätze skizziert und bislang vorliegende Forschungsergebnisse analysiert werden.

Wenn daran anschließend Familie als pädagogisches Arbeitsfeld vorgestellt werden soll, muß allerdings erst einmal begründet werden, inwieweit Familie als genuin private Institution der Erziehung ebenfalls als Bestandteil öffentlicher Erziehung und damit pädagogischer Handlungsfelder von Interesse ist. Hierzu kann zunächst festgehalten werden, daß im Kontext gesellschaftlicher Modernisierungsprozesse sich Familie zum einen als private Institution der Nachwuchssicherung, der Gewährleistung von Erziehung und Bildung der nachwachsenden Generation und der Bereitstellung von Intimität und Emotionalität herausgebildet hat. Zum anderen ist eben mit diesen Modernisierungsprozessen gleichermaßen eine strukturelle Überforderung von Familie einhergegangen, d.h. Familie ist immer weniger in der Lage, die an sie gestellten Erwartungen umfassend – ohne die Zuhilfenahme öffentlicher und professioneller Angebote – zu erfüllen. In dem Maße, wie von daher die Anforderungen an familiale Erziehungsleistungen gewachsen sind, in dem Umfang sind auch solche pädagogischen Hilfen ausgebaut worden, die Familien in der Wahrnehmung ihrer Aufgaben unterstützen, ergänzen oder ersetzen sollen. Insofern beinhaltet die Diagnose einer krisenhaften Familiensituation immer auch die Notwendigkeit, institutionalisierte, familienbezogene Maßnahmen auf ihre Effektivität hin zu überprüfen.

2. Familie im historischen Wandel

Entstehungszeitraum von Familie | Übereinstimmend wird der Entstehungszeitraum der modernen bürgerlichen Familie mit dem Übergang von der ständisch-feudalen Agrargesellschaft zur Industriegesellschaft beschrieben. Säkularisierung, Urbanisierung, Mobilität, die Herausbildung des kapitalistischen Wirtschaftssystems u.a. hatten zur Folge, daß traditionelle Bindungen und Versorgungszusammenhänge aufgelöst und gegen marktförmige Abhängigkeiten eingetauscht wurden. Bis zu diesem Zeitpunkt war Familie als überwiegend verwandtschaftlich begründeter Lebenszusammenhang unbekannt. Stattdessen beinhaltete die Bezeichnung des „ganzen Hauses" Formen des Zusammenlebens derjenigen Personen (Hausvater, Hausmutter, Kinder, Gesinde bzw. Bedienstete und sonstige Mitbewohner und Mitbewohnerinnen), die unter einem Dach wohnten. Kennzeichnend für das „ganze Haus" war, daß sich noch keine funktionale Trennung von Arbeit, Haushalt und Familienleben herausgebildet hatte, es sich in aller Regel aus unterschiedlich großen Kernfamilien zusammensetzte, streng patriarchalisch organisiert war und die sozialen Beziehungen über die im Rahmen der Arbeitsorganisation zugeteilten Aufgaben regelte (vgl. Herrmann 1994). Familie als eindeutig gegenüber der Öffentlichkeit abgegrenzte Privatsphäre existierte ebensowenig wie die Trennung von Lebensaltern und Geschlechtern.

<small>Das „ganze Haus"</small>

Erziehung als Aneignung von Verhaltensweisen und -normen vollzog sich überwiegend durch die frühe Integration der Kinder in den Alltag des „ganzen Hauses". Sämtliche Sozialisationsleistungen, die wesentlichen Lernaufgaben, die Vermittlung des traditionsgeleiteten Wertesystems und der sozialen Ordnung geschahen ebenso innerhalb dieses Lebenszusammenhangs wie auch die materielle Versorgung seiner Mitglieder, was insgesamt die Funktionsvielfalt dieser Lebensform verdeutlicht (vgl. Barabas/Erler 1994; Kaufmann 1990).

Mit Beginn der Industrialisierung begann ein gesellschaftlicher Modernisierungsprozeß, an dessen Ende die Herausbildung des bürgerlichen Familienmodells stand und mit dem zudem ein weitgehender Funktionswandel von Familie einherging. Nachwuchssicherung, Erhaltung von Humanvermögen sowie der Solidarität zwischen den Generationen sind jetzt die zentralen Aufgabenbereiche der bürgerlichen Familie, wohingegen andere Funktionen, die im „ganzen Haus" noch integriert waren, nach und nach aus der Familie ausgegliedert wurden. Das gesellschaftspolitische Interesse an dieser Familienform bezieht sich von daher vor allem auf die vom Elternhaus zu erbringenden Leistungen der Erziehung und Sozialisation der nachwachsenden Generation, der sozialpolitisch relevanten Stabilisierung der Beziehungen zwischen den Generationen (Generationenvertrag) und der familialen Zuständigkeit für Emotionalität und Intimität (vgl. Kaufmann 1995; Liegle 1987).

<small>Funktionswandel von Familie</small>

Waren bis weit in das 19. Jahrhundert hinein vor allem in ländlichen Regionen nur etwa die Hälfte aller Erwachsenen verheiratet, wurden Eheschließung und Familiengründung nun nicht mehr länger an Haus- bzw. Grundbesitz, sondern an regelmäßiges Einkommen gebunden, was zugleich der Liebesehe zum Durchbruch verhalf. Mit der in diese Epoche fallenden endgültigen Entdeckung der Kindheit ging zugleich die Verpflichtung zu einer zunächst lediglich auf die Söhne beschränkten Schul- und Ausbildungspflicht einher (vgl. Herrmann 1994).

Der Funktionswandel der Familie baut dabei auf einer weitgehend veränderten Struktur von Familie auf, die ihren wesentlichen Ausdruck in der Herausbildung der privaten Kleinfamilie mit geschlechtsspezifisch differenzierten Rollenzuschreibungen findet. Das „ganze Haus" wird immer mehr zu einem Zweigenerationenhaushalt, in dem Eltern mit ihren Kindern leben, Familie wird zum Elternhaus mit spezifischen Rollenerwartungen an seine Mitglieder. In diesem Prozeß verliert die Familie zunächst ihre Aufgaben als Wirtschafts- und Arbeitsgemeinschaft, stattdessen entsteht ein neues Verhältnis zwischen Familie

<small>Elternhaus</small>

und Arbeitsmarkt. Zunächst werden vor allem die Männer in ihrer Rolle als Ernährer der Familie auf die außerhäusliche Erwerbsarbeit bezogen. Frauen in ihrer Rolle als Hausfrau und Mutter werden dagegen für sämtliche Reproduktionsaufgaben zuständig. Das Geschlechterverhältnis im Kontext einer solchermaßen „halbierten Moderne" macht die Frau abhängig von dem Einkommen des Mannes und diesen wiederum von den Versorgungsleistungen der Frau (vgl. Beck 1986, S. 179; Beck-Gernsheim 1994).

Bis in die Gegenwart hinein ist dieses Modell des in einer räumlichen Einheit sich realisierenden Zusammenlebens von Familienmitgliedern, das im Anschluß an einen öffentlichen Eheschluß als monogame Gattenfamilie mit Kind(ern) stattfindet, zu einem normativen Leitbild geworden (vgl. Kaufmann 1990, S. 22ff.), an dem zum einen alle in anderen Familienformen erbrachten Leistungen gemessen werden und an dem sich zum anderen auch die gegenwärtige Diagnose der Familie als Auslaufmodell entzündet.

3. Familientheoretische Ansätze

Neuere Theorieansätze in der Familienforschung können hinsichtlich ihrer eher soziologischen, stärker psychologischen und überwiegend pädagogischen Grundlegung voneinander unterschieden werden (vgl. die Beiträge zu neueren Theorieansätzen in Nave-Herz/Markefka 1989), wobei der Schwerpunkt im Anschluß an eine Skizzierung der übrigen Ansätze im weiteren auf den erziehungswissenschaftlichen Vorstellungen von Familie liegen soll.

<small>Historischer Materialismus</small>

Der *historische Materialismus* hat keine explizite Theorie der Familie entwickelt, da die Vorrangstellung, die er dem kapitalistischen Produktionsprozeß eingeräumt hat, zu einer weitgehenden Nicht-Berücksichtigung des Reproduktionssektors geführt hat. Familie hat in dieser Perspektive die Funktion der Bedürfnisbefriedigung des Arbeiters, d.h. die Aufgabe der Reproduktion der Ware Arbeitskraft, ohne dabei selber unmittelbar an der Mehrwertproduktion beteiligt zu sein. Während somit zwar die äußeren Bedingungen der Familienstruktur erfaßt werden können, bleiben die innerfamiliären Prozesse und Beziehungen ausgeblendet. Insbesondere die feministische Frauenbewegung hat diese Verkürzungen kritisiert und darauf aufmerksam gemacht, daß eine produktionszentrierte Sichtweise weder den Stellenwert der reproduktiven Haus- und Erziehungsarbeit, noch die daraus folgenden Konsequenzen für die Rolle von Frauen in Familienzusammenhängen ausreichend berücksichtigen kann.

<small>Strukturfunktionalismus</small>

Strukturfunktionalistische Diskussionszusammenhänge thematisieren Familie demgegenüber in ihrer jeweiligen Bedeutung als gesellschaftliches Funktionssystem, das selbst wieder differenziert ist in verschiedene Gruppensysteme, den einzelnen Kleinfamilien. Dadurch wird vor allem der Wandel älterer Familienformen hin zu der sog. Gattenfamilie nachvollzogen. Hierauf aufbauende *systemtheoretische* Familienansätze differenzieren schwerpunktmäßig zwischen makro- und mikrosoziologischen Perspektiven. Familie in ihrer Reproduktionsfunktion, der Statuszuweisung, der Sozialisierung und sozialen Kontrolle sowie der biologischen, emotionalen und wirtschaftlichen Erhaltung des Individuums

<small>Systemtheorie</small>

entspricht dementsprechend den Anforderungen der industriellen Gesellschaft. Unterhalb dieser gesamtgesellschaftlichen Funktionsbestimmung interessieren dann die Besonderheiten der Familie als sozialer Gruppe und ihre internen Differenzierungen, wobei es in dieser Perspektive nicht um Personen und deren Beziehungen zueinander geht, sondern ausschließlich um Interaktion und Kommunikation zwischen verschiedenen Teilsystemen.

Individualistische Erklärungsansätze im Rahmen von *Ressourcen- und Austauschtheorien* haben eheliche Machtverhältnisse in Abhängigkeit von der Verfügbarkeit über knappe, hochbewertete Güter untersucht. Soziale und strukturelle Bedingungen werden sämtlich als Ergebnisse interessegeleiteten Handelns individueller Akteure verstanden, wohingegen auf übergeordnete Theoriezusammenhänge bewußt verzichtet wird. [Ressourcen- und Austauschtheorie]

Der Anspruch von *Ethnomethodologie* und *Symbolischem Interaktionismus*, eine eigenständige sozialwissenschaftliche Methodologie begründen zu wollen, spiegelt sich auch in den entsprechenden Konzeptionen der Familienforschung wider. Im Zentrum der vorliegenden Untersuchungen stehen deshalb primär die interaktiven Prozesse im familiären Alltag, Familienrealität erschließt sich von daher über den Zusammenhang von alltagsweltlicher Konstruktion und wissenschaftlicher Rekonstruktion von Familienleben. [Ethnomethodologie Symbolischer Interaktionismus]

Psychoanalytische Erklärungsansätze schließlich bauen nach wie vor weitgehend auf dem Strukturmodell der Psyche und dem psychischen Entwicklungsmodell von Freud auf, mit denen fördernde und störende psychische Einflüsse der Eltern auf Kinder und deren Wirkungen im späteren Leben beschrieben werden sollen. Kritisiert worden ist an diesen Überlegungen u.a., daß sie im wesentlichen auf einem traditionellen Familienmodell aufbauen und ihre methodische Absicherung durch wissenschaftstheoretische Kriterien fehlt. [Psychoanalyse]

Sozialökologische Ansätze analysieren Familien als Lebensformen, die in der Interaktion mit ihren jeweiligen Umwelten personale und kollektive Identitäten begründen. Von besonderem Interesse sind dabei die Aufgaben und Leistungen der Familien und die verschiedenen Arten des Wissens, die für die Bewältigung dieser Aufgaben und die Gestaltung familialer Lebenswelten von Bedeutung sind. Dabei unternehmen sozialökologische Ansätze den Versuch, bislang existierende Erklärungsmodelle aufeinander zu beziehen und darüber der Pluralität von Familienformen und den vielfältigen Mustern familialen Handelns gerecht zu werden. [Sozialökologie]

Angesichts dieser Vielfalt familientheoretischer Ansätze stellt sich die Frage nach den besonderen Inhalten und Aussagen *erziehungswissenschaftlicher Erklärungsmodelle* familialen Lebens. Zunächst kann Familie in dieser Hinsicht als der soziale Ort gelten, an dem sich Menschwerdung in dem Sinne vollzieht, als daß hier Kinder erste Kompetenzen interpersonalen Handelns erwerben. Im Kontext dieser Sozialisationsprozesse lernt das Kind mittels instrumentellen und kommunikativen Handelns sich selbst zu bestimmen (vgl. Mollenhauer 1989). Somit sind in einem erziehungswissenschaftlichen Kontext besonders die Inhalte, Bedingungen und die Ausgestaltung jener Erziehungs- und Bildungsprozesse von Belang, die in Familien zu der Persönlichkeitsentwicklung von Kindern und Heranwachsenden beitragen bzw. diese behindern. [Erziehungswissenschaft]

In diesem Zusammenhang sind in den letzten Jahren vor allem Differenzierungsprozesse von Familien in ihren Auswirkungen auf den familialen Le- [Wandel von Familienformen] bensraum von Kindern und Jugendlichen in den Mittelpunkt erziehungswissenschaftlicher Untersuchungen getreten. Hierzu zählen u.a. die theoretischen und empirischen Analysen nichtehelicher Lebensgemeinschaften, zur Lebenssituation von Alleinerziehenden und zu den Problemen von Stief- und Adoptionskindern (vgl. die Beiträge in Teil IV in Nave-Herz/Markefka 1989). Hinzu kommen Auseinandersetzungen mit spezifischen sozialen Problemlagen von Familien wie z.B. Arbeitslosigkeit, Armut und Krankheit sowie Untersuchungen zu neuen Mustern von Partnerschafts- und Ehebeziehungen und familialen Kontexten im Lebensverlauf (vgl. die Beiträge in Teil VI in Nave-Herz/Markefka 1989 und Teil II und III in Nauck/Onnen-Isemann 1995). Von zentraler Bedeutung ist in diesen Bereichen erziehungswissenschaftlicher Familienforschung zum einen der Einfluß des Wandels von Familienstrukturen auf unterschiedliche Erziehungsprozesse (vgl. Nave-Herz 1994), zum anderen die Veränderung derjenigen Eigenleistungen von Familien, die sie im Kontext wohlfahrtsstaatlicher Transferprozesse erbringen (vgl. Beiträge in Teil V in Nave-Herz/Markefka 1989 und Teil IV in Nauck/Onnen-Isemann 1995).

Die zahlreichen Erkenntnisse und Untersuchungsergebnisse, die aus diesen Analysen hervorgegangen sind, lassen sich letztendlich dahingehend einordnen, inwieweit und in welchem Umfang familiale Differenzierungsprozesse theoretisch und empirisch so eingebunden werden, daß strukturelle gesellschaftliche Veränderungen in ihren Konsequenzen für familiale Lebenswelten und Erziehung transparent und für pädagogische Unterstützungs- und Hilfeleistungen zugänglich werden. Gelingt dies nicht, wird einer Tendenz Vorschub geleistet, die unter Maßgabe der normalisierenden Folie der bürgerlichen Kleinfamilie die sogenannten neuen Familien lediglich als problembehaftete Varianten tradierter Familienleitbilder wahrnehmen kann, wie sie u.a. als sozialpädagogische Ordnung der Familie beschrieben worden sind (vgl. Büllert/Otto 1993; Karsten/Otto 1987).

4. Familiale Differenzierungsprozesse im Spiegelbild erziehungswissenschaftlicher Forschung

Pluralisierung von Familie

Die wachsende Zahl von nichtehelichen Lebensgemeinschaften, abnehmende Eheschließungsziffern, zurückgehende Geburtenraten, höhere Scheidungsquoten, der zunehmende Anteil von Ein-Elternteil-Familien, der gestiegene Anteil berufstätiger Mütter und die Diskussionen über die „neuen Väter" haben nicht nur insgesamt zu der Annahme einer Pluralisierung familialer Lebensformen geführt, sondern auch eine erhebliche Anzahl empirischer Forschungsarbeiten zur Folge gehabt. So liegen mittlerweile zu den unterschiedlichen Aspekten der Situation alleinerziehender Mütter und Väter verschiedene Untersuchungen vor, die sich mit den gesellschaftlichen Chancen und Sozialisationsleistungen dieser Familienform auseinandersetzen (vgl. Heiliger 1991; Napp-Peters 1985), den Alltag alleinerziehender Mütter beschreiben (vgl. Gutschmidt 1986) und die sozialen Netze und Unterstützungsformen alleinerziehender Frauen erforscht haben (vgl. Niepel 1994). Auf erste Tendenzen zu veränderten Mustern der Elternschaft kann ebenso verwiesen werden (vgl. Pieper 1994), wie auf die Befunde einer Längsschnittuntersuchung zu Familien und Haushalten in den neuen Bundesländern und eine Analyse des Familienlebens in West- und Ostdeutschland (vgl. Forschungsstelle für Empirische Sozialökonomie 1994; Schneider 1994). Breit angelegte Familien-Surveys haben ebenso zu einer wesentlichen Verbesserung der Datenlage beigetragen (vgl. Bertram 1991, 1992), wie aufgrund von vergleichenden Studien Ergebnisse zu der hohen Wertschätzung von Familie und Kindern (mit höheren Werten in den neuen Bundesländern) und einer differenzierten bis skeptischen Einschätzung familienpolitischer Leistungen (mit negativeren Beurteilungen in den neuen Bundesländern) vorliegen (vgl. Störtzbach 1994).

Dennoch ist die Lage der erziehungswissenschaftlichen Familienforschung nach wie vor unbefriedigend. Nicht nur, daß Studien zu dem widersprüchlichen Lebensalltag von Familien und den in diesen Familien lebenden Kindern und Jugendlichen weitgehend fehlen, und eine vergleichende Untersuchung unterschiedlicher Erziehungsprozesse und Erziehungsleistungen von öffentlichen und nicht-öffentlichen Institutionen erst am Anfang steht, auch die Prämissen und Vorannahmen, die für manche Forschungsarbeiten erkenntnisleitend sind, müssen als problematisch eingeschätzt werden.

So wird die Aussage, daß nahezu jede dritte Ehe geschieden wird – in großstädtischen Ballungszentren ist es mittlerweile nahezu jede zweite Ehe – allzu schnell mit einem Brüchigwerden von Familie und Ehe gleichgesetzt. Unberücksichtigt bleiben bei solchen Aussagen erhebliche regionale Unterschiede, denn je entwickelter und reicher eine Region strukturiert ist, desto weniger Familien leben in ihr. Produktiver Reichtum und reproduktive Armut stehen sich immer noch gegenüber.

Scheidung

Während die Scheidungswahrscheinlichkeit in der DDR um etwa ein Fünftel höher war als in der alten Bundesrepublik, sind die Scheidungsraten in den neuen Bundesländern stark rückläufig, insgesamt stagniert die Scheidungsziffer bundesweit auf einem Niveau von etwas unter 30%. Setzt man die Anzahl der Geschiedenen in Relation zu der Gesamtbevölkerungszahl der jeweiligen Altersjahrgänge wird allerdings sehr schnell ersichtlich, daß Geschiedene immer noch eine Minderheit darstellen. So waren 1961 in der Altersgruppe der 30- bis 45jährigen 1,7% der Männer geschieden, 1991 waren es in der gleichen Population in den alten Bundesländern 6,7% (vgl. Bertram 1991).

Tatsächlich sagen die Scheidungsstatistiken zudem lediglich etwas über das Ende einer Ehe, nicht aber immer auch etwas über das Ende einer Familie aus. Zunächst kann festgehalten werden, daß, wenn von dem Verschwinden der Familie die Rede ist, damit allenfalls die Tatsache gemeint sein kann, daß in städtischen Regionen immer weniger Familien leben. Hinzu kommt, daß etwa in der Hälfte der Ehen, die geschieden werden, keine Kinder leben. 1992 hatten von den geschiedenen Ehen nur 20,7% zwei oder mehr Kinder. In den letzten zehn Jahren hat sich die Zahl der von einer Scheidung betroffenen Kinder von daher nicht erhöht. Erst vor diesem Hintergrund erklärt sich der Umstand, daß immer noch 87,5% aller Kinder und Jugendlichen unter 18 Jahren bei beiden leiblichen Elternteilen leben (vgl. Fünfter Familienbericht 1994).

Der Anteil der Haushalte Alleinerziehender an der Gesamthaushaltszahl betrug in den neuen Bundesländern 1991 8,6%, in den alten Bundesländern 5,8%.

Unterschiedliche Haushaltsformen

Insgesamt gab es in der Bundesrepublik zum gleichen Zeitpunkt 2,2 Mio. Alleinerziehende mit ledigen Kindern. 35,1% der Haushalte in den alten und 27,6% in den neuen Ländern waren wiederum im Jahre 1991 Einpersonenhaushalte, aber in nur 1% der Haushalte lebten drei Generationen zusammen. Während der Anteil der Privathaushalte mit zwei Generationen im Westen 36,6% beträgt, ist ihr Anteil im Osten mit 43,2% von allen Haushalten aufgrund der größeren Wohnungsnot höher, da diese dazu führt, daß Heranwachsende länger als im Westen bei ihren Eltern leben (vgl. Fünfter Familienbericht 1994). 31% der Kinder in diesen Familien wachsen ohne Geschwister, 52% zusammen mit einem Bruder oder einer Schwester auf. Diese Zahlen machen zusammengefaßt deutlich, daß quantitativ betrachtet die Verschiebungen nicht so sehr zwischen den einzelnen Familienformen stattgefunden haben, entscheidender sind vielmehr die Veränderungen im Verhältnis familialer zu anderen Lebensformen.

So wächst vor allem der Anteil der Ledigen an der Gesamtbevölkerung. Auf der einen Seite ist das Heiratsalter kontinuierlich gestiegen, auf der anderen Seite betrug der Prozentsatz der nicht-verheirateten Personen in der Altersgruppe der 25- bis 45-jährigen in Berlin 1972 noch knapp 20%, im Jahre 1987 aber bereits über 40%. Und auch in ländlichen Gebieten zeichnen sich vergleichbare Entwicklungen ab. Das aber heißt, daß Familien in erster Linie nicht immer brüchiger werden, sie werden vor allem immer seltener (vgl. Bertram 1991, 1992).

Der Verzicht auf die Ehe kann nun wiederum keinesfalls mit dem Verzicht auf Partnerschaften gleichgesetzt werden. Schätzungen, die auf dem Mikrozensus beruhen, gehen für die alten Bundesländer von einem Anstieg nichtehelicher Lebensgemeinschaften von 137 000 im Jahre 1972 auf 1 066 000 im Jahr 1991 aus. Bislang fehlen allerdings politische und rechtliche Reaktionen auf die Tatsache, daß es auch außerhalb der Ehe verantwortliches Zusammenleben geben kann. Zudem ist historisch betrachtet nicht die geringere Heiratshäufigkeit als neue Herausforderung zu werten, sondern die Umkehrung der zu dieser Entscheidung führenden Gründe. Waren es in früheren Epochen Armut und Eheverbote, die zu dieser Situation geführt haben, so sind es heute die Folgen des Modernisierungsprozesses und eines relativen Wohlstandes. Der Rückzug der Familie ist somit keine Folge eines oft beschworenen Verfalls der Werte und einer erodierenden Moral, sondern ursächlich ein gesellschaftlich strukturelles Problem (vgl. Dettling 1995).

Für die erziehungswissenschaftliche Familienforschung stellt sich vor diesem Hintergrund immer zwingender die Frage, wie gesellschaftlich notwendige Reproduktionsleistungen auch außerhalb tradierter Formen realisiert werden können bzw. welche auch pädagogischen Erfordernisse und Maßnahmen gegeben sein müssen, damit Kinder und deren Erziehung nicht immer mehr zur Angelegenheit einer Minderheit werden.

Nichteheliche Lebensgemeinschaften

5. Familienhilfen und -bildung als sozial- und familienpolitisch konstituierte pädagogische Handlungsfelder

Familienhilfen und Angebote der Familienbildung haben sich in Abhängigkeit von dem Wandel der Familie und den damit verbundenen besonderen Schwierigkeiten erheblich ausdifferenziert, was zugleich ihre systematische Verortung im Kontext unterschiedlicher Formen personenbezogener sozialer Dienstleistungen erschwert. Zunächst können als rechtliche Grundlagen der verschiedenen Angebote das Bundessozialhilfegesetz (BSHG), die Bildungsgesetze der Länder und das Kinder- und Jugendhilfegesetz (KJHG) gelten. Insbesondere im KJHG sind diejenigen familienunterstützenden und -ergänzenden Hilfen geregelt, die Erziehungsberechtigten, Kindern und Jugendlichen eine erfolgreiche Durchführung der Erziehungsverantwortung ermöglichen sollen. Auf der einen Seite soll damit die stärkere Eingriffsorientierung des vorhergehenden Jugendwohlfahrtsgesetzes (JWG) abgelöst werden, auf der anderen Seite haben die entsprechenden Regelungen aber auch der Tendenz einer Refamilialisierung der Jugendhilfe Vorschub geleistet, da neben dem allgemeinen Rechtsanspruch eines jeden Kindes auf Erziehung überwiegend Rechtsansprüche von Erziehungsberechtigten und nicht die der zu Erziehenden formuliert worden sind.

Rechtliche Grundlagen

Zu den Maßnahmen des KJHG zählen zum einen Angebote der Familienbildung, die in Abhängigkeit von den Lebenslagen der Familien, ihren Interessen und Bedürfnissen auf die jeweiligen Erziehungssituationen eingehen sollen, die Befähigung der Familien zur Mitarbeit in Erziehungseinrichtungen, Selbst- und Nachbarschaftshilfen fördern und junge Menschen auf Partnerschaft, Ehe und das Zusammenleben mit Kindern vorbereiten sollen. Zum anderen gehören in diesen Bereich die Beratung von Eltern in allgemeinen Erziehungsfragen und bei jeweils spezifischen individuellen und familienbezogenen Problemen. Schließlich kommen in besonders belasteten Familiensituationen Maßnahmen der Familienfreizeit und -erholung hinzu.

Die im KJHG geregelten Angebote reichen heute somit u.a. von der Förderung der Kinder in Tageseinrichtungen und Tagespflege, der Erziehungsberatung, der Beratung in Fragen der Partnerschaft, Trennung und Scheidung sowie den Hilfen zur Erziehung bis hin zu Pflegschaft, Vormundschaft und Adoption.

Viele dieser Angebotsformen lassen sich selbst nochmals in zahlreiche Hilfe- und Unterstützungsmuster unterscheiden. So faßt der Achte Jugendbericht (1990, S. 130ff.) Maßnahmen der formlosen Betreuung, unterschiedlichste Muster institutionalisierter Beratung wie etwa der Erziehungs-, Schuldner- und Drogenberatung, die sozialpädagogische Familienhilfe, die Jugendgerichtshilfe und verschiedene Formen der Fremdunterbringung und Krisenintervention, wie z.B. Jugendschutzstellen und Frauenhäuser unter dem Oberbegriff der Erziehungshilfen zusammen. Angebote der Familienbildung werden demgegenüber hinsichtlich ihres institutionellen Charakters, d.h. als Maßnahmen von Verbänden, Volkshochschulen oder Familienbildungsstätten, ihrer funktionellen Leistung in Einrichtungen der Kinderbetreuung und von Schulen, in Bezug auf ihre medialen Angebote in Zeitschriften und Büchern sowie von Funk und Fernsehen und in ihrer Rolle als informeller Erfahrungsaustausch von Eltern differenziert (vgl. Achter Jugendbericht 1990, S. 104ff.).

Öffentliche Erziehungshilfen

Zu den bereits genannten Angeboten der Familienhilfe und -bildung kommen zudem noch jene Teilbereiche von Frauenförderungsprogrammen und Maßnahmen der Gleichstellungsbeauftragten hinzu, die sich bspw. auf die berufliche Wiedereingliederung von Frauen und deren berufliche Gleichstellung beziehen. Ebenso können Bestandteile der Gesundheitsförderung, der Wohnungspolitik und des Städtebaus (z.B. Spielplätze und Grünanlagen) mit in diesen Bereich hinzugezogen werden (vgl. Fünfter Familienbericht 1994).

Systematik von Familienhilfen und -bildung

Faßt man mit Leube (1987) dieses breite Spektrum von Hilfen zusammen, so geht es erstens um die in der Rechts-, Steuer-, Wohnungs- und Sozialpolitik formulierten Rechtsansprüche, die Rahmenbedingungen und Voraussetzungen des Zusammenlebens von Eltern und Kindern betreffen. Zweitens existiert ein Kreis von Hilfen, der auf die strukturellen Besonderheiten und Probleme von Familien Bezug nimmt und dabei vor allem die Entlastung von Familien, d.h. insbesondere der Frauen bei der Wahrnehmung ihrer Erziehungsfunktion zur Aufgabe hat. Ein dritter Bereich von Angeboten hat stärker allgemeinere Bildungs- und Beratungsbedürfnisse von Familien zum Inhalt und trägt zu der Erhaltung bzw. Verbesserung des innerfamilialen affektiven und kommunikativen Balancesystems bei. Als vierte Gruppe von Angeboten sind schließlich jene zu nennen, die dann ergriffen werden, wenn Familien den an sie gestellten Anforderungen nicht gerecht werden können, und die sich somit vor allem im Kontext der öffentlichen Erziehungshilfen auf die sog. Problemfamilien beziehen.

Träger und Institutionen

Ähnlich breit gefächert wie die Angebotspalette der Familienerziehung und -bildung ist auch das Träger- und Institutionenspektrum, das die entsprechenden Angebote organisiert und zur Verfügung stellt. So ist auf kommunaler Ebene neben dem Sozialamt als örtlicher Träger der Sozialhilfe, das überwiegend materielle Hilfen übernimmt, das Gesundheitsamt ein wichtiger Anbieter von familienbezogenen Dienstleistungen z.B. der Mütter-, Drogen- und Suchtberatung. Wesentlicher Träger der Familienhilfen ist aber die Jugendhilfe, d.h. auf kommunaler Ebene das Jugendamt im Rahmen der öffentlichen Erziehungshilfen. Neben den öffentlichen Trägern sind vor allem die freien Träger und somit die Wohlfahrtsverbände, Kirchengemeinden und andere Organisationen (z.B. Deutscher Kinderschutzbund, Pro Familia, Verband alleinstehender Mütter und Väter, Bundesverband der Pflege- und Adoptiveltern e.V., u.a.) auf dem Sektor der Familienhilfen engagiert (vgl. Grunow 1989). Im Vergleich hierzu dominieren in dem Bereich der Familienbildung die Kirchen und konfessionell orientierte Träger neben den Volkshochschulen.

Selbsthilfe

Sowohl im Bereich der Familienhilfen als auch in dem der Familienbildung sind zusätzlich zu den etablierten Trägern und Anbietern in den letzten Jahren allerdings verstärkt selbstorganisierte Initiativen und Zusammenschlüsse getreten, die sich zumindest in ihrer Entstehungsphase mehr oder weniger ausdrücklich als kritische Ergänzung zu dem bestehenden Angebot verstanden haben, wobei sich die Kritik der Selbsthilfegruppen zum einen an fehlenden Angeboten wie z.B. im Kindertagesstättenbereich oder an der Problematik Gewalt in Familien und gegen Frauen festgemacht hat. Zum anderen haben sich solche Initiativen aber auch in Abgrenzung zu den in etablierten Einrichtungen vertretenen Inhalten, vermittelten Werten und professionellen Arbeitsroutinen gebildet, wie z.B. die Familien-, Nachbarschafts- und Mütterzentren als alternative Angebote der Familienbildung.

Nicht nur durch die wachsende Anzahl von Selbsthilfegruppen sehen sich die Träger der Familienhilfe und -bildung mit verschiedenen Problemen konfrontiert. Vor allem für die Familienhilfen kann gelten, daß sie in aller Regel so institutionalisiert sind, als ließen sich Schwierigkeiten von Familien, Kindern und Jugendlichen eindeutig bestimmten Angeboten zuteilen und in Form einer Ordnung zunehmender Problemintensität nacheinander nutzen. Darüber hinaus sind die Zuweisungskriterien insofern strittig, als sie sich an den vielschichtigen individuellen und gesellschaftlichen Lebensverhältnissen der Adressaten und Adressatinnen ebenso orientieren müssen wie an institutionellen und methodischen Bedingungen der Hilfen. Die pädagogischen Fachkräfte müssen von daher in einem komplexen Prozeß die strukturellen Hintergründe der Schwierigkeiten von Familien und Heranwachsenden und die jeweiligen Besonderheiten und Bedeutungskontexte des Einzelfalls mit den Ressourcen und Möglichkeiten des Unterstützungsangebotes abstimmen (vgl. Achter Jugendbericht 1990, S. 130ff.). Für die neuen Bundesländer kommt erschwerend hinzu, daß sie diese Hilfen nach den Vorgaben des KJHG ohne vorhergegangene Erprobungsphase und vor dem Hintergrund des Zusammenbruchs bisheriger (ehrenamtlicher) Strukturen aufbauen mußten, ohne daß hier die formale und konzeptionelle Übernahme der Angebote der alten Bundesrepublik zu einer entscheidenden Verbesserung der Situation führen konnte. Versuche, bisherige lebensweltbezogene und integrative Maßnahmen zukunftsorientiert weiterzuentwickeln, scheinen demgegenüber erfolgsversprechender zu sein (vgl. Neunter Jugendbericht 1994, S. 535ff.).

<small>Probleme der Familienhilfe</small>

Die Angebote der Familienbildung stehen demgegenüber vor der Herausforderung, den sozialen Wandel von Familie so berücksichtigen zu müssen, daß unterschiedlichen und neuen Bedürfnissen und veränderten zeitlichen Möglichkeiten Rechnung getragen werden kann. Das Festhalten an einem traditionellen Familien- und Mutterbild ist hier ebensowenig weiterführend wie die bisherige Konzentration auf einen eher mittelschichtorientierten Adressaten- und Adressatinnenkreis (vgl. Leube 1987).

<small>Probleme der Familienbildung</small>

Insgesamt stellen sowohl die Familienhilfen als auch die Angebote der Familienbildung einen bedeutsamen Arbeitsmarkt für pädagogische Fachkräfte dar, der in den letzten Jahren nicht nur ständig expandiert ist, sondern sich auch zunehmend durch eine wachsende Verberuflichung und Verfachlichung des Personals auszeichnet – allerdings mit einem erheblichen Nachholbedarf in den neuen Bundesländern und wesentlichen Unterschieden in den einzelnen Arbeitsfeldern. So überwiegen in den Bereichen der Familienhilfen Arbeitskräfte mit Fachhochschulabschluß, sieht man einmal von dem Bereich der Tagesbetreuung für Kinder ab. Diplom-Pädagoginnen und Diplom-Pädagogen werden hier überwiegend in Beschäftigungsverhältnissen als Sozialarbeiterinnen, Sozialarbeiter bzw. Sozialpädagogen und Sozialpädagoginnen eingestellt. Dagegen findet diese Berufsgruppe im Bereich der Familienbildung zwar eher abschlußadäquate Einstellungsmöglichkeiten, dieser Arbeitsmarktsektor ist aber insgesamt dadurch geprägt, daß neben wenigen hauptamtlich Beschäftigten die Anzahl der Honorarkräfte in ungesicherten Beschäftigungsverhältnissen überwiegt. Außerdem sind Arbeitsplätze in der Familienhilfe und -bildung gegenwärtig gleichermaßen durch erhebliche Sparmaßnahmen im sozialen Sektor bedroht.

<small>Familienhilfe und -bildung als Arbeitsmarkt</small>

Sozial- und
Familienpolitik

Die zu erwartenden Stellenkürzungen machen zudem auf einen weiteren Sachverhalt aufmerksam, der für die Familienhilfen und die Familienbildung konstitutiv ist. In der Gegenüberstellung von privater und öffentlicher Erziehung wird die familiale Erziehung in ihrer nachdrücklichen Bedeutung für die gelingende Sozialisation von Kindern immer dann hervorgehoben, wenn mit dem Argument der vornehmlich privat von Frauen zu erbringenden Erziehungsleistungen und deren besonderer Qualität Einschnitte bei den öffentlichen Hilfen vollzogen werden sollen. Eine wesentliche Ursache dafür, daß die entsprechenden Angebote in Zeiten knapper Kassen immer wieder zur Disposition gestellt und gegenüber der familialen Erziehung als nachrangig eingestuft werden, ist darin zu suchen, daß diese Hilfen eingebettet sind in sozial- und familienpolitische Rahmenbedingungen, die durch eine „strukturelle Rücksichtslosigkeit" gegenüber den Belangen von Familien gekennzeichnet sind (vgl. Fünfter Familienbericht 1994, S. 21ff.).

Die Förderung von Ehe und Familie, die Gleichberechtigung von Frauen und Männern, die Vereinbarkeit von Beruf und Familie für Frauen und die rechtliche Gleichstellung von ehelichen und nichtehelichen Kindern sind die zentralen Inhalte der bundesrepublikanischen Familienpolitik. Im praktischen Umgang damit zeigt sich dann aber die Dominanz der herkömmlichen Familienideologie, die dazu führt, daß die Ehe gegenüber Familien und nichtehelichen Lebensgemeinschaften eine besondere wirtschaftliche Unterstützung erfährt. Gefördert wird zudem die Nichterwerbstätigkeit von Frauen, Maßnahmen zur simultanen Vereinbarkeit von Familie und Beruf existieren kaum, und schließlich bewirkt auch der Familienlastenausgleich letztendlich nur die Besserstellung der ohnehin Wohlhabenden (vgl. Böllert 1995, S. 75ff.). Der aktuelle Umgang mit dem Rechtsanspruch auf einen Kindergartenplatz für alle Kinder ab drei Jahren weist in dieselbe Richtung, d.h. Elternschaft gilt als Privatangelegenheit, die in anderen Gesellschaftsbereichen keine Rolle spielt; die Tatsache, ob familiale Leistungen erbracht werden oder nicht, findet keine Anerkennung (vgl. Fünfter Familienbericht 1994, S. 21ff.).

Kinder werden so zu einer ökonomischen Belastung, die Familien mit Hilfe des Steuer- und Sozialrechtes gegenüber kinderlosen Paaren benachteiligt und gleichzeitig zu einer Verfestigung des traditionellen Familien- und Frauenbildes beiträgt. Solange aber, wie die Beschwörung der Familie bloße Rhetorik bleibt und nicht zu deren finanzieller und sozialer Unterstützung führt, können auch pädagogische Hilfen allenfalls nur kosmetische Korrekturen an einer insgesamt eher familienfeindlichen Situation sein.

Literatur

Barabas, F. K./Erler, M.: Die Familie. Einführung in Soziologie und Recht. Weinheim/München 1994.
Beck, U.: Risikogesellschaft. Auf dem Weg in eine andere Moderne. Frankfurt a.M. 1986.
Beck-Gernsheim, E.: Auf dem Weg in die postfamiliale Familie – Von der Notgemeinschaft zur Wahlverwandtschaft. In: Beck, U./Beck-Gernsheim, E. (Hrsg.): Riskante Freiheiten. Frankfurt a.M. 1994, S. 115-138.
Bertram, H. (Hrsg.): Die Familie in Westdeutschland. Stabilität und Wandel familialer Lebensformen. Opladen 1991.

Bertram, H. (Hrsg.): Die Familie in den neuen Bundesländern. Stabilität und Wandel in der gesellschaftlichen Umbruchsituation. Opladen 1992.

Böllert, K.: Zwischen Intervention und Prävention. Eine andere Funktionsbestimmung Sozialer Arbeit. Neuwied/Kriftel/Berlin 1995.

Böllert, K./Otto, H.-U. (Hrsg.): Die neue Familie. Lebensformen und Familiengemeinschaften im Umbruch. Bielefeld 1993.

Bundesministerium für Familie und Senioren: Familien und Familienpolitik im geeinten Deutschland – Zukunft des Humanvermögens. Fünfter Familienbericht. Bonn 1994.

Bundesministerium für Familie, Senioren, Frauen und Jugend: Neunter Jugendbericht. Bericht über die Situation der Kinder und Jugendlichen und die Entwicklung der Jugendhilfe in den neuen Bundesländern. Bonn 1994.

Bundesministerium für Jugend, Familie, Frauen und Gesundheit: Achter Jugendbericht. Bericht über Bestrebungen und Leistungen der Jugendhilfe. Bonn 1990.

Dettling, W.: Krise der Familie – Krise der Gesellschaft. In: Gewerkschaftliche Monatshefte 3 (1995), S. 129-141.

Forschungsstelle für empirische Sozialökonomie: Haushalt und Familie in den neuen Bundesländern. Ergebnisse einer Längsschnittuntersuchung (1990-1993). Frankfurt a.M./New York 1994.

Grunow, D.: Ambulante soziale Dienste für betimmte hilfsbedürftige Familienmitglieder. In: Nave-Herz/Markefka (1989), S. 627-650.

Gutschmidt, G.: Kind und Beruf. Alltag alleinerziehender Mütter. Weinheim/München 1986.

Heiliger, A.: Alleinerziehen als Befreiung. Mutter-Kind-Familien als positive Sozialisationsform und als gesellschaftliche Chance. Pfaffenweiler 1991.

Herrmann, U.: Familie und Elternhaus. In: Lenzen, D. (Hrsg.): Erziehungswissenschaft. Ein Grundkurs. Reinbek 1994, S. 186-204.

Karsten, M.-E./Otto, H.-U. (Hrsg.): Die sozialpädagogische Ordnung der Familie. Beiträge zum Wandel familialer Lebensweisen und sozialpädagogischer Interventionen. Weinheim/München 1987.

Kaufmann, F.-X.: Zukunft der Familie. Stabilität, Stabilitätsrisiken und Wandel der familialen Lebensformen sowie ihre gesellschaftlichen und politischen Bedingungen. München 1990.

Kaufmann, F.-X.: Zukunft der Familie im vereinten Deutschland. Gesellschaftliche und politische Bedingungen. München 1995.

Leube, K.: Familienhilfe/Elternarbeit. In: Eyferth, H./Otto, H.-U./Thiersch, H. (Hrsg.): Handbuch zur Sozialarbeit/Sozialpädagogik. Neuwied/Darmstadt 1987, S. 333-341.

Liegle, L.: Welten der Kindheit und Familie. Beiträge zu den pädagogischen und kulturvergleichenden Sozialisationsforschung. Weinheim/München 1987.

Mollenhauer, K.: Familie-Familienerziehung. In: Lenzen, D. (Hrsg.): Pädagogische Grundbegriffe. Band 1. Reinbek 1989, S. 603-613.

Napp-Peters, A.: Ein-Elternteil-Familien. Soziale Randgruppe oder neues familiales Verständnis. Weinheim/München 1985.

Nauck, B./Onnen-Isemann, C. (Hrsg.): Familie im Brennpunkt von Wissenschaft und Forschung. Neuwied/Kriftel/Berlin 1995.

Nave-Herz, R.: Familie heute. Wandel der Familienstrukturen und Folgen für die Erziehung. Darmstadt 1994.

Nave-Herz. R./Markefka, M. (Hrsg.): Handbuch der Familien- und Jugendforschung. Band I: Familienforschung. Neuwied/Kriftel/Berlin 1989.

Niepel, G.: Soziale Netzwerke und soziale Unterstützung alleinerziehender Frauen. Opladen 1994.

Pieper, M. (Hrsg.): Beziehungskisten und Kinderkram. Neue Formen der Elternschaft. Frankfurt a.M./New York 1994.

Schneider, N. F.: Familie und private Lebensführung in West- und Ostdeutschland. Eine vergleichende Analyse des Familienlebens 1970-1992. Stuttgart 1994.

Störtzbach, B.: Deutschland nach der Vereinigung – Meinungen und Einstellungen zu Familie, Kindern und zur Familienpolitik in Ost und West. In: Zeitschrift für Bevölkerungswissenschaft 2 (1994), S. 151-167.

II. Schule: Regelschulen, Reformschulen, Privatschulen

Wolfgang Klafki

Inhalt

1. Das System der allgemeinbildenden Regelschulen in Deutschland
2. Reformschulen, Versuchsschulen, Schulversuche
3. Privatschulen
4. Schule als gesellschaftlich organisierte Institution
4.1. Die Makro- und die Mikroperspektive
4.2. Die Makro-Perspektive: Gesellschaftliche Funktionen der Schule
4.3. Die relative Eigenständigkeit (Autonomie) der Schule im Verhältnis zu ihren gesellschaftlichen Funktionen
4.4. Die Mikro-Perspektive: Die Binnenorganisation der Institution Schule und ihre Wirkungen
4.5. Mehrdimensional-integrative Schultheorien

5. Unterricht und Schulleben als Handlungsfelder der LehrerInnen, Schul-SozialpädagogInnen und SchülerInnen und als Gegenstandsbereiche der Didaktik und der Theorie des Schullebens
5.1. Unterricht und Schulleben
5.2. Zentrale Fragen der Didaktik
5.3. Didaktische Theorien
5.4. Theorie des Schullebens

6. Aus- und Fortbildung von LehrerInnen
6.1. Aktuelle Ausbildungssituation
6.2. Fortbildung

7. Zukunftsaussichten für angehende LehrerInnen und Schul-SozialpädagogInnen

Literatur

In diesem Beitrag sollen Schule und Unterricht in Deutschland als Handlungsfelder von LehrerInnen und weiteren, in dieser Institution beruflich tätigen Personengruppen, vor allem von SchulsozialarbeiterInnen, sowie der SchülerInnen, der Eltern und anderer, an Schule interessierter Personengruppen beschrieben und erörtert werden, vorwiegend im Hinblick auf das allgemeinbildende Schulwesen. Zuvor ist es notwendig, einen Überblick über Grundlinien der Organisation des Schulsystems in Deutschland zu geben.

1. Das System der allgemeinbildenden Regelschulen

1.1. Das Schulsystem ist heute ein Teilbereich des politisch-gesellschaftlich-kulturellen Gesamtsystems in primär staatlicher Regie. Sieht man von Vorläufern in wenigen deutschen Territorien ab, wo weitsichtige Fürsten schon seit der zweiten Hälfte des 17. Jahrhunderts ein systematisch gegliedertes Schulwesen aufzubauen begannen, so setzt dieser Prozeß in größerem Maßstab in den deutschen Ländern erst nach der französischen Revolution ein. Herrscher und ihre Regierungen formulieren nun den Anspruch, daß „der Staat" für das Schulwesen verantwortlich sei und damit die grundlegenden Entscheidungen über Schulfragen zu treffen habe, vor allem über Beginn und Dauer der Schulpflicht der Kinder, den organisatorischen Aufbau des Schulwesens nach Schularten und Schulstufen, die Berechtigungen, die man auf verschiedenen Schularten oder Schulstufen erreichen kann, die Inhalte des Unterrichts, die Anforderungen an LehrerInnenausbildung, die Pflichten und Rechte der LehrerInnen und der Eltern im Hinblick auf den Schulbesuch ihrer Kinder, auch über die Bedingungen, unter denen der Staat Schulen in nicht-staatlicher Trägerschaft, sog. „Privatschulen" (z.B. in der Trägerschaft von Kirchen oder Weltanschauungsgruppen oder Initiatoren mit besonderen pädagogischen Konzepten) anerkennt bzw. zuläßt. In dem eben skizzierten Prozeß, der meistens das ganze 19. Jahrhundert in Anspruch nahm, hat das Königreich Preußen eine Pionierfunktion gehabt: 1794 wurde im „Preußischen Landrecht" die staatliche Schulhoheit erstmals ausdrücklich verankert.

1.2. Im Grundgesetz, das seit 1989/90 auch für das vereinigte Deutschland gilt, wird die kulturpolitische Entscheidungskompetenz einschließlich der Fragen des Schulwesens – die sog. „Kulturhoheit" – nicht der Bundesregierung, sondern den Bundesländern zugesprochen, in Fortführung einer schon im 19. Jahrhundert und verstärkt in der Weimarer Republik begründeten, nur in der nationalsozialistischen Herrschaftsperiode unterbrochenen förderalistischen Tradition. Jedoch haben die deutschen Länder schon sehr früh nach dem 2. Weltkrieg eine Instanz geschaffen, die verhindern soll, daß die Entwicklungen des Bildungswesens in den einzelnen Bundesländern allzuweit auseinanderdriften: die „Ständige Konferenz der Kultusminister" (KMK), die regelmäßig tagt. Die Absprachen in diesem Gremium schränkten und schränken die politischen Entscheidungsspielräume der einzelnen Länder in wichtigen Fragen erheblich ein, z.B. im Hinblick auf die Anerkennung von Abschlußzeugnissen zwischen den Ländern, etwa auf der Ebene des Abiturs.

1.3. Den obrigkeitsstaatlichen Wurzeln des Schulsystems in Deutschland entsprechend ist die Schulverwaltung bzw. Schuladministration oder Schulaufsicht bislang immer noch vorwiegend hierarchisch, „von oben nach unten" strukturiert, trotz etlicher z.T. schon in der Weimarer Republik, z.T. im Laufe der Geschichte der Bundesrepublik eingeführter bzw. erkämpfter Mitbestimmungselemente wie der Schul- bzw. Lehrerkonferenzen, der Landeseltern-, Schulelternund Klassenelternbeiräte, der Personalräte bei den Schulämtern usw. Die Verlaufsrichtung der wesentlichen Entscheidungen zur äußeren und inneren Schulgestaltung erfolgt nach wie vor vielfach von oben nach unten; Anregungen der basisnahen Gremien bedürfen in hohem Maße der Genehmigung der höheren Instanzen, denen dann auch die Kontrolle der Durchführung obliegt. Andererseits haben etliche Schulen bzw. LehrerInnen ihre schon bisher gegebenen Handlungsspielräume nicht ausgeschöpft, ja sie z.T. durch eigene, einengende schulinterne Regelungen (offizieller und inoffizieller Art) „zugemauert". Schulverwaltung

Seit etwa zwei Jahrzehnten wird nun auf programmatischer Ebene, zunächst vom Deutschen Bildungsrat (1973) und dann vor allem von der Kommission „Schulrecht" des „Deutschen Juristentages" (1981), eine prinzipielle Veränderung des überkommenen Schulverwaltungssystems gefordert. In den letzten Jahren haben einige Bundesländer (Bremen, Hessen, Hamburg; in Zukunft vermutlich auch Nordrhein-Westfalen) – z.T. Anregungen aus anderen Ländern wie den Niederlanden oder Dänemark folgend – solche Impulse in neuen Schulgesetzen und einigen Verwaltungsreform-Projekten berücksichtigt. Entscheidungs- und Handungskompetenzen, die bisher den Kultusministerien und den oberen Schulverwaltungs-Ebenen zugeordnet waren, werden in erheblichem Umfang auf die Ebene bisheriger oder neuer Institutionen auf Stadt- bzw. Kreisebene und auf die Ebene der einzelnen Schulen und ihrer Schulleitungen, Kollegien, Eltern- und SchülerInnenvertretungen verlagert: Entscheidungen über Personalfragen, die Nutzung von Finanzmitteln, die innere und äußere Schulorganisation, die schulinterne Stundenplan- und Lehrplangestaltung, die Ausbildung charakteristischer Schulprofile usw. Daraus folgt eine Veränderung der bisherigen Schulverwaltung auf den Ebenen der Kreise und kreisfreien Städte und der Regierungsbezirke in Richtung auf Schulberatung sowie Unterstützung und Mitwirkung bei der Fremd- und vor allem der Selbstevaluation der Schulen (Prozeß- und Ergebnisüberprüfung). Den Schulleitungen und -kollegien fallen mit den neuen Gestaltungsmöglichkeiten selbstverständlich auch neue Verantwortlichkeiten zu, u.a. die Entwicklung von „Schulprogrammen", die öffentliche Rechenschaftsablage u.ä. Die SchulleiterInnen und die LehrerInnen brauchen hier Unterstützung durch intensive LehrerInnenfortbildung.

Deutscher Bildungsrat

Schulberatung

1.4. Eine für *alle* Kinder gemeinsame *Grundschule* als erste Stufe im Aufbau des Schulwesens ist in Deutschland für alle Länder des damaligen Deutschen Reiches erst nach dem 1. Weltkrieg durch das „Reichsgrundschulgesetz" (1920) geschaffen worden. Dieses Gesetz blieb die einzige, für das ganze Reichsgebiet gültige, schulorganisatorisch bedeutende Regelung in der Weimarer Republik. Ein für die Folgezeit geplantes „Reichsschulgesetz" kam nicht zustande. Die im Reichsgrundschulgesetz festgelegte Dauer von 4 Jahren war ein Kompromiß. In die vorangehenden Diskussionen waren demgegenüber auch Konzepte mit sechs- oder

Reichsgrundschulgesetz

achtjähriger Grundschuldauer eingebracht worden, während einige konservative Gruppierungen die Beibehaltung von dreijährigen privaten oder öffentlichen, schulgeldpflichtigen „Vorschulen" als direkte Zugangswege zum Besuch von Gymnasien gefordert hatten. Nach dem 2. Weltkrieg ist in der Zeit der Besatzungszonen und z.T. bis in die ersten Jahre der Bundesrepublik hinein die Forderung nach sechs- oder auch achtjähriger Grundschuldauer in einigen deutschen Ländern von der SPD, der KPD und vom wiederbegründeten Deutschen Lehrerverein (und seinem größten Nachfolgeverband, der „Gewerkschaft Erziehung und Wissenschaft", GEW, seit 1949) wieder vertreten und in den Westzonen von den USA unterstützt worden. Aber nur in wenigen westdeutschen Ländern (Hamburg, Bremen, Schleswig-Holstein) wurde die sechsjährige Grundschule tatsächlich gesetzlich eingeführt, dann aber durch konservative Regierungen im Zeitraum zwischen 1950 und 1957 wieder auf eine vierjährige Dauer reduziert. Nur in Westberlin gab es ab 1948 die achtjährige Grundschule. Sie wurde 1951 durch die sechsjährige Grundschule mit anschließend differenzierten Schultypen ersetzt, während in der Sowjetischen Besatzungszone und ab 1949 in der DDR zunächst die achtjährige und später die zehnjährige „Sozialistische Einheitsschule" (mit anschließender zweijähriger „Erweiterter Oberstufe") eingeführt wurde. Ihre Grundstufe war eine vierjährige Grundschule. Nach der deutschen Vereinigung 1989 sind Berlin und Brandenburg, deren Fusion zu einem Bundesland geplant ist, die einzigen Länder der Bundesrepublik, in denen die sechsjährige Grundschule die verbindliche Grundstufe des Schulsystems bildet; es gibt dort nur wenige „grundständige" Gymnasien, auf die der Übergang von Grundschülern nach dem 4. Schuljahr möglich ist. In den alten Bundesländern gab es bisher nur einen Schulversuch mit sechsjähriger Grundschule in Marburg/L. Erst in den letzten Jahren trifft man in der pädagogischen Diskussion – bei reformorientierten LehrerInnen-Gruppen und in Empfehlungen einzelner ErziehungswissenschaftlerInnen und einiger Schulreformkommissionen (so etwa in Bremen 1993/94 und in Nordrhein-Westfalen 1995) auf die Anregung, die Möglichkeiten der sechsjährigen Grundschule generell zu diskutieren und in größerem Maßstab zu erproben oder verbindlich einzuführen, eine Forderung, die bei etlichen Grundschulen bereits ein positives Echo ausgelöst hat.

Sechs- bzw. achtjährige Grundschule

1.5. Oberhalb der Grundschule sind im deutschen Schulwesen einige Merkmale jener Organisationsstruktur, die im Laufe des 19. und der ersten drei Jahrzehnte des 20. Jahrhunderts durch bildungspolitische Entscheidungen geschaffen worden war, bis heute als Grundmuster erhalten geblieben, trotz erheblicher Modifikationen im Detail – Gewichtsverschiebungen, internen Grenzveränderungen und Übergangsmöglichkeiten zwischen den Elementen – und einigen Alternativen, die quantitativ aber bisher nur in einzelnen Bundesländern zu Buche schlagen. Die beiden wichtigsten tradierten Strukturmerkmale sind folgende:

Trennung zwischen allgemein- und berufsbildendem Schulwesen

– Die immer noch vorwiegende, deutliche organisatorische und inhaltliche Grenzziehung zwischen dem „allgemeinbildenden" und dem „berufsbildenden" Schulwesen.

Mehrgliedrigkeit des allgemeinbildenden Schulwesens

– Die Säulenstruktur (Mehrgliedrigkeit) des allgemeinbildenden Schulwesens oberhalb der Grundschule. Bezogen auf Hauptschule, Realschule und Gymnasium spricht man häufig vom „dreigliedrigen System". Bezieht man die

Sonderschulen mit ein, so handelt es sich um ein viergliedriges System, bei Berücksichtigung der Gesamtschulen, die allerdings nur in einigen Bundesländern von einem quantitativ bedeutsamen Anteil von SchülerInnen besucht werden, um ein fünfgliedriges System.

1.6. Die Hauptschule umfaßt heute als selbständige Schulform im Anschluß an die vierjährige Grundschule die Klassenstufen 5 bis 9, z.T. auch die Klassenstufe 10, die in Berlin, Nordrhein-Westfalen, Bremen und Brandenburg verbindlich ist und in den übrigen Bundesländern ein wählbares Angebot darstellt mit der Möglichkeit, bei guten Schulleistungen den Realschulabschluß zu erlangen; bei sechsjähriger Grundschulzeit umfaßt die Hauptschule die Klassen 7 bis 9 bzw. 10.   *Hauptschule*

Die Bezeichnung „Hauptschule" wurde 1964 durch ein Abkommen der KMK für die bisherige Volksschuloberstufe eingeführt, die bis dahin meistens organisatorisch mit einer Grundschule unter gemeinsamer Leitung verbunden war; Grundschule und Volksschuloberstufe wurden bis dahin, einer ins 19. Jahrhundert zurückreichenden Tradition entsprechend, zusammenfassend als „Volksschule" bezeichnet.

Alle Modernisierungsbemühungen konnten in der Folgezeit nicht verhindern, daß – besonders deutlich seit etwa 15 Jahren – in der Hauptschule ein beschleunigter SchülerInnenschwund eintrat; er hat dazu geführt, daß in den Stadtstaaten (wie in etlichen anderen Groß-, aber auch Mittelstädten) gegenwärtig nur noch 12 bis 20% der 10 bis 15 bzw. 16jährigen diese Schulform besuchen, in den Flächenstaaten zwischen 25 und 35% (mit weiter sinkender Tendenz); 1952 besuchten in der damaligen Bundesrepublik noch etwa 80%, 1975 noch rund 50% der 10 bis 14jährigen die Volksschuloberstufe. Mindestens in der Mehrzahl städtischer Bezirke ist die Hauptschule also tendenziell bereits zur „Restschule", zum „Verlierer der Bildungsreform" geworden. In ihr sammeln sich vielfach SchülerInnen mit sozial bedingten Problemen und hohem Betreuungsbedarf, nicht zuletzt überdurchschnittlich viele Jugendliche aus ausländischen Familien.

1.7. Die Realschule, die bis in die sechziger Jahre unseres Jahrhunderts oft auch als „Mittelschule" bezeichnet wurde und deren Geschichte bis ins 18. Jahrhundert zurückreicht, umfaßt seit 1920 sechs, vorher oft nur fünf Klassenstufen. Bei erfolgreichem Abschluß erhält man das Realschulzeugnis, oft immer noch „Mittlere Reife" genannt; sie berechtigt zum Eintritt in Ausbildungswege für „mittlere Berufe" bzw. entsprechende Berufsfachschulen. Seit einiger Zeit erhält man bei überdurchschnittlich gutem Noten-Niveau auch die Zugangsberechtigung zu gymnasialen Bildungsgängen der Sekundarstufe II.

Der Anteil von SchülerInnen, die innerhalb des allgemeinbildenden Schulwesens Mittelschulen besuchten, lag zu Beginn unseres Jahrhunderts bei etwa 6% und stieg seither kontinuierlich, in den letzten drei Jahrzehnten besonders auffällig; die Quote erfolgreicher Abschlüsse liegt gegenwärtig bei etwa 37% aller 16 bis 17jährigen, wobei die einzelnen Bundesländer deutliche Unterschiede aufweisen.   *Realschule*

1.8. Die Schulen der dritten „Säule" des überkommenen Schulsystems, die „höheren Schulen", wurden seit 1955 auf KMK-Beschluß einheitlich „Gymnasien" genannt, also im Rückgriff auf jene Bezeichnung, die die neuhumanistischen Gründer des zunächst in Preußen um 1810 durch Wilhelm von Humboldt und seine Mitstreiter konzipierten Bildungssystems für die zur Studienberechtigung führende Schulform einführten und die danach auch von anderen deutschen Ländern übernommen wurde.

Gymnasien

Das (neu)humanistische Gymnasium ist nie im liberalen Sinne seiner ideellen Begründer verwirklicht worden. Es wurde vielmehr im Zuge des Restaurationsprozesses seit 1815 zu einer stark stofforientierten, einseitig an den alten Sprachen (mit Vorrang des Lateinischen) orientierten und individuelle Schwerpunktbildungen fast ausschließenden Schule der wohlhabenden Schichten des gehobenen Bürgertums in den Obrigkeitsstaaten Deutschlands. Die wichtigsten Veränderungen des höheren Bildungswesens, insbesondere seit der Gründung des 2. Deutschen Reiches 1870/71, sind folgende:

- Im Laufe der zweiten Hälfte des 19. Jahrhunderts traten neben das „humanistische Gymnasium" mit den „Realgymnasien" und den „Oberrealschulen" (mit jeweils 9jähriger Dauer) im Zuge der wirtschaftlich-technischen und der wissenschaftlichen Entwicklung und im Interesse ihrer sozialen Trägergruppen zwei neue Typen des höheren Schulwesens, die das inhaltliche Schwergewicht auf die Mathematik und die naturwissenschaftlichen Fächer sowie die neuen Fremdsprachen verlagerten, wobei das Realgymnasium Latein als Pflichtfremdsprache beibehielt. Durch Kaisererlaß erhielten beide Schulformen 1900 die formale Gleichstellung ihrer Abituria mit denen des altsprachlichen Gymnasiums (Universitäts- bzw. Hochschulreife) zuerkannt. In allen drei Schultypen wurde die „deutschkundliche" Fächergruppe (Deutsch, Geschichte, Erdkunde) im Sinne nationaler und anti-sozialdemokratischer Tendenzen verstärkt.

Realgymnasium Oberrealschule

- 1908(!) erfolgte erstmalig die Einordnung der bis dahin ausschließlich privaten bzw. kommunalen Mädchenschulen in das staatliche Schulwesen und in das Berechtigungssystem: Mädchen konnten nach dem zehnjährigen Lyzeum (das dreijährige Vorklassen – als Äquivalent für den Grundschulbesuch – einschloß und die „mittlere Reife", aber ohne formelle Berechtigungen, vergab) an vierjährigen „Studienanstalten" (in einer der drei Formen, die dem altsprachlichen, realgymnasialen oder Oberrealschul-Typus der Jungenschulen entsprachen) das Abitur und damit die Hochschulzulassung erwerben.

Mädchenschulen

- In der Weimarer Republik wurde das Typenspektrum höherer Schulen um die „Deutsche Oberschule" erweitert, die die „deutschkundlichen Fächer" (Deutsch, Geschichte, Erdkunde) besonders betonte und neben Latein und Englisch als Pflichtfremdsprachen naturwissenschaftlichen Unterricht etwa im Umfang der Realgymnasien anbot. Diese Schulen wurden vielfach mit einem neuen Zugangsweg verbunden, den „Aufbauschulen" bzw. Aufbauzügen, in die fähige SchülerInnen aus ländlichen Gebieten nach dem 6. Volksschuljahr eintreten konnten. Nach einem dreijährigen Bildungsgang mündete dieser Aufbauweg in die 10. Klasse der Deutschen Oberschule ein.

Deutsche Oberschule

Aufbauschulen

– Die Nationalsozialisten veränderten die Zielsetzungen und z.T. auch die Inhalte des Unterrichts aller Schularten und folglich auch der höheren Schulen in systemkonformem Sinne, behielten aber das 4-Zweige-System der höheren Schulbildung im wesentlichen bei, verkürzten jedoch 1938 die Zeit des höheren Schulbesuchs auf 8 Jahre, favorisierten vor allem die Deutsche Oberschule und erweiterten z.T. die in der Weimarer Zeit geschaffenen Möglichkeiten für Mädchen, in bisherige Jungenschulen einzutreten.

Die Bundesrepublik kehrte – im Anschluß an Entwicklungen, die sich größtenteils schon in der Zeit der Besatzungszonen abzeichneten, – im wesentlichen zur Dreigliedrigkeit des höheren Bildungswesens im Sinne der Weimarer Periode ohne „Deutsche Oberschulen" zurück. Jedoch wurden einerseits die Lehrpläne der drei wichtigsten Schultypen – von Sonderformen wie z.B. „musischen Gymnasien" in einzelnen Bundesländern wird hier abgesehen – schrittweise einander angenähert (einschließlich der Stundenanteile der meisten Fächergruppen); die Unterschiede wurden damit einerseits abgeschwächt, andererseits wurden die Schwerpunkte z.T. deutlicher akzentuiert und bezeichnet, nämlich als „altsprachliche", „neusprachliche" und „mathematisch-naturwissenschaftliche Gymnasien".

1.9. Mit der seit 1972 beginnenden, in der KMK im wesentlichen bundeseinheitlich vereinbarten, wenn auch in den einzelnen Ländern unterschiedlich zügig durchgeführten Reform der gymnasialen Oberstufe („neugestaltete Oberstufe", NGO) im Sinne eines Systems von verbindlichen Grundkursen (im Umfang von etwa 2/3 der Gesamtstundenzeit) und zwei weitgehend frei wählbaren Leistungsfächern (mit je 5 Wochenstunden, bei gewissen Begrenzungen der Wahl des jeweils zweiten Leistungsfaches, um zu starke Engführungen, etwa Musik und Kunst, auszuschließen) entfiel für die Oberstufe wie für die Unter- und Mittelstufe eine formelle Typisierung. Veranlaßt durch Verfälschungen des Konzeptes der NGO (u.a. infolge der Rückwirkungen des numerus clausus für einige universitäre Studienrichtungen, stofflicher Überlastungen durch „Normenbücher" der Kultusministerien, Fehldeutungen der Leistungsfächer als Vorgriffe auf universitäre Fachstudien statt als exemplarische Felder für fächerübergreifende wissenschaftliche Grundbildung) gibt es z.Zt. starke Tendenzen, zum alten System mit verbindlichen Haupt- und Nebenfächern und geringen individuellen Wahlmöglichkeiten zurückzukehren. Die pädagogisch angemessene Korrektur läge dagegen höchstwahrscheinlich in der Rückbesinnung auf die ursprünglichen Ziele der NGO und ihre Weiterentwicklung.

Reform der gymnasialen Oberstufe

1.10. Die deutsche Einigung 1989 hat nicht zu umfassenden Veränderungen der Bildungsorganisation in der Bundesrepublik geführt. Außer Berlin und Brandenburg haben sich die neuen Bundesländer im Zeitraum zwischen 1991 und 1993 in ihren Schulgesetzen im wesentlichen für die Übernahme des schulorganisatorischen Grundmodells der alten Bundesrepublik entschieden. Abweichungen bleiben in den Grenzen dieser Struktur: Die Begrenzung der Schulzeit der höheren Schule bis zum Abitur auf 8 Jahre ist eine finanziell und organisatorisch be-

Schulpolitische Auswirkungen der deutschen Einigung

dingte Zwischenlösung, die von den alten Bundesländern gemäß KMK-Beschluß vorläufig toleriert wird. Die Zusammenlegung von Hauptschulen und Realschulen ist weniger als erster Integrationsansatz zu deuten, erfolgt vielmehr im Blick auf die schon seit 1980 in der ehemaligen DDR abnehmenden, seit einigen Jahren rapide sinkenden SchülerInnenzahlen und die daraus resultierenden Schwierigkeiten, in Gebieten mit geringer Bevölkerungsdichte ein wohnortnahes Schulangebot in Form räumlich und organisatorisch durchgehend selbständiger Schulen verschiedener Schularten mit differenziertem Unterrichtsangebot und getrennten Lehrkörpern zu sichern. Diese kombinierende Schulform läuft in Sachsen, Sachsen-Anhalt und Thüringen unter verschiedenen Bezeichnungen (Mittel-, Regel- oder Sekundarschule) und kann in unterschiedlichen Differenzierungsformen konkretisiert werden; es dominieren aber – außer in Brandenburg – additive Modelle mit äußerer Niveaukursdifferenzierung.

Alle neuen Bundesländer haben selbständige Gymnasien eingerichtet, Mecklenburg-Vorpommern, Sachsen, Sachsen-Anhalt und Thüringen wenige Gesamtschulen als Schulversuche genehmigt; Sachsen-Anhalt hat außerdem innerhalb der Sekundarschule die Klassen 5 und 6 als differenzierende Förderstufen organisiert. Nur Brandenburg fällt (neben dem vereinigten Berlin) aus diesem Normalrahmen, da es die verbindliche sechsjährige Grundschule und neben Realschulen und Gymnasien eine große Zahl von Gesamtschulen in integrierter und additiver Form (insgesamt 310) eingerichtet hat.

Eine Diskussion mit größerer Breitenwirkung hinsichtlich der Frage, ob es nicht lohnend hätte sein können, bei inhaltlicher Neuorientierung manche organisatorischen Elemente des Schulsystems der ehemaligen DDR, etwa die zehnjährige „Einheitsschule" als Grundschule und Sekundarstufe I mit erweiterten Differenzierungsmöglichkeiten weiterzuführen, hat es nach der Vereinigung nicht gegeben.

1.11. Quantitativ haben die höheren Schulen in Deutschland seit mehr als hundert Jahren einen fast kontinuierlichen, seit etwa 1969/70 besonders deutlichen Zuwachs ihres Anteils an den 11-20jährigen Jugendlichen zu verzeichnen. 1991 besuchten in der alten Bundesrepublik 29-30% aller Vierzehnjährigen Gymnasien; nach der Vereinigung haben sich die entsprechenden Anteile in den neuen Bundesländern diesem Wert tendenziell angenähert. 1991 erwarben in den alten Bundesländern 26% aller 19 bis 21jährigen die allgemeine Hochschulreife, größtenteils an Gymnasien, weitere 10% der 18-21jährigen – überwiegend in berufsbildenden Schulen der Sekundarstufe II – die Fachhochschulreife. Die Werte dürften inzwischen noch etwas höher liegen, und in den neuen Bundesländern tendiert die Entwicklung zu ähnlichen Größenordnungen.

Der eben skizzierte starke Anstieg der Bildungsbeteiligung (auch) an den Bildungsgängen der Sekundarstufe II in den letzten 25 Jahren ist auch einer wachsenden Zahl von jungen Menschen aus Arbeiterfamilien und aus sozial schwachen Bevölkerungsgruppen zugute gekommen. Jedoch hat sich die relative Bildungschancen-Ungleichheit nicht wesentlich verändert. Der Anteil von SchülerInnen aus den genannten sozio-kulturellen Schichten, die Gymnasien besuchen, liegt auch heute nur bei etwa 9-10% aller Gleichaltrigen entsprechender sozialer Herkunft.

Relative Bildungschancen-ungleichheit

1.12. Nachdem Versuche der ersten Jahre seit dem Zusammenbruch des Nationalsozialismus, die „Versäulung" des Schulsystems in Westdeutschland vom 5. Schuljahr ab in einigen Ländern der westlichen Besatzungszonen bzw. der Bundesrepublik wenigstens um zwei Jahre hinauszuschieben, mit Ausnahme Westberlins bereits bis zu den beginnenden fünfziger Jahren wieder zurückgenommen worden waren (– während in der DDR die zunächst 8jährige, später, ab 1959, 10jährige sozialistische Einheitsschule etabliert wurde –), hat es erst seit 1959 wieder Vorstöße zur Wiederaufnahme der Erörterung um die Fragwürdigkeit früher Selektion und der Trennung der 10jährigen Kinder nach verschiedenen Schularten gegeben: Einem Vorschlag des Deutschen Ausschusses für das Erziehungs- und Bildungswesen entsprechend (1959) sollte es für die Mehrzahl der 10-12jährigen eine zweijährige, integrierte „Förderstufe" mit gemeinsamem Kernunterricht und begrenzter Niveaukursdifferenzierung in Mathematik und Englisch, ggf. auch in Teilen des Deutschunterrichtes, gewöhnlich vom 6. Schuljahr ab, geben. Eine etwas konsequentere Version legte 1970 der Deutsche Bildungsrat unter der Bezeichnung „Orientierungsstufe" vor. Die begrenzten konzeptionellen Unterschiede beider Vorschläge sind in der Praxis kaum wirksam geworden. – Über Berlin und Brandenburg hinaus, die sich für die verbindliche sechsjährige Grundschule (mit Ausnahmegenehmigungen für wenige Gymnasien) entschieden haben, spielen Förder- bzw. Orientierungsstufen nur in drei Bundesländern eine quantitativ wesentliche Rolle: Im Lande Bremen besuchen (von wenigen Gymnasien abgesehen) im 5. und 6. Schuljahr alle SchülerInnen die schulformunabhängige „Orientierungsstufe" innerhalb der Sekundarstufen I – Zentren, meistens additiven Gesamtschulen. In Hessen besuchen z.Zt. etwa 38% aller 10 bis 12jährigen die schulformunabhängige Förderstufe. In Niedersachsen gilt (außer in genehmigten Ausnahmefällen) seit 1976 die „Orientierungsstufe" landesweit, jedoch je nach Entscheidung der Schulträger und der Schulen entweder in schulformunabhängiger oder sehr häufig – im Widerspruch zum ursprünglichen Konzept – in schulformbezogener Form und mit früher Einrichtung von Niveau- bzw. Leistungskursen.

Förderstufe

Orientierungsstufe

1.13. Die einzige prinzipielle Alternative zum System der frühen äußeren Differenzierung in getrennte Schularten nach dem 4., in Ausnahmefällen nach dem 6. Schuljahr, wie es in Deutschland nach wie vor eindeutig dominiert, ist die Integrierte Gesamtschule (IGS), entweder in Verbindung mit einer eigenen Sekundarstufe II mit gymnasialer Oberstufe oder mit Übergangsmöglichkeiten auf Oberstufen von Gymnasien bzw. berufsbildenden Sekundarstufen II-Schulen.

Integrierte Gesamtschule

Ziel der IGS ist es, Schule als einen pädagogischen Erfahrungs- und Lern-Raum zu gestalten, in dem möglichst lange, mindestens 6 bzw., bei 6-jähriger Grundschule, 4 Jahre im Anschluß an die Grundschulzeit alle Kinder und Jugendlichen – von Schwerstbehinderten ggf. abgesehen – soweit wie irgend möglich miteinander lernen und gemeinsam das Schulleben entwickeln. Zentrum des gemeinsamen Lernens soll der „Kernunterricht" sein (Deutsch, Gesellschaftslehre – Geschichte/Erdkunde/Sozialkunde – Biologie, Arbeitslehre/Polytechnik, zunächst auch die Anfangsstufen der übrigen Fächer bzw. fächerübergreifender Unterricht). Differenzierungen nach Fachleistungs- bzw. Niveaukursen sollen möglichst nicht vor dem 6. oder 7. Schuljahr, sukzessiv und nur in einigen Fächern vorgenommen werden: zuerst in Mathematik und Englisch, ggf. in Teilen des Deutschunterrichts, ab Klasse 8 oder 9 in Physik und Chemie. Eine mit den Klassenstufen steigende Zahl von Wahlpflicht- und Wahlkursen dient der individuellen Fähigkeits- und Interessenbildung. In IGS (und KGS) können alle Abschlüsse, die denen an herkömmlichen „allgemeinbildenden Schulen" gleichwertig sind, erworben werden.

Unter Bedingungen der Konkurrenz mit Schulen des herkömmlichen Systems, vor allem mit Gymnasien, und unter dem Anspruchsdruck einflußreicher gesellschaftlicher Gruppen und des Berechtigungssystems können IGS ihre spezifischen Zielsetzungen bislang allerdings immer nur mit Abstrichen verfolgen.

Kooperative Gesamtschule

„Additive Gesamtschulen" (synonym: „Kooperative Gesamtschulen", KGS) können als sinnvolle Zwischenstufen in einem langfristig angelegten Schulreformprozeß gelten. Sie erleichtern Abstimmungen und die Durchlässigkeit zwischen Zweigen des mehrgliedrigen Schulsystems, da sie Hauptschul-, Realschul- und gymnasiale Bildungsgänge unter einem Dach zusammenführen. Da das gemeinsame Erfahren und Lernen aber auf wenige Fächer (z.B. Sport und/oder Musik und/oder Kunst u.ä.) und auf das Schulleben begrenzt bleibt, sind KGS eher Varianten des mehrgliedrigen Systems als Alternativen dazu.

Entschiedene Schulreformer

Nach dem Zweiten Weltkrieg haben in Westdeutschland bzw. in der Bundesrepublik die frühen Vorläufer der Idee der IGS – etwa das Konzept der „Elastischen Einheitsschule" der „Entschiedenen Schulreformer" der Weimarer Zeit – in der schulpolitisch-schulpädagogischen Diskussion keine Rolle gespielt.

Erst im Vorfeld der Bildungsreformbewegung in der Bundesrepublik und dann in deren Hauptphase zwischen 1967 und 1972 brachten bildungspolitisch engagierte SozialdemokratInnen, LehrerInnen- und Eltern-Initiativen, die GEW, reformorientierte ErziehungswissenschaftlerInnen, Teile der außerparlamentarischen Opposition, einzelne links-liberale Personen und Gruppen und der Deutsche Bildungsrat den Gedanken der Integration bislang getrennter Bildungsgänge bis zum Ende der Sekundarstufe I (und ggf. darüber hinaus) unter dem Titel IGS in die öffentliche Diskussion, oft unter Hinweis auf vergleichbare Schulkonzepte in den USA, in England und in Schweden. Seit 1968 wurden dann in rascher Folge, vor allem in Berlin und anderen sozialdemokratisch regierten bzw. dominierten Bundesländern (Hessen, Hamburg, Bremen, NRW), IGS und KGS gegründet. Nach 1972/73 verlangsamte sich die Gesamtschulentwicklung (IGS und KGS) zwar, ist aber bis heute keineswegs zum Stillstand gekommen. Die Initiativen verlagerten sich dabei zunehmend stärker auf lokale LehrerInnen-Eltern-Gruppen oder auf Kommunen.

Quantitative Bedeutung der Integrierten Gesamtschulen

Die Gesamtzahl von IGS in der Bundesrepublik betrug 1991/92 713 Schulen (mit einem Anteil von 8% aller SchülerInnen in der 7. Jahrgangsstufe); hinzu kommen 157 KGS mit etwa 4% der SchülerInnen auf dieser Stufe. Länder mit hohen Anteilen von IGS an allen „allgemeinbildenden" Schularten sind Brandenburg (57% in Klasse 7), Berlin (36%), Hamburg (21%), Hessen (15%; hinzu kommt hier ein Anteil von 31%, die KGS besuchen), NRW und Bremen (je etwa 12%). Die Anteile von IGS-SchülerInnen (in Klasse 7) liegen in Schleswig-Holstein, dem Saarland, Rheinland-Pfalz und Mecklenburg-Vorpommern zwischen 1,6 und 6,5%.

Selbst in den Ländern, in denen quantitativ bedeutsame Anteile der SchülerInnen IGS besuchen, ist diese Schule zur vierten (bzw. fünften) Schulform der

Sekundarstufe I (ggf. mit eigener Oberstufe) geworden, und sie muß – eigentlich als prinzipielle Alternative zum „versäulten" Schulaufbau konzipiert – sich in der damit gegebenen, unausweichlichen Wettbewerbssituation behaupten, obwohl IGS und z.T. auch KGS oft einen überdurchschnittlich hohen Anteil von jungen Menschen aus Immigranten-Familien, aus sozial schwachen Bevölkerungsgruppen und mit schwierigen Lernausgangsbedingungen aufweisen. Um so bemerkenswerter ist, daß unter den IGS einige pädagogisch besonders profilierte Schulen sind, die von kompetenten Beurteilern als richtungweisende Modelle der Entwicklung gegenwarts- und zukunftsoffener, demokratischer Kinder- und Jugendschulen eingeschätzt werden.

2. Reformschulen, Versuchsschulen, Schulversuche

Die Begriffe „Versuchsschule" (oft auch „Reformschule") und „Schulversuche" werden hinsichtlich ihres Bedeutungsumfanges und ihrer Gleichsetzung mit bzw. der Unterscheidung von Begriffen wie „Modellschule", „Modellversuch", „Schule besonderer pädagogischer Prägung" u.ä. im allgemeinen pädagogischen Sprachgebrauch und in der entsprechenden Fachliteratur, selbst im Schulrecht, unterschiedlich verwendet. Im Zusammenhang dieses Beitrages wird die Doppelformel „Versuchsschulen/Schulversuche" stellvertretend auch für die anderen, vorher genannten Bezeichnungen verwendet.

Unter „Versuchsschulen/Schulversuchen" werden hier alle Einrichtungen zusammengefaßt, in denen ein Bundesland oder mehrere Bundesländer einer oder mehreren Schulen durch Gesetze oder Erlasse den Auftrag oder die Genehmigung erteilen, neue pädagogische Konzepte zu erproben, die von den für die „normalen" Schulen geltenden Regelungen abweichen: im Hinblick auf den organisatorischen Aufbau und/oder die Struktur der Bildungsgänge und/oder die Unterrichtsziele und -inhalte, z.B. die Fächergliederung oder die verwaltende Organisationsform der 45-Minuten-Stunde oder die Beurteilungsformen usw.

<small>Versuchsschulen/ Schulversuche</small>

Die Initiative zur Einrichtung von Versuchsschulen/Schulversuchen kann vom jeweiligen Bundesland oder von mehreren Bundesländern – z.B. durch Absprache in der Bund-Länder-Kommission für Bildungsplanung (BLK), einer seit 1970 bestehenden Einrichtung der Ständigen Konferenz der Kultusminister, – ausgehen oder aber von einzelnen Schulen, die entsprechende Anträge an ihr zuständiges Kultusministerium richten können. Die Kriterien, unter denen die Bundesstaaten solche Schulversuche einrichten können, müssen in den jeweiligen Länder-Schulgesetzen festgelegt sein. Versuchsschulen und Schulversuche können von Anfang an für bestimmte Zeiträume in Aussicht genommen oder auch ohne vorweg fixierte zeitliche Begrenzungen eingerichtet bzw. genehmigt werden; sie gelten aber grundsätzlich als Alternativen, die von dem betreffenden Land je nach Verlauf des Versuchs auch beendet werden können.

Sofern in der schulpädagogischen Diskussion und in der Literatur zwischen „Versuchsschulen" und „Schulversuchen" differenziert wird, geschieht das meistens in folgendem Sinne: Als „Versuchsschulen" (bisweilen mit „Reformschulen" gleichgesetzt) bezeichnet man dann häufig die Entwicklung und Erprobung

<small>Bund-Länder Kommission für Bildungsplanung</small>

weitreichender Alternativen zum gegebenen Schulwesen, also z.B. auch Versuche mit der Zusammenfassung bisher getrennter Schulformen oder Alternativen, die den betreffenden Schulen insgesamt ein charakteristisches, neues Gepräge geben. Das gilt etwa für die von Hartmut von Hentig begründeten, 1974 eröffneten Schulprojekte „Laborschule Bielefeld" und „Oberstufenkolleg Bielefeld", die in enger Verbindung mit der Universität Bielefeld stehen. In diesem Sinne ist z.B. auch die „Glocksee-Schule" in Hannover eine „Versuchsschule". Sie läuft allerdings offiziell unter der Bezeichnung „Schulversuch des Landes Niedersachsen", wurde 1974 auf Initiative von Oskar Negt als alternative Grundschule gegründet und inzwischen schrittweise zu einer zehnjährigen Schule mit einer als Integrierte Gesamtschule mit großer Gestaltungsfreiheit ausgestatteten Sekundarstufe I erweitert. Weitere öffentliche Reformschulen mit schul- bzw. unterrichtsorganistorisch und/oder didaktisch originellen Konzepten sind jene Schulen, die sich z.B. an Peter Petersens Lebensgemeinschaftsschul-Konzept („Jena-Plan-Schulen") oder an der französischen Freinet-Bewegung orientieren oder die Montessori-Schulen.

Versuchsschulen

Schulversuche Der Begriff „Schulversuch" wird oft benutzt, wenn man damit Schulen kennzeichnen will, die begrenztere Innovationen, die der Weiterentwicklung des gegebenen Systems dienen sollen, durchführen und erproben, z.B. Versuche mit Fremdsprachenunterricht in der Grundschule, mit dem Computereinsatz in der Schule, mit integriertem naturwissenschaftlichem Unterricht in der Sekundarstufe I, mit bilingualem Unterricht in mehreren Schulfächern der Sekundarstufe I oder in der gymnasialen Oberstufe, mit der gemeinsamen Beschulung behinderter und nicht-behinderter Kinder usw.

Zwei Ergebnisse der bisherigen Versuchsschul- und Schulversuchs-Forschung können schon heute als besonders bedeutsam hervorgehoben werden. Erstens ist auf diesem Wege die einzelne Schule als potentielle pädagogische Handlungseinheit entdeckt oder wiederentdeckt worden. Zweitens ist der Prozeß der Übernahme von Resultaten aus Reformkonzepten in „normale" Schulen offenbar erheblich komplizierter als bisher angenommen wurde. Dieser Vorgang muß selbst methodisch geplant und durchgeführt werden, weil es sich fast nie um eine direkte „Anwendung", sondern um eine selbständige Übersetzungsleistung unter den jeweils besonderen Bedingungen der adaptierenden Schulen handelt und zugleich um einen anspruchsvollen Lernprozeß der jeweiligen Kollegien.

3. Privatschulen

Schulen in freier Trägerschaft Im Grundgesetz der Bundesrepublik ist „das Recht zur Errichtung von Privatschulen" festgelegt (Art. 7 Abs. 4). Solche Schulen werden auch als „Schulen in freier Trägerschaft", z.T. auch als „Freie Schulen" und in einigen Fällen als „Freie Alternativschulen" bezeichnet. Soweit es sich nicht um sog. „Ergänzungsschulen" (wie z.B. Gymnastikschulen oder Musikschulen o.ä.) handelt, sondern um

Ersatzschulen „Ersatzschulen", an denen Kinder und Jugendliche ihre Schulpflicht ableisten, Prüfungen ablegen und Zeugnisse sowie Berechtigungen erwerben können, die denen der „öffentlichen" („staatlichen") Schulen entsprechen (z.B. das Abitur oder den Realschul- oder Berufsfachschul-Abschluß), überprüft der Staat, ob diese Schulen in ihren Lehrzielen und Inhalten sowie hinsichtlich der Ausbildung der Lehrkräfte im wesentlichen die Ansprüche, die in dieser Hinsicht an öffentliche Schulen gestellt werden, erfüllen; im positiven Fall erteilt er die Genehmigung. Das gilt auch für private Sonderschulen, in denen z. Zt. etwa 17% aller SonderschülerInnen in der Bundesrepublik betreut werden, und für berufsbildende Schulen, insbesondere Berufsfachschulen (z.B. für sozialpädagogische Berufe), die von etwa 8% der BerufsschülerInnen besucht werden.

In allen diesen Fällen ist der Staat – je nach den Bestimmungen der einzelnen Bundesländer mit deutlichen Unterschieden – verpflichtet, den größten Teil der Kosten für das lehrende Personal dieser Schulen zu übernehmen (z. Z. etwa 75 bis 90%) und häufig auch erhebliche Zuschüsse für die Unterhaltungskosten sowie für Lehr- und Lernmittel zu leisten. Die Grundgesetzbestimmung, daß die Gründung von Privatschulen nicht zur Sonderung von SchülerInnen nach den Besitzverhältnissen der Eltern führen dürfe, hat sich in vielen Fällen nicht als durchsetzbar erwiesen. Das zeigt sich z.B. daran, daß die „Freien Waldorfschulen", ohne daß sie etwa gezielt SchülerInnen aus sozial schwachen Familien ausgrenzten, von durchschnittlich weit weniger Kindern aus Arbeiterfamilien (5%) besucht werden, als es in der Mehrzahl der öffentlichen Schulen der Fall ist.

<small>Freie Waldorfschulen</small>

Die wichtigsten Gruppen der Privatschulen in der Bundesrepublik sind Schulen in der Trägerschaft der katholischen Kirche (1987: 1.134 Schulen, 59% aller Privatschulen) oder evangelischer Kirchen (1987: 742; 19%), die „Freien Waldorfschulen", die sich auf die anthroposophische Menschen- und Erziehungslehre Rudolf Steiners (1861 – 1925) stützen (1987: 163; 10,4%), die Landerziehungsheime, die sich größtenteils in der „Vereinigung deutscher Landerziehungsheime" zusammengeschlossen haben (17; 0,8%), sowie weitere Internatsschulen, die nur z.T. ein charakteristisches pädagogisches Konzept verfolgen und die meistens dem „Bundesverband deutscher Privatschulen" angehören. Darüber hinaus gibt es eine Reihe weiterer „Freier Schulen", oft auch „Freie Alternativschulen" genannt (1992: 18 eingerichtete Schulen und 11 entsprechende Initiativen), die meist von hochengagierten LehrerInnen-, Eltern- und Förderer-Gruppen getragen und in denen oft sehr entschieden bestimmte reformpädagogische Konzepte verfolgt werden, die an Leitideen wie der „freien Entfaltung und Ermöglichung der Selbststeuerung der Kinder", einem freundschaftlich-partnerschaftlichen Verhältnis von Kindern, LehrerInnen und Eltern, der Öffnung der Schule für das natürliche und soziale Umfeld der betreffenden Schule, intensivem, aber nicht-autoritativ gelenktem sozialem Lernen, dem gemeinsamen Aufwachsen von behinderten und nicht-behinderten Kindern u.ä. geprägt sind.

4. Schule als gesellschaftlich organisierte Institution

Innerhalb der Erziehungswissenschaft und in angrenzenden Sozialwissenschaften bzw. in Überschneidungsbereichen haben sich in den letzten Jahrzehnten charakteristische Ansätze herausgebildet, die bis heute maßgeblich die wissenschaftliche Forschung und die Diskussion über Schule als gesellschaftlich organisierte Institution, unser diesbezügliches Wissen und unser Problembewußtsein bestimmen. Die meisten deutschen Beiträge berücksichtigen auch internationale Ansätze, entwickeln sie selbständig weiter und beziehen sie auf historisches und aktuell-empirisches Datenmaterial zur Schulentwicklung und zur Schulstruktur in Deutschland.

Im folgenden werden fünf schultheoretische Ansätze skizziert, die jeweils bestimmte Aspekte des Problemkomplexes „Schule" hervorheben. Abschließend wird die Frage nach übergreifenden, mehrperspektivischen Konzepten gestellt.

Die einzelnen Ansätze lassen sich zwei Hauptfragerichtungen zuordnen, die allerdings nicht als trennscharf voneinander abgrenzbar verstanden werden dürfen, vielmehr Überlappungen aufweisen.

Beziehung zwischen Schule und Gesellschaft

Die eine Fragerichtung, der zwei Ansätze zugeordnet werden können, zielt auf die Beziehungen zwischen Schule und Gesellschaft, genauer: auf die ausdrücklich formulierten Ziele (Aufgaben) der Schule in modernen Industriegesellschaften und auf ihre tatsächlichen Funktionen (Wirkungen) in diesen Systemen. Diese Perspektive wird häufig „makro-soziologisch" bzw. „makro-erziehungssoziologisch" genannt. Sie muß aus pädagogischer Perspektive durch den Hinweis auf die „relative Eigenständigkeit der Schule" ergänzt werden. Die zweite Fragerichtung bezieht sich vorwiegend auf die Binnenorganisation der Institution Schule (des Schulsystems und der einzelnen Schulen) und auf die Wirkungen, die die Organisationselemente als Rahmenbedingungen auf die Einstellungen, das Bewußtsein, die Prozesse, die Aktionsformen der Personen ausüben, die in der Schule handeln.

Binnenorganisation der Schule

4.1. Die Makro-Perspektive: Gesellschaftliche Funktionen der Schule

Die makro-erziehungssoziologische Fragestellung ist in der deutschen erziehungswissenschaftlichen Forschung und in den Bemühungen um die Entwicklung von Theorien über die Beziehungen zwischen Schule und Gesellschaft vor allem in zwei Varianten wirksam geworden

Strukturell-funktionaler Theorieansatz

Die erste dieser beiden Varianten ist der sog. „strukturell-funktionale" Theorieansatz, der sich als beschreibend-analytisches, wertfreies Konzept versteht. Er ist zunächst von amerikanischen Schulsoziologen (vgl. Parsons 1972; Dreeben 1968 u.a.; Fingerle 1994, S. 47ff.) entwickelt worden. Die Leitfrage lautet hier: Welche Funktionen haben Schulen und Schulsysteme für die jeweilige Gesellschaft? Dabei wird als Normalfall die Erhaltung und die möglichst konfliktfreie Weiterentwicklung überkommener gesellschaftlicher Strukturen und Normen unterstellt.

Etliche (west)deutsche ErziehungswissenschaftlerInnen haben diesen Ansatz aufgegriffen, ihn jedoch wesentlich erweitert, differenziert und modifiziert, so vor allem Helmut Fend, der seine Theorieentwürfe auf umfangreiche eigene Schuluntersuchungen stützt. Fend geht über die vermeintlich wertfreie Beschreibung und Analyse von Zusammenhängen zwischen Schule und Gesellschaft dadurch hinaus, daß er bei der Erklärung, der Interpretation und der Beurteilung seiner Forschungsbefunde auch das programmatische, nicht zuletzt im Grundgesetz der Bundesrepublik formulierte Selbstverständnis unserer Gesellschaft („soziale Demokratie", „Chancengleichheit" usw.) sowie entsprechende Leitvorstellungen der zeitgenössischen Erziehungswissenschaft und begründete Prinzipien reformorientierter Schulkonzepte mit berücksichtigt (vgl. Fend 1980).

Eine weitere makro-erziehungssoziologische Position der Schultheorie ist der „polit-ökonomische" bzw. „historisch-materialistische" Ansatz. Alle ihm zuzuordnenden Beiträge gehen – allerdings auf sehr unterschiedlichem Differenzierungsniveau – von einigen Grundgedanken der historisch-materialistischen Gesellschaftstheorie von Karl Marx und seinen Nachfolgern aus. In den anspruchsvolleren Formen wird dieser Ansatz nicht linear-ökonomistisch ausgelegt – so, als ob die ökonomischen Bedingungen direkt die Schulsysteme und ihre Veränderungen im historischen Prozeß diktierten –, sondern als „Spiegelung" ökonomischer, sozialer, kultureller, politischer Verhältnisse, Entwicklungen und Konflikte mit ihren Haupt- („Klassen-") und Neben-Widersprüchen. Angesichts dieser Dynamik können gemäß diesem Ansatz auch Institutionen wie die Schule durchaus eine begrenzte „Eigengesetzlichkeit" entwickeln (vgl. u.a. Auernheimer 1994, S. 61ff.).

Der historisch-materialistische Ansatz

Die differenzierten, jüngeren Varianten des strukturell-funktionalen und des historisch-materialistischen Ansatzes lassen es durchaus zu, daß man wichtige ihrer Theorieelemente und Forschungsergebnisse zusammenfaßt: Schule hat im Hinblick auf moderne Gesellschaften mindestens vier Hauptfunktionen: Erstens eine *Qualifizierungs- oder Ausbildungsfunktion*; zweitens eine *Selektions- und Allokationsfunktion*, d.h. eine Auslesefunktion und damit verbunden eine Funktion für die Hinführung junger Menschen zu Ausgangspunkten für den Erwerb bestimmter sozialer Positionen, Einfluß-, Geltungs- und nicht zuletzt Einkommenschancen; drittens eine *Integrations- und Legitimationsfunktion*, d.h. die Funktion der Eingliederung der jungen Generation in die jeweilige Gesellschaft, ihre politisch-gesellschaftlichen und ethischen Normen, Ordnungen und verbindlichen Verhaltensweisen, zugleich aber die Funktion ihrer Rechtfertigung; viertens die Funktion der *Kulturüberlieferung*.

4.2. Die relative Eigenständigkeit (Autonomie) der Schule im Verhältnis zu ihren gesellschaftlichen Funktionen

Mit der Hervorhebung der vier gesellschaftlichen Grundfunktionen des modernen Schulwesens ist zunächst noch gar nichts über spezifisch pädagogische Aufgaben und Möglichkeiten der Schule gesagt. Nun hat sich aber innerhalb des neuzeitlichen Schulentwicklungsprozesses im Rahmen einer umfassenderen Strömung pädagogischen Denkens seit der Aufklärung und ihren Vorläufern auch ein neuartiges pädagogisches Zielbewußtsein herausgebildet: Es sei die zentrale pädagogische Aufgabe auch der Schule, daß jedem jungen Menschen zu seiner Mündigkeit, seiner Selbstbestimmungs- und Urteilsfähigkeit verholfen werden solle, zugleich aber zum Bewußtsein von der Mitverantwortlichkeit jedes einzelnen für die Gestaltung entsprechender zwischenmenschlicher, gesellschaftlicher, kultureller, politischer Verhältnisse und Institutionen. Folglich ist immer wieder auch die Forderung vertreten worden, diese „relative Eigenständigkeit" (oder Autonomie) der Pädagogik in Theorie und Praxis – „relativ" im Sinne ihrer Bezugnahme auf Staat, Gesellschaft, Kultur und ihre historischen Entwicklungen – auch institutionell anzuerkennen und der Schule, den LehrerInnen und den SchülerInnen eine entsprechende Gestaltung von Schule und Unterricht zu ermöglichen, sie aber auch von ihnen zu erwarten. Die unter 1.3. angesprochenen jüngeren Bemühungen um „Dezentralisierung der Entscheidungskompetenzen" im Schulbereich können die Verwirklichung solcher Forderungen unterstützen.

4.3. Die Mikro-Perspektive: Die Binnenorganisation der Institution Schule und ihre Wirkungen

Unter dem Gesichtspunkt der Binnenorganisation der Institution Schule und ihrer Wirkungen auf das Handeln und die Beziehungen der Personen, die in ihr aufeinandertreffen, lehren und lernen, sich entwickeln, miteinander leben, Konflikte austragen usf., sind drei Theorieansätze besonders hervorzuheben: der organisationssoziologische und -psychologische, der interaktionistische und der psychoanalytische Ansatz.

Der organisationssoziologische Ansatz

Unter organisationssoziologischem und -psychologischem Aspekt (vgl. u.a. Feldhoff 1974) geht es darum, Einrichtungen, Ordnungen, Regeln, Maßnahmen, Prozesse, Verfahrensweisen innerhalb der Schule zu ermitteln und in ihren Wirkungen zu verfolgen sowie hinsichtlich typischer Konfliktstellen, Widersprüche oder Brüche aufzuklären. Solche Regelungen werden durch Erlasse der übergeordneten Instanzen der Schulverwaltung oder durch schulinterne Entscheidungen getroffen, um die formellen Voraussetzungen für die alltägliche Unterrichtsarbeit und die Gestaltung des Schullebens zu gewährleisten. Aber die organisationssoziologische und -psychologische (wie auch die interaktionistische und die psychoanalytische) Schulforschung kann sich auch auf eine andere, inoffizielle Dimension der Schulwirklichkeit richten, die oft als der Bereich des „hidden curriculum", des „heimlichen", besser: des „verborgenen Lehrplans" bezeichnet wird (vgl. Zinnecker 1975). Es geht dabei einerseits um jene Vorgänge, in denen sich gesellschaftliche Einflüsse auf die Schule spiegeln, die den offiziellen Schulzielen nicht selten widersprechen, z.B. die Erzeugung von Konkurrenzverhalten zwischen SchülerInnen und zwischen Lehrkräften, andererseits um jene Strategien und Taktiken, die die im Schulfeld handelnden Personen – SchülerInnen, Lehrkräfte und das übrige Schulpersonal – entwickeln bzw. erlernen, um „in der Schule überleben" zu können, indem sie die offiziellen Regelungen in ihrem persönlichen Interesse und je nach Gruppenzugehörigkeit modifizieren, abmildern, zu umgehen oder zu unterlaufen versuchen: durch informelle Absprachen, heimliche Informationswege, Schaffung unbeobachteter „Nischen", abgeschirmte Praktiken (z.B. Mogeln und Vortäuschen); oft handelt es sich aber auch um unbewußte Reaktionen.

Der heimliche Lehrplan

Der interaktionistische Ansatz

Der interaktionistische Ansatz der Schultheorie stützt sich auf eine Richtung der Sozialanthropologie, deren verschiedene Varianten zusammenfassend als „symbolischer Interaktionismus" bezeichnet werden. In diesem Ansatz geht es darum, jene spezifischen Formen des Handelns und der Beziehungen zwischen

Menschen verstehbar zu machen, in denen sie zum einen „gesellschaftliche Wesen", zum anderen und zugleich individuelle Personen werden. Menschliche Beziehungen, Handlungen, Entwicklungsprozesse, die in bestehenden Institutionen vollzogen werden oder zur Umbildung bzw. zur Schaffung neuer Institutionen führen können, werden dabei als sinnhaltige, bedeutungshaltige Aktivitäten verstanden, die durch „Symbole", d.h. sinnhaltige Zeichen bzw. Zeichensysteme vermittelt sind (Sprachen, Gesten, Bilder, Verhaltensformen, Regeln u.ä.).

Wo der interaktionistische Ansatz mit expliziten Leitvorstellungen über eine humane, demokratische Gesellschaft und ihre Entwicklungsbedingungen sowie über Qualitäten verantwortungsbewußter, sozial beziehungsfähiger und selbstbewußter Menschen verbunden wird (u.a. L. Krappmann), hat er erlernbare Grundqualifikationen, die soziale Handlungsfähigkeit ausmachen, herausgearbeitet: vor allem die Fähigkeit, soziale Rollen, etwa die Mutter-Rolle oder die LehrerInnen-Rolle usw., bewußt zu übernehmen, individuell zu interpretieren und auszugestalten und zu solchen Rollen immer wieder auch Distanz nehmen zu können; „Empathie" als Fähigkeit, sich in Kooperations- und Konfliktsituationen in die Lage, die Perspektive der jeweils anderen Beteiligten hineinversetzen zu können; „Frustrationstoleranz", d.h. die Fähigkeit, offene Problemlagen, Enttäuschungen, Schwierigkeiten aushalten und an ihrer Bewältigung konstruktiv arbeiten zu können, auf sie also nicht mit Flucht oder dem „Ruf nach der starken Hand" oder mit Aggressionen o.ä. zu reagieren.

Mit Hilfe interaktionistischer Begriffe und Deutungsmuster lassen sich viele Beziehungen und Prozesse in der Schule und im Unterricht verständlich machen, und zwar handlungsrelevant, so nämlich, daß einerseits abbaubare Hemmnisse und andererseits förderliche Bedingungen und Möglichkeiten einer an humanen und demokratischen Zielsetzungen orientierten Schulgestaltung ermittelt werden können: LehrerInnen-SchülerInnenbeziehungen, Interaktionen zwischen Lehrkräften, Bedingungen gelingender Lehrerkooperation; SchülerInnen-SchülerInnenbeziehungen, besonders auch zwischen Mädchen und Jungen im Unterricht und im Schulleben; Möglichkeiten und Hindernisse sozialen Lernens, implizite und explizite negative Etikettierungen, Stigmatisierungen und Ausgrenzungen einzelner SchülerInnen; SchülerInnentaktiken und LehrerInnentaktiken zur Abwehr von Handlungen und Handlungsfolgen, die als Identitätsgefährdung empfunden werden; Folgen von Hierarchie-Bildungen und autoritären Strukturen in der Schule usw. (vgl. Brumlik/Holtappels 1994, S. 89ff.).

Überall dort, wo interaktionistische Ansätze in ihrer Auslegung auf pädagogische Probleme, speziell auf Schulprobleme, die Bedeutung *unbewußter* Prozesse und Reaktionen zur Sprache bringen, stoßen sie in jenen Bereich von Phänomenen vor, die das zentrale Arbeitsfeld psychoanalytischer Beiträge zur Schultheorie bilden. Besondere Bedeutung kommt hier jenen Ansätzen zu, die an die Ich-Psychologie Freuds und an die sozialpsychologische Richtung der Psychoanalyse (E. Fromm, P. Fürstenau, H.E. Richter u.a.) anknüpfen (vgl. Muck 1994, S. 73ff.). Auch die Schule ist, wie andere pädagogische Handlungsfelder, z.B. die Familie, ein Feld, in dem unbewußte Vorgänge bei den Erziehenden wie bei den jungen Menschen, den SchülerInnen, eine erhebliche Rolle spielen können und wo sie, sofern unbewußte Wünsche, Regungen, Reaktionen nicht erfüllt oder verarbeitet werden können, zu Hemm- und Störfaktoren werden: Bei den

Der psychoanalytische Ansatz

Erziehenden kann das z.B. der Fall sein, wenn sie bei den Kindern oder Jugendlichen Verhaltensweisen beobachten, die sie an ähnliche Tendenzen in ihrer eigenen Entwicklung erinnern, die sie vielleicht mühsam unter Kontrolle gebracht oder auch nur verdrängt haben und auf die sie nun ggf. übersteigert emotional, negativ, bestrafend reagieren; oder wenn LehrerInnen ihre „Autorität", ihr Verständnis der LehrerInnen-Rolle, die Bewältigung ihrer Aufgaben und damit ihr berufliches und individuelles Selbstbewußtsein in Frage gestellt sehen und nun, aus Unsicherheit und Angst heraus – oft schon prophylaktisch – autoritär, „kalt", „gehemmt", kommunikationsverhindernd oder verletzend reagieren; oder wenn Zweifel an der eigenen pädagogischen Kompetenz ihre Kooperationsfähigkeit im Kollegium beeinträchtigen usw. Auf der Seite der SchülerInnen können z.B. unverarbeitete häusliche Konflikte mit ihren Eltern oder Spannungen in den peer-groups oder eine Außenseiterrolle ihre Lernfähigkeit beeinträchtigen; die Suche nach neuen persönlichen Leitbildern in der Pubertät kann dazu führen, daß junge Menschen einzelne ihrer LehrerInnen „idealisieren", dann aber vielleicht erleben, daß diese Erwachsenen jenem Idealbild nicht entsprechen, so daß die Hochschätzung nun in tiefe Enttäuschung, unbewußte Aggressionen, überreizte Kritik o. ä. umschlägt.

Es liegt auf der Hand, daß psychoanalytische Analysen und darauf gestützte Beratungen und langfristige therapeutische Hilfen in besonderem Maße notwendig und hilfreich sein können, wo junge Menschen in ihrer Entwicklung durch Vernachlässigungen, Mißhandlungen, Frustrationen, tiefe Beziehungsstörungen o.ä. im außerschulischen Lebensbereich gravierende Störungen ihrer Persönlichkeitsentwicklung erlitten haben.

4.5. Mehrdimensional – integrative Schultheorien

Angesichts des Tatbestandes, daß die in den vorangehenden Abschnitten dargestellten Beiträge zur Schultheorie die komplexe Institution Schule und ihre Außenbeziehungen und Binnenstrukturen jeweils – ausdrücklich oder der Sache nach – unter bestimmten Teilaspekten beschreiben und interpretieren, stellt sich die Frage nach der Möglichkeit aspektübergreifender bzw. – verbindender Theorie-Versuche. Hier kann auf das Problem mehrperspektivischer und integrativer Schultheorie-Entwürfe nur hingewiesen werden. H. Fend hat, den strukturell-funktionalen Ansatz schrittweise erweiternd, 1980 mit seiner „Schultheorie" einen richtungsweisenden Vorstoß zur Ausarbeitung einer mehrere Aspekte integrierenden Konzeption vorgelegt. 1982 und – aktualisiert – 1993 haben dann H.-H. Krüger und R. Lersch eine originelle Schultheorie veröffentlicht, deren „Basisparadigma" eine gesellschaftstheoretisch, organisationstheoretisch und entwicklungs- sowie persönlichkeitstheoretisch fundierte Handlungstheorie ist.

Mehrdimensionale Ansätze

5. Unterricht und Schulleben als Handlungsfelder der LehrerInnen, Schul- SozialpädagogInnen und SchülerInnen und als Gegenstandsbereiche der Didaktik und der Theorie des Schullebens

5.1. Unterricht und Schulleben

So wichtig es ist, die in den vorangehenden Abschnitten angesprochenen Rahmenbedingungen und die umfassenderen Zusammenhänge ins Bewußtsein zu heben, in die Schule und Unterricht verflochten sind, so richtig bleibt es, daß der größte Teil alltäglicher LehrerInnenarbeit sich auf die Planung, Durchführung und Reflexion des eigenen Unterrichts und der Gestaltung des über den Unterricht hinausreichenden, ihn aber zugleich direkt und indirekt mit beeinflussenden „Schullebens" bezieht. Das Stichwort „Schulleben" weist darauf hin, daß das pädagogische Aufgabenfeld der LehrerInnen über den Unterricht hinausreicht, also weitere erzieherische Aufgaben mit umfaßt, und zwar unter den heutigen gesellschaftlichen Bedingungen und ihren Folgen für das Aufwachsen von Kindern und Jugendlichen in zunehmendem Umfang. In diesem Bereich liegen (oder lägen) nun vorwiegend auch besondere Wirkungsmöglichkeiten für nichtlehrendes pädagogisches Personal, vor allem für SchulpsychologInnen und Schul-SozialpädagogInnen (Diplom-PädagogInnen mit dem Studienschwerpunkt Schule bzw. Sozialpädagogik).

    Das Handlungsfeld Schule und seine Voraussetzungen müssen durch entsprechende wissenschaftliche Bemühungen systematisch-theoretisch durchdacht und strukturiert sowie erfahrungswissenschaftlich erforscht werden.

[Randnotiz: Schulleben]

5.2. Zentrale Fragen der Didaktik

Die den Unterricht betreffende Dimension des Handlungsfeldes von LehrerInnen wird – im Anschluß an eine bis zu Johann Amos Comenius (1592-1670) und seinem Zeitgenossen Wolfgang Ratke (1571-1635) zurückreichende Tradition – auch heute noch meistens mit dem Terminus „Didaktik" bezeichnet. Die Bezeichnungen „Theorie des Lehrens und Lernens", „Unterrichtstheorie", „Lehrkunst" werden im wesentlichen in gleicher Bedeutung verwendet. Soweit es dabei, wie im vorliegenden Falle, um das Lehren und Lernen im Unterricht in Schulen für Kinder und Jugendliche und ggf. junge Erwachsene geht, müßte eigentlich immer von „Schul-Didaktik" bzw. „Theorie des schulischen Lehrens und Lernens" gesprochen werden. Nur am Rande kann hier erwähnt werden, daß sich seit nunmehr fast drei Jahrzehnten – ursprünglich durch Saul B. Robinsohn (1967) – für wesentliche Aspekte des Problemfeldes der Didaktik auch der im angloamerikanischen Sprachraum gängige Begriff „Curriculum" bzw. Termini wie „Curriculumtheorie" und „-entwicklung" auch in Deutschland eingebürgert haben.

    Zunächst ist eine Differenzierung nach drei Problemebenen notwendig. Didaktisches Denken und Handeln (vor allem Planen, Durchführen und Reflektieren des Unterrichts) kann sich auf *allgemeine* Probleme des (schulischen) Leh-

[Randnotizen: Didaktik; Allgemeine Didaktik]

rens und Lernens beziehen, z.B. auf die generelle Frage nach dem Verhältnis von schulischem Unterricht und außerschulischer Erfahrung von Kindern und Jugendlichen, auf allgemeine Grundsätze für das Lehren und Lernen oder auf die Frage nach dem Verhältnis von „gegenstandsbezogenem" und „sozialem Lernen" usw. Das ist die Ebene der „Allgemeinen Didaktik".

Es kann sich auf das Lehren und Lernen in einzelnen Fächern (Mathematik, Chemie, Sport, bildende Kunst, Deutsch, Geschichte usw.) beziehen. Dann erfolgt es auf der Ebene der „Fachdidaktiken".

Fachdidaktiken

Und es kann sich auf eine Ebene beziehen, die zwischen der Allgemeinen Didaktik und den „Fachdidaktiken" liegt, nämlich auf gemeinsame didaktische Merkmale mehrerer, verwandter Fächer (z.B. der exakt-naturwissenschaftlichen oder der künstlerischen Disziplinen) oder um die Didaktik integrierter Lernbereiche wie etwa der „Gesellschaftslehre" oder „Gemeinschaftskunde" oder der „Arbeitslehre". Schließlich gehört der sog. „vorfachliche Unterricht", vor allem der „Sach- und Sozialunterricht" der Grundschule, zu dieser Ebene der „Bereichsdidaktiken".

Bereichsdidaktiken

Der Sache nach sind die drei eben unterschiedenen Ebenen in ihren Fragestellungen wechselseitig aufeinander verwiesen: Allgemeindidaktische Aussagen und Entwürfe bleiben leer, wenn sie sich nicht fach- und bereichsdidaktisch konkretisieren und umsetzen lassen, fach- und bereichsdidaktische Aussagen und Entwürfe und entsprechende Praktiken bleiben unzulänglich, wenn sie ihre allgemeindidaktischen Voraussetzungen nicht reflektieren, z.B. die generelle Frage ignorieren, in welchem Verhältnis fachwissenschaftliche Denkweisen und Verfahren zur alltäglichen Auseinandersetzung von Kindern und Jugendlichen mit ihrer Erfahrungswelt stehen usw.

Der Differenzierung in drei didaktische Problemebenen müssen zwei wichtige Ergänzungen hinzugefügt werden:

Da bewußtes und zielgerichtetes („intentionales") Lehren und dadurch beeinflußtes Lernen in der Schule jeweils auch durch bestimmte vorgängige und parallellaufende außerschulische Sozialisationsprozesse der Lehrenden und der Lernenden („funktionales Lernen") geprägt wird und darüber hinaus durch bestimmte institutionelle Rahmenbedingungen, wie sie Schule und Unterrichtsorganisation setzen, ist Didaktik darauf angewiesen, Ergebnisse zweier weiterer wissenschaftlicher Disziplinen einzubeziehen: Zum einen sind es Erkenntnisse der Sozialisationsforschung, und zwar vor allem der Erforschung der Alltagswelten der Lehrenden und der Lernenden; das Interesse der Didaktik ist hier darauf gerichtet, die in diesen Alltagswelten ablaufenden Beeinflussungen und Lernprozesse zu verstehen, vor allem deren Niederschlag in den Einstellungen, den Sichtweisen, den Urteilsformen, den Kenntnissen, Fähigkeiten, Hoffnungen, Ängsten, Interessen, Hemmungen der Individuen. Zum anderen ist die Didaktik auch auf Erkenntnisse der Forschung über pädagogische Institutionen angewiesen (vgl. 4.1. und 4.3.).

Die zweite Ergänzung bezieht sich auf folgenden Sachverhalt: „Lehren" im vorher angedeuteten Sinne als intentionale, reflektierte Lern-Hilfe und Lernen, das sich im Zusammenhang mit Lehren vollzieht, erfolgen auch in anderen pädagogischen Institutionen als der Schule, z.B. in der Erwachsenenbildung, aber z.T. auch in der außerschulischen Kinder- und Jugendarbeit, in sozialpädagogi-

Intentionales
Lehren

Funktionales
Lehren

Sozialisations-
forschung

Forschung über
pädagogische
Institutionen

schen Handlungsfeldern, z.B. in der Arbeit mit drogenabhängigen Jugendlichen, in der beruflichen Lehrlingsausbildung usw. Daher haben sich z.T. schon seit längerer, z.T. erst seit jüngerer Zeit auch didaktische Theorien und Konzepte für solche außerschulischen pädagogischen Arbeitsfelder entwickelt. Unter dem Gesichtspunkt der Beziehungen zwischen schulischem und außerschulischem Lehren und Lernen, jüngeren Bemühungen um die Öffnung der Schule und des Unterrichts für die außerschulische Umgebung, um die Verknüpfung des Lernorts Schule mit anderen, außerschulischen Lernorten, um „handlungsorientiertes" Lernen u.ä. ist es notwendig, Schuldidaktik und Didaktiken außerschulischer pädagogischer Arbeitsfelder miteinander ins Gespräch zu bringen.

Welche Hauptfragen hat die schulbezogene Didaktik – als Allgemeine, Bereichs- oder Fachdidaktik – zu untersuchen? Auf die unterrichtenden LehrerInnen bezogen lautet die Frage: Welche Aspekte müssen oder sollten LehrerInnen berücksichtigen, wenn sie in der Institution Schule unterrichten? Aus der Sicht der Lehrerbildung lautet die gleiche Frage: Auf welche Aspekte muß oder müßte die Didaktik innerhalb der Lehrerbildung die zukünftigen LehrerInnen vorbereiten? Außerschulische Didaktiken

Bei der Beantwortung dieser Fragen sind für die Didaktik als Forschung und Theorieentwicklung, für die LehrerInnenbildung und für die didaktische Praxis zwei Ebenen zu unterscheiden, die miteinander in Wechselbeziehung stehen:

Zum einen ist es die Ebene der Richtlinien oder Lehrpläne bzw. Curricula. Dabei geht es um vier Aspekte:

- die *Entscheidungen*, die über Richtlinien/Lehrpläne/Curricula getroffen werden;
- die *Begründungen*, die für solche Entscheidungen gegeben werden;
- die *Prozesse*, durch die jene Entscheidungen und Begründungen zustande kommen;
- die *Bedingungen*, unter denen solche Prozesse ablaufen.

Die zweite Ebene betrifft den konkreten Unterricht. Hier sind wiederum vier Aspekte zu unterscheiden:

- die *Planung*, die nicht als starre Vorgabe, sondern als Vorüberlegung über mögliche Akzentsetzungen und Wege des Unterrichts angelegt sein und den LehrerInnen Flexibilität ermöglichen sowie für die SchülerInnen Mitwirkungsmöglichkeiten vorsehen sollte;   Planung
- die *Durchführung*, genauer: die im Unterricht ablaufenden Prozesse in der Wechselwirkung von Lehren und Lernen, und zwar die angestrebten, aber auch die nicht angestrebten Prozesse;   Durchführung
- die *rückschauende Reflexion* über das Verhältnis der Planung zum tatsächlichen Verlauf des Unterrichts, wobei Abweichungen des Unterrichtsverlaufs vom Plan keineswegs grundsätzlich als negativ gewertet werden dürfen, sofern solche Abweichungen aus dem Verlauf des Unterrichtsgeschehens heraus (situativ) begründet erfolgen;   Reflexion
- die Feststellung der *gewollten Ergebnisse und ggf. der nicht gewollten Wirkungen* des Unterricht, also auch jener Vorgänge und Effekte, die unter 4.3. als inoffizielles Lernen im Sinne des hidden curriculum skizziert wurden.   Wirkungskontrolle

Auf beiden Ebenen müssen noch einmal fünf Hauptaspekte unterschieden werden, nämlich die Fragen:

Ziele — nach den *Zielsetzungen* des Lehrens und Lernens;
Inhalte — nach der an solchen Zielsetzungen orientierten Auswahl der *Inhalte* bzw. *Themen des Unterrichts;*
Methoden — nach den *Organisationsformen*, den *Methoden* bzw. *Verfahren* und den *intendierten Prozessen* des Lehrens und Lernens einschließlich der sog. *Sozialformen des Unterrichts*; in der deutschen Pädagogik wird dieser Bereich häufig mit dem Begriff „*Methodik*" bezeichnet;
Medien — nach den *Medien* des Lehrens und Lernens, vom Schulbuch bis zum Computer-Programm, von der Landkarte bis zum Film, vom physikalischen Veranschaulichungsmodell bis zur Rechtschreibkartei usf.;
Ergebniskontrolle — nach den Formen, in denen *Lernergebnisse* und *Lernformen* der SchülerInnen *überprüft* und *beurteilt* werden.

5.3. Didaktische Theorien

Auf der Ebene der didaktischen Theoriebildung bzw. der didaktischen Forschung haben sich (z.T. in Anknüpfung an frühere Ansätze aus der Zeit der Weimarer Republik und teilweise auch unter Rückgriff auf die ältere Geschichte des didaktischen Denkens) in den letzten Jahrzehnten mehrere allgemeindidaktische Theorien bzw. Konzepte entwickelt, die beanspruchen, die Struktur des Gesamtfeldes der Didaktik oder mindestens wichtige Aspekte dieses Feldes aufzuklären. Sie sind in der Mehrzahl der Fälle mit begründeten praktischen Reformvorschlägen verbunden und zielen zugleich darauf, den Praktikern bewußteres didaktisches Wahrnehmen, Urteilen und Handeln zu ermöglichen. Z.T. sind in diesem Rahmen detaillierte, der Absicht nach variabel zu verwendende Konzepte für die lang-, mittel- und kurzfristige Unterrichtsplanung entwickelt worden.

In der didaktischen Diskussion, der umfangreichen Sekundärliteratur und der Praxis der LehrerInnenaus- und -fortbildung sind vor allem folgende Ansätze wirksam geworden:

Allgemein-didaktische Theorien

Kritisch-konstruktive Didaktik
— eine Position, die anfänglich von der Didaktik der Geisteswissenschaftlichen Pädagogik (vor allem Erich Wenigers) ausging, dann aber zu einer „kritisch-konstruktiven Didaktik" weiterentwickelt und umgestaltet wurde (u.a. Wolfgang Klafki 1994); zu den charakteristischen Merkmalen dieser Konzeption zählen die Grundlegung der Unterrichtstheorie in einer umfassenden, historisch und (später) zugleich gesellschaftstheoretisch reflektierten Bildungstheorie und die intensive Auseinandersetzung mit der Problematik der Unterrichtsinhalte (Richtlinien bzw. Lehrpläne und ihre Übersetzung in Unterrichtspraxis);

Lehrtheoretische Didaktik
— die zunächst „lerntheoretisch", später „lehrtheoretisch" genannte, von Paul Heimann begründete und von Wolfgang Schulz und Gunter Otto weiterentwickelte Position, die in der frühen Entwicklungsphase auch als „Berliner", später als „Hamburger Didaktik" (vgl. Schulz 1991) bezeichnet wurde bzw. wird; ein prägendes Kennzeichen dieses Ansatzes ist die Betonung der

wechselseitigen Abhängigkeiten und Beziehungen („Interdependenzen") zwischen den grundlegenden Entscheidungsfaktoren des Unterrichts (Zielen, Inhalten, Methoden, Medien) sowie den individuellen und sozialen (sozialisatorischen) und den institutionellen Bedingungsfaktoren;
- die „kritisch-kommunikative Didaktik" (Klaus Schaller, Karl-Hermann Schäfer, Rainer Winkel); sie betont besonders stark den kommunikativen Charakter pädagogisch fruchtbarer Prozesse des Lehrens und Lernens im Unterricht und deren Einbettung in eine personale Beziehung zwischen Lehrenden und Lernenden sowie die Beschreibung und Analyse von Störungen pädagogischer Kommunikationsprozesse (vgl. Winkel 1993).

Kritisch-kommunikative Didaktik

Diese drei Ansätze (vgl. Gudjons/Teske/Winkel 1993) haben sich in einem Prozeß intensiver Diskussion und wechselseitiger Kritik allmählich so weit angenähert, daß sie heute als Varianten *einer* praxisorientierten, an demokratisch-emanzipatorischen Prinzipien orientierten Grundposition betrachtet werden können, dergemäß die Herausforderung und Unterstützung selbsttätiger, individueller, „gegenstands-orientierter" Lernprozesse und ihr Zusammenhang mit kommunikativ-sozialen Lernprozessen ins Zentrum des Unterrichts gerückt werden sollte. Auch Hilbert Meyer (1993 a, b) kann dieser Gruppe didaktischer Positionen zugerechnet werden.

In der Kennzeichnung der bisher genannten didaktischen Positionen wird bereits angedeutet, daß „Lehren" und „Lernen" hier in einem weiten Sinne verstanden werden. Es geht nicht nur um Vermittlung und Aneignung von Wissen und um Förderung der Erkenntnisfähigkeit, sondern auch um die Anbahnung von emotionaler Anteilnahme, zwischenmenschlicher Sensibilität und Beziehungsfähigkeit, sozialer Einstellungen und Fähigkeiten („soziales Lernen"), moralischer und politischer Urteils-, Verantwortungs- und Handlungsfähigkeit. Folglich nehmen jene und verwandte didaktische Ansätze ausdrücklich oder unausdrücklich auch ein Motiv auf, das in der Geschichte der Unterrichtstheorie seit J.F. Herbart (1776-1841) mit dem Begriff des „erziehenden Unterrichts" bezeichnet wird und in den meisten Konzepten der internationalen und der deutschen Reformpädagogik unseres Jahrhunderts (unter unterschiedlichen Bezeichnungen) eine große Rolle gespielt hat bzw. spielt. Dieses Motiv kann allerdings nur dann praktisch wirksam werden, wenn „Unterricht" in eine Schule eingebettet ist, die als „Erfahrungsraum" gestaltet wird, also ein kind- und jugendgemäßes „Schulleben" mit Freiräumen für eigene Initiativen der Jugendlichen und vielfältigen extra-curricularen Angeboten ermöglicht. Die besten institutionellen Bedingungen dafür bieten Ganztagsschulen, in denen auch Schul-Sozialpädagoginnen tätig sind.

Erziehender Unterricht

- Zwei weitere didaktische Positionen, die „kybernetisch-informationstheoretische Didaktik" (vor allem Felix von Cube) und die „curriculare Didaktik" (Christine Möller) sparen im Unterschied zu den vorher genannten Ansätzen generelle pädagogische Zielorientierungen als wissenschaftlich unentscheidbar aus bzw. behandeln sie als politisch oder weltanschaulich vorentschiedene Orientierungen. Sie verstehen den Lehr-Lernprozeß vorwiegend als einen vom Lehrer oder durch programmierte Medien stark gesteuerten, auf präzis operationalisierte „Lernziele" hin ausgerichteten und kontrollierbaren

Kybernetisch-informationstheoretische Didaktik
Curriculare Didaktik

Informations- bzw. Aneignungsprozeß der Lernenden (vgl. Gudjons/Teske/ Winkel 1993, S. 47ff. bzw. 63ff.).

5.4. Theorie des Schullebens

Schulleben

Schule als Erfahrungsraum

Schulklima

Der Begriff „Schulleben" ist innerhalb der Schultheorie terminologisch noch nicht präzise bestimmt worden. Er wird in der Schulpraxis und in der praxisorientierten schulpädagogischen Literatur in unterschiedlich weiter Bedeutung verwendet. Im umfassenden Sinne zielt er auf alle Einrichtungen, Erfahrungs- und Handlungsmöglichkeiten für SchülerInnen, LehrerInnen und pädagogisches und weiteres nicht-pädagogisches Schulpersonal sowie Eltern, soweit jene Einrichtungen und Möglichkeiten über den Unterricht und die Gewährleistung seiner Voraussetzungen hinausgehen. Dabei gibt es wichtige Wechselwirkungen zwischen „Unterricht" und „Schulleben" und Überlappungen zwischen beiden Bereichen, etwa beim „Projektunterricht", bei der Verwirklichung des Prinzips „Öffnung der Schule zum kommunalen Umfeld" oder im Bereich des „sozialen Lernens" usw.

In dieser weiten Bedeutung umschreibt der Begriff „Schulleben" die Schule „als Erfahrungsraum" (H. v. Hentig), insofern sie – über die Erteilung von Unterricht hinaus – soziale Beziehungen, ethisch relevantes Handeln, individuelle und gruppenweise Aktivitäten, die nicht durch Richtlinien festgelegt sind, „Aktionen", Feste u.ä. ermöglicht bzw. anbietet. Die emotionale Dimension der Schule als Erfahrungsraum für Lernende, Lehrende und weitere Mitwirkende (Eltern, nicht-lehrendes Personal, SozialpädagogInnen, SchulpsychologInnen sowie Dienstleistungspersonal, insbesondere Hausmeister und Verwaltungspersonal) und des Kommunikations- und Interaktionsstils dieser interagierenden Personengruppen wird häufig mit den Begriffen „Schulklima" bzw. „Schulatmosphäre" bezeichnet. Wir wissen aus der Schulforschung um die große Bedeutung dieser Phänomene für die Entwicklung von „Schulzufriedenheit", „Schulerfolg", „Identifikation mit der eigenen Schule" u.ä. oder ihrer Gegenpole bei SchülerInnen und LehrerInnen.

Je häufiger Kinder und Jugendliche heute in Ein-Kind-Familien groß werden und in einer gesellschaftlichen Wirklichkeit aufwachsen, die wenig Gelegenheiten für Primärerfahrungen und kreatives Handeln, aber eine Überfülle an Konsum- und Rezeptionsangeboten bietet, je stärker junge Menschen in und außerhalb der Schule sehr unterschiedlichen Wertorientierungen begegnen und ihnen die Aufgabe zugemutet, aber auch die Chance geboten wird, zwischen unterschiedlichen „Fahrplänen durch die Kindheits- und Jugendphase" zu wählen, je öfter sie in und außerhalb der Schule auf Menschen mit unterschiedlicher religiöser, nationaler bzw. ethnischer, sozialer Herkunft und ihren Verhaltensformen treffen, mit zahlreichen Konfliktmöglichkeiten konfrontiert und damit vor eigene Orientierungsentscheidungen gestellt werden, um so dringlicher wird es, daß die Schule durch ihr „Schulleben" Erfahrungs- und Handlungsmöglichkeiten sowie – innerhalb und außerhalb des Unterrichts – Gelegenheiten zur Verarbeitung, zur Reflexion solcher Erfahrungen bietet.

Auch angesichts des zunehmenden Interesses von Frauen an Berufstätigkeit, der Flexibilisierung von Arbeitszeiten und der zunehmenden Zahl von Kindern und Jugendlichen, die bei alleinerziehenden Eltern aufwachsen, wächst der Bedarf an Ganztagsschulen sowie an „Grundschulen mit festen Öffnungszeiten" („volle Halbtagsbetreuung mit oder ohne Mittagessen"). Schon heute bleibt das Angebot weit hinter dem Bedarf zurück, und im internationalen Vergleich – etwa mit Italien, Frankreich und Großbritannien – schneidet die Bundesrepublik Deutschland z.B. hinsichtlich des Anteils von Ganztagsschulen schlecht ab (1988/89 gab es solche Schulen nur für 5,4% aller SchülerInnen, dazu kamen für 8,2% der SchülerInnen Hortplätze bzw. Internate oder Heime). Mit diesen Hinweisen ist zugleich die Notwendigkeit benannt, den bisher minimalen Einsatz von Schulsozialarbeit, besonders durch Schul-SozialpädagogInnen (Diplom-PädagogInnen mit dem Studienschwerpunkt „Sozialpädagogik" und/oder „Schule"), in Zukunft erheblich auszubauen und damit extracurriculare Angebote (Arbeitsgemeinschaften, freie Spielmöglichkeiten u.ä.) sowie Hausaufgabenbetreuung, psychosoziale Betreuung, ggf. auch kompensatorische und therapeutische Hilfen bieten zu können.

Ganztagsschulen
Grundschulen mit festen Öffnungszeiten

Schulsozialarbeit

6. Aus- und Fortbildung von LehrerInnen

Die Gestaltung der LehrerInnenbildung in Deutschland entsprach der Entwicklung des staatlichen Schulwesens seit der Wende vom 18. zum 19. Jahrhundert mit seiner strikten, sozial, kulturell und politisch gewollten Scheidung des „niederen" (Elementar- bzw. Volksschule) vom „höheren" Schulwesen (Gymnasium).

Als Institutionen der Ausbildung der Volksschullehrer und später der -lehrerinnen bauten die deutschen Territorien seit Beginn des 19. Jahrhunderts, wiederum unter Vorreiterschaft Preußens, VolksschullehrerInnen – Seminare auf.

VolksschullehrerInnen-Seminare

Diese bis zur Mitte der zwanziger Jahre unseres Jahrhunderts herrschende, kostenfreie Volksschullehrerausbildung war zweistufig organisiert: 14- bis 15jährige, befähigte Volksschulabsolventen konnten in der ersten Stufe in die 3jährige „Präparandenanstalt", ein disziplinarisch streng geführtes Internat, eintreten. Der vorwiegend „allgemeinbildende" Unterricht schloß mit einem Examen ab, das etwa auf dem Niveau späterer Mittelschulen angesiedelt war. Im letzten Präparandenjahr erfolgte bereits eine theoretische und z.T. praktische Orientierung auf das Berufsfeld „Volksschule" hin. Das anschließende, ebenfalls drei Jahre umfassende „Lehrerseminar" (im engeren Sinne) führte die allgemeinbildenden Fächer in reduziertem Umfang fort und konzentrierte sich vor allem auf Pädagogik, Psychologie, Erziehungs- und Unterrichtslehre, insbesondere Methodik *aller* Volksschulfächer. Es verknüpfte diese theoretische Ausbildung mit umfangreichen Unterrichtsversuchen in der Seminar-Übungsschule. Nach dem erfolgreichen Abschluß konnte man sich, „berufsfertig", um die Anstellung im Schuldienst bewerben.

Nach dem Ende des Ersten Weltkrieges hat es heftige Debatten über eine grundsätzliche Neuordnung der Lehrerbildung und vor allem eine Niveauanhebung der Volksschullehrerbildung gegeben. Sie führten nicht zu einer reichseinheitlichen Regelung. Abgesehen von der Fortsetzung der seminaristischen Ausbildung in einigen süddeutschen Staaten wurden zwei neue Grundformen der Volksschullehrerbildung verwirklicht: Bei der „Universitätslösung" umfaßte das 6-semestrig geplante, zunächst oft nur 4-semestrige LehrerInnen-Studium an einzelnen Universitäten oder Technischen Hochschulen der Länder Sachsen, Thüringen, Hamburg, Braunschweig, Hessen, Mecklenburg-Schwerin Veranstaltungen aus den „Grundwissenschaften" Pädagogik, Psychologie, z.T. auch Soziologie und Philosophie, ein „wissenschaftliches Wahlfach", Allgemeine und z.T. fachspezifische Unterrichtslehre, verbindliche und frei wählbare Kurse in „musischen" Disziplinen und die schulpraktische Ausbildung mit Hospitationen, Unterrichtsversuchen und Praktika.

Pädagogische Akademien

Der zweite Typus wurde seit 1926 zuerst in Preußen durch die Neugründung eigenständiger Pädagogischer Akademien, die nicht als wissenschaftliche Hochschulen galten, aber in der Regel das Abitur als Zugangsvoraussetzung erforderten, verwirklicht. Die meisten Pädagogischen Akademien waren schwerpunktmäßig bekenntnisgebunden, einige simultan. Im Prinzip auf ein 6-semestriges Studium hin angelegt, konnte aus Finanzgründen zunächst nur ein 4-semestriger Studiengang angeboten werden. Das Studienkonzept ähnelte in erheblichem Umfang inhaltlich dem der Universitätslösung. Jedoch war es, ebenso wie das breit entfaltete „Hochschulleben", meistens einheitlicher von der neu interpretierten Berufsaufgabe des Volksschullehrers und der Volksschullehrerin als „Volkslehrern" im republikanischen „Volksstaat" und stark von reformpädagogischen Ideen geprägt.

Unter dem Nationalsozialismus wurde die LehrerInnenbildung für die VolksschullehrerInnen in der Zeit bis 1941 reichseinheitlich auf Fachhochschul-Niveau eingerichtet (Hochschulen für Lehrerbildung), formal in Analogie zum 4-semestrigen Studium an den Pädagogischen Akademien, inhaltlich von nationalsozialistischen Erziehungsvorstellungen geprägt. 1941 befahl Hitler eine radikale Änderung: An die Stelle der Hochschulen für Lehrerbildung traten, für beide Geschlechter getrennt, nationalsozialistisch durchgestaltete Lehrerbildungsanstalten (Internate), in die Interessenten in der Regel mit 15 Jahren und nach dem Abschluß der Volksschule sowie einer Prüfung in einen 5jährigen Ausbildungsgang eintraten.

Pädagogische Hochschule

Nach dem Zweiten Weltkrieg gab es in den Westzonen und später in den Ländern der Bundesrepublik z.T. lebhafte Debatten um eine Neugestaltung der LehrerInnenbildung. Tatsächlich zeichnete sich jedoch früh der länderspezifische Anschluß an Modelle der Weimarer Zeit ab. Von den Ausnahmen Hamburgs und den Technischen Hochschulen Braunschweig und Darmstadt (Integration in die Universität bzw. die TH) und einer zeitweiligen Rückkehr zur seminaristischen Ausbildung, aber mit Abitur-Voraussetzung, in südwestdeutschen Ländern abgesehen, entschieden sich die übrigen Bundesländer für die Lösung der teils konfessionell geprägten, teils simultanen Pädagogischen Hochschulen oder (synonym) Akademien (in Hessen zunächst „Pädagogische Institute" genannt) mit 4-semestriger Ausbildung. Die bereits damals vorhandene Absicht, das Studium auf 6 Semester zu erweitern, wurde im Laufe der sechziger und siebziger Jahre eingelöst. Dieser ersten Ausbildungsphase schloß sich eine 1½- 2jährige Zweite Phase in Studienseminaren mit praxisorientierter Unterrichtstheorie und Schulpädagogik, einer von MentorInnen begleiteten Einführung in die Unterrichtspraxis und zunehmend mehr eigenverantwortlichem Unterricht sowie das 2. Staatsexamen an.

Für RealschullehrerInnen gab es nicht nur im 19. Jahrhundert, sondern bis in die siebziger Jahre unseres Jahrhunderts keine speziellen Ausbildungsinstitutionen und etablierte Studiengänge. VolksschullehrerInnen konnten nach einigen Jahren schulpraktischer Tätigkeit durch individuelle, nebenamtliche Vorbereitung, auch mit Hilfe von Ferienkursen bzw. dem Besuch von Universitäts- oder Hochschulveranstaltungen in mindestens zwei realschulrelevanten Fächern mit abschließender Prüfung die Qualifikation für das Lehramt an Realschulen erwerben; das ist ein auch heute noch oft beschrittener Weg. Daneben wurden in den letzten zwei Jahrzehnten an einigen Pädagogischen Hochschulen, seltener an Universitäten ohne integrierte VolksschullehrerInnenbildung, grundständige RealschullehrerInnen-Ausbildungsgänge im Umfang von 6 bis 8 Semestern eingerichtet. Sie werden in Zukunft vermutlich zum normalen Studienweg von RealschullehrerInnen werden.
Ausbildung von RealschullehrerInnen

Für künftige Gymnasiallehrer (und seit Beginn unseres Jahrhunderts Gymnasiallehrerinnen) hat es bis zum Ende der sechziger Jahre unseres Jahrhunderts an den Universitäten kein nennenswertes pädagogisches Studium gegeben, sieht man von wenigen, zeitlich begrenzten Ansätzen an einzelnen Universitäten ab. Nicht nur während des 19. Jahrhunderts, sondern auch – trotz erheblicher Veränderungen im Schulbereich – bis zum Ende der Weimarer Zeit und selbst in der Zeit des Nationalsozialismus hat sich an der Geringschätzung einer pädagogisch-theoretischen bzw. erziehungswissenschaftlich fundierten Vorbereitung von künftigen GymnasiallehrernInnen wenig geändert. Pädagogische Fragen kamen, wenn überhaupt, in deren Studium eher randständig im Rahmen des obligatorischen, dem Umfang nach sehr bescheidenen Philosophie-Begleitstudiums, das z.T. auch psychologische Aspekte einschloß, zur Sprache. Bis heute wirkt die eindeutige Dominanz des sogenannten „Fachstudiums", d. h. von mindestens zwei (früher öfters drei oder auch vier) wissenschaftlichen Disziplinen, die als Grundlagenwissenschaften entsprechender Schulfächer verstanden werden, gravierend nach.
Ausbildung von GymnasiallehrerInnen

Für die Einführung in die Schulpraxis richteten einige deutsche Länder seit dem Ende des 18. Jahrhunderts – als Vorreiter einer Entwicklung, die vielfach fast das ganze folgende Jahrhundert in Anspruch genommen hat – Gymnasial(lehrer)seminare ein. In einer einjährigen Phase wurden die Kandidaten hier im Zusammenhang mit Hospitationen und eigenen Unterrichtsversuchen in einer Art praktischer „Meisterlehre" auf dem Niveau der damaligen „Gymnasialpädagogik" auf die angestrebte Lehrtätigkeit vorbereitet. Später ist diese Phase des Referendariats in mehreren deutschen Ländern um ein zweites Jahr verlängert worden, eine Regelung, die – nach zeitweiligen Reduktionen – mehrheitlich bis heute gilt.
Gymnasialseminare

55

6.1. Gegenwärtige Situation der LehrerInnenbildung

Der gegenwärtig erreichte Stand der LehrerInnenbildung in Deutschland in der ersten Ausbildungsphase läßt sich unter dem Gesichtspunkt der pädagogischen Studienanteile folgendermaßen skizzieren.

Integration der
Pädagogischen
Hochschulen in die
Universitäten

Die seit dem Ende der sechziger, besonders aber in den siebziger und achtziger Jahren verstärkte Entwicklung der Integration der Pädagogischen Hochschulen/Akademien in die Universitäten bzw. Gesamthochschulen, die von den Länderministerien z.T. gegen heftigen Widerstand konservativer Gymnasiallehrerverbände und Universitäten durchgesetzt wurde, ist inzwischen weitgehend zum Abschluß gekommen und nach 1991 auch in den neuen Bundesländern übernommen worden. Nur in Schleswig-Holstein und Baden-Württemberg ist die Integration erst für die kommenden Jahre geplant.

Das Gewicht pädagogischer Studienelemente im Studium künftiger GymnasiallehrerInnen ist zwar im Zuge des Integrationsprozesses durchschnittlich größer geworden als in den ersten Jahrzehnten nach 1945, weist zwischen den einzelnen Bundesländern aber große Diskrepanzen auf. Sie liegen zwischen 6 und 40 Semesterwochenstunden im Gesamtstudium, m.a.W.: etwa zwischen 4% und 25% der gesamten verbindlichen Studienzeit dieser Gruppe von Lehramts-Studierenden. Der relative Anteil des pädagogischen Studiums im Gesamtstudium hat sich bei künftigen Grund- und HauptschullehrerInnen gegenüber den Relationen an den Pädagogischen Hochschulen verringert, demgegenüber ist der zeitliche Anteil und die Bedeutung der sog. „Fachstudien", die jetzt auch für künftige Haupt- und RealschullehrerInnen in zwei Fächern verbindlich sind, wesentlich gestiegen. Analoges gilt für das Studium der Bezugswissenschaft eines Schulfaches im GrundschullehrerInnenstudium. Neben diesem „wissenschaftlichen Wahlfach" ist für künftige GrundschullehrerInnen das Studium der Didaktik zweier oder dreier Fächer bzw. Bereiche des Grundschulunterrichts verbindlich.

Im Vergleich zu den Pädagogischen Akademien der Weimarer Zeit haben sich die Fachdidaktiken im Laufe der Entwicklung der Pädagogischen Hochschulen und nach der Integration in die Universitäten stark entwickelt. Ihre Einbindung in den Gesamtzusammenhang der Grund- und HauptschullehrerInnenausbildung haben sie aber infolge der Zuordnung zu den „sachwissenschaftlichen" Fachbereichen bzw. Instituten oft eingebüßt.

Als erhebliche Mängel bzw. unbewältigte Probleme der akademischen LehrerInnenbildung sind noch folgende hervorzuheben:

– Die inhaltliche Abstimmung der Studienordnungen zwischen der Erziehungswissenschaft und den übrigen „Grundwissenschaften" sowie den Fachwissenschaften und den fachdidaktischen Studien ist sowohl innerhalb der einzelnen Universitäten als auch zwischen den Bundesländern weithin unzureichend.
– Die wissenschaftlich notwendige Spezialisierung innerhalb der Erziehungswissenschaft (und der anderen Grundwissenschaften) führt oft dazu, daß den Studierenden selbst der Bezug dieser Studienbereiche zu ihrem angestrebten Praxisfeld (Schule und Unterricht) nicht hinreichend deutlich wird.

- Die dringend erforderliche Ausbildung von nicht-lehrenden MitarbeiterInnen in Schulen, vor allem von *Diplom-PädagogInnen mit den Schwerpunkten „Schule" und/oder „Sozialpädagogik mit Schulbezug"* hat sich wegen der schlechten Berufsaussichten für Interessenten nur in wenigen Universitäten bzw. Hochschulen konsolidieren können.

Ausbildung von Diplom-PädagogInnen mit Schulbezug

In der Bundesrepublik hat es bisher drei Versuche mit einphasiger LehrerInnenbildung gegeben, bei der die bisher institutionell getrennten Phasen des Universitäts- bzw. Hochschulstudiums einerseits und der stark praxisorientierten Referendarausbildung an Studienseminaren andererseits zusammengefaßt und Theorieanteile und Praxisanteile von vornherein stärker aufeinander bezogen wurden, nämlich an den Universitäten Bremen, Osnabrück und Oldenburg. Diese in den siebziger Jahren begonnenen Versuche sind leider noch im gleichen Jahrzehnt ohne zureichende Begründung durch politische Entscheidungen vorzeitig abgebrochen worden.

Einphasige LehrerInnenbildung

6.2. *Fortbildung*

Abschließend ist auf die Lehrerfortbildung hinzuweisen. Da Schule und Unterricht, ihre Zielsetzungen, Inhalte und Methoden sich im gesellschaftlichen und pädagogischen Prozeß ändern bzw. sich ändern müßten, kann die Bildung der LehrerInnen nicht mit der 1. und 2. Ausbildungsphase abgeschlossen werden. Im 19. Jahrhundert waren es vor allem die Lehrerverbände, in denen sich Ansätze zur Lehrerfortbildung während der Berufspraxis entwickelten: durch Vorträge, Gesprächskreise, Lehrerzeitungen u.ä.. In der Weimarer Republik gab es auch von staatlicher Seite eine zunehmende Zahl von Ansätzen, durch Lehrgänge, Vorträge, Unterrichtsdemonstrationen, Kurse, Unterstützung von Lehrerbibliotheken u.ä. Fortbildungsmöglichkeiten anzubieten, z.T. in Zusammenarbeit mit Eigeninitiativen der Lehrerschaft und/oder ihrer Verbände. In den Ländern der Bundesrepublik ist dann von Anfang an ein zunehmend dichter werdendes Netz von Fortbildungsinstitutionen und -aktivitäten aufgebaut worden. Die Länder haben, zunächst z.T. an Initiativen der Besatzungsmächte anknüpfend, zentrale Lehrerfortbildungsinstitute mit eigenem Personal und Abordnungsstellen gegründet. Später sind diese Institute durch regionale Außenstellen ergänzt worden, die allerdings vielfach des personellen Ausbaus bedürfen. Die zentralen und die regionalen Institute bieten ein umfangreiches Programm von meist mehrtägigen Veranstaltungen oder Wochen-Kursen an, machen Schulen und LehrerInnengruppen Beratungsangebote, beteiligen sich an der Entwicklung und der praktischen Umsetzung neuer Richtlinien, Methodenkonzepte, Medien, bieten schriftliches Informationsmaterial an, fast durchweg im Sinne schulreformerischer Intentionen.

LehrerInnenfortbildung

In zunehmendem Maße wird seit einigen Jahren mit guten Gründen die Förderung „schulinterner Lehrerfortbildung" (SCHILF) mit externer Beratung und Unterstützung gefordert, und es gibt in einigen Bundesländern richtungsweisende Ansätze (u.a. Bremen, Hessen, Hamburg, Nordrhein-Westfalen): Innere Schulreform und pädagogische Profilbildung der einzelnen Schulen sollen durch jeweils schulspezifische Fortbildung, die thematisch und methodisch von den Interessen und Schwierigkeiten des betreffenden Kollegiums ausgehen, unterstützt werden.

Schulinterne LehrerInnenfortbildung

Insgesamt spricht viel dafür, daß der LehrerInnenfortbildung in Zukunft im Gesamtzusammenhang der LehrerInnenbildung (für alle Schulstufen und Bildungsgänge) mindestens das gleiche Gewicht wie der ersten und zweiten Phase zugesprochen werden muß.

7. Zukunftsaussichten für angehende LehrerInnen und Schul-SozialpädagogInnen

Daß die zusätzlichen Anforderungen, die heute an Schul- und Unterrichtsgestaltung mit Recht gestellt werden, eigentlich zu einer Verringerung der Klassengrößen, zur Vermehrung der Zeit für SchülerInnen- und Elternberatung, für Planungsarbeit, Kooperations- und Reformtätigkeiten und Fortbildung innerhalb der Gesamtarbeitszeit von LehrerInnen und damit zur Vermehrung von Stellen führen müßten, liegt auf der Hand. Die derzeitigen finanzpolitischen Entscheidungen tendieren bekanntlich in die entgegengesetzte Richtung. Jedoch dürften zwei unausweichliche Entwicklungstrends dem Einfrieren oder dem Abbau von LehrerInnenstellen deutliche Grenzen setzen: Zum einen werden infolge der Bevölkerungs- und Geburtenentwicklung des letzten Jahrzehnts und der immer noch steigenden Zahl von SchülerInnen, die über die Pflichtschulzeit hinaus weiterführende Schulen besuchen, die SchülerInnenzahlen besonders oberhalb der Grundschule in den nächsten zehn Jahren vermutlich mindestens um 10 bis 15 Prozent steigen; erst danach werden sie wieder langsam sinken. Zum anderen ist für mindestens ein Jahrzehnt in Westdeutschland mit einem überdurchschnittlich hohen Anteil von Lehrkräften zu rechnen, die die Pensionsgrenze erreichen, außerdem weiterhin mit einem erheblichen Teil von LehrerInnen, die sich vorzeitig pensionieren lassen oder Stellen mit reduzierter Stellenverpflichtung (und entsprechend geringerer Bezahlung) anstreben. Die genannten Entwicklungen werden also vermutlich schulpolitisch und finanzpolitisch zu Neueinstellungen auch über den normalen „Ersatzbedarf" hinaus zwingen, weil man Klassengrößen und LehrerInnenarbeitszeit nicht beliebig steigern kann. Insofern sind die Berufschancen für zukünftige Interessenten am LehrerInnenberuf in den nächsten 10 bis 15 Jahren zumindest in den alten Bundesländern wahrscheinlich relativ günstig. Ob es allerdings auch durchsetzbar sein wird, mehr Stellen als bisher für das dringend benötigte nicht-lehrende Personal, insbesondere Schul-SozialpädagogInnen, einzurichten, erscheint fraglich.

Berufsaussichten für angehende LehrerInnen

Literatur

Arbeitsgruppe Bildungsbericht am Max-Planck-Institut für Bildungsforschung: Das Bildungswesen in der Bundesrepublik Deutschland. Reinbek 1994.
Auernheimer, G.: Bis auf Marx zurück – historisch-materialistische Schultheorien. In: Tillmann (1994), S. 61-70.
Brumlik, M./Holtappels, H.G.: Mead und die Handlungsperspektive schulischer Akteure – interaktionistische Beiträge zur Schultheorie. In: Tillmann (1994), S. 89-103.

Feldhoff, J.: Probleme einer organisationssoziologischen Analyse der Schule. (1970). In: Hurrelmann, K. (Hrsg.): Soziologie der Schule. Weinheim/Basel 1974, S. 245-261.
Fend, H.: Theorie der Schule. München/Wien/Baltimore 1980.
Fingerle, K.: Von Parsons bis Fend – strukturell-funktionale Schultheorien. In: Tillmann (1994), S. 47-59.
Gudjons, H./Teske, R./Winkel, R. (Hrsg.): Didaktische Theorien. Hamburg ^{7}1993.
Heimann, P./Otto, G./Schulz, W.: Unterricht – Analyse und Planung. Hannover ^{10}1979.
Herrlitz, H.-G./Hopf, W./Titze, W.: Deutsche Schulgeschichte von 1800 bis zur Gegenwart. Weinheim/München 1993.
Jank, W./Meyer, H.: Didaktische Modelle. Frankfurt a.M. ^{2}1993.
Klafki, W.: Gesellschaftliche Funktionen und pädagogischer Auftrag der Schule in einer demokratischen Gesellschaft. In: Braun, K.-H./Müller, K./Odey, R. (Hrsg.): Subjektivität, Vernunft, Demokratie. Weinheim/Basel 1989, S. 4-33.
Klafki, W.: Neue Studien zur Bildungstheorie und Didaktik. Weinheim/Basel ^{4}1994.
Krüger, H.H./Lersch, R.: Lernen und Erfahrung. Perspektiven einer Theorie schulischen Handelns. Opladen ^{2}1993.
Meyer, H.: Leitfaden zur Unterrichtsvorbereitung. Königstein ^{12}1993.
Muck, M./Muck, G.: Bis auf Freud zurück – die Psychoanalyse der Schule als Institution. In: Tillmann (1994), S. 73-86.
Robinsohn, S.B.: Bildungsreform als Revision des Curriculum und Ein Strukturkonzept für Curriculumentwicklung. Neuwied/Berlin ^{5}1975.
Rolff, H.-G.: Sozialisation und Auslese durch die Schule. Heidelberg ^{9}1980.
Rolff, H.-G.: Wandel durch Selbstorganisation. Theoretische Grundlagen und praktische Hinweise für eine bessere Schule. Weinheim/München 1993.
Rolff, H.-G. u.a. (Hrsg.): Jahrbuch der Schulentwicklung. Bd. 8. Weinheim/München 1994.
Schulz, W.: Unterrichtsplanung. München/Wien/Baltimore ^{3}1981.
Tillmann, K.J. (Hrsg.): Schultheorien. Hamburg ^{8}1994.
Winkel, R.: Die kritisch-kommunikative Didaktik. In: Gudjons/Teske/Winkel (1993), S. 79-93.
Zinnecker, J. (Hrsg.): Der heimliche Lehrplan. Weinheim/Basel 1975.

III. Berufsbildung: Betriebliche Berufsausbildung, berufliche Schulen, Weiterbildung

Rolf Arnold/Hans-Joachim Müller

Inhalt

1. Geschichte, begriffliche und theoretische Grundlagen
1.1. Berufsausbildung in Geschichte und Gegenwart als Ergebnis politisch-wirtschaftlicher sowie geistesgeschichtlicher Einflüsse
1.2. Beruf als soziokulturell geprägte Ordnungskategorie und Entwicklungsschablone der Identitätsentwicklung
1.3. Weiterbildung als permanente Aktualisierung und Konkretisierung der beruflichen Qualifikation

2. Berufsbildung auf dem Weg von der Schulbildung zur Weiterbildungsgesellschaft
2.1. Strukturverschiebungen zwischen Jugend- und Erwachsenenbildung
2.2. Entberuflichungstendenzen der beruflichen Erstausbildung
2.3. Bedeutungsgewinn und Verberuflichung der Erwachsenenbildung

3. Das duale System der beruflichen Erstausbildung
3.1. Ausbildungsordnungskonzepte
3.2. Berufliche Schulen
3.3. Lehrpersonal im Betrieb und beruflichen Schulen

4. Das System der beruflichen Weiterbildung
4.1. Trägerinstitutionen
4.2. Formen und Typen der Weiterbildung
4.3. Die (betrieblichen) WeiterbildnerInnen

5. Ausblick: Berufsbildung als neue Allgemeinbildung

Literatur

1. Geschichte, begriffliche und theoretische Grundlagen

Berufsbildung im Sinne des Berufsbildungsgesetzes (§ 1 I BBiG, 1969), der Rechtsgrundlage für die betriebliche Berufsbildung, umfaßt drei Stufen: Die Berufsausbildung, die berufliche Fortbildung und die berufliche Umschulung. Auf der Grundlage dieses gesetzlichen Rahmens erleben wir Berufsbildung in vielfältigen Manifestationen (z. B. als Theorien der Berufsbildung) und unterschiedlichen Institutionalisierungen (berufliche Schulen, Lehrwerkstätten, zuständige Stellen). Diese sind in ihren wesentlichen Grundstrukturen und Rahmenbedingungen durch die historische Entwicklung geprägt, d.h.: Sie sind „Folge des Verlaufs der deutschen Wirtschafts- und Sozialgeschichte" (Abraham 1978, S. 229).

1.1. Berufsausbildung in Geschichte und Gegenwart als Ergebnis politisch-wirtschaftlicher sowie geistesgeschichtlicher Einflüsse

Arbeit als historischer Kern der Berufsausbildung

Die Arbeit als historische Wurzel der Berufsausbildung

Sämtliche der in der Thematik dieses Beitrags enthaltenen Begriffe sind in ihrem Sinngehalt gleichfalls das Ergebnis unterschiedlichster, einander überlagernder geschichtlicher Entwicklungen, die auf eine gemeinsame Wurzel zurückverweisen: Die Arbeit. Dieses auf die Befriedigung eigener oder fremder Bedürfnisse gerichtete produktive Tun der Menschen war wohl schon immer dadurch gekennzeichnet, daß – im Rahmen der Rollen- und Funktionsbildung innerhalb menschlicher Gruppierungen – eine fortschreitende Spezialisierung der Menschen auf eine bestimmte Tätigkeit und infolgedessen eine Perfektionierung dieser Tätigkeit stattfand. Überall dort, wo Arbeit als mehr oder weniger spezialisierte Herstellung von Gütern und Dienstleistungen stattfindet, da findet man – zumindest als impliziten Prozeß – auch Berufsbildung, d.h. Vorkehrungen, Formen und Maßnahmen zur Weitergabe des jeweils aktuellen Standes der beruflichen Fähigkeiten zur Bewältigung der durch die sozialen und technologischen Wandlungsprozesse geprägten Arbeit.

Ganzheitlichkeit der mittelalterlichen Meisterlehre

Mittelalterliche Meisterlehre

Zu einem frühen historischen Zeitpunkt begegnen uns jedoch auch bereits Formen einer formalisierten Berufsbildung, wie die uns noch erhalten gebliebenen Funde selbst der Hochkulturen der Babylonier und Israeliten (z.B. die Gesetzesstele Hamurabis um ca. 3000 v.Chr.) anschaulich belegen. Die „Regelungen" für die Berufsbildung dieser frühen Hochkulturen können als Vorläufer der ab dem 12. Jahrhundert durch „Statuten" geregelten handwerkstypischen Berufsbildungsformen des mittelalterlichen Zunftwesens angesehen werden. Für die mittelalterliche Meisterlehre war kennzeichnend: Die Aufnahme eines Lehrlings in die Zunft (in aller Regel zwischen dem 12. und 18. Lebensjahr), der Abschluß des Lehrvertrages, die Regeln, die der Meister bei der Ausbildung beachten mußte, und die „Freisprechung" waren auch damals schon keine reine Privatangelegenheit der vertragsschließenden Parteien (Meister und Lehrling), sondern unterlagen einer gesellschaftlichen Überwachung. Diese „quasi-gesetzlichen Regelungen" waren Ausdruck der soziokulturellen Gegebenheiten im mittelalterlichen Europa, und durchdrungen von der geistigen Ordnungsmacht des Christentums. Dieses bestimmte durch die „Heiligung der Arbeit" die positive Einstellung der Menschen zur Arbeit („ora et labora!"), wie auch die – der apostolischen Dreigliedrigkeit nachempfundene – Unterteilung der Gesellschaft in drei Stände sowie die Stufung der Zünfte in Lehrling-Geselle-Meister (vgl. Stratmann 1993).   *Handwerkliche Lehrlingsausbildung*

Die Einschätzung des „handwerklichen" Tuns als „Dienst an Gott" in der christlichen Glaubensethik schuf im wesentlichen die Voraussetzung für die damals praktizierte Integration von allgemeiner und beruflicher Bildung sowie die faktische Gleichwertigkeit zwischen der Meisterlehre einerseits und den allgemeinbildenden Kloster- und Domschulen sowie lateinischen Stadtschulen andererseits. Beide Prinzipien – Integration und Gleichwertigkeit – lebten zunächst in den geistig-politischen und den sozio-ökonomischen Strömungen des Absolutismus, der Reformation, des Merkantilismus, des Realismus und der Aufklärung fort und fanden auch in der zunehmenden schulischen Institutionalisierung ihre folgerichtige Fortsetzung. Zu erwähnen sind die Vorformen der Berufsfachschulen und der Fachschulen (wie z.B. der Gründung von kameralistischen Buchhaltungsschulen sowie der niederen Schreib-, Lese- und Rechenschulen), den religiösen Sonntagsschulen mit Fachkursen für berufliche Inhalte (ab 1739 in Württemberg), ersten gewerblichen Sonntagsschulen (ab 1786 in Hamburg) und Handelsschulen (vgl. Blättner/Münch 1965, S. 19). Dabei spielte auch eine Rolle, daß viele absolutistische Fürsten die handwerkliche Lehrlingsausbildung als ein Mittel zur Förderung des Wohlstands, des Exports und damit ihrer Einkünfte erkannten und deshalb die Entstehung berufsbildender Institutionen unterstützten.   *Integration und Gleichwertigkeit beruflicher und allgemeiner Bildung*

Dualistisches Denken in der Zeit nach der industriellen Revolution

Zu einer Art Umkehrung dieser Entwicklung kam es erst zu Beginn der Industrialisierung (18. Jahrhundert), als durch den Wirtschaftsliberalismus und insbesondere die damit verbundene Einführung der Gewerbefreiheit Kräfte in Gang gesetzt wurden, die zum Niedergang der Lehrlingsausbildung führten. Die unkontrollierte Vermehrung der Handwerksbetriebe löste unter diesen nicht nur eine ruinöse Konkurrenz und Verarmung aus, sie führte auch zum Massenaustritt aus den Zünften und letztlich zu deren Verfall. Ohne funktionierende Überwachungsorgane waren aber dem Mißbrauch in der Berufsausbildung Tür und Tor geöffnet. Immer häufiger beuteten verarmte Handwerker die Auszubildenden als billige Arbeitskräfte für eine möglichst kostengünstige Produktion aus, verlangten als Vorauszahlungen unangemessen hohe Lehrgelder und verlängerten eigenmächtig die Lehrzeit von 4 ½ auf bis zu 10 Jahren, ohne auch nur einigermaßen der von ihnen übernommenen Ausbildungsverpflichtung tatsächlich nachzukommen. Eine zusätzliche Diskreditierung erfuhren die bis dahin allgemein anerkannten Vorformen beruflicher Bildung (Berufsfachschulen und Fachschulen) durch eklatante Fehlentwicklungen im Rahmen der Industrieschulbewegung (ab ca. 1750), die – ähnlich wie die Lehrlingsausbildung zu dieser Zeit – häufig auf   *Zerfall der Meisterlehre*

Industrieschulbewegung

eine ebenso rücksichtslose wie inhumane Ausbeutung der zumeist noch kindlichen Arbeitskräfte hinauslief und zu einer „Züchterei" verkam.

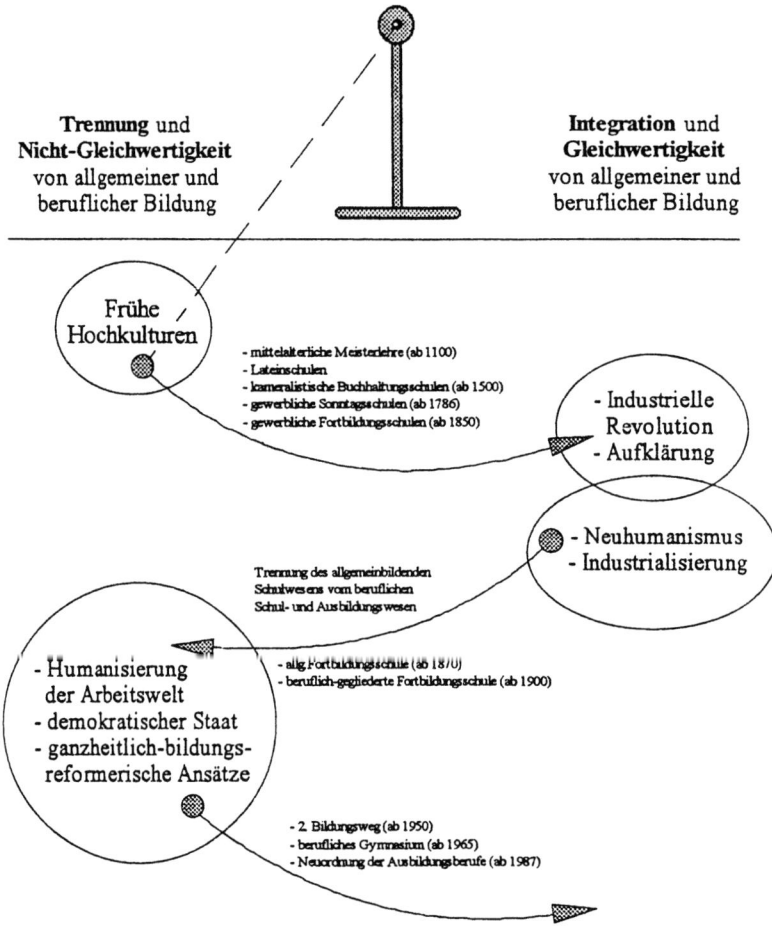

Abb. 1: Pendelbewegungen in der Entwicklung der Berufsausbildung

Die vernichtende Kritik des Neuhumanismus (Humboldt, Niethammer u.a.) leitete angesichts der nicht mehr übersehbaren Nöte der heranwachsenden Jugend eine dringend notwendige Korrektur ein. Eine durch die Mißstände aufgeschreckte und verspätet reagierende Bildungspolitik griff zwar die Allgemeinbildungsideen und den Individualismus des Neuhumanismus auf, ging aber weit über die von Humboldt geforderte „proportionierliche Ausbildung aller Kräfte" hinaus, als sie in der Folgezeit das (ständisch gegliederte) allgemeinbildende Schulwesen vom beruflichen Schul- und Ausbildungswesen völlig abtrennte. Argumentationsbasis war dabei die von Wilhelm von Humboldt im Königsberger und Littauischen

Neuhumanismus

Schulplan festgelegte Leitlinie: „Was das Bedürfnis des Lebens oder eines einzelnen seiner Gewerbe erheischt, muß abgesondert, und nach vollendetem allgemeinen Unterricht erworben werden. Wird beides vermischt, so wird Bildung unrein, und man erhält weder vollständige Menschen, noch vollständige Bürger einzelner Klassen" (Humboldt 1993, S. 188). Berufsbildung und Berufsschulen standen von nun an – stigmatisiert durch die ihnen in ihrer Vergangenheit angelasteten Taten – außerhalb der anerkannten pädagogischen Sphäre. Die Gründung „allgemeinbildender" Fortbildungsschulen (ab 1870) sollte das „Umfassendere" und Tiefere" der „Menschenbildung" den „nützlichen" und „brauchbaren" Kenntnissen der Aufklärung entgegensetzen. Die Konzentration auf die Allgemeinbildungsidee war ein deutlicher Ausdruck dafür, daß die Integration der beruflichen Bildung in das Gesamtbildungssystem zum Erliegen gekommen war.

Fortbildungsschulen

Re-Integrationstendenzen

Erst im 19. Jahrhundert wurde versucht, durch eine Reihe gesetzlicher Regelungen (1845 Preußische Gewerbeordnung, 1869 Gewerbeordnung des neuen deutschen Bundes, 1871 Reichsgewerbeordnung, 1897 Handelsgesetzbuch), die negativen Auswirkungen der Gewerbefreiheit auf die Lehrlingsausbildung einzudämmen. In dieser Zeit begannen auch die ersten großen Industriebetriebe, selbst auszubilden und eigene Lehrwerkstätten einzurichten (1811 die erste Lehrwerkstatt der Fa. König & Bauer). Vor diesem Hintergrund war auch die Pädagogik (Kerschensteiner, Fischer, Spranger, Litt u.a.) bemüht, den neuhumanistisch motivierten „Pendelrückschlag" der Entwicklung der Berufsbildung zu stoppen und die verlorengegangene Gleichwertigkeit der beruflichen Bildung – zumindest theoretisch – wieder herzustellen. Eine Realisierung dieser pädagogischen Integrationstheorien konnte zwar nicht sofort erreicht werden – sieht man einmal von den eher inselhaften curricularen und schulorganisatorischen Neuerungen Kerschensteiners ab -, gleichwohl kam Bewegung in die Entwicklung der Berufsbildung, die – insbesondere in den sechziger, siebziger und achtziger Jahren des 20. Jahrhunderts – auch zu einer grundlegend veränderten Qualität beruflicher Aus- und Weiterbildung führte. Zu erwähnen sind in diesem Zusammenhang die Einführung bzw. das Inkraftsetzen von u.a.:

Duales Modell der Berufsausbildung

- der beruflich gegliederten Fortbildungsschule (ab 1900),
- der Berufsschule (ab 1920),
- der Ordnungsmittel (ab 1925),
- der Prüfungsberechtigung der Industrie- und Handelskammern (ab 1930),
- der Berufsschulpflicht (Reichsschulpflichtgesetz von 1938),
- der Konzeption der Berufsgrundbildung (ab 1969),
- umfassender gesetzlicher Regelungen für die außerschulische berufliche Bildung (Berufsbildungsgesetz von 1969),
- die Neuordnung der Ausbildungsberufe nach ganzheitlichen und flexibilitätsorientierten Gesichtspunkten (ab 1987).

Die durch die Auflösung der Zünfte als Ordnungsmacht für die Berufsbildung verlorengegangene Formalisierung wurde damit nicht nur wiederhergestellt, sondern nach Maßgabe der Anforderungen an eine zeitgemäße Berufsausbildung in ihrem strukturellen Grundmuster weiterentwickelt. Neu hinzutretende didaktische Strukturelemente waren: die weitgehende Ausgliederung der Berufsausbildung aus der Produktion, der hohe Organisations- und Systematisierungsgrad, die Verrechtlichung bzw. rechtliche Regelung wesentlicher Standards sowie die Professionalisierung des Lehrpersonals. Gleichzeitig vollzog sich zusammen mit dieser Restrukturierung in der Berufsausbildung die schrittweise Modellierung eines „dualen" Modells der Berufsausbildung (vgl. Arnold 1994, S. 13; Greinert 1988, S. 145; Zedler 1988, S. 75), welches die Berufsausbildung als *Selbstverwaltungsaufgabe der Wirtschaft in öffentlicher Verantwortung* unter eine staatliche Kontrolle und Koordinierung stellt: Vom Staat autorisierte Normen geben den Bedingungsrahmen für eine Berufsbildung nach privatwirtschaftlichen Regeln und Verantwortlichkeiten (vgl. Arnold/Münch 1995).

Ganzheitlichkeit und Handlungsorientierung als Prinzipien zukunftsorientierter Berufsausbildung

Gleichwertigkeit von allgemeiner und beruflicher Bildung

Bis zum heutigen Tage ist es noch nicht vollständig gelungen, die faktische Trennung sowie die Nichtgleichwertigkeit von allgemeiner und beruflicher Bildung wieder rückgängig zu machen und sie in einen Zustand der Gleichwertigkeit und Integration zu überführen. Der jüngste „Gleichwertigkeitsbeschluß" der Kultusministerkonferenz (Berlin, 2.12.1994) kann möglicherweise eine entsprechende Wende einleiten. In ähnliche Richtung weisen seit einigen Jahren auch die Bemühungen um eine veränderte didaktische Qualität der beruflichen Erstausbildung. So wurde mit der Neuordnung von Ausbildungsberufen (ab 1987) beispielsweise die Ablösung der auf die isolierte Vermittlung fachspezifischer Fertigkeiten und Kenntnisse begrenzten Ausbildungsmethoden (z.B. Vier-Stufen-Methode) durch auf die Entwicklung ganzheitlicher Fähigkeiten ausgerichtete Methoden (vgl. Müller 1988) eingeleitet. Zur Erfüllung des § 3, Abs. 4 (IndMetAusbV), daß die „(...) Fertigkeiten und Kenntnisse so vermittelt werden (sollen), daß der Auszubildende (...) zur Ausübung einer qualifizierten beruflichen Tätigkeit befähigt wird, die insbesondere selbständiges Planen, Durchführen und Kontrollieren einschließt", soll das durch die enge Führung des Ausbilders angeleitete „Vorbereiten-Vormachen-Nachmachen-Alleinarbeiten" der „Vier-Stufen-Methode" ersetzt werden durch das Übertragen der selbständigen Durchführung eines „vollständigen Handlungsbogens" an die Auszubildenden.

Ganzheitliche Berufsausbildung

Gemäß dem „Modell der vollständigen Handlung" (Eckert 1992, S. 60) kann diese u.a. die sechs Stufen umfassen: Informieren-Planen-Entscheiden-Ausführen-Kontrollieren-Bewerten. Der projektorientierte Charakter eines solchen sechsstufigen Vorgehens maximiert nicht nur die Selbsttätigkeitschancen der Auszubildenden, er gibt ihnen vielmehr auch eine neue „Subjekt-Qualität". Damit ist gemeint, daß die Lerner ihre traditionelle Rolle als „zu belehrende Objekte" verlassen und immer mehr die Selbststeuerung ihrer Such- und Erschließungsaktivitäten bei der Aneignung der neuen Fertigkeiten und Kenntnisse übernehmen. Der Ausbilder wird dabei zum Moderator, Lernhelfer und Berater, der durch selbsterschließungsstrukturierte Arbeitsaufträge jetzt eine „ganzheitliche" (Arnold/Müller 1991, S. 97ff.; Lipsmeier 1985, S. 137) statt einer additiven Berufsausbildung ermöglicht. Korrespondierend zu dieser Weiterentwicklung der betrieblichen Berufsausbildung wurde durch Beschluß der Kultusministerkonferenz vom 14./15.3.1991 eine Rahmenvereinbarung über die Berufsschule verabschiedet, in der die „Handlungsorientierung" (Arnold/Müller 1993, S. 323ff.; Pätzold 1992; Gudjons 1992; Müller 1994) betont werden soll. Dieses didaktisch-methodische Konzept kann aufgrund seiner zyklisch-iterativen Strukturierung des Lernprozesses als der wohl wichtigste Beitrag zu einer inneren Bildungsreform und zu einem Wandel der Lernkultur angesehen werden. Parallel dazu erfolgt ein Paradigmenwechsel in der Berufsbildungstheorie von einer auf fremdgesteuerte Vermittlung ausgerichteten mechanistischen Erzeugungsdidaktik hin zu einer durch selbstgesteuerte Aneignung gekennzeichneten „subjektorientierten" (Adam 1988; Arnold 1991, S. 51ff.) Ermöglichungsdidaktik.

Die Offenheit und Flexibilisierung der neuen Ausbildungsordnungen sind gleichzeitig aber auch Beispiele dafür, wie die für das duale Ausbildungsmodell typische inhaltliche Normgebungsfunktion des Staates derzeit ergänzt und überlagert wird durch privatwirtschaftliche Innovationen auf dem Ausbildungssektor. Aus bildungspolitischer Sicht kann da angesichts dieses hohen Maßes an privater Gestaltungsinitiative die Frage gestellt werden, ob sich das durch die Jahrhunderte gewachsene duale Ausbildungsmodell derzeit nicht zunehmend einem „liberalistischen Marktmodell" annähert, bei dem die ausbildenden Wirtschaftsbetriebe bzw. deren Dachorganisationen die anstehenden Gestaltungsaufgaben in immer stärkerem Maße selbstverantwortlich und selbstorganisiert wahrnehmen, während sich der Staat stärker auf seine subsidiäre Rolle zurückzieht, d.h. nur dort regulierend und steuernd eingreift, wo die Selbstordnungskräfte der Träger beruflicher Bildung nicht ausreichen, die Aufgaben der Berufsausbildung gegenüber der Jugend, der Wirtschaft und dem Staat erfolgreich zu erfüllen.

Liberalistisches Marktmodell

1.2. Beruf als soziokulturell geprägte Ordnungskategorie und Entwicklungsschablone der Identitätsentwicklung

Lange Zeit wurde in der berufspädagogischen Debatte übersehen, daß das System der beruflichen Differenzierung, d.h. der Aufgliederung der gesellschaftlichen Qualifikationsstruktur in einzelne berufliche Zuständigkeitsmuster, nicht nur das „objektive" Ergebnis der Produktionsweisen und der Sachzwänge von Technikanwendung ist. Vielmehr werden die Technikanwendung, die Arbeitsorganisation und damit auch die berufsstrukturelle Gliederung einer Gesellschaft auch von den sozialen Bedingungen und Interessen bestimmt. Insbesondere industriesoziologische Vergleichsuntersuchungen der siebziger und achtziger Jahre verdeutlichten, daß es letztlich die sozialen Faktoren, wie z.B. die vorgefundene Qualifikationsstruktur in einer Gesellschaft, sowie der bereits erreichte Grad betrieblicher Arbeitsteilung und Arbeitsorganisation sein müssen, die dafür ausschlaggebend sind, welche Technik in welcher Form angewandt wird, und damit letztlich auch die Form der beruflichen Gliederung des Beschäftigungssystems überhaupt erst entstehen lassen.

Dieses Übergewicht sozialer und soziokultureller gegenüber technischen Faktoren bei der Entstehung und „Schneidung" von Berufen wird auch im internationalen Kontakt mit anderen Berufsbildungssystemen immer wieder deutlich.

So haben sich die Versuche, vermeintlich „sachgerechte" Technologien und „Modelle" beruflicher Bildung in Ländern mit einem anderen sozialen und kulturellen Hintergrund zu transferieren, vielfach als vergeblich herausgestellt, da diese Technologien und Modelle häufig nicht an die sozialen Bedingungen, Situationen und an die „gewachsenen" Berufsgliederungen und informellen Ausbildungssysteme „angepaßt" waren (vgl. Arnold u.a. 1986). Auch hier erweisen sich demnach die hintergründigen sozialen Gewohnheiten und kulturellen Traditionen als bisweilen härter als die sachlogisch und technokratisch abgeleiteten und entwickelten Lösungsmuster (z.B. Ausbildungsordnungen, Bildungsbedarfsplanungen usw.).

Beruf als soziokulturell geprägte Ordnungskategorie

Der Beruf als Strukturprinzip der Erwerbsgesellschaft weist demnach eine starke soziale und gesellschaftliche Einbindung auf, die es nahelegen, davon zu sprechen, daß die Berufe soziokulturell konstruiert sind. Hierfür spricht auch, daß sich aus der technisch-ökonomischen Entwicklung kaum eindeutige Qualifikationsanforderungen über einen längerfristigen Zeitraum prognostizieren und klar ableiten lassen. Aus diesem Grunde werden in der Berufspädagogik auch Ansätze einer bedarfsunabhängigen Entwicklung der beruflichen Bildung diskutiert und für eine bewußt subjektorientierte Planung und Realisierung von beruflicher Aus- und Weiterbildung plädiert. In diesem Sinne wirkt ein zu enger Berufsbezug nach Michael Brater als „Entwicklungsblockade", da berufliche Bildung nicht nur bestimmte Fähigkeiten vermittelt, sondern ebenso bestimmte andere Fähigkeiten vorenthält. Deshalb ist es notwendig, die berufliche Zuständigkeitsschneidung und -abgrenzung auch als das Ergebnis sozialer Machtauseinandersetzungen zu begreifen (vgl. Brater u.a. 1988). In der Definition und Abgrenzung von Berufsbildern und Ausbildungsordnungen kommen somit nicht nur „sachlich" notwendige Qualifikationselemente zum Ausdruck, es werden vielmehr aufgrund der Machtinteressen und Abgrenzungsbedürfnisse angrenzender Berufsfelder und Hierarchieebenen auch bewußt Zuständigkeiten und Qualifikationselemente verhindert. Eine solche Berufsorientierung fördert nicht die berufliche und persönliche Entwicklung des einzelnen, sondern behindert diese. Aus diesem Grund muß berufliche Bildung in stärkerem Maße von den persönlichen Bedürfnissen und Möglichkeiten des einzelnen ausgehen und sich darum bemühen, in einer bedarfsunabhängigen Form übergreifende berufliche Qualifikationen zu entwickeln. Dieses Anliegen einer verstärkt außerfachlichen und überfachlichen Berufsorientierung ist in den letzten Jahren verstärkt in der Debatte um die sogenannten Schlüsselqualifikationen und die „neue Beruflichkeit" (Lisop 1994) aufgegriffen und konkreten Realisierungsansätzen zugeführt worden.

1.3. Weiterbildung als permanente Aktualisierung und Konkretisierung der beruflichen Qualifikation

Weiterbildung als „Fortsetzung oder Wiederaufnahme organisierten Lernens nach Abschluß einer unterschiedlich ausgedehnten ersten Bildungsphase" (Deutscher Bildungsrat 1972, S. 197) bildet den „quartären Bereich" des gestuften Bildungssystems. Sie weist einen hohen Organisations- und Systematisierungsgrad auf und stellt sich in verschiedenen Formen wie Einarbeitung, Umschulung, Anpassungsfortbildung, Aufstiegsfortbildung (§ 1 BBiG; Münch 1993, S. 61; Schelten 1991, S. 101) dar.

Die historischen Wurzeln einer organisierten und formalisierten Weiterbildung können – ähnlich wie bei der beruflichen Bildung – ideengeschichtlich bereits im antiken Bildungsdenken und in verschiedenen Formen bei Moses und den Propheten des Alten Testament festgemacht werden. Losgelöst von diesen uns möglicherweise nur zufällig erhalten gebliebenen Quellen kann jedoch generell die Annahme formuliert werden, daß Weiterbildung bereits während der gesamten Menschheitsgeschichte als ein „Produkt der Umbruchsituation" (Arnold 1988, S. 6) existiert. Sie erhält ihre Funktion und Evidenz in Perioden besonderer Verunsicherung, „wenn Überlieferungen nicht mehr tragen" (Tietgens 1981, S. 139) und deshalb neue Verhaltensweisen und Deutungsmuster erworben werden müssen.

Weiterbildung als Produkt von Umbruchsituationen

Erst die französische und die industrielle Revolution lösten jedoch technische, ökonomische und politische Wandlungsprozesse in einem Umfang aus, der die Notwendigkeit und Profilierung der bis dahin selbst bei den Berufsbildungstheoretikern wie Kerschensteiner, Fischer, Spranger usw. unbeachtet gebliebenen Weiterbildung verstärkt ins Bewußtsein rückte. Es waren einerseits religiöse, aufklärerische und philanthropische Motive, die bei Kreisen des Bürgertums die Gründung von speziellen Vereinen zur Vermittlung elementarer Bildung an Arbeiter und Bauern – auch zur Erhaltung der gesellschaftlichen Stabilität – auslösten, und es war andererseits die Erstarkung des frühsozialistischen und demokratischen Gedankenguts des „Vormärz", die – unter der Parole „Wissen ist Macht" – im Kampf der Arbeiterklasse gegen das Bildungsprivileg der gehobenen Stände und Klassen, weitere starke Impulse für das Entstehen einer organisierten Weiterbildung lieferten.

Die Entwicklung einer organisierten und formalisierten Weiterbildung von der ersten Hälfte des 19. Jahrhunderts bis hinein in die achtziger Jahre des 20. Jahrhunderts läßt sich als eine „Abfolge von 8 Entwicklungsphasen" beschreiben, wobei jede Entwicklungsstufe durch neuartige Herausforderungen und Akzentsetzungen gekennzeichnet ist.

Acht Entwicklungsphasen

- *Aufklärung, Vormärz und Industrialisierung* (1800 – 1870): erste Ansätze einer institutionalisierten Weiterbildung mit Selbsthilfecharakter und Aufspaltung in eine Arbeiterbildung und in eine bürgerlich-liberale Weiterbildung.
- *Soziale Frage, Arbeiterbewegung und 1. Weltkrieg* (1871 – 1918): Neuansatz einer breiten öffentlichen Weiterbildung in der Form der Volksbildungsbewegung (Volkshochschulen), der Universitätsausdehnungsbewegung bürgerlich-liberalistischer Art und einer klassenkämpferischen Arbeiterbildung.
- *Weimarer Republik* (1918 – 1933): „Neue Richtung" (Hohenrodter Bund) mit seinem Interesse am inneren Menschen neben extensiver Volksbildung und der Arbeiterbewegung.
- *Nationalsozialismus und 2. Weltkrieg* (1933 – 1945): Gleichschaltung der Volksbildungsansätze und Zerschlagung der Arbeiterbewegung sowie Förderung der „Willenshaltung" durch das deutsche Volksbildungswerk.

- *Rekonstruktionsphase* (1945-1966): Anknüpfend an die „Neue Richtung" wurde eine demokratische, am Menschenbild des gebildeten Bürgers und der „realistischen Wende" (Tietgens 1968, S. 185) orientierte Weiterbildung konzipiert.
- *Große Bildungsreform* (1967-1975): Die „realistische Wendung" betonte stärker die berufliche Verwertbarkeit und das ständige Erfordernis für die wirtschaftliche Entwicklungen der nunmehr begrifflich von der nichtberuflichen Erwachsenenbildung abgetrennten beruflichen Weiterbildung.
- *Bildungspolitischer Aufschwung und Wende* (1976-1985): Verzögerter Ausbau der öffentlichen Weiterbildung ließ angesichts der Erfordernisse tiefgreifender technisch-ökonomischer Wandlungsprozesse die betriebliche Weiterbildung zum dynamischsten Sektor der gesamten Weiterbildung werden.
- *Weiterbildung* in der Qualifizierungsoffensive (ab 1986): Förderung und Aufbau der beruflichen und betrieblichen Weiterbildung sowie „Auflage" zahlreicher Maßnahmen einer Anschlußfortbildung im Kontext der deutschen Vereinigung.

2. Berufsbildung auf dem Weg von der Schulbildungs- zur Weiterbildungsgesellschaft

2.1. Strukturverschiebungen zwischen Jugend- und Erwachsenenbildung

Ausgelöst durch die informationstechnologischen und arbeitsorganisatorischen Innovationen der beiden letzten Jahrzehnte haben sich die Aufgabenteilung und Gewichtung zwischen der Jugend- und der Erwachsenenbildung grundlegend in Richtung eines Bedeutungszuwachses der Erwachsenenbildung bei gleichzeitigem „Bedeutungsverlust der Erstausbildung" (Arnold 1991, S. 165ff.; 1994, S. 44) verschoben. Die Vorstellung vom Menschen, der während seiner Jugendzeit im wesentlichen all das erlernt, was er auf seinem späteren Lebens- und Berufsweg als Erwachsener an Wissen, Fertigkeiten, Fähigkeiten und Einstellungen insgesamt braucht, ist zwar nach wie vor vorherrschend, doch ist die zugrundeliegende biographische Zweiteilung in den lernenden Jugendlichen einerseits und den allein anwendend tätigen Erwachsenen andererseits angesichts der jüngsten Entwicklungen in der Arbeitswelt immer weniger aufrechtzuerhalten.

So bewirken insbesondere die derzeit immer kürzeren Innovationszyklen in der Anwendung neuer Informationstechnologien zusammen mit dem Vordringen systematisch-theoretischen (wissenschaftlichen) Wissens einen kontinuierlichen und beschleunigten Verfall des in der beruflichen Jugendbildung erworbenen fachspezifischen Wissens. Gleichzeitig lassen die technisch-arbeitsorganisatorischen Wandlungsprozesse in der Arbeitswelt die zu lösenden Aufgaben immer offener, unstrukturierter und kooperationsbedürftiger werden und stellen damit immer höhere Anforderungen an die Selbständigkeit, Verantwortungsfähigkeit und Kooperationsfähigkeit der MitarbeiterInnen sowie ihre Fähigkeit, mit Unbestimmtheit und Unsicherheit umzugehen. Werden aber die berufstypischen Tätigkeiten als Planungsgrundlage und Zielgrößen beruflicher Erstausbildung instabil und fluktuierend, so wird auch der „Berufsbezug" als zentrales didaktisches Prinzip herkömmlicher Berufsausbildung immer mehr in Frage gestellt. Dies hat sowohl individual-psychologische wie auch bildungs-ökonomische Konsequenzen:

Erosion des Berufsbezugs

– Individual-psychologisch verändert sich, aus der Perspektive der jugendlichen Auszubildenden gesehen, nicht nur der „Sinnbezug" (Beck 1986, S. 237) des Berufs, vielmehr wandeln sich die einzelnen beruflichen Lerninhalte grundlegend: An die Stelle unmittelbarer Brauchbarkeit und Nützlichkeit im Beruf treten allgemeine Qualifikationen. Dabei wird die für die berufliche Erstausbildung grundsätzlich gültige „bildungsimmanente Sinngrundlage berufsorientierter Ausbildung (...) gefährdet bzw. zerstört" (ebd., S. 237).
– Bildungsökonomisch bewirkt die Dynamik und Unvorhersehbarkeit der Veränderung der beruflichen Tätigkeitsinhalte und -strukturen eine solche tiefgreifende Erosion der Planungsgrundlage Beruf, daß diese eine Ausbildung „auf Vorrat" nicht mehr vertretbar erscheinen läßt. Nicht mehr der Versuch, hinter den aktuellen Anforderungen der Berufswelt hinterherzuhinken, gibt die Maßstäbe einer zukunftsorientierten Berufsbildung ab, sondern der Versuch einer Vorwegnahme von qualifikatorischem Wandel und Unsicherheit i.S. einer „antizipativen Berufspädagogik" (Bunk 1982, S. 190).

2.2. Entberuflichungstendenzen der beruflichen Erstausbildung

Die Folge dieser Erosion der Planungsgrundlage Beruf für die berufliche Jugendbildung ist, daß sie einerseits die Berufsbildungspolitik und -didaktik immer mehr mit der Aufgabe der „Planung des Unplanbaren" konfrontiert und andererseits die Auflösung des traditionellen Verhältnisses von beruflicher Aus- und Weiterbildung bewirkt. Wenn die bekannten beruflichen Qualifikationen nicht mehr zur Bewältigung zukünftiger Aufgaben ausreichen und die zukünftig geforderten beruflichen Qualifikationen noch nicht endgültig eingeschätzt werden können, bleibt der Berufsausbildung nur der Ausweg, eine Art „sozialisierende Grundbildung" zu entwickeln. Deren Ziel ist es dann aber nicht mehr, die additive Vermittlung eines Katalogs beruflicher Spezialqualifikationen auf Vorrat zu leisten, sondern statt dessen die integrierte Entwicklung breit verwertbarer technologischer und sozialer Qualifikationen, d.h. die Umsetzung des Konzepts der Schlüsselqualifikationen, zu gewährleisten.

Statt dem Prinzip der „Konkretion" folgt Berufsausbildung immer mehr dem Prinzip der „Generalisation". Damit verbunden ist nicht nur eine Relativierung des Berufsbezugs, zusätzlich verliert Berufsausbildung auch ihre bislang unangefochtene Funktion der weit in das Erwachsenenleben hineinreichenden und den Lebenslauf orientierenden Status- und Identitätskonstituierung: Berufsverläufe und die damit zusammenhängenden gesellschaftlichen Orientierungen und Allokationen, die bislang in entscheidendem Maße vom erreichten Schulabschluß und der beruflichen Erstausbildung bestimmt waren, erweisen sich zunehmend als abhängig von Weiterbildungsprozessen. Diese müssen in Zukunft verstärkt

Generalisation als Prinzip der Berufsausbildung

die für die Ausübung einer Berufstätigkeit notwendige aktuelle berufliche Qualifizierung und damit die immer wieder neue Verteilung der Berufschancen übernehmen.

2.3. Bedeutungsgewinn und Verberuflichung der Erwachsenenbildung

Notwendigkeit lebenslangen Identitätslernens

Während es durch die aktuellen Entwicklungstendenzen in der Arbeitswelt zu einer gewissen „Verallgemeinerung der beruflichen Bildung" (Rütters u.a. 1981, S. 39) kommt, verstärkt sich die Berufsorientierung in der Phase des Erwachsenenlernens. Für den einzelnen Jugendlichen bietet diese Verlagerung des fach- und berufsspezifischen Anwendungsbezugs von der Jugend- in die Weiterbildung nicht nur die Aussicht auf lebenslanges Lernen, sondern – durch den kontinuierlichen Verfall der von ihm im Laufe seines Lebens zu erwerbenden fachspezifischen Bildungstitel als Ausdruck seiner „individuellen Identität" (Beck/Brater/Daheim 1980, S. 208) – auch die Notwendigkeit des lebenslangen Identitätslernens. Zusammen mit dem immer wieder eintretenden Veralten seiner Fachkompetenz kommt es nämlich auch zur regelmäßigen Erosion der identitätsstiftenden „Entwicklungsschablone: Beruf" (ebd. 1980, S. 200) und damit auch seiner Erwachsenenrolle. Daraus ergibt sich für den einzelnen gleichzeitig der Zwang zu einer immer wieder neuen, d.h. vorübergehenden und wechselnden Identitätssuche durch den Erwerb einer auf dem Arbeitsmarkt aktuell gültigen Fachqualifikation. Diese lebenslange Identitätssuche als Voraussetzung für die Entwicklung und Stabilisierung sozialer Orientierungen und Interaktionen sowie die damit verbundene Sicherung des Sozialstatus (Allokationsfunktion) wird deshalb abhängig von den Zugangsmöglichkeiten zu Weiterbildungsmaßnahmen, in denen die „passenden", d.h. für das jeweilige Individuum auf dem Arbeitsmarkt verwertbaren Fachqualifikationen erworben werden können. Diese Abhängigkeit des einzelnen – hinsichtlich des Erwerbs einer aktuell gültigen Fachqualifikation sowie der seinem Leben damit verliehenen „Innenstabilität" (Beck 1986, S. 221) – von der Teilnahme an den jeweils „richtigen" Weiterbildungsmaßnahmen, statt wie bisher von der einmal in der Jugendzeit erworbenen Fachqualifikation mit ihrer „biographischen Schutzfunktion", ist Ausdruck einer zunehmenden „Individualisierung der Lebenslagen und Biographiemuster" (Beck 1986, S. 205), bei der dem einzelnen sowohl die Verantwortung für seine Beschäftigung als auch für seine Identität zuwächst. Voraussetzung für eine solche Identitätssicherung auf den individualisierten Arbeitsmärkten ist die Fähigkeit zum „biographischen Umgang mit Fachkompetenzen" (Brater u.a. 1988, S. 46).

Daß die Sicherung von beruflicher Identität und sozialer Einbindung des einzelnen nicht mehr – wie in der Vergangenheit – über das soziale Konstrukt des in der Phase der Jugendbildung erworbenen „Lebensberufs" (Beck/Brater/Daheim 1980, S. 231) „geregelt" werden können, sondern aufgrund der Strukturverschiebung immer mehr zu einer Aufgabe der beruflichen Erwachsenenbildung werden, erfordert u.E. geeignete Weiterbildungsmaßnahmen, in denen das Bewußtsein der eigenen Biographieverantwortung gefördert werden kann. Ein solches systematisches Identitätslernen ist auch deshalb notwendig, weil sich durch das Anwachsen der betrieblichen Weiterbildung zum mittlerweile bedeutsamsten Bereich der Weiterbildung die Abhängigkeit des einzelnen von der Möglichkeit des Zugangs zu den „richtigen" Weiterbildungsmaßnahmen erhöht. Wir haben es dabei tendenziell mit einer Entwicklung zu tun, die man als „Privatisierung des Berechtigungswesens" (Arnold 1991, S. 170) bezeichnen könnte, womit angedeutet ist, daß die Möglichkeiten, berufliche Karrieren und damit individuelle Lebensmöglichkeiten auf „öffentliche Instanzen" (Geißler/Heid 1987, S. 14) basieren zu können, ständig rückläufig sind.

Privatisierung des Berechtigungswesens

3. Das duale System der beruflichen Erstausbildung

Das duale System dient als wichtigste Organisationsform für die Durchführung der Berufsausbildung. Als Zielsetzung für die Berufsausbildung formuliert das Berufsbildungsgesetz: „Die Berufsausbildung hat eine breit angelegte berufliche Grundbildung und die für die Ausführung einer qualitativen Tätigkeit notwendigen fachlichen Fertigkeiten und Kenntnisse in einem geordneten Ausbildungsgang zu vermitteln. Sie hat ferner den Erwerb der erforderlichen Berufserfahrungen zu ermöglichen" (§ 1 Abs. 2 BBiG).

Mit einer seit Jahrzehnten konstant hohen Ausbildungsquote (1990 waren 74,8% der Bevölkerung im Alter von 16-19 Jahren Auszubildende im dualen System; Grund- und Strukturdaten 1991, S. 21) stellt das duale System die sicherlich bedeutsamste Institution der beruflichen Bildung dar. Gegenstand des dualen Systems ist die berufliche Erstausbildung in Form von Qualifizierungsmaßnahmen, die

– im Regelfall auf Schulabgänger zielen,
– eine berufliche Qualifikation intendieren, die unmittelbar auf dem Arbeitsmarkt, d.h. in Wirtschaft, Verwaltung, Gesundheits- und Sozialwesen verwertbar ist,
– inhaltlich und organisatorisch formalisiert sowie rechtlich kodifiziert sind und
– zu einem anerkannten Berufsabschluß (z.B. Facharbeiterqualifikationen) oder zu einer Grundqualifikation auf Berufsfeldbreite führen.

Charakteristisches Merkmal des dualen Systems der Erstausbildung ist das Zusammenwirken zweier grundverschiedener Bildungsträger, nämlich (überwiegend) privater Betriebe einerseits und staatlicher Berufsschulen andererseits. Die Kooperation dieser beiden Bildungsträger dient der Verbindung des Lernens in der betrieblich-beruflichen Ernstsituation (Funktionsfeld) mit dem Lernen im Schonraum Berufsschule (Lernfeld).

Kooperation im dualen System

Die Grundverschiedenartigkeit der beiden Bildungsträger wird anhand rechtlich-institutioneller wie auch pädagogisch-didaktischer Strukturmerkmale deutlich:

Ausbildungsbetriebe	Berufsschulen
Lernorte	
Arbeitsplatz Lehrwerkstatt Innerbetrieblicher Unterricht	Unterrichtsraum Schulwerkstatt/Labor Demonstrationsraum
Didaktischer Zugang/Fokus	
Berufspraxis	Berufstheorie
Didaktische Grundlagen	
Ausbildungsberufsbild Ausbildungsrahmenplan Prüfungsanforderungen	Rahmenlehrpläne Stundentafel Prüfungsaufgaben
Zeitanteil	
4 Tage/pro Woche (überwiegend)	1 Tag/pro Woche (überwiegend)
Rechtliche Stellung der Auszubildenden	
Mitarbeiter im Betrieb aufgrund eines privatrechtlichen Ausbildungsvertrags	Berufsschüler gem. den Schulpflichtgesetzen der Länder
Rechtsgrundlagen	
Berufsbildungsgesetz (BBiG); Bundeszuständigkeit für die außerschulisch-berufliche Bildung	Schulgesetze der Länder; Länderzuständigkeit für die schulische Bildung
Rechtsaufsicht	
Zuständige Stelle	Schulaufsichtsbehörde
Prüfungshoheit	
Zuständige Stelle bestimmt Abschlußprüfung	Keine Prüfungsberechtigung

Abb. 2: Die duale Struktur der beruflichen Erstausbildung

Diese duale Struktur ist das Ergebnis historischer Formalisierungen und „Formalisierungsstrategien" (Lipsmeier 1986, S. 39), die je nach dem Zusammenspiel zwischen gesellschaftlicher Arbeitsteilung einerseits und der Entwicklung des Systems der Berufe andererseits sowie gemäß der Rolle, die der Staat in der beruflichen Bildung für sich in Anspruch nimmt, zu drei unterschiedlichen „Grundtypen formalisierter Berufsbildung" geführt haben. Diese sind neben dem „dualen Modell" noch das „liberalistische Marktmodell", in dem der Staat die Berufsausbildung kaum offeriert und reglementiert sowie das „Schulmodell", bei dem der Staat die Berufsausbildung völlig allein plant, organisiert und kontrolliert.

3.1. *Ausbildungsordnungskonzepte*

Die 290 derzeit gültigen Ausbildungsordnungen sind hinsichtlich der didaktischen Struktur ihrer im Ausbildungsrahmenplan gemäß den Anforderungen der Betriebs- und Berufspraxis als „Mindestanforderungen" festgelegten Fertigkeiten und Kenntnisse nach drei verschiedenen Ausbildungsordnungskonzepten gestaltet: Diese sind das monoberufliche Ausbildungskonzept, die Stufenausbildung sowie das grund- und fachberufliche Ausbildungskonzept.

Monoberufliches Ausbildungskonzept: Bei dieser zahlenmäßig immer noch vorherrschenden Form von Ausbildungsordnungen sind sämtliche Lerninhalte auf das Tätigkeitsfeld eines einzigen Berufs (z.B. Industriekaufmann) bezogen. Die Auszubildenden werden also vom ersten Jahr der Berufsausbildung an für einen einzigen Ausbildungsberuf spezialisiert und starr ausgebildet, ohne daß die Möglichkeit eines Zwischenabschlusses oder der Wahl irgendeiner Vertiefungsrichtung besteht.

Stufenausbildung: Diese Möglichkeit räumt der § 26 BBiG ein und ermöglichte damit seit Anfang der siebziger Jahre die Stufenausbildung als Reformmaßnahme zur Verbesserung der Chancengleichheit, Durchlässigkeit und Qualität der beruflichen Bildung. Jedes der drei Ausbildungsjahre bildet eine didaktisch in sich geschlossene Ausbildungsstufe. Diese enden im ersten Ausbildungsjahr teilweise und im zweiten Ausbildungsjahr generell mit einer Abschlußprüfung. Im ersten Ausbildungsjahr erfolgt grundsätzlich eine Berufsgrundbildung auf Berufsfeldbreite (Bunk 1989, S. 20ff.) in Form einer „Anfangs-Qualifizierung" für eine ganze „Familie" von Berufen, deren Verwandtschaft sich auf gemeinsame Bearbeitungstechniken, Materialien, Werkzeuge usw. gründet. In manchen Stufenausbildungen (z.B. der Textilindustrie) können die Auszubildenden am Ende dieses ersten Jahres bereits durch eine Abschlußprüfung einen berechtigenden Berufsbildungsabschluß in einem anerkannten „Grundberuf" (Schelten 1991, S. 87), z.B. dem Bekleidungsnäher in der Textilindustrie, erwerben. Mit oder ohne Verzweigungsmöglichkeiten bietet das zweite Ausbildungsjahr eine „allgemeine berufliche Fachausbildung" mit der generellen Möglichkeit (d.h. am Ende dieser zweiten Stufe), einen ersten oder auch zweiten berechtigenden Berufsbildungsabschluß in einem anerkannten Grundberuf (z.B. Tiefbaufacharbeiter, Ausbaufacharbeiter, Hochbaufacharbeiter in der Bauwirtschaft oder Bekleidungsfertiger in der Textilindustrie) zu erwerben. Im 3. Ausbildungsjahr schließt sich dann eine Ausbildung entweder in einem weiteren „Aufbauberuf" (z.B. Bekleidungstechniker) oder aber in einer weiteren Spezialisierung (z.B. die Maurer, Beton- und Stahlbauer im Berufsfeld „Bautechnik" als Eingangsqualifikation für die Fortsetzung der Ausbildung zum Hochbaufacharbeiter) wiederum mit einer anerkannten und berechtigenden Abschlußprüfung an.

Grund- und fachberufliches Ausbildungskonzept: Auch dieses Konzept folgt der Logik der Spezialisierung auf der Basis einer möglichst breiten beruflichen Qualifikation: Im 1. Ausbildungsjahr, der „Grundstufe", wird – wie in der verzweigten Stufenausbildung (z.B. der Bauwirtschaft) – eine berufliche Grundbildung auf Berufsfeldbreite (z.B. Metall, Elektro, Bau-Holz usw.) angeboten. Die „Fachbildung" setzt sich aus der ersten Fachstufe (= 2. Ausbildungsjahr) und der zweiten Fachstufe (= 3. Ausbildungsjahr) zusammen. Da auch innerhalb der Fachbildung das Prinzip der aufsteigenden Spezialisierung gilt, dient häufig das erste halbe Jahr der ersten Fachstufe der „berufsgruppenspezifischen Fachbildung" und das ausschließlich zweite Ausbildungshalbjahr der 1. Fachstufe der „berufsspezifischen Fachbildung". Im dritten Ausbildungsjahr (d.h. der zweiten Fachstufe) verengt sich dann die Berufsausbildung auf eine „fachrichtungsspezifische Fachbildung". Dieses „Fachrichtungsprinzip" (Schelten 1991, S. 91) ermöglicht damit eine weiterführende Spezialisierung auch innerhalb des Tätigkeitsfeldes eines einzelnen Ausbildungsberufs.

Beispiel: Berufsausbildung in den industriellen Metallberufen

1. Ausbildungsjahr: Berufsgrundbildung im Berufsfeld Metall-Technik
2. Ausbildungsjahr: 1. Halbjahr: Berufsgruppenspezifische Fachbildung (z.B. Industrie- oder Werkzeugmechaniker/-in)
2. Halbjahr: Berufsspezifische Fachbildung (z.B. Werkzeugmechaniker)
3. Ausbildungsjahr: Fachrichtungsspezifische Fachbildung (z.B. Stanz- und Umformtechnik)

Das grund- und fachberufliche Ausbildungskonzept wird bei der z.Z. durchgeführten Neuordnung der Ausbildungsberufe auch deshalb favorisiert, weil es durch die in den Ausbildungsordnungen bewirkte „flexibilitätsfördernde Struktur" dem derzeit sich in der Arbeitswelt entwickelnden „neuen Verständnis von Beruf und beruflicher Arbeitsteilung" (Arnold 1994, S. 20) Rechnung trägt. Solange die Entwicklung der beruflichen Anforderungen auf eine Höherqualifizierung zu zielen scheint, die sich in einer gleichzeitigen Zunahme der Anforderungen an die Fachkompetenz wie auch die Selbständigkeit, das Wahrnehmen von Verantwortungsfähigkeit und Selbstkontrolle sowie die Ausgestaltung von Handlungsspielräumen stellt, kann in der Kombination aus breiter – auch theoretischer (!) – Grundbildung und hoher Spezialisierung verbunden mit einem ganzheitlichen Tätigkeitsbezug, „... der insbesondere selbständiges Planen, Durchführen und Kontrollieren einschließt" (§ 3 IV,1_2 IndMetAusbV), als das derzeit aussichtsreichste Qualifikationsbündel für eine „antizipatorische" berufliche Ausbildung gesehen werden.

Ganzheitlicher Tätigkeitsbezug

3.2. Berufliche Schulen

Seit die neuhumanistischen Verheißungen von der wahren „Menschenbildung" zur dauerhaften Trennung des beruflichen Bildungswesens von den allgemeinbildenden Schulen geführt haben, standen die beruflichen Schulen im Schatten der bildungspolitischen Entwicklung. Heute stellt sich dem Betrachter das berufliche Schulwesen als ein außerordentlich differenzierter Bildungsbereich dar. Nach den Organisationsformen lassen sich sowohl berufsbegleitende Teilzeitschulen und berufliche Vollzeitschulen als auch Schulen mit unterschiedlicher Dauer (einjährig, zweijährig usw.) und nach dem inhaltlichen Schwerpunkt gewerblich-technische, kaufmännische, hauswirtschaftliche und landwirtschaftliche Schulen unterscheiden. Neben den zum dualen System gehörenden Berufsschulen sind dies Berufsfachschulen, Fachschulen, Berufsaufbauschulen, Fachoberschulen und das berufliche Gymnasium.

Die *Berufsschule* soll im Rahmen der dualen Berufsausbildung die betriebliche Ausbildung ergänzen und Lernangebote fachtheoretischer und allgemeinbildender Art machen. Sie wendet sich damit vor allem an Auszubildende, d.h. Berufsschulpflichtige und Berufsschulberechtigte. Diese Unterscheidung entsteht dadurch, daß in der Bundesrepublik Deutschland nach Abschluß der Vollzeitschulpflicht (9 bzw. 10 Schuljahre) eine dreijährige Teilzeitschulpflicht besteht. Deshalb muß die Berufsschule auch von solchen Schulabgängern der Sekundarstufe-I besucht werden, die ein Arbeitsverhältnis ohne Berufsausbildung eingegangen sind. Außerdem sind arbeitslose Jugendliche berufsschulpflichtig. Der Unterricht wird überwiegend in Teilzeitform an einem bzw. zwei Wochentagen angeboten, teilweise aber auch in Form des Blockunterrichts, bei dem der Unterricht in zusammenhängenden Unterrichtsabschnitten mit täglichem Unterricht von mehreren Wochen (z.B. zweimal 6 Wochen pro Jahr), d.h. in Vollzeitform zusammengefaßt wird. Im Berufsschulunterricht sollen den SchülerInnen die allgemeinen und fachlichen Lerninhalte „... unter besonderer Berücksichtigung der Berufsausbildung ... vermittelt werden" (KMK-Beschluß, 1975). Auf diese Weise soll nicht nur die praktische Ausbildung im Betrieb theoretisch ergänzt, sondern auch die Allgemeinbildung gefördert werden.

Berufsfachschulen zielen auf einen anerkannten beruflichen Abschluß. Dazu vermitteln sie neben allgemeinbildenden Lerninhalten vor allem berufliche Lerninhalte, um die SchülerInnen „... zu befähigen, den Abschluß in einem anerkannten Ausbildungsberuf oder einem Teil der Berufsausbildung in einem oder mehreren anerkannten Ausbildungsberufen zu erlangen ..." (KMK-Beschluß vom 8.12.1975; Bezeichnungen zur Gliederung des Berufsschulwesens). Außerdem führen Berufsfachschulen zu Berufsabschlüssen, die nur in Schulen erworben werden können.

> Berufsschulen als differenzierter Bildungsbereich

> Berufsfachschulen als alleinige Träger einer Berufsausbildung

Es lassen sich drei Typen von Berufsfachschulen (vgl. Münch 1994, S. 55) unterscheiden:

Typ 1: Berufsfachschulen, deren Besuch auf die Ausbildungszeit in anerkannten Ausbildungsberufen angerechnet wird. Diese vermitteln keinen anerkannten Ausbildungsabschluß, sondern in der Regel eine berufsfeldorientierte Berufsgrundbildung. Er verleiht aber die Berechtigung, daß ein großer Teil der SchülerInnen seine Ausbildung im Rahmen des dualen Systems fortsetzt, wobei – gemäß Berufsgrundbildungsjahranrechnungsverordnung – der Besuch der Berufsfachschule (zum Teil) auf die Ausbildungszeit in anerkannten Ausbildungsberufen angerechnet wird.

Typ 2: Berufsfachschulen, die in einem in der Regel 3 Jahre dauernden Ausbildungsgang zu einem Abschluß in einem anerkannten Ausbildungsberuf führen. Aufgrund der unmittelbaren Konkurrenz zu entsprechenden Ausbildungsgängen im Rahmen des dualen Systems haben diese eine quantitativ geringere Bedeutung.

Typ 3: Berufsfachschulen, die zu einem Ausbildungsberuf führen, der nur über den Besuch einer Schule erreichbar ist. Diese Berufsfachschulen füllen gewissermaßen qualifikatorische „Nischen" aus, die das duale System mit seinen anerkannten Ausbildungsberufen gelassen hat, bzw. zielen auf berufliche Qualifikationen ab, deren Vermittlung im Rahmen des dualen Systems didaktisch-methodisch oder organisatorisch nur schwer möglich ist.

Während der zuerst genannte Typ von (häufig) zweijähriger bzw. (seltener) einjähriger Dauer ist, handelt es sich bei den letzten beiden Typen in der Regel um dreijährige Schulen. Für die meisten Berufsfachschulen ist der Hauptschulabschluß die Eintrittsvoraussetzung, für die anderen mindestens der mittlere Bildungsabschluß (Realschulabschluß nach 10 Schuljahren). Ein Teil der Berufsfachschulen des Typs 1, die auf dem Hauptschulabschluß aufbauen, vermitteln gleichzeitig den mittleren Bildungsabschluß. Eine Besonderheit der Berufsfachschulen kann in deren teilweise privater Trägerschaft gesehen werden. Dies gilt insbesondere für die sogenannten „Schulberufe", für die es im dualen System keine Entsprechung gibt: z.B. datentechnischer Assistent, technischer Assistent für Informatik, Wissenschaftsassistent für Informatik und biologisch-technischer Assistent, Kinderpflegerin usw..

Fachschulen zielen auf die fachlich orientierte Berufsfortbildung in Form einer beruflichen Spezialisierung und einer „... stärkeren theoretischen Durchdringung des beruflichen Fachwissens" (§ 8, Abs. 6, Satz 1; Landesgesetz über die Schulen in Rheinland-Pfalz vom 6.11.1974). Die erreichbare Abschlußqualifikation ist ein staatlich geregelter und anerkannter beruflicher Abschluß, z.B. Meister, staatlich geprüfter Techniker, staatlich geprüfter Betriebswirt usw.. Fachschulen setzen in der Regel mindestens den Hauptschulabschluß, eine abgeschlossene Berufsausbildung in einem anerkannten Ausbildungsberuf sowie eine anschließende Berufspraxis von mindestens ein- bis zweijähriger Dauer voraus. Die Fachschulen nehmen damit sowohl nach dem Alter ihrer SchülerInnen als auch ihrer Funktion eine Sonderstellung im System der beruflichen Schulen ein: Fachschulen gehören nicht zur beruflichen (Erst)Ausbildung sondern zur beruflichen Weiterbildung. Die Bildungsgänge dauern bei Vollzeitunterricht mindestens ein Schuljahr, bei Teilzeitunterricht mindestens zwei Schuljahre. Da die erworbenen Abschlüsse inhaltlich sehr stark auf die beruflichen Anforderungen bestimmter Tätigkeitsfelder der Arbeitswelt ausgerichtet sind, verleihen sie in der Regel keine weiteren Berechtigungen in bezug auf das staatliche Bildungssystem. Deshalb ist durch zusätzliche Lernangebote die Möglichkeit gegeben, die Fachhochschulreife zu erwerben. Auch unter den Fachschulen findet man relativ viele private Träger, die sich auf die Qualifizierung für die sogenannten „Schulberufe" (z.B. Pilot, Kapitän, Erzieherin, Physiotherapeutin usw.) spezialisiert haben.

Berufsaufbauschulen führen zur sogenannten Fachschulreife. Diese entspricht einem dem Realschulabschluß gleichwertigen Bildungsstand, d.h. dem qualifizierten Sekundarabschluß-I. Sie bietet damit interessierten und leistungsfähigen Auszubildenden des dualen Systems eine Übergangsmöglichkeit in die weiterführenden berufsbezogenen Bildungsgänge der Fachoberschule sowie des beruflichen Gymnasiums. Die Berufsaufbauschule kann während oder im Anschluß an die Berufsausbildung im dualen System besucht werden. Deshalb gibt es Berufsaufbauschulen sowohl in Vollzeit- als auch in Teilzeitform. In der Vollzeitform setzt sie eine abgeschlossene Hauptschule sowie eine abgeschlossene Berufsausbildung voraus. Sie dauert in der Regel ein Schuljahr. Mit dem Besuch der Berufsaufbauschule in Teilzeitform kann nach dem ersten Ausbildungsjahr begonnen werden. Der berufsausbildungsbegleitende Unterricht findet dann z.B. an Samstagen oder abends statt und dauert in der Regel drei Jahre. Dem allgemeinbildenden Charakter des angestrebten Sekundarstufen-I Abschlusses gemäß, überwiegen die allgemeinbildenden Lerninhalte gegenüber den berufsbildenden. Deshalb ist der Abschluß der Berufsaufbauschule „höherwertiger" als ein mittlerer Bildungsabschluß an einer allgemeinbildenden Schule, denn er schließt den beruflichen Abschluß ein. Berufsaufbauschulen gibt es in den Fachrichtungen Technik, Wirtschaft, Hauswirtschaft- und Sozialwesen und Landwirtschaft. Sie haben jedoch – trotz der mittlerweile verliehenen Berechtigung, in die 2. Klasse der Fachoberschule einzutreten – aufgrund des zahlenmäßig starken Rückgangs der Hauptschüler in der Gesamtpopulation der Auszubildenden in den letzten Jahr stark an Bedeutung verloren.

Die *Fachoberschule* führt zur Fachhochschulreife, d.h. sie verleiht die Berechtigung zum Besuch der praxisbezogenen Studiengänge der Fachhochschulen, nach deren Abschluß auch ein Universitätsstudium aufgenommen werden kann. Als Eingangsvoraussetzung wird der mittlere Bildungsabschluß (qualifizierter Sekundar-I Abschluß) oder die Fachschulreife, wie sie auf der Berufsaufbauschule erworben werden kann, verlangt, in einigen Bundesländern ist außerdem der vorherige Erwerb einer beruflichen Qualifikation vorgeschrieben. Die Dauer der Fachoberschulausbildung beträgt in aller Regel zwei Jahre. Sie kann nach oder auch während der Berufsausbildung im dualen System besucht werden. Dementsprechend wird auch hier der Unterricht sowohl in Vollzeitform als auch in Teilzeitform (an bestimmten Wochentagen oder abends) angeboten. Die Lerninhalte sind fachpraktischer und fachtheoretischer Art gemäß dem jeweiligen Themenschwerpunkt der Fachoberschule. Thematische Schwerpunkte können sein: Agrarwirtschaft, Ernährung und Hauswirtschaft, Gestaltung, Naturwissenschaft, Polizei, Sozialwesen, Technik mit entsprechenden Schwerpunkten (Metalltechnik, Elektrotechnik, Bautechnik) und Wirtschaft. Darüber hinaus vertieft die Fachoberschule die Allgemeinbildung. Neben den auf den jeweiligen Themenschwerpunkt berufsbezogenen Fächern wird deshalb allgemeiner Unterricht in den Fächern Deutsch, Englisch, Sozialkunde, Mathematik, Physik, Chemie, Datenverarbeitung, Informatik, Sport und Religion erteilt. Die Dauer der Fachoberschulausbildung ist gemäß ihren unterschiedlichen Organisationsformen nicht einheitlich. So dauert der Bildungsgang in Vollzeitform ein Schuljahr. Der Bildungsgang in Teilzeitform dauert nach einer Berufsausbildung zwei Schuljahre und neben einer Berufsausbildung drei Schuljahre.

Fachoberschulen führen zu Fachhochschulen

Das *berufliche Gymnasium* führt als gymnasiale Oberstufe mit berufsbezogenen Schwerpunkten zur allgemeinen Hochschulreife. In den meisten Bundesländern existiert das berufliche Gymnasium in der Form des Wirtschaftsgymnasiums und des Technischen Gymnasiums. Als Eingangsqualifikation dient generell der qualifizierte Sekundarabschluß-I. Dies kann sein: ein Abschlußzeugnis der Realschule, ein Abschlußzeugnis des freiwilligen 10. Hauptschuljahres, ein besonderes Abgangszeugnis der Klasse 10 des Gymnasiums, ein Versetzungszeugnis nach Jahrgangsstufe 11 des Gymnasiums, ein Abschlußzeugnis einer zweijährigen Berufsfachschule (mit qualifiziertem Sekundarabschluß-I) oder ein Abschlußzeugnis der Berufsaufbauschule (Fachschulreife). Die Lerninhalte entsprechen jeder anderen gymnasialen Oberstufe, bei der die SchülerInnen bestimmte „Grund-" und „Leistungsfächer" auswählen, allerdings mit der Besonderheit, daß das erste Leistungsfach und damit auch schriftliches Abiturprüfungsfach im beruflichen Gymnasium aber immer ein sog. „profilbildendes Fach" darstellt. Im Wirtschaftsgymnasium ist dies entweder das Fach Betriebswirtschaftslehre/Rechnungswesen oder die Volkswirtschaftslehre. Im Technischen Gymnasium ist dies

Berufliche Gymnasien sind doppelqualifizierend

die Technik mit dem Schwerpunkt Metalltechnik oder Elektrotechnik oder Bautechnik. Darüber hinaus wird auch in den anderen Fächern der Berufsbezug hergestellt. So z.B. in den Fremdsprachen des Wirtschaftsgymnasiums durch Handelskorrespondenz oder in den naturwissenschaftlichen Fächern des Technischen Gymnasiums durch praktische Anwendungsbezüge. Der Unterricht im beruflichen Gymnasium findet grundsätzlich in Vollzeitform statt und dauert insgesamt drei Schuljahre.

3.3. Lehrpersonal im Betrieb und beruflichen Schulen

Berufsrollen der LehrerInnen und AusbilderInnen

Im dualen System sind in Betrieb und Berufsschule zwei unterschiedliche Personengruppen für die berufliche Qualifizierung der Jugendlichen zuständig: Die *LehrerInnen in den Berufsschulen* und die *AusbilderInnen in den Betrieben*. Beide nehmen unterschiedliche und einander ergänzende Aufgaben wahr und verfügen über eine unterschiedliche Vorbildung bzw. Vorbereitung auf ihre Tätigkeit. Wenn die duale Berufsausbildung durch überbetriebliche Ausbildungsphasen ergänzt wird, ist darüber hinaus auch noch das Ausbildungspersonal der überbetrieblichen Ausbildungsstätte an der Ausbildung beteiligt.

Neben den unmittelbar an der Ausbildung beteiligten AusbilderInnen und LehrerInnen sind als mittelbar beteiligte Personengruppen zu erwähnen: die Mitglieder der Berufsbildungsausschüsse und der Prüfungsausschüsse sowie die Berufsberater des Arbeitsamtes und die Ausbildungsberater der Kammern, die eine kontrollierende und beratende Rolle spielen. In den Berufsbildungswerken für Behinderte sind neben LehrerInnen und AusbilderInnen PsychologInnen, ÄrztInnen und SozialpädagogInnen tätig.

AusbilderInnen vermitteln Fachpraxis

Die AusbilderInnen im Betrieb haben die Aufgabe, den Lehrlingen vor allem das praktische Fachwissen und die praktischen Fertigkeiten eines Ausbildungsberufes zu vermitteln. Sie leisten somit einen wichtigen Beitrag zur Personalentwicklung und Nachwuchsförderung. Demgegenüber haben die Berufsschullehrerinnen die Aufgabe, den Jugendlichen, die eine betriebliche Ausbildung durchlaufen, die notwendigen fachtheoretischen Kenntnisse zu vermitteln und ihr Allgemeinwissen (z.B. in Deutsch, Sozialkunde usw.) zu fördern. Bei einer differenzierteren Betrachtung lassen sich diesen zwei Personengruppen insgesamt mindestens vier unterschiedliche Rollen in Betrieb und Berufsschule zuordnen: Der betrieblichen Ausbilder, der Ausbildungsleiter, der Lehrer für den Berufsschulunterricht (Fachtheorie bzw. Fachkunde und allgemeinbildende Fächer) sowie der Lehrer für die Fachpraxis (Werkstattlehrer). Während in sehr großen Betrieben das Ausbildungspersonal noch stärker hierarchisch untergliedert ist (vgl. Arnold 1983, S. 81ff.; Kutt 1980, S. 146) lassen sich die LehrerInnen in den Berufsschulen immer einer der beiden für die Berufsschule typischen Rollen zuordnen.

BerufsschullehrerInnen vermitteln Fachtheorie

Lernortkooperation

Die *horizontale Zusammenarbeit* zwischen den betrieblichen und den schulischen Berufspädagogen bezeichnet man auch als Lernortkooperation. Damit ist gemeint, daß die Lehrer der Berufsschule und die AusbilderInnen in den Betrieben sich bei der Planung und Durchführung der Ausbildung abstimmen. Im gegebenen Beispiel könnte dies z.B. darin seinen Niederschlag finden, daß der Auszubildende gleichzeitig auch im Betrieb komplette und kompliziertere Werkzeuge herstellen lernt, die er anschließend in der Lehrwerkstatt härtet. Anschließend wird er einige Wochen lang in der Härterei des Betriebes die Praxis des Härtens kennenlernen können.

Ausbildung und Qualifikation der LehrerInnen an Berufsschulen

Die zwei LehrerInnentypen, die an der Berufsschule tätig sind (LehrerInnen für die Fachtheorie und die allgemeinbildenden Fächer und LehrerInnen für Fachpraxis) unterscheiden sich hinsichtlich ihrer Ausbildung und Qualifikation sowie hinsichtlich ihres Status und ihrer Gehälter. Während die Lehrer für die Fachtheorie und für die allgemeinen Fächer eine akademische Vorbildung erwerben müssen, genügt für eine Tätigkeit als LehrerInnen für Fachpraxis ein mittlerer Bildungsabschluß sowie eine Meister- oder Technikerprüfung.

Zwei Typen von LehrerInnen

BerufsschullehrerInnen arbeiten an staatlichen Berufsschulen in der Regel als Beamte des Staates. Der Lehrer für Fachtheorie (Theorielehrer) wird – ebenso, wie der Lehrer für allgemeinbildende Fächer – in einem vier Jahre dauernden Hochschulstudium fachwissenschaftlich und pädagogisch ausgebildet. Dabei studieren BerufsschullehrerInnen neben den erziehungswissenschaftlichen Grundlagen i.d.R. ein erstes und ein zweites (Unterrichts-) Fach. Im Studium liegt der Schwerpunkt der Ausbildung (60%-70%) in der fachlichen Ausbildung im Erstfach (z.B. Elektrotechnik), während ca. 25-30% der Zeit für das Studium eines zweiten Faches aufgewendet werden muß; das Studium der Erziehungswissenschaften schließlich nimmt ca. 15% der Studienzeit in Anspruch. Nach Abschluß ihres Studiums werden die jungen LehrerInnen in einem sogenannten „Referendariat" zwei Jahre schulpraktisch ausgebildet. Sie unterrichten während dieser Phase auch bereits in einer Berufsschule. BerufsschullehrerInnen, die diese Ausbildung durchlaufen, sind ungefähr im Alter von 28 Jahren mit ihrer Ausbildung fertig.

Studium der LehrerInnen ist hauptsächlich fachlich

Für die fachpraktische Ausbildung in den Werkstätten und Labors der Berufsschule werden in der Bundesrepublik Deutschland Lehrer für die Fachpraxis (FachlehrerInnen oder WerkstattlehrerInnen) eingesetzt. Diese Lehrkräfte haben nicht studiert, sondern eine betriebliche Ausbildung abgeschlossen sowie einen Meister- oder Technikerabschluß und mehrere Jahre Berufspraxis erworben.

Ausbildung und Qualifikation der AusbilderInnen

Da der betriebliche Teil der Ausbildung das Ziel verfolgt, den Lehrlingen die notwendigen fachlichen Fertigkeiten und Kenntnisse in einem geordneten Ausbildungsgang zu vermitteln und ihnen – wie es im § 1 des Berufsbildungsgesetzes heißt – „den Erwerb der erforderlichen Berufserfahrungen zu ermöglichen", müssen mit der Ausbildung Personen betraut werden, die selbst über diese erforderlichen Berufserfahrungen verfügen. Junge Hochschulabsolventen oder Personen aus einem anderen Tätigkeitsbereich (z.B. Lehrer) können diese Erfahrungen in der Regel nicht vermitteln.

Fachliche Eignung

81

Persönliche Eignung Als Ausbilder darf nach den Bestimmungen des Berufsbildungsgesetzes nur tätig werden, wer fachlich, persönlich und pädagogisch dafür geeignet ist. Ein Ausbilder muß somit neben einer eigenen fachlichen Ausbildung (fachliche Eignung) sowie einer persönlichen Eignung (z.B. Mindestalter 24 Jahre) auch noch eine berufs- und arbeitspädagogische Eignung nachweisen. Die arbeits- und berufspädagogischen Kenntnisse und Fertigkeiten, die Ausbilderinnen und Ausbilder erwerben müssen, sind in den Ausbilder-Eignungsverordnungen geregelt, deren erste 1972 von der Bundesregierung erlassen worden ist. Konkretisiert werden diese Anforderungen im Rahmenstoffplan für die Ausbildung der Ausbilder. Er umfaßt folgende Inhalte:

- *Grundfragen der Berufsbildung* (z.B. Ziele und Aufgaben der Berufsbildung, Berufsbildungspolitik, Merkmale des dualen Systems, Bildungssysteme anderer EG-Staaten usw.),

Pädagogische Eignung
- *Planung und Durchführung der Ausbildung* (z.B. Ziele, Lernorte und Kooperation in der Ausbildung, didaktische Gestaltung von Lernprozessen, methodische Gestaltung von Lernprozessen),
- *der Jugendliche in der Ausbildung* (z.B. Berufswahl, Erwartungen an die Ausbildung und an Ausbilder) und
- *Rechtsgrundlagen* (Berufsbildungsgesetz, Jugendarbeitsschutzgesetz usw.).

Meister im Handwerk Die Meister im Handwerk müssen im Rahmen der Meisterprüfung ihre berufs- und arbeitspädagogische Eignung zur Ausbildung von Lehrlingen nachweisen. In der Industrie und den anderen Sektoren der Wirtschaft müssen die Ausbilder eine eigene Prüfung ablegen, auf die sie sich in speziellen Kursen (z.B. der Kammern) vorbereiten können.

Ausbilderqualifizierung Die berufs- und arbeitspädagogischen Kenntnisse werden in der Regel in speziellen Kursen mit einer durchschnittlichen Dauer von 120-200 Stunden vermittelt, die mit einer Prüfung bei der Kammer als der sog. Zuständigen Stelle abschließt. Rund 30.000 Ausbilder legen jährlich die Ausbildereignungsprüfung ab, weitere 50.000 erwerben jedes Jahr die Ausbildereignung im Rahmen ihrer Meisterprüfung (BMBW 1991, S. 143). Die Prüfung der berufs- und arbeitspädagogischen Eignung der Ausbilder umfaßt einen fünfstündigen schriftlichen und einen ca. halbstündigen mündlichen Teil. Außerdem soll eine vom Prüfling durchzuführende Unterweisung von Auszubildenden stattfinden. Im Jahre 1992 wurde der Rahmenstoffplan aufgrund der gewandelten Anforderungen an die betriebspädagogische Handlungskompetenz der Ausbilder überarbeitet.

4. Das System der beruflichen Weiterbildung

Weiterbildung in ihren Formen der „beruflichen Fortbildung und der beruflichen Umschulung" (§ 1 Abs. 1 BBiG) soll als Bestandteil der Berufsbildung im Sinne des Berufsbildungsgesetzes „... es ermöglichen, die beruflichen Kenntnisse und Fertigkeiten zu erhalten, zu erweitern, der technischen Entwicklung anzupassen oder beruflich aufzusteigen" (Fortbildung gem. § 1 Abs. 3 BBiG) bzw. „... zu einer anderen beruflichen Tätigkeit befähigen" (Umschulung gem. § 1 Abs. 4

BBiG). Analog zu diesen Zielen und Aufgabenstellungen haben sich aus der oben grob skizzierten Historie der Erwachsenenbildung in die Gegenwart die unterschiedlichsten Trägerinstitutionen, Formen und Typen der Weiterbildung erhalten bzw. neu entwickelt.

Aktualisierungsfunktion

4.1. Trägerinstitutionen

Trägerinstitutionen im Sinne des Berufsbildungsgesetzes sind „Betriebe der Wirtschaft, vergleichbare Einrichtungen außerhalb der Wirtschaft, insbesondere des Öffentlichen Dienstes, der Angehörigen Freier Berufe (betriebliche Berufsbildung) sowie in berufsbildenden Schulen und sonstigen Berufsbildungseinrichtungen außerhalb der schulischen und betrieblichen Berufsbildung" (§ 1 Abs. 5 BBiG). Dazu zählen unter anderem Wirtschaftsverbände, die Bundesanstalt für Arbeit mit ihren Arbeitsämtern, Volkshochschulen, Gewerkschaften, Kirchen, Rundfunk- und Fernsehanstalten, Hochschulen, Reha-Zentren und private Bildungsinstitutionen. Während die – auf der Grundlage des Arbeitsförderungsgesetzes von der Bundesanstalt für Arbeit (bzw. den Arbeitsämtern) getragenen – Bildungsmaßnahmen neben den durch die Volkshochschulen angebotenen nach 1970 zum zahlenmäßig bedeutsamsten Bereich der Weiterbildung wurden, hat sich in den letzten fünf Jahren die betriebliche Weiterbildung zum quantitativ bedeutsamsten Bereich des gesellschaftlichen Erwachsenenlernens entwickelt.

Wirtschaft ist wichtigster Träger

4.2. Formen und Typen der Weiterbildung

In der Legaldefinition der Weiterbildung durch das Berufsbildungsgesetz unterscheidet der Gesetzgeber zwischen der „Anpassung" an neue berufliche und betriebliche Entwicklungen und dem „Aufstieg" innerhalb der durch Komplexität und Verantwortung gebildeten Hierarchie der Bildungstitel und beruflichen Positionen. Daraus läßt sich als erste Differenzierung die Unterscheidung der beruflichen Weiterbildung in die berufliche Fortbildung mit den beiden Typen der Anpassungs- und der Aufstiegsfortbildung einerseits sowie die berufliche Umschulung andererseits vornehmen. Während Joachim Münch dieser Unterteilung noch die „berufliche Reaktivierung" und die „berufliche Rehabilitation" hinzufügt und die Einweisung/Einarbeitung unter die Anpassungsfortbildung subsumiert, sieht Schelten (1991, S. 101) auch darin eine eigenständige Form der Weiterbildung. Insgesamt kann für den Bereich der Formen und Typen der Weiterbildung auch nach der „realistischen Wendung" (Tietgens 1968, S. 185) mit seiner Ablösung des Erwachsenenbildungsbegriffs durch den Oberbegriff „Weiterbildung" ein – durch die extreme Vielfalt an Formen begründetes – „Chaos der Begriffe" (Münch 1993, S. 64) konstatiert werden.

Fortbildung als wichtigste Form der Weiterbildung

83

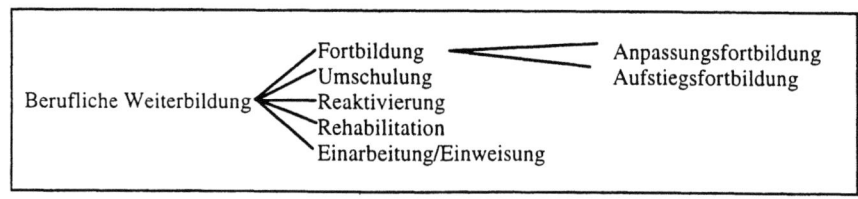

Abb. 3: Formen beruflicher Weiterbildung

4.3. Die (betrieblichen) WeiterbildnerInnen

Eine Schlüsselstellung innerhalb des Systems der beruflichen Weiterbildung nimmt die betriebliche Weiterbildung als mittlerweile bedeutsamster Bereich im Gesamtspektrum der Erwachsenenbildung ein. Am Beispiel der betrieblichen WeiterbildnerInnen werden deshalb – quasi exemplarisch – die äußerst heterogenen und deshalb nur sehr schwer kategorisierbaren Qualifikationen und Berufsrollen der WeiterbildnerInnen betrachtet.

Heterogene Struktur

Qualifikation und Rekrutierung

So unterscheiden sich die betrieblichen Weiterbildner von ihren „Kollegen" in der beruflichen Erstausbildung vor allem hinsichtlich dreier Qualifikationsmerkmale (Arnold/Müller 1993, S. 44f.):

– Sie sind keine älteren und besonders erfahrenen Mitarbeiter (wie die Ausbilder), sondern überwiegend jung und stehen meist noch ganz am Anfang ihrer beruflichen Karriere.
– Sie sind nicht durch die betriebseigenen Ausbildungs- und Berufswege (wie die meisten Ausbilder) zu dieser Tätigkeit gelangt, sondern wurden überwiegend extern – oft als Quereinsteiger – rekrutiert.
– Sie sind nicht die berufs- und betriebserfahrenen Praktiker (wie die meisten Ausbilder), sondern haben meist ein akademisches Studium überwiegend sozialwissenschaftlicher Art.

Berufsrollen betrieblicher WeiterbildnerInnen

Grundsätzlich kann man die Gruppe der betrieblichen WeiterbildnerInnen in eine „Kerngruppe" (ebd., S. 46) der ständigen und fest angestellten WeiterbildnerInnen und in eine zahlenmäßig wesentlich größere „Gruppe der peripheren WeiterbildnerInnen" unterscheiden, welche die nicht durch eine „feste Stelle" in den betrieblichen Weiterbildungsabteilungen verankert sind. Bei der „Kerngruppe" können insgesamt fünf verschiedene Berufsrollen der betrieblichen WeiterbildnerInnen unterschieden werden:
Die beiden Stammrollen der Bildungsmanager und Trainer sowie die aus der Expansion der betrieblichen Weiterbildungsaktivitäten erwachsenen „Derivat-Rollen" der Seminarleiter, Seminarleiter mit Bildungsmanagerfunktion und Se-

Fünf Berufsrollen

minarleiter mit Trainerfunktion. Bei den „peripheren Weiterbildnern" können die drei Berufsrollen der nebenberuflich internen Weiterbildner, nebenberuflich externen Weiterbildner und hauptberuflichen externen Weiterbildner unterschieden werden.

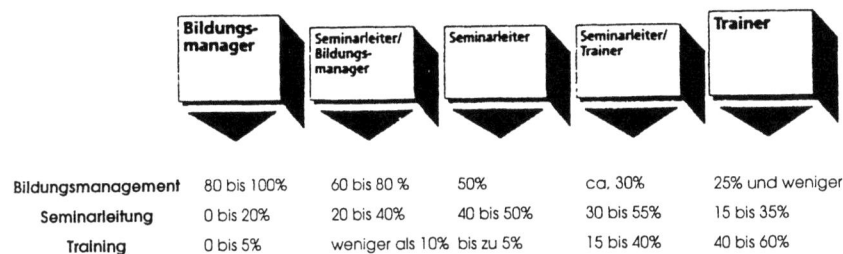

	Bildungs-manager	Seminarleiter/Bildungs-manager	Seminarleiter	Seminarleiter/Trainer	Trainer
Bildungsmanagement	80 bis 100%	60 bis 80 %	50%	ca. 30%	25% und weniger
Seminarleitung	0 bis 20%	20 bis 40%	40 bis 50%	30 bis 55%	15 bis 35%
Training	0 bis 5%	weniger als 10%	bis zu 5%	15 bis 40%	40 bis 60%

Abb. 4: Berufsrollen des hauptberuflichen internen betrieblichen Weiterbildungspersonals (Arnold/Müller 1992, S. 39)

5. Ausblick: Berufsbildung als neue Allgemeinbildung

Die „Qualität" der Entwicklung der Arbeitsteilung und der beruflichen Anforderungen scheint – zumindest in den Kernbereichen der industriellen Arbeit – in eine Richtung zu gehen, die zwar auf eine Höherqualifizierung der Arbeitskräfte zielt, diese allerdings im Sinne einer gleichzeitigen Zunahme von Autonomie und Belastung im Sinne einer Zunahme von Selbstkontrolle und Verantwortung versteht. In der Berufspädagogik sind solche Tendenzen in ein neuartiges Verständnis von beruflicher Bildung eingeflossen, das der Berufsbildung auch die Aufgabe zuweist, Auszubildende und Erwachsene auf die zukünftige Ausgestaltung von Handlungsspielräumen und auf die Wahrnehmung von Verantwortung vorzubereiten.

<small>Erweiterte Didaktik</small>

Intensiviert wurden diese Bemühungen in den neunziger Jahren: Unter dem Schlagwort „lean production" begann eine Diskussion über den Zusammenhang zwischen flexiblen Organisationsstrukturen einerseits und der Planung und Realisierung betrieblicher Weiterbildung andererseits, in deren Verlauf u.a. auch deutlich wurde, daß es gerade *nicht* der Aspekt des „Schlank"-Seins ist, durch den die Berufliche Bildung in Zeiten eines grundlegenden Strukturwandels gekennzeichnet ist. Unübersehbar ist vielmehr, daß die unter Wettbewerbs- und Marktgesichtspunkten „neuralgischen" Qualitäts-Aspekte des Berufshandelns in Zukunft überhaupt nicht ohne eine Intensivierung und Veränderung beruflicher Bildung signifikant verändert bzw. verbessert werden können. Der wirtschaftliche Wettbewerb *erfordert* geradezu eine Intensivierung und nicht eine Verschlankung der beruflichen Aus- und Weiterbildung.

<small>Intensivierung</small>

Im Vordergrund muß dabei ein außerfachliches Lernen stehen, das die Verantwortlichkeit und die Selbstorganisationspotentiale der MitarbeiterInnen erhöht. Eine (zu) geringe Quote von Verbesserungsvorschlägen sowie relativ hohe Fehlerquoten lassen sich nämlich nicht nur auf arbeitsorganisatorische, sondern auch auf qualifikatorische Bedingungen zurückführen. Entwickelt werden muß deshalb beides: Die Arbeitsorganisation – und durchaus im Sinne von „lean production" – einerseits und das Qualifikationspotential der MitarbeiterInnen im Sinne eines außerfachlichen und auf die Förderung von Schlüsselqualifikationen gerichtetes Lernens andererseits. Organisations- und Personalentwicklung sind deshalb in den neueren Strategien der betrieblichen Bildungsarbeit zu Recht eng miteinander verzahnt.

Außerfachliches Lernen

Vor dem Hintergrund dieser strategischen Notwendigkeiten hat sich insbesondere die betriebliche Weiterbildung, vornehmlich in den großbetrieblichen Kontexten, in den letzten Jahren unübersehbar entwickelt. Im Rahmen moderner Personalentwicklungskonzeptionen entstanden Weiterbildungsansätze, die stärker dadurch gekennzeichnet waren, daß sie die Qualifikation der MitarbeiterInnen in den systemischen Kontext der Unternehmensentwicklung einzupassen versuchten. Dabei rückt die berufliche Bildung in den Zusammenhang unternehmenskultureller Entwicklungen; die Gestaltung von Unternehmenskultur erweist sich zunehmend als *die* zentrale Lernaufgabe, die auch in erster Linie durch die Führungskräfte selbst zu initiieren ist; diese werden zum Weiterbildner ihrer MitarbeiterInnen, und an die Stelle einer „Personalführung" treten Strategien einer mitarbeiterorientierten Personalförderung.

Systemisch-entwicklungsorientierte Weiterbildung

Auch das Erwachsenenlernen erhielt durch solche Tendenzen eine unerwartete Aufwertung, zumal deutlich wurde, daß die traditionellen Formen, in denen die Erwachsenenbildung bislang gewohnt war, ihr Lehr-Lern-Verhältnis zu konzeptualisieren nicht mehr zeitgemäß war. An die Stelle des „Lehrers" trat insbesondere in den Unternehmen die Pädagogisierung von Führungs- und Kooperationsstilen und die Rückverlagerung von Weiterbildungsprozessen in die Abteilungen vor Ort. Qualifizierung wurde *dort* zur Bildung, wo eine subsidiäre Führung sich darum bemühen mußte, die Selbstorganisationspotentiale der MitarbeiterInnen systematisch zu fördern, um auf diesem Wege die Lebendigkeit von Organisationsstrukturen und Individuen gleichermaßen produktiv nutzen.

Lernen als subsidiäres Führen

Literatur

Abraham, K.: Betriebspädagogik. Berlin 1978.
Arnold, R. u.a.: Duale Berufsbildung in Lateinamerika. Baden-Baden 1986.
Adam, E.: Das Subjekt in der Didaktik. Weinheim 1988.
Arnold, R.: Erwachsenenbildung. Baltmannsweiler 1988.
Arnold, R.: Betriebliche Weiterbildung. Bad Heilbrunn 1991.
Arnold, R.: Berufsbildung – Annäherung an die evolutionäre Berufspädagogik. Hohengehren 1994.
Arnold, R./Lipsmeier, A. (Hrsg.): Betriebspädagogik in nationaler und internationaler Perspektive. Baden-Baden 1989.
Arnold, R./Müller, H.-J.: Ganzheitliche Berufsausbildung. In: Pätzold (1992), S. 97-122.
Arnold, R./Müller, H.-J.: Berufsrollen betrieblicher Weiterbildner. In: Berufsbildung in Wissenschaft und Praxis (BWP), Heft 5, 1992, S. 36-41.

Arnold, R./Müller, H.-J.: Handlungsorientierung und ganzheitliches Lernen in der Berufsbildung – 10 Annäherungsversuche. In: Erziehungswissenschaft und Beruf (1993), Heft 4, S. 323-333.
Arnold, R./Müller, H.-J.: Wer sind die betrieblichen Weiterbildner? Ergebnisse einer qualitativen Fallstudie zur Rekrutierung und den Berufsrollen betrieblicher Weiterbildner. In: Sozialökonomische Beiträge (SozB), Zeitschrift für Wirtschaft und Gesellschaft 4, 2 (1993), Heft 7, S. 43-60.
Beck, U.: Risikogesellschaft. Frankfurt a.M. 1986.
Beck, U./Brater, M./Daheim, H.-J.: Soziologie der Arbeit und der Berufe. Reinbek bei Hamburg 1980.
Blättner, F./Münch, J.: Pädagogik der Berufsschule. Heidelberg 1965.
Brater, M./Büchele, U./Fucke, E. u.a.: Berufsbildung und Persönlichkeitsentwicklung. Stuttgart 1988.
Bundesministerium für Bildung und Wissenschaft: Berufsbildungsbericht 1991. Bonn 1991.
Bunk, G.: Umriß einer antizipatorischen Berufspädagogik. In: Bunk, G.: Einführung in die Arbeits-, Berufs- und Wirtschaftspädagogik. Basel/Stuttgart 1982, S. 190-194.
Bunk, G.P.: Organisationsformen beruflicher Anfangsausbildung im empirischen Vergleich. In: ZBW 85 (1989), Heft 1, S. 20-34.
Deutscher Bildungsrat: Strukturplan für das Bildungswesen. Stuttgart 1971.
Eckert, M.: Handlungsorientiertes Lernen in der beruflichen Bildung. Theoretische Bezüge und praktische Konsequenzen. In: Pätzold (1992), S. 55-78.
Geißler, K.-H./Wittwer, W.: Die Entwicklung der beruflichen Aus- und Weiterbildung – Sechs Thesen. In: Arnold/Lipsmeier (1989), S. 93-102.
Geißler, K.-H./Heid, H.: Die Opfer der Qualifizierungsoffensive. In: Geißler/Petsch/Schneider-Grube (1987), S. 11-20.
Geißler, K.-H./Petsch, H.-J./Schneider-Grube, S. (Hrsg.): Opfer der Qualifizierungsoffensive. Tutzinger Studientexte und Dokumente zur politischen Bildung, Heft 1. Tutzing 1987.
Greinert, W.-D.: Marktmodell – Schulmodell – duales System. In: Die berufsbildende Schule 40 (1988), Heft 3, S. 145-156.
Grund- und Strukturdaten 1991/92, hrsg. vom Bundesminister für Bildung und Wissenschaft. Bonn 1992.
Gudjons, H.: Handlungsorientiert lehren und lernen. Bad Heilbrunn 1992.
Holzkamp, K.: Lernen – Subjektwissenschaftliche Grundlegung. Frankfurt a.M. 1993.
Humboldt, W.v.: Der Königsberger und der Littauische Schulplan. In: Ders.: Schriften zur Politik und zum Bildungswesen. Stuttgart 4, 1993, S. 168-195.
IndMetAusbV (Verordnung über die Berufsausbildung in den industriellen Metallberufen, Industriemechaniker/in vom 15. Jan. 1987.) In: Bundesgesetzblatt Teil 5 vom 24. Jan, 1987, S. 274.
Krüger, H./Rauner, F.: Berufspädagogen – Lehrer für die Sekundarstufe II. Ergebnisse einer Diskussion. In: Hoppe, M./Krüger, H./Rauner, F. (Hrsg.): Berufsbildung. Zum Verhältnis von Beruf und Bildung. Beiträge aus Wissenschaft, Politik und Praxis. New York 1981, S. 140-156.
Kutt, K.: Ausbilder im Betrieb. Empirische Befunde zur Situation und Qualifikation des Ausbildungspersonals. Berlin 1980.
Lenske, W. (Hrsg.): Qualified in Germany: Ein Standortvorteil für die Bundesrepublik Deutschland. Köln 1988.
Lipsmeier, A.: Das duale System der beruflichen Bildung in der Bundesrepublik Deutschland. In: Arnold (1986), S. 35-63.
Lipsmeier, A.: Ganzheitlichkeit als berufspädagogische Theorie. In: ZBW 85 (1989), Heft 2, S. 137-151.
Lisop, I.: Neue Beruflichkeit – berechtigte und unberechtigte Hoffnungen. In: Arnold, R. (Hrsg.): Betriebliche Weiterbildung zwischen Bildung und Qualifizierung. Bd. 11 der Reihe „Anstöße – Materialien für Theorie und Praxis". Frankfurt a.M. 1994, S. 1-26.
Müller, H.-J.: Ausbildungsmethodische Konsequenzen der neuen Ausbildungsordnungen – Die Sechs-Stufen-Methode. In: Brückers, W./Meyer, N. – Berufsförderungszentrum Essen (Hrsg.): Zukunftsinvestitionen berufliche Bildung Band 4. Köln 1988, S. 93-118.

Müller, H.-J.: Was kann das Konzept des handlungsorientierten Lernens in der betrieblichen Weiterbildung leisten? In: Peters (1994), S. 126-149.

Münch, J.: Das Berufsbildungssystem in der Bundesrepublik Deutschland (hrsg. v. CEDEFOP – Berlin). Brüssel/Luxemburg 1994.

Münch, J.: Die Weiterbildung als begriffliches und bildungspolitisches Problem. In: Sommer/Twardy (1993), S. 61-81.

Pätzold, G. (Hrsg.): Handlungsorientierung in der beruflichen Bildung. Frankfurt a. M. 1992.

Peters, S. (Hrsg.): Lernen im Arbeitsprozeß durch neue Qualifizierungs- und Beteiligungsstrategien. Opladen 1994.

Schelten, A.: Einführung in die Berufspädagogik. Stuttgart 1991.

Sommer, K.-H./Twardy, M. (Hrsg.): Berufliches Handeln, gesellschaftlicher Wandel, pädagogische Prinzipien. Esslingen 1993.

Stratmann, K.: Die gewerbliche Lehrlingserziehung in Deutschland. Modernisierungsgeschichte der betrieblichen Berufsbildung. Bd. 1: Berufserziehung in der ständischen Gesellschaft. Frankfurt a.M. 1993.

Tietgens, H.: Zum Aufgabenverständnis der Erwachsenenbildung. In: Bilanz und Perspektiven. Aufsätze zur Entwicklung der Volkshochschulen. Braunschweig 1968, S. 185-210.

Zedler, R.: Standortvorteil: Berufsausbildung. In: Lenske (1988), S. 75-98.

IV. Öffentliche Kindererziehung: Kinderkrippe, Kindergarten, Hort

Ursula Rabe-Kleberg

Inhalt

1. Theoretische Grundfragen öffentlicher Kleinkinderziehung
2. Tageseinrichtungen für Kinder: Krippe, Kindergarten, Hort
2.1. Rechtliche Grundlage: das Kinder- und Jugendhilfegesetz
2.2. Die Krippe
2.3. Der Kindergarten
2.4. Der Hort
3. Zum Verhältnis von Erziehungswissenschaft und Praxis der öffentlichen Kleinkinderziehung

Literatur

Tageseinrichtungen Kinderkrippe, Kindergarten und Hort sind Tageseinrichtungen, die Kinder gestaffelt nach Altersgruppen (0-3jährige, 3-6jährige und 6-12jährige), in letzter Zeit auch zunehmend in altersgemischten, unterschiedlich großen, festen Gruppen aufnehmen und für sie regelmäßig mindestens einen halben Tag geöffnet sind. Die Einrichtungen werden von den Kindern freiwillig aber regelmäßig besucht. Für den Besuch werden unterschiedlich hohe Gebühren entrichtet.

KJHG Die genannten Einrichtungen werden zwar zur öffentlichen Erziehung gezählt, gehören aber nicht dem Bildungs- sondern dem Sozial- bzw. Kinder- und Jugendhilfebereich an. Gemäß dem hier geltenden Subsidiaritätsprinzip werden diese Einrichtungen von kommunalen und vielfältigen freien und privaten Verbänden und Vereinen getragen, die zu einem großen Teil konfessionell geprägt sind. Auch die sogenannten Eltern-Kind-Gruppen, die in der Nachfolge der antiautoritären Studentenrevolte der sechziger Jahre und in Kritik an der institutionellen Kindergartenerziehung entstanden sind, gelten heute als Einrichtungen der öffentlichen Kindererziehung und haben gemeinsam mit den anderen Einrichtungen Bundes- und Ländergesetze (Kinder- und Jugendhilfegesetz, KJHG; landesspezifische Kindergarten- und Hortgesetze) als rechtliche Basis.

Angebot Die Versorgung mit Plätzen in den Tageseinrichtungen unterscheidet sich in Ost- und Westdeutschland grundlegend. Trotz weitreichenden, in erster Linie durch die sinkende Kinderzahl begründeten Abbaus können wir in Ostdeutschland von einem flächendeckendem Angebot an Plätzen in den Einrichtungen ausgehen. Der zumindest für den Kindergarten gesetzlich geregelte Anspruch auf einen Platz ist in Westdeutschland z.Z. organisatorisch kaum durchzusetzen oder finanziell abzusichern. Es deutet sich an, daß versucht wird, diesen Anspruch durch die Erhöhung der Kinderzahl pro Gruppe im Kindergarten (z.Z. ca. 24 bei zwei Fachkräften), durch „Schichtbetrieb" (zwei Halbtagsgruppen am Tag) oder auf Kosten anderer Tageseinrichtungen wie Hort oder Jugendheim durchzusetzen.

Arbeitsmarkt Neben grundsätzlichen organisatorischen und finanziellen Engpässen für die Durchsetzung eines Angebots, das der Nachfrage entspricht, sind es vor allem die Folgen des unausgewogenen Arbeitsmarktes für Erzieherinnen, die den quantitativen Ausbau behindern. Obwohl es sich bereits heute um das größte sozialpädagogische Arbeitsmarktsegment handelt (ca. 500 000 Arbeitskräfte), fehlen in Westdeutschland vor allem in den großen Städten Erzieherinnen, während in Ostdeutschland sehr viele aufgrund der strukturellen und quantitativen Anpassungsprozesse erwerbslos geworden sind. Die hohe Fluktuation in Westdeutschland und die zwangsläufige Abwanderung von Arbeitskräften in Ostdeutschland verschärfen aber nur aktuell eine grundlegendere Problematik, die sich daraus ergibt, daß sich dieser traditionelle Frauenberuf für die Erzieherinnen als biographische Sackgasse erweist, weil keine Aufstiegs- und Entwicklungsmöglichkeiten im Berufsfeld möglich sind. So ist nur ein verschwindend geringer Teil von ihnen akademisch qualifiziert. Frauen, die höhere Ansprüche an ihren Beruf haben, als dies ihre Ausbildung auf berufsfachschulischer Ebene bietet, müssen das Arbeitsfeld verlassen und tun dies in der Regel auch.

1. Theoretische Grundfragen öffentlicher Kleinkinderziehung

Mit der Vereinigung der zwei deutschen Staaten sind auch zwei pädagogische bzw. sozialpädagogische Systeme miteinander verbunden worden, deren Unterschiede bei weitem größer sind als ihre Gemeinsamkeiten (vgl. Böllert/Otto 1993; DJI 1990). Bei der Gründung von zwei deutschen Staaten nach dem Zweiten Weltkrieg wurden in der Bundesrepublik Deutschland und in der DDR auf dem gemeinsamen erziehungsgeschichtlichen Hintergrund für die Institutionen der außerschulischen öffentlichen Erziehung zwar die gleichen Bezeichnungen „Kinderkrippe", „Kindergarten" und „Hort" verwandt. Es ist aber davon auszugehen, daß sich diese in entscheidenden Aspekten grundlegend unterscheiden (vgl. 9. Jugendbericht 1994, S. 478). Diese Unterschiede historisch und empirisch aufzuarbeiten und angemessen zu qualifizieren, bedarf es noch weitreichender Forschungsanstrengungen.

Folgen der Vereinigung

Es kann heute nicht so getan werden, als wäre die DDR-Pädagogik in den neuen Bundesländern in Inhalten und Strukturen der außerschulischen Kindererziehung nicht noch gegenwärtig. Dies gilt nicht nur für die Köpfe der Erziehenden und Lehrenden, in unserem spezifischen Falle der Eltern und der Erzieherinnen, und für ihre Erwartungen an und Vorstellungen von Erziehung, sondern auch für institutionelle Strukturen, angefangen von dem Versorgungsgrad mit Plätzen bis hin zum Angebot an Weiterbildungsmöglichkeiten für die Erzieherinnen (vgl. Bund-Länder-Kommission 1992; Deutscher Bundestag 1991).

Diese Unterschiede zwischen Ost und West haben sich bis heute keineswegs aufgehoben. Auch wenn nunmehr für die Institutionen und Träger der öffentlichen Kindererziehung in den ostdeutschen Ländern das gleiche bundesdeutsche Recht Geltung hat (vgl. Kap. 2.1), so ist bislang die Angleichung der ostdeutschen an die westdeutsche öffentliche Kindererziehung – wenn überhaupt schon davon die Rede sein kann – weitgehend auf der Ebene der Organisationsstrukturen steckengeblieben. Auf der Ebene der pädagogischen Praxis dagegen ist heute und sicherlich in der weiteren Zukunft von zwei theoretisch und empirisch zu unterscheidenden Realitäten auszugehen.

Angleichung

Um dieser doppelten Realität wissenschaftlich gerecht zu werden, müssen vor allem die Probleme der öffentlichen Kindererziehung in den neuen Bundesländern sichtbar gemacht werden, weil diese sich – im Unterschied zur zentral verwalteten Schule – nicht in einem wissenschaftlich evaluierten und dokumentierten Reformprozeß, sondern in einem vom öffentlichen Interesse weitgehend vernachlässigten, nach vielen Zufälligkeiten verlaufenden Prozeß der Veränderung befinden. Es bedarf nicht nur der Kenntnisse über vergangene und heutige Rahmenbedingungen und über das Selbstverständnis der DDR-Pädagogik in ihren grundlegenden pädagogischen Konzepten (z.B. Honecker 1989; Akademie der pädagogischen Wissenschaften 1989), sondern auch empirisch gewonnenen Wissens über die historische Alltagsrealität der Erziehung in Krippe, Kindergarten und Hort in der DDR sowie über Folgen der Transformation für die heutige Praxis in den entsprechenden Institutionen in den neuen Bundesländern.

Weitreichender als dieser Versuch, der Realität gerecht zu werden, ist aber die Erkenntnis, daß uns der Vergleich der beiden deutschen Erziehungssysteme grundlegendere Probleme der Kindererziehung im öffentlichen Raum ins Bewußtsein holt, die für beide Systeme relevant sind bzw. waren, ja die vermutlich als konstitutiv für die öffentliche Kindererziehung gelten können. Die historische Gelegenheit der gesellschaftlichen und gedanklichen Konfrontation des ost- und des westdeutschen Modells der öffentlichen Kindererziehung sollte daher willkommener Anlaß sein, einen Diskurs über die Grundprobleme öffentlicher Kindererziehung wieder neu aufzunehmen, sie zu durchdenken und u.U. sogar praktisch, d.h. gesellschaftlich neu zu lösen. Hierzu gehören:

Grundprobleme

1. Das Spannungsverhältnis zwischen „sozial" und „pädagogisch" bezieht sich vor allem auf die falsche Alternative, die außerschulische, gesellschaftliche Erziehung der Kinder entweder „sozial", z.B. aus der Not der Familien oder auf der anderen Seite einseitig „pädagogisch" zu begründen, d.h. aufgrund eines eigenständigen und spezifischen Bildungsauftrags.

Sozial/pädagogisch

2. Das Spannungsverhältnis zwischen „privat" und „öffentlich" (vgl. Sünker 1994) betrifft vor allem die Fragen des Verhältnisses zwischen der Familie des Kindes und der erziehenden Institution und schließt Fragen der (Teilung der) Verantwortung für das Wohl des Kindes, Fragen der Kostenbeteiligung, der Öffnung der Einrichtungen und nicht zuletzt der sog. Elternarbeit ein.

Privat/öffentlich

3. Das normative Bild vom Kind und der pädagogische Bezug, wovon mehr oder weniger reflektiert ausgegangen wird, sind grundlegend für Theoriebildung wie Alltagspraxis in diesem Bereich. Dabei reicht das Spektrum der Vorstellungen vom Kind als einem selbständigen Individuum, dem in sozialen wie sachlichen Lernprozessen Eigensinn und Umwege zugestanden werden, bis zum Kind als Mitglied eines Kollektivs, mit dem es gemeinsam einen vorgezeigten Lernweg zu gehen hat.

Norm und Bezug

Alle drei aufgezeigten Problemdimensionen werden mit unterschiedlicher Gewichtung im folgenden die Darstellungen der Institutionen im einzelnen strukturieren. Dabei wird deutlich, daß die bundesrepublikanische Gesellschaft und die der DDR bei der „Lösung" dieser Fragen unterscheidbare Wege eingeschlagen haben.

2. Tageseinrichtungen für Kinder: Krippe, Kindergarten, Hort

2.1. Rechtliche Grundlage: das Kinder- und Jugendhilfegesetz

Mit dem Kinder- und Jugendhilfegesetz vom 26.6.1990 wurde für die unterschiedlichen oder nur unterschiedlich bezeichneten Institutionen der (öffentlichen) Kindererziehung eine gemeinsame rechtliche Basis geschaffen und unter dem Begriff der „Tageseinrichtungen für Kinder" (§§22-26) zusammengefaßt (vgl. Colberg-Schrader 1991). Das Gesetz wurde seit 1973 diskutiert und ist in der politischen Diskussion in seinen Inhalten immer wieder ausgedünnt worden (vgl. 8. Jugendbericht 1990; Münder 1990, 1991).

KJHG

So war es z.B. 1990 politisch nicht durchsetzbar, einen Rechtsanspruch auf einen Kindergartenplatz ab Vollendung des dritten Lebensjahr im Gesetz festzuschreiben, weil hiermit das prekäre Verhältnis zwischen den Aufgaben des

Staates zum einen und der Familie (Elternrecht) zum anderen und des weiteren zwischen dem Staat und den freien Trägern der Wohlfahrtspflege (Subsidiaritätsprinzip) aus der Balance zu geraten drohte. Daß es dann wenig später in einem gänzlich anderen Zusammenhang doch gelang, diesen Rechtsanspruch auf einen Kindergartenplatz festzuschreiben, nämlich sozusagen als Entschädigung für das verlorene Recht auf Abtreibung (§ 218) sowie aus demographischen und familienpolitischen Gründen, verweist darauf, daß die politischen Begründungsmuster für oder gegen außerschulische und außerfamiliale Erziehung von Kindern noch weitgehend zufällig, wenn nicht willkürlich sind. Dieser Eindruck wird zudem dadurch gestützt, daß bisher die Frage der Finanzierung dieses Anspruchs nicht befriedigend gelöst werden konnte. Rechtlicher Anspruch

Bei aller begründeten Enttäuschung über und berechtigten Kritik am Kinder- und Jugendhilfegesetz muß für den hier interessierenden Arbeitsbereich der öffentlichen Kleinkinderziehung positiv festgehalten werden, Positive Folgen

– daß öffentliche Kindererziehung in Tageseinrichtungen zum ersten Mal eindeutig als originäre Aufgabe der Kinder- und Jugendhilfe festgeschrieben wird, und daß die Länder aufgefordert sind, entsprechende Landesgesetze (zumindest für den Kindergarten) mit Regeln für den Ausbau und die Bedarfsplanung aufzustellen;
– daß mit der Kennzeichnung „eigenverantwortlich" und „gemeinschaftsfähig" zwar nur sehr vage Erziehungsziele festgeschrieben werden, aber das Kind doch grundsätzlich als handelndes Subjekt gesehen wird;
– daß die Tageseinrichtungen für Kinder, wie alle anderen Einrichtungen der Jugendhilfe, den Charakter der Familienergänzung und -unterstützung haben, d.h. sie begründen sich weder aus einem Kontroll- oder Eingriffsrecht des Staates noch aus einem allgemeinen Bildungs- oder Erziehungsanspruch aller Kinder, dabei läßt sich zum einen – so man will – der Nothilfecharakter der Tageseinrichtungen begründen, zum anderen aber auch das Recht der Eltern, sich an der Erziehung ihrer Kinder in den Einrichtungen gestaltend zu beteiligen;
– daß mit der Begriffswahl „Tageseinrichtung für Kinder" einzelne Institutionen wie Krippen, Eltern-Kind-Initiativen oder Horte ebenso gemeint sind wie organisatorische Kombinationen wie z.B. Kindertagesstätten, daß aber auch zukünftig noch zu entwickelnde Einrichtungen mit altersgemischten Gruppen (z.B. Kinderhäuser) oder mit offenen Angeboten an Kinder mit verschiedenen Bedürfnissen bzw. Behinderungen eingeschlossen sind.

Im Rahmen der Verhandlungen zur Vereinigung der beiden deutschen Staaten hat sich die damalige DDR-Regierung schon im Juni 1990 bereit erklärt, das KJHG auch in der DDR einzuführen. Mit dieser Entscheidung, die Einrichtungen der Kinderbetreuung und Kindererziehung in der DDR der (hier zu dem Zeitpunkt erst noch aufzubauenden) Struktur der Jugendhilfe anzuschließen, wurde ein abrupter und grundlegender Systemwechsel vollzogen mit damals kaum abgeschätzten Konsequenzen – insbesondere, aber nicht nur – für die pädagogischen Fachkräfte.

So ist den AutorInnen des 9. Jugendberichtes zuzustimmen, daß es auch vor 1990 in der DDR eine Kultur des Sozialen, der Beratung und der Fürsorge gegeben habe (vgl. 9 Jugendbericht 1994, S. 345). Der Unterschied besteht allerdings darin,

DDR-Einrichtungen daß die Einrichtungen der Kinderbetreuung und -erziehung eben nicht zu dieser „Kultur des Sozialen" gehört haben, sondern als eigenständige Teilsysteme entweder zum Volksgesundheitswesens wie die Krippe oder zum Bildungswesens wie der Kindergarten oder wie der Hort sogar zum Schulsystem gerechnet wurden.

Auch das Selbstverständnis der in diesen Einrichtungen beruflich Tätigen kann nicht im nachhinein als irgendwie „sozialpädagogisch" im westlichen Sinne umgedeutet werden (vgl. 9. Jugendbericht 1994, S. 346). Vielmehr gehört de-

Fachpersonal in DDR ren berufliches Wissen wie ihre disziplinäre Orientierung anderen gesellschaftlichen Bereichen an: entweder dem medizinisch-pflegerischem Bereich im Falle der Krippenerzieherinnen oder wie bei den Kindergärtnerinnen dem Volksbildungssystem mit einem eindeutigen pädagogischen Führungsanspruch gegenüber den Kindern. Bei den Horterzieherinnen ist dieses Selbstverständnis durch die gemeinsame Ausbildung mit den Unterstufenlehrerinnen darüber hinaus sogar sehr eng am Leitbild der Schulerziehung ausgerichtet.

Lediglich bei den Einrichtungen der Kirchen und bei den dort Tätigen kann von einer strukturellen und inhaltlichen Ähnlichkeit mit denen im Westen ausgegangen werden, was ihre Anpassung erleichterte. Dieses gilt aber keinesfalls für die Transformation der anderen DDR-Einrichtungen der öffentlichen Erziehung in das System der Kinder- und Jugendhilfe, vielmehr muß hier von einem grundlegenden Systemwechsel mit allen Konsequenzen ausgegangen werden.

2.2. Die Krippe

In ihren historischen Anfängen zu Beginn des 19. Jahrhunderts ist die Krippe noch kaum als ausdifferenzierte Institution der Kleinstkindpflege (für 0-3jährige)
Geschichte von anderen sich entwickelnden Formen der gesellschaftlichen Erziehung zu unterscheiden (vgl. Erning 1976; Krecker 1979). Als eigenständige Institution mit ausdifferenzierten Funktionen beginnt die Geschichte der erst später nach französischem Vorbild („Crêche") in Deutschland „Krippe" genannten Einrichtung für zunächst ein- bis zweijährige, bereits abgestillte Kinder in der zweiten Hälfte des 19. Jahrhunderts (vgl. Ruf 1993). Wie auch die Kindergärten werden die Krippen vor allem in den Städten von Vereinen getragen, die von bürgerlichen Frauen organisiert wurden und unter staatlicher Aufsicht standen.

Die Krippen hatten von jeher (bis heute) eine in erster Linie sozial-pflegerische und erst in zweiter eine pädagogische Aufgabe, wobei sich historisch die
Sozial-pflegerische eine eher nach innen, auf die Kinder, und die pädagogische eher nach außen, vor
Funktion allem auf die erziehungsunerfahrenen, erwerbstätigen Mütter der ärmeren Bevölkerungsklassen, richtete, die neben dem richtigen sittlichen Verantwortungsgefühl für ihre Kinder auch die Grundzüge der hygienischen Säuglingspflege und -ernährung lernen sollten.

Die Pflege der Kinder in der Krippe zielte um die Jahrhundertwende vor allem auf die Verbesserung der Volksgesundheit, auf die Verringerung der damals
Säuglingssterblichkeit weithin grassierenden Säuglingssterblichkeit, also auf eine gesunde Ernährung und gute körperliche Entwicklung. Die Hygiene der Einrichtung galt deshalb auch als das erste und wichtigste Qualitätskriterium für eine gute Krippe. Trotz dieser, an den modernen medizinischen Kriterien ausgerichteten Orientierung

geriet die Krippe aber bald in die Kritik der Vertreter der Kinderheilkunde, die bis heute zu den stärksten Kämpfern gegen jede außerfamiliale Erziehung und Betreuung von Kleinkindern gehören, ganz gleich wie diese inhaltlich und strukturell ausgestaltet ist (vgl. Petersen 1991).

Unterstützung fanden diese Kritiker vor allem bei konservativen Vertretern eines bürgerlichen Familienideals, das zumindest in den unteren Schichten der Bevölkerung kaum eine Realisierungschance hatte. Sie stützen sich seit den späten vierziger Jahren auf Untersuchungen US-amerikanischer Psychologen in der Nachfolge von Bowlby (1950) und Harlow (1959), die auch die zeitweise Trennung des Kleinkindes von der (natürlichen) Mutter, d.h. die Bindungsproblematik und die Erscheinung des Hospitalismus, in das Zentrum der Auseinandersetzung stellten. Festzuhalten ist, daß hier wie auch in aktuellen Untersuchungen nicht die Qualität und Gestaltung der in der Krippe verbrachten Zeit, sondern nur die Deprivationserscheinungen produzierende Trennung selbst thematisiert wird, bzw. davon ausgegangen wird, daß Krippen überall in der Welt gleichermaßen aussehen, so daß es möglich sei, die Testergebnisse ohne weiteres miteinander zu vergleichen (vgl. die in Bensel 1994 referierten Untersuchungen).

Befürworter der Krippe argumentieren heute am Ende des Jahrhunderts im wesentlichen immer noch mit sozialen Argumenten. Aufgrund der faktischen bzw. erwünschten Berufstätigkeit der Mütter wird im Westen Deutschlands ein Bedarf an Krippenplätzen von mindestens 10%, höchstens 50% der Kinder einem Angebot von 2% bis 6% (mit einer Häufung in den Städten Hamburg und Berlin) entgegengehalten (vgl. Schindler/Born/Schablow 1985; Amoneit/Nieslony 1993; Ruf 1993). Die Argumente lauten heute anders als zur Jahrhundertwende. Sie beziehen sich sozial aber alle im wesentlichen auf die Situation der Erwachsenen, die keine Zeit oder keinen Platz für die Kinder haben, und nicht auf die Kinder im Sinne einer pädagogisch sinnvollen Alternative.

Die Entwicklung in der Krippe in der DDR hat bis 1990 nicht nur zu einem quantitativen Ausbau geführt, mit der sie an der Spitze der vergleichbaren Nationen stand (vgl. 9. Jugendbericht 1994, S. 481), sie hat auch alle bereits angesprochenen Phasen der inhaltlichen Orientierung durchgemacht. Entstanden aufgrund rein sozialer Begründungen und in der deutschen Tradition der hygienisch-pflegerischen Vorstellung von Gesundheit und körperlicher Entwicklung gehörte die Krippe zum Gesundheitswesen der DDR und unterstand in den Bezirken der Kontrolle der Kreisärzte.

Die Personalstruktur war demgemäß an der medizinisch-pflegerischen Grundhaltung ausgerichtet. In den Krippen arbeiteten Kinderkrankenschwestern und eigens an medizinischen Fachschulen ausgebildete Krippenerzieherinnen.

Zwar gehörte die Krippe zum Gesundheitswesen der DDR, aber sie wurde bereits seit den sechziger Jahren politisch als unterste Stufe des einheitlichen sozialistischen Bildungssystems verstanden, und es wurde ein umfängliches Erziehungsprogramm erarbeitet (vgl. Schmidt-Kolmer 1990). Trotzdem war das „Tagesregime" in erster Linie von hygienischen und pflegerischen Regeln bestimmt, die zumeist buchstäblich genau eingehalten wurden.

Von Interesse für die weitere Entwicklung der Krippe auch und gerade in Ostdeutschland aber sind Modernisierungstendenzen, die in der Zeitschrift „Kinderkrippen" seit 1987 angeregt und diskutiert wurden. Hier gerät nun endlich, wie in der nahezu gleichzeitig im Westen verlaufenden Diskussion, das Kind als handelndes Subjekt in den Blick und Überlegungen werden angestellt, die Krippe als pädagogische Institution weiterzuentwickeln. Die dringend notwendige Diskussion der Krippe als pädagogische Einrichtung steckt noch in den Anfängen und wird immer wieder neu zum einen von den sozialen Argumenten der Befürworter und zum anderen von den medizinisch-familienpolitischen Argumenten der Kritiker überdeckt. Dies ist angesichts der durchaus hoffnungsvollen pädagogischen Ansätze, die die Krippe in den letzten Jahren der DDR gezeigt hat (vgl. 9. Jugendbericht 1994, S. 479) und die nach der Wende in die Mühlen einer seit den vierziger Jahren im Westen mit nahezu gleicher Rollenverteilung ausgetragenen Auseinandersetzung geraten ist, besonders verhängnisvoll.

Krippenprojekt
Im Westen Deutschlands waren es insbesondere Beller und seine Mitarbeiter (vgl. Beller 1984, 1993; Beller/Stahnke/Laewen 1983; Laewen 1989), die klarstellten, nicht die Krippe als solche, sondern die schlechte Krippe, d.h. die ohne oder mit einem schlechten pädagogischen Programm, sei abzulehnen. Die Qualität der Krippe werde im Unterschied dazu vor allem von der Qualifikation und der Kontinuität des Personals, der Räumlichkeit und der pädagogischen Konzeption bestimmt.

Kind als Subjekt
Entscheiden wird sich die Diskussion über die Krippe als pädagogischer Institution aber an der Vorstellung vom Kind in dieser Altersstufe. Wird das Kind im wesentlichen als Objekt hygienischer und disziplinierender Interventionen gesehen, so hat eine Weiterentwicklung in Richtung auf eine pädagogische Institution kaum eine Chance (vgl. Fuchs 1995; Besse 1990). Wird das Kind in dieser Lebensphase jedoch als spielendes und bereits seine Umwelt und seine Beziehungen aktiv gestaltendes, also als weitgehend autonom handelndes Subjekt mit Eigensinn und Würde gesehen, so kann Pflege als Prozeß der lustvollen Interaktion und Spiel als Grundform menschlichen Handelns zum Ausgang einer umfassenden Erziehung in der Krippe werden.

2.3. *Der Kindergarten*

Geschichte
Die historischen Wurzeln der Einrichtungen, die wir im folgenden trotz verschiedener Bezeichnungen – wie Kindertagesstätte, Tagesheim oder Kinderladen – einheitlich als Kindergarten bezeichnen wollen, reichen in zwei zu unterscheidende Institutionen hinein: zum einem in die Kinderbewahranstalten der ersten Hälfte des 19. Jahrhunderts, zum anderen bis zum Fröbelschen Kindergarten (vgl. Erning/Neumann/Reyer 1987; Grossmann 1987).

Kinderbewahranstalten
Die vielfältigen Versuche, zwischen 1800 und 1840 kirchlich oder bürgerlich initiierte Kinderbewahranstalten für die Kinder der armen Klassen einzurichten, waren durchweg sozial präventiv oder im besten Fall sozial integrativ begründet und richteten sich auf die Disziplinierung der Kinder und ihrer Eltern, der Ausstattung mit Fabriktugenden (z.B. in der Strickschule Oberlins) und basierten „didaktisch" durchweg auf religiöser Indoktrination (vgl. Krecker 1979). Der Fröbelsche pädagogische Ansatz wie auch die von ihm erstmalig „Kindergarten" genannte Institution richtete sich dagegen in gleicher Weise an Kinder aller Stände und beiderlei Geschlecht, auch wenn er zunächst nur die des aufge-

klärten Bürgertums erreichte. Er hat mit seinem klassen- und geschlechterübergreifenden Bildungsverständnis Anteil an dem damaligen (noch revolutionären) bürgerlichen Bildungsideal. Nicht zufällig versteht Fröbel in diesem Zusammenhang auch das kleine Kind als handelndes, seiner Entwicklung gemäß als spielendes Subjekt.

Dieses doppelte Spannungsverhältnis zwischen „sozial" und „pädagogisch" zum einen und „öffentlich" und „privat" mit der jeweils höchst unterschiedlichen Sicht auf die Subjekthaftigkeit des Kindes ist bis heute nicht aufgelöst. In der Bundesrepublik Deutschland ist die soziale und familienbezogene Begründung des Kindergartens gerade wieder durch die Formulierung eines Rechtsanspruches auf einen Kindergartenplatz im Rahmen eines familien- und frauenpolitischen und eben nicht bildungspolitischen Zusammenhangs (§ 218) bestätigt worden. Obwohl der Kindergarten seit der Bildungsreformdebatte der siebziger Jahre als Elementarstufe des Bildungswesens bezeichnet wird (vgl. Deutscher Bildungsrat 1970), ist der Kindergarten Teil des Kinder- und Jugendhilfesystems und bietet im Westen etwa 3/4 der Kinder, vor allem den Fünf- und Sechsjährigen, in der Regel einen Halbtagsplatz an. *Familienergänzung*

Nach langen pädagogischen Debatten, die in der Bundesrepublik Ende der sechziger Jahre geführt wurden (vgl. Flitner 1967; BLK 1982), kann heute von einem eher oberflächlichen Konsens darüber ausgegangen werden, daß die Kindergartenerziehung nicht „verschult", aber auch nicht „anti-autoritär" sein soll, was darunter 20 Jahre nach dem Ende der entsprechenden Erziehungsbewegung (vgl. Rabe-Kleberg 1984) in der Praxis auch immer verstanden werden mag. Dazwischen treffen wir auf eine Vielfalt bzw. Beliebigkeit der Ansätze und Mischung der Erziehungsmethoden. Gewisse Trainingsmethoden aus dem Funktionsansatz werden mit der Projektmethode aus dem Situationsansatz (vgl. Zimmer 1985; Colberg-Schrader/Krug 1980) kombiniert. Auch dem (Fröbelschen) Spiel wird an vielen Stellen wieder mehr Raum gegeben. In der Regel wird diese Art der offenen Kindergartenpädagogik unter dem Begriff des „sozialen Lernens" gefaßt, ohne daß es über die differenzierte Konzeption dieses Typs von Lernen zu einer kritischen Rezeption gekommen wäre. Das gilt allerdings auch für die anderen Ansätze, denen gefolgt wird, ohne die sich gegenseitig ausschließenden theoretischen Voraussetzungen und praktischen Folgen zu diskutieren (vgl. Fried 1993; Hebenstreit 1980). *Pädagogische Konzepte*

Auch in der Entwicklung des Kindergartens in der DDR wurde das genannte Spannungsverhältnis zwischen sozial und pädagogisch sowie öffentlich und privat nicht aufgehoben, wohl aber wurden einige grundlegende Entscheidungen politisch und fachlich getroffen, die die Gewichte gegenüber der Entwicklung in der BRD verschoben (vgl. Grossmann 1992): *Kindergarten in der DDR*

- Zum einen wurde der Kindergarten eher pädagogisch begründet als sozial: Der Kindergarten erreichte als ganztägiges Angebot faktisch alle (nicht behinderten) Kinder (94%). Er stellte damit ein einheitliches und ausdifferenziertes Bildungsangebot für alle Kinder der Gesellschaft dar und war seit 1965 auch dem Bildungswesen zugeordnet (vgl. Ministerium für Volksbildung 1957, 1983).
- Zum anderen war im Verhältnis von „öffentlich" und „privat" das Schwergewicht eindeutig auf den öffentlichen Begründungszusammenhang ver-

schoben. Der Kindergarten wurde als eigenständige pädagogische Institution begriffen, der sich nicht aus der Situation der Familien her begründete, sondern aus seinem gesellschaftlichen Auftrag, der von höchsten politischen Stellen immer wieder bestätigt und verstärkend formuliert wurde.

<small>Elternarbeit</small>

In der Praxis zeigte sich diese Unabhängigkeit von den Familien in einem eher belehrenden und kontrollierenden Verhältnis zu den Eltern und dem geringen Einfluß, den sie auf das Geschehen im Kindergarten hatten sowie in der Übernahme von Leistungen, die im westlichen Verständnis eher dem Verantwortungsbereich der Eltern zukäme, wie z.B. Impfvorsorge oder andere präventive Maßnahmen für die Kinder (vgl. Scheibe 1973).

<small>Einheitliches pädagogisches Konzept</small>

Dieser Entscheidung in Richtung auf „öffentlich" und „pädagogisch" entspricht es auch, daß für alle Kindergärten in staatlicher Hand (und das waren bis auf wenige kirchliche Kindergärten alle) einheitliche Bildungs- und Erziehungspläne galten (vgl. Bildungs- und Erziehungsplan 1975, „Grünes Buch"; Ministerium für Volksbildung 1985, „Blaues Buch"). Dabei muß davon ausgegangen werden, daß die hierin gemachten Vorgaben weitgehend die erzieherische Arbeit bis ins Einzelne prägte (vgl. Hildebrand/Musiol 1995).

Im Unterschied zur westlichen Entwicklung des Kindergartens können wir in der DDR von einer identifizierbaren, sogar durchweg einheitlichen Kindergartenpädagogik ausgehen, die aber von exponierten Kritikern wie z.B. dem Psychoanalytiker Maaz (1990) als eine Pädagogik charakterisiert wird, die die Ausprägung der Individualität hemmte und den Willen brach (vgl. auch Grossmann 1992). Offiziell wurde im Verhältnis zwischen Kind und Kindergärtnerin dem Führungsanspruch der Erwachsenen und im Verhältnis von Kind zu Kind dem Kollektiv vor der Individualität eine große Bedeutung zugeschrieben.

Mit der DDR verschwanden zumindest die materiellen Grundlagen dieser Pädagogik. Die Institution, in der die Konzepte entwickelt und formuliert wurden, die Akademie der pädagogischen Wissenschaften, wurde abgewickelt, die Instanzen (Fachberatungssystem), die die Einhaltung der Konzepte kontrollierten, verschwanden beim Übergang vom Bildungs- in das Jugendhilfesystem und das ausdifferenzierte Fort- und Weiterbildungssystem wurde von freien Trägern übernommen und inhaltlich verändert (vgl. Rabe-Kleberg u.a. 1994). Das Bildungsprogramm („Blaues Buch") wurde bereits 1990 außer Kraft gesetzt.

<small>Folgen der Wende</small>

Die Frage, nach welchen pädagogischen Ansätzen sich die Praxis in den ostdeutschen Kindergärten heute richtet, ist zuverlässig nicht zu beantworten, verweist vielmehr auch hier auf die Notwendigkeit empirisch-analytischer Forschung in der Praxis. Erste Ergebnisse einer eigenen Untersuchung geben Aufschluß über eine unübersehbare Hilflosigkeit der Erzieherinnen im Umgang mit den neuen Anforderungen an eigenständige Konzeptentwicklung oder an pädagogische Spontaneität und über eine weiterbestehende Orientierung an den Grundzügen der in den Programmen kodifizierten Pädagogik (vgl. Hildebrand/Musiol 1995; Rabe-Kleberg 1995).

<small>Reformdiskussion</small>

Seit Anfang der neunziger Jahre entwickelte sich nunmehr in Ost und West eine Diskussion um eine dringend notwendige Reform des Kindergartens. Ausgelöst durch die „Vereinigung" der beiden Kindergartensysteme und durch die Dringlichkeit, mit der von Seiten der ostdeutschen Erzieherinnen nach neuen Konzepten gefragt wird, setzt eine Nachfrage nach den pädagogischen Beständen der Kindergartenreform der siebziger Jahre in der Bundesrepublik ein. Gleichzeitig kommt von der sich in den letzten zehn Jahren entwickelnden Kinderforschung (vgl. Markefka/Nauck 1993) die Forderung nach empirischer Untersuchung der faktisch ablaufenden Prozesse im Kindergarten (vgl. Fried 1993).

Erste Untersuchungen haben gezeigt, daß das Wissen um Konzepte, an denen die Kindergartenarbeit (angeblich) orientiert ist, bei der Einschätzung der wirklichen Prozesse nur bedingt weiterhilft. Genaue Beobachtungsstudien haben gezeigt, daß sich das Erzieherinnenverhalten eher an subjektiven Situationsdeutungen, persönlichen Vorbehalten sowie Routinen und Ordnungsvorstellungen in der Gruppe orientiert, denn an Konzepten (vgl. z.B. Hebenstreit 1980). Zum anderen zeigen eben solche Studien, daß sich das Verhalten der Kinder in der Gruppe eher nach Alter und Geschlecht unterscheidet (vgl. Büttner/Dittmann 1992; Verlinden 1991), denn nach dem pädagogischen Ansatz, dem in diesem Kindergarten gefolgt wird.

Kindergartenforschung

Nach mehr als zwanzig Jahren Diskussion um den besten pädagogischen Ansatz sind nunmehr die faktisch Handelnden, die Kinder und die Erzieherinnen, ins Zentrum des Interesses gerückt. Bevor weitere konzeptionelle Anstrengungen und Modellversuche unternommen werden, bedarf es Analysen des Alltags mit seinen heimlichen Erziehungsplänen und verborgenen pädagogischen Konzepten.

Theoretisch bedarf es darüber hinaus einer intensiven Auseinandersetzung um das Verständnis vom Kind und seiner typischen Form des Handelns, dem Spiel, sowie den Eigendynamiken kindlichen Spiels in der Gruppe (vgl. Flitner 1988). Soll das Kind als Gesprächs- und Interaktionspartner im zukünftigen Kindergarten gleichberechtigt sein und ernst genommen werden, so darf das Spiel des Kindes als eigenständige Kommunikationsform nicht wieder durch vorschnelle Pädagogisierung instrumentalisiert werden.

2.4. Der Hort

Der Hort ist heute eine Tageseinrichtung für Schulkinder zwischen 6 und 10 bis 12 Jahren (vgl. Briel/Mörsberger 1984). Allerdings werden in den meisten (westlichen) Einrichtungen wegen der das Angebot übersteigenden Nachfrage, aber auch wegen des Typs des pädagogischen Angebots, kaum noch Kinder über 9 Jahren aufgenommen (für über 4,4 Mio. Kinder in diesem Alter stehen 113.061 Hortplätze zu Verfügung). Im Osten Deutschlands dagegen gab es 1989 noch für über 80% der Kinder einen Hortplatz. Seitdem ist ein kontinuierlicher Abbau von Plätzen zu verzeichnen (vgl. 9. Jugendbericht 1994, S. 531).

Die Geschichte des Hortes ist kaum kürzer als die der beiden anderen Tageseinrichtungen für Kinder (vgl. Flaake u.a. 1980). Seine Vorgänger waren Bewahranstalten für größere Kinder, vor allem aber Arbeitsschulen, d.h. Einrichtungen, in denen die Kinder durch Fabrikarbeit bzw. zu Fabriktugenden hin erzogen werden sollten.

Geschichte

Im Westen Deutschlands werden heute die knappen Hortplätze in erster Linie an sog. Problemkinder vergeben, an Kinder mit besonderen familiären oder schulischen Belastungen, an ausländische Kinder mit Integrationsproblemen und

Angebotsstruktur

an einige Kinder von berufstätigen Alleinerziehenden. Nicht nur, daß der Hort so insgesamt mit einem negativen Defizitimage belastet ist, aus der Ansammlung von Problemkindern ergeben sich auch eine Reihe von pädagogischen Schwierigkeiten, auf die die angestrebte offene Freizeitpädagogik vermutlich keine angemessene Antwort ist. Vielmehr fühlen sich die HorterzieherInnen in der Pflicht, die Probleme, die die Schule den Hortkindern macht oder die die Hortkinder mit der Schule haben, zu lösen (vgl. Karsten 1991).

Dieses im Westen ungewollt enge Verhältnis zur Schule war in der DDR konzeptionell angelegt (vgl. 9. Jugendbericht 1994, S. 516). Dies fand seinen stärksten Ausdruck in der gemeinsamen Ausbildung von Unterstufenlehrerinnen und Horterzieherinnen an Lehrerbildungsanstalten. In dem 1972 erschienenen „Rahmenplan für die Erziehung und Bildung im Schulhort" wurde festgeschrieben, daß der Hort die Aufgabe habe, das in der Schule gelernte anzuwenden und zu vertiefen. In der revidierten Fassung von 1982 wird diese Verbindung zugunsten einer engeren Zusammenarbeit mit der Pionierorganisation und den Partnerbetrieben relativiert. Mit dieser Öffnung nach außen setzte eine verstärkte Diskussion über die Freiräume ein, die dem Kind zugestanden werden müßten, und über die Entwicklung des Hortes zu einer Freizeitstätte für Kinder.

Der Hort steht heute in Ost und West vor der Aufgabe, ein eigenständiges sozialpädagogisches Profil zu entwickeln, ein Ort für Kinder zu sein, der ihnen zugleich Schutz vor der zunehmenden Gewalt auf den Straßen bietet, wie ihnen auch ein Erfahrungsraum zu sein, der sie nicht an starre Curricula bindet. Die Vorstellungen reichen von einer sozialpädagogischen Kindereinrichtung bis zu einer Einrichtung der Gemeinwesensarbeit und korrespondieren vor allem mit den Vorstellungen von der Selbständigkeit des Kindes und seiner Schutzbedürftigkeit. Überlegungen zur Altersmischung mit jüngeren Kindern (Kinderhaus) oder zur Entwicklung von Kinderclubs mit offener gemeinwesenorientierter Arbeit sind bis heute nur in Ansätzen praxisrelevant geworden.

3. Zum Verhältnis von Erziehungswissenschaft und Praxis der öffentlichen Kleinkinderziehung

Grundlegend für die Erziehungspraxis und die Reflexion der Praxis ist ihr Verhältnis zur Wissenschaft, das im Falle der öffentlichen Kindererziehung durchweg als gespannt gekennzeichnet werden kann. So haben wir es auf der einen Seite an den Universitäten – so sie sich überhaupt dieser Fragen annehmen – mit einer erziehungswissenschaftlichen Teildisziplin zu tun, die keinen dauerhaft intensiven Zugang zur Praxis hat und auf der anderen Seite mit einer wissenschaftsfernen, in Teilen sogar theoriefeindlichen Praxis.

Dies gilt für die Geschichte der Institutionen in der Bundesrepublik und damit heute auch für die in den neuen Bundesländern. Die DDR hat zwar eigenständige, wenn auch problematische Strukturen für das Verhältnis von Erziehungswissenschaft und -praxis geschaffen, die aber mit der politischen Wende ersatzlos verschwanden. Das Verhältnis der Erziehungswissenschaft zur -praxis war in der DDR als hoch differenziertes, hierarchisches System strukturiert und durch konzeptionelle Vorgaben „von oben" und fachliche Kontrolle ihrer Durchführung in der Praxis gekennzeichnet.

Demgegenüber war und ist das Verhältnis von Erziehungswissenschaft und Praxis in den Kindereinrichtungen in der Bundesrepublik bis auf wenige Ausnahmen durch gegenseitige Nicht-Zur-Kenntnisnahme zu kennzeichnen – ein Zustand, der sich angesichts des Reformbedarfs in Ost und West als höchst problematisch erweist. *Transfer Wissenschaft: Praxis*

Diese Beschreibung einer Nicht-Beziehung betrifft nicht so sehr die Theorie- und Konzeptionsbildung für diesen Bereich, wohl aber alle Verbindungs- und Kommunikationswege zwischen Wissenschaft und Praxis. Das beginnt bei der faktisch an Universitäten nur in Anfängen etablierten empirisch-analytischen Forschung in und für diesen Bereich, die zu einer kritischen Instanz herrschender Praxis aber auch akademischer Theorieproduktion werden könnte. Dies setzt sich für die Praxis ganz besonders nachhaltig beim fehlenden Transfer des Wissens und der empirischen Erkenntnisse fort. So fehlen in der Bundesrepublik organisatorische Strukturen, über die wissenschaftliche Erkenntnisse nicht nur zufällig und in popularisierter Form, sondern systematisch in die Praxis gelangen können.

Zu solchen Transferstrukturen gehören wissenschaftliche Aus- und Fortbildung der pädagogischen Fachkräfte in der Praxis oder zumindest ihrer Aus- und FortbildnerInnen. So werden Krippen-, Kindergarten- und Horterzieherinnen in Deutschland nicht wie in vergleichbaren Ländern, z.B. Frankreich, an Universitäten oder Fachhochschulen ausgebildet (vgl. Herzberg/Nissen 1983), sondern an Berufsfach- und Fachschulen (vgl. Rabe-Kleberg 1991). Diese Struktur führt zum einen dazu, daß es an den meisten Universitäten innerhalb der Disziplin Erziehungswissenschaft keine ausgewiesene Spezialisierung in bezug auf den Arbeitsbereich außerschulische Kindererziehung gibt; Ausnahmen stellen die Universitäten in Bremen, Dortmund, Chemnitz und Bamberg dar, wo eine eher geringe Zahl von LehrerInnen der beruflichen Fachrichtung Sozialpädagogik ausgebildet wird. *Ausbildungsstrukturen*

Zumeist wird die Erstausbildung wie auch die Fort- und Weiterbildung der in diesem Feld tätigen Kinderpflegerinnen und Erzieherinnen entweder gänzlich erfahrenen Praktikerinnen überlassen oder WissenschaftlerInnen, die ihr Wissen aus anderen Spezialbereichen der Erziehungswissenschaft wie auch aus anderen Dizipinen (vor allem der Entwicklungspsychologie und der Soziologie, aber auch Medizin, vor allem der Pädiatrie) beziehen. Auch dieser Tatbestand ist dafür verantwortlich zu machen, daß die Auswahl der vermittelten Inhalte eher zufällig und willkürlich ist (vgl. Rabe-Kleberg 1987, 1994; Rauschenbach 1992a, 1992b; Karsten 1993).

Hierzu gehören weiterhin Instanzen der wissenschaftlichen Begleitung von Prozessen der Konzeptualisierung und Reform der Erziehungspraxis. Zu erwähnen ist, daß das Deutsche Jugendinstitut in München seit mehr als zwanzig Jahren versucht, dieses Defizit mit Theorie-Praxis-Projekten (vgl. z.B. Colberg-Schrader/Krug 1991), Modell- und Evaluationsprojekten (vgl. Projektgruppe Erprobungsprogramm 1979) oder der Produktion von Materialien (vgl. AG Vorschulerziehung 1974, 1978, 1979; DJI 1992) für die Praxis zu überwinden. Diese Anstrengungen, und vor allem ihre Grenzen, verdeutlichen aber das strukturelle Defizit nur um so mehr; überwinden können sie es nicht. *Praxis-Forschung*

Die Institutionen der öffentlichen Kindererziehung sind im Unterschied zu Schulen aufgrund der nicht-akademischen Ausbildung ihrer PädagogInnen und der strukturellen Differenziertheit ihrer zumeist privat-rechtlich organisierten Träger nicht an die Produktion und den Transfer wissenschaftlicher Erkenntnisse angeschlossen: Krippen, Kindergärten, Horte und Einrichtungen von Eltern-Kind-Initiativen sind heute noch (und im Osten Deutschlands wieder) Institutionen der öffentlichen Erziehung mit einer von der Erziehungswissenschaft abgeschnittenen, weitgehend theorielosen Praxis.

Theorie ohne Praxis

Die öffentliche Kinderziehung außerhalb der Schule gehört damit zu den Arbeitsbereichen, denen von der erziehungswissenschaftlichen Forschung, im Sinne einer empirisch-analytischen Erkundung der historischen und aktuellen Realität erzieherischer Praxis (vgl. Krüger, in diesem Band), bisher sicherlich am wenigsten Beachtung geschenkt wurde. Die Kinderziehung in den genannten Institutionen muß daher heute immer noch als der Praxisbereich gekennzeichnet werden, der wissenschaftlich als unbekannt zu nennen ist. Wir wissen nicht, was tagtäglich im „Kindergarten an der Ecke" wirklich passiert.

Frauenarbeitsbereich

Und nicht zuletzt ist es wohl kaum von der Hand zu weisen, daß Erziehungsarbeit, die von Frauen, in der Hauptsache von nicht-akademisch qualifizierten Frauen ausgeübt wird, immer noch – teilweise auch von ihnen selbst – als Ausdruck ganzheitlicher und gefühlsmäßiger Intuition oder eines mehr oder weniger unerklärlichen weiblich-wesenhaften Arbeitsvermögen gesehen wird und nicht als professionelles Handeln auf einem spezifischen Wissenshintergrund (vgl. Rabe-Kleberg 1994). Von daher geht auch von der Praxis keine erkennbare Nachfrage nach Verbesserung des Wissenschaft-Praxis-Verhältnisses aus.

So ist es erklärlich, daß wir nur wenig darüber wissen, was von den Konzepten und normativen Vorstellungen, die im Laufe der letzten 200 oder auch nur 20 Jahre in den Köpfen von ErziehungswissenschaftlerInnen entstanden sind und in vielen Büchern publiziert wurden, bei den Erzieherinnen, die täglich mit den Kindern arbeiten, überhaupt angekommen ist und was davon wiederum Eingang in die Praxis eines normalen Kindergartens, einer Krippe, eines Hortes oder einer Eltern-Kind-Initiative gefunden hat.

Dies gilt zumindest für die (alte) Bundesrepublik Deutschland, wo der systematische Transfer erziehungswissenschaftlichen Wissens von der Universität und den Forschungsinstituten in die Praxis der öffentlichen Kleinkinderziehung mehr oder weniger dem Zufall überlassen bleibt. Im Grunde stellt sich das Problem von Wissenschaft und Praxis, trotz anderer Ausgangsbedingungen, aber auch für die Kindererziehung in der DDR. Hier kann das Verhältnis zwischen Wissenschaft und Praxis als lückenlos gekennzeichnet werden, d.h. es gab in diesem Verhältnis keine Zufälligkeiten. In einem eindeutig hierarchisierten Verhältnis wurden von den für Krippen-, Kindergarten- und Schulhorterziehung zuständigen Akademien der Wissenschaft Handlungs- und Erziehungsnormen sowie entsprechend ausgefeilte Konzeptionen in Form von Plänen über ein mehrstufiges fachlich strukturiertes System an die Praxis gereicht. In aufeinander aufbauenden Fort- und Weiterbildungsveranstaltungen wurden die Pädagoginnen mit diesen Plänen vertraut gemacht und durch Fachberaterinnen in ihrer praktischen Umsetzung kontrolliert.

Problematisch an diesem Verhältnis ist, daß das produzierte und transferierte Wissen fast ausschließlich normativ und konzeptionell war. Empirisch-analytische erziehungswissenschaftliche Forschung fand nicht statt oder wurde nicht öffentlich zugänglich gemacht. So gab es auch keine Diskurse über den „heimlichen Lehrplan" hinter den Erziehungsplänen, also über die (vermutlich) unbeabsichtigten Folgen von bestimmten Formen des Erziehungshandeln oder über Gruppenprozesse in den Institutionen. Die Kindergärtnerinnen – obwohl in ein komplexes wissenschaftliches Evaluationssystem integriert – wußten zwar, was sie tun sollten und taten dies auch in der Regel. Der Typ des ihnen vermittelten normativen Wissens versetzte sie aber nicht in die Lage, ihr Handeln zu analysieren und zu kritisieren und damit angesichts der neuen Situation zu verändern (vgl. Rabe-Kleberg 1995).   *Normativ-konzeptionelles Wissen*

Die so beschriebene Struktur der professionellen Organisation der öffentlichen, außerschulischen Kindererziehung hat sich für die Entwicklung dieses Arbeitsbereichs schon lange als beträchtliches Defizit herausgestellt. Nunmehr müssen wir – angesichts der Vereinigung zweier Gesellschaften, die sich insbesondere im Verständnis der Struktur und der Inhalte der öffentlichen außerschulischen Erziehung so sehr unterscheiden – feststellen, daß sich das oben beschriebene lückenhaft strukturierte Verhältnis zwischen Theorie und Praxis als wesentliches Hindernis für die gegenseitige Verständigung über den Bereich wie auch für die allseits als notwendig erachtete Reform der außerschulischen Kindererziehung – nicht nur im Osten Deutschland – erweist.

Am Ende des zwanzigsten, des sogenannten „Jahrhunderts des Kindes", befinden wir uns in einer Situation, in der es für die Erziehung in den öffentlichen Institutionen Krippe, Kindergarten und Hort zwar theoretisch anspruchsvolle Konzepte gibt, in der diese Institutionen aber politisch, wissenschaftlich und praktisch vernachlässigt werden, so daß wir aktuell immer noch von einer weitgehend theorielosen Praxis außerschulischer Kindererziehung auszugehen haben.   *Theorielose Praxis*

Literatur

Achter Jugendbericht: Bericht über Bestrebungen und Leistungen der Jugendhilfe. Deutscher Bundestag, Drucksache 11/6576. Bonn 1990.
Akademie der Pädagogischen Wissenschaften (APW) u.a.: Das Bildungswesen in der DDR. Berlin 1989.
Amoneit, K./Nieslony, F.: Zur Tagesbetreuung unter 3jähriger Kinder – Politische Notwendigkeit und kommunaler Bedarf. In: Neue Praxis (1993), Heft 2, S. 78-86.
Arbeitsgruppe Vorschulerziehung: Anregungen I. Zur Ausstattung des Kindergartens. München 1974.
Arbeitsgruppe Vorschulerziehung: Anregungen II. Didaktische Einheiten im Kindergarten. München 1978.
Arbeitsgruppe Vorschulerziehung: Anregungen III. Zur pädagogischen Arbeit im Kindergarten. München 1979.
Becker, E./Hagebusch, M./Weber, M.: Der Hort zwischen Familie, Schule und Freizeitraum. Versuch einer Situationsanalyse und Konsequenz. Donauwörth 1979.
Beller, E. K./Stahnke, M./Laewen, H.-J.: Das Berliner Krippenprojekt: Ein empirischer Bericht. In: Zeitschrift für Pädagogik (1983), Heft 9, S. 407-416.

Beller, E. K.: Untersuchung zur familialen und familienergänzenden Erziehung von Kleinstkindern. In: Zimmer, J. (Hrsg.): Enzyklopädie Erziehungswissenschaft, Band 6: Erziehung in früher Kindheit. Stuttgart 1984, S. 207-234.
Beller, K. E.: Kinderkrippe. In: Markefka, M./Nauck, B. (Hrsg.): Handbuch der Kindheitsforschung. Neuwied 1993, S. 535-545.
Bensel, J.: Ist die Tagesbetreuung in der Krippe ein Risiko? Eine kritische Beurteilung der internationalen Krippenforschung. In: Zeitschrift für Pädagogik (1994), Heft 2, S. 303-326.
Böllert, K./Otto, H.-U. (Hrsg.): Soziale Arbeit in einer neuen Republik – Anpassung oder Fortschritt? Jahrbuch für Sozialarbeit und Sozialpolitik, Band 2. Bielefeld 1993.
Bowlby, J.: Mütterliche Zuwendung und geistige Gesundheit. München 1973.
Briel, R./Mörsberger, H.: Kinder brauchen Horte. Bestandsaufnahme – Praxis – Beispiele – Perspektiven. Freiburg 1984.
Bund-Länder-Kommission für Bildungsplanung: Erprobungsprogramm im Elementarbereich. Bericht über eine Auswertung von Modellversuchen. Bühl/Baden 1982.
Bund-Länder-Kommission für Bildungsplanung und Forschungsförderung (BLK): Entwicklungen und vordringliche Maßnahmen in den Tageseinrichtungen für Kinder/Elementarbereich in den neuen Bundesländern. Bonn 1992.
Büttner, C./Dittmann, M.: Brave Mädchen – böse Buben? Zur Geschlechtsidentität in Kindergarten und Grundschule. Weinheim 1992.
Colberg-Schrader, H./Krug, M.: Lebensnahes Lernen im Kindergarten. Zur Umsetzung des Curriculum Soziales Lernen. München 1980.
Colberg-Schrader, H./Krug, M.: Arbeitsfeld Kindergarten. Planung, Praxisgestaltung, Teamarbeit. Weinheim/München 1991.
Colberg-Schrader, H. u.a.: Soziales Lernen im Kindergarten. Planung, Praxisgestaltung, Teamarbeit. München 1991.
Deutscher Bildungsrat: Strukturplan für das Bildungswesen (Empfehlungen der Bildungskommission). Stuttgart 1970.
Deutscher Bundestag: Situation der Kindergärten, Krippen und Horte in den neuen Bundesländern. Drucksache 12/661, 1991.
Deutsches Jugendinstitut (DJI) (Hrsg.): Entwicklungsbedingungen und -perspektiven der Jugendhilfe in der früheren DDR. München 1990.
Deutsches Jugendinstitut (DJI) (Hrsg.): Orte für Kinder. München 1992.
Erning, G. (Hrsg.): Quellen zur Geschichte der öffentlichen Kleinkinderziehung. Kastellaun 1976.
Erning, G./Neumann, K./Reyer, J. (Hrsg.): Geschichte des Kindergartens. Bd. 1 u. 2. Freiburg 1987.
Flaake, K./Joannidon, H./Kirchlechner, B. u.a.: Kinderhorte – Sozialpädagogische Einrichtungen oder Bewahranstalten? Frankfurt a.M. 1980.
Flitner, A.: Streit um die Vorschulerziehung. In: Zeitschrift für Pädagogik (1967), Heft 6, S. 515-538.
Flitner, A.: Das Kinderspiel. München 1988.
Fried, L.: Kindergarten. In: Markefka, M./Nauck, B. (Hrsg.): Handbuch der Kindheitsforschung. Neuwied 1993, S. 557-565.
Fuchs, D.: Das Tor zur Welt: Krippenerziehung in der Diskussion. Freiburg 1995.
Grossmann, W.: Kindergarten. Eine historisch-systematische Einführung in seine Entwicklung und Pädagogik. Weinheim 1987.
Grossmann, W. (Hrsg.): Kindergarten und Pädagogik. Grundlagentexte zur deutsch-deutschen Bestandsaufnahme. Weinheim/Basel 1992.
Hebenstreit, S.: Einführung in die Kindergartenpädagogik. Stuttgart 1980.
Herzberg, I./Nissen, U.: Erzieherausbildung in sechs europäischen Ländern, Deutsches Jugendinstitut (DJI). München 1983.
Hildebrand, S./Musiol, M.: „Es müßte eben wieder ein Plan sein" – Ambivalenz zwischen Befreiung und Angst vor Freiheit. In: Löw, M./Meister, D./Sander, U. (Hrsg.): Pädagogik im Umbruch. Opladen 1995 S. 209-228.

Honecker, M.: Unser sozialistisches Bildungssystem – Wandlungen, Erfolge, neue Horizonte. Referat auf dem IX. Pädagogischen Kongreß. Berlin (DDR) 1989.
Karsten, M. E.: Welche PädagogInnen braucht der Hort? Welche Bedingungen brauchen die PädagogInnen? In: TPS extra. Bielefeld 1991, S. 35-36.
Krecker, M.: Quellen zur Geschichte der Vorschulerziehung. Berlin (Ost) 1979.
Maaz, H.-J.: Der Gefühlsstau. Ein Psychogramm der DDR. Berlin 1990.
Markefka, M./Nauck, B. (Hrsg.): Handbuch der Kindheitsforschung. Neuwied 1993.
Ministerium für Volksbildung (Hrsg.): Bildungs- und Erziehungsplan. Berlin 1975.
Ministerium für Volksbildung (Hrsg.): Thesen der Ersten Zentralen Konferenz der Vorschulerziehung 1957. Bildungspolitische Vorgaben für den staatlichen Kindergarten. Berlin 1957.
Ministerium für Volksbildung (Hrsg.): Kindergartenordnung vom 23. Juni 1983. Berlin 1983.
Ministerium für Volksbildung (Hrsg.): Programm für die Bildungs- und Erziehungsarbeit im Kindergarten. Berlin 1985.
Münder, J.: Das neue Kinder-und Jugendhilfegesetz. In: Neue Praxis 20 (1990), S. 341-353.
Münder, J.: Frankfurter Lehr- und Praxiskommentar zum Kinder-und Jugendhilfegesetz. Münster 1991.
Neunter Jugendbericht: Bericht über die Situation der Kinder und Jugendlichen und die Entwicklung der Jugendhilfe in den neuen Bundesländern. Deutscher Bundestag, Drucksache 13/70. Bonn 1994.
Petersen, G.: Kinder unter drei Jahren in Tageseinrichtungen. Köln 1991.
Projektgruppe Erprobungsprogramm: Das Erprobungsprogramm im Elementarbereich. 3 Teile (DJI-Forschungsbericht). München 1979.
Rabe-Kleberg, U.: Frauenberufe – Zur Segmentierung der Berufswelt. Bielefeld 1987.
Rabe-Kleberg, U.: Auf dem Weg zur Bildungsbiographie? Oder warum Frauen immer auf bessere Schulen gehen und trotzdem als „ungelernt" gelten. In: Hoerning, E./Corsten, M. (Hrsg.): Institution und Biographie. Die Ordnung des Lebens. Pfaffenweiler 1995, S. 6-38.
Rabe-Kleberg, U. u.a. (Hrsg.): Pro Person. Dienstleistungsberufe in Krankenpflege, Altenpflege und Kindererziehung. Bielefeld 1991.
Rabe-Kleberg, U. u.a. : Die Berufsgruppe der Erzieherinnen. Arbeitsmarktdynamik und Beschäftigungsverläufe in Sachsen-Anhalt. Halle 1994.
Rauschenbach, T.: Soziale Berufe und öffentliche Erziehung. In: Zeitschrift für Pädagogik (1992a), Beiheft 29, S. 261-267.
Rauschenbach, T.: Sind nur Lehrer Pädagogen? Disziplinäre Selbstvergewisserung im Horizont des Wandels von Sozial- und Erziehungsberufen. In: Zeitschrift für Pädagogik, (1992b), Heft 3, S. 385-417.
Ruf, I.: Die Kinderkrippe. In: Becker-Textor, I./Textor, M. (Hrsg.): Handbuch der Kinder- und Jugendbetreuung. Neuwied 1993, S. 25-46.
Scheibe, I.: Das Elternaktiv im Kindergarten. Für Elternbeirat und Elternaktiv. Berlin 1973.
Schindler, H./Born, C./Schablow, M.: Die Lebenssituation von Kindern unter drei Jahren und ihren Eltern in Bremen. Ergebnisse einer Befragung von mehr als 2000 Familien. Bremen 1985.
Schmidt-Kolmer, E. (Hrsg.): Krippenpädagogik. Berlin 1990.
Schmidt-Wenkebach, B.: Öffentlichkeit und Privatheit in der Erziehung – Thesen. In: Akademie für Sozialarbeit (Hrsg.): Soziale Arbeit, Soziale Gerechtigkeit und Lebensbewältigung in der Konkurrenzgesellschaft. Bielefeld 1994, S. 177-179.
Sünker, H.: Öffentlichkeit und Privatheit in der Erziehung – Thesen. In: Akademie für Sozialarbeit (Hrsg.): Soziale Arbeit, soziale Gerechtigkeit und Lebensbewältigung in der Konkurrenzgesellschaft. Bielefeld 1994, S. 179-181.
Verlinden, M.: Mädchen und Jungen im Kindergarten. Köln 1991.
Zimmer, J.: Der Situationsansatz als Bezugsrahmen der Kindergartenreform. In: Erziehung in früher Kindheit. Bd. 6 der Enzyklopädie Erziehungswissenschaft. Stuttgart 1985, S. 21-38.

V. Kinder- und Jugendarbeit: Freizeitzentren, Jugendbildungsstätten, Aktions- und Erholungsräume

Werner Thole

Inhalt

1. Sozial- und Ideengeschichte der Kinder- und Jugendarbeit
1.1. Die Entdeckung der Jugend und die Anfänge der Jugendarbeit
1.2. Von der Konsolidierung der Jugendarbeit zur nationalsozialistischen Entpluralisierung
1.3. Ambivalenter Neuaufbau und Theoretisierung der Jugendarbeit in der BRD
1.4. Hinweise zur Jugendarbeit in der DDR

2. Träger- und Personalprofil, Arbeits- und Handlungsfelder der Kinder- und Jugendarbeit
2.1. Rechtliche Grundlagen, Förder- und Trägerstrukturen
2.2. Träger und Personal – Einige empirische Befunde

3. Theorien, Konzepte und Methoden der Kinder- und Jugendarbeit

4. Probleme und Perspektiven – Ausblick

Literatur

Gegenstandsbereiche

Die einen denken bei dem Stichwort Kinder- und Jugendarbeit zuerst an nichtkommerzielle Freizeiteinrichtungen für Heranwachsende, also an Kinder- und Jugendfreizeitzentren, Jugendhäuser, Jugendcafès, Freizeitstätten und Jugendzentren. Andere verstehen darunter die kommunale Jugendpflege oder die Jugendverbandsarbeit. Beide Assoziationen decken in der Tat ein breites Spektrum des hier vorgestellten Arbeitsfeldes ab. Sie benennen allerdings auch Überschneidungsflächen. Und damit ist schon eine wesentliche Komplexität des Handlungsfeldes angesprochen: Je nach Betrachtungsstandort können Varianten der Kinder- und Jugendarbeit unterschiedlichen Feldern zugeordnet werden. Ein Jugendhaus kann so zum Beispiel sowohl der kommunalen Jugendpflege wie auch einem Jugendverband zugezählt werden. Der Beitrag hofft an späterer Stelle dieses Dickicht aufzuhellen. Vorerst ist festzuhalten, daß neben den erwähnten weitere, quantitativ kleinere Handlungsfelder mit speziellen Schwerpunkten zur Kinder- und Jugendarbeit zu zählen sind: die soziale, politische, naturkundliche, gesundheitsorientierte und kulturelle Bildungsarbeit in Jugendbildungs- und Jugendtagungsstätten, die Kinder- und Jugendarbeit in Erholungsstätten, Zeltlagern, Ferienfreizeiten und -aktionen, der Stadtranderholung, auf Abenteuer- und Bauspielplätzen, die ästhetisch-kulturelle Arbeit der Jugendkunst-, Mal- und Kreativitätsschulen, die Kinder- und Jugendarbeit in soziokulturellen Zentren und Kommunikationshäusern, die Kinder- und Jugendberatung, die arbeitswelt- und familienbezogene Jugendarbeit und -bildung sowie die schulbezogene Kinder- und Jugendsozialarbeit. Und auch Formen der internationalen Arbeit, der Straßensozial- und Fußballfangruppenarbeit, der aufsuchenden und niederschwelligen Kinder- und Jugendarbeit wie die mobile Jugendarbeit und sogar die berufsbezogene Jugendsozialarbeit sowie der Kinder- und Jugendschutz zeigen deutliche Schnittflächen mit der Kinder- und Jugendarbeit.

Abgrenzung des Gegenstandes

Die Kinder- und Jugendarbeit ist allerdings nicht mit der Jugendhilfe identisch. Diese schließt zwar auch die Kinder- und Jugendarbeit ein, umfaßt jedoch die Sozialpädagogik mit Kindern und Jugendlichen insgesamt, von Kindertageseinrichtungen bis hin zu den erzieherischen Hilfen in und außerhalb von Familien.

Definition des Gegenstandes

Notwendig erscheint eine inhaltliche Bestimmung des Gesamtfeldes der Kinder- und Jugendarbeit, die einerseits breit genug ist, um alle Arbeitsfelder zu umschließen, andererseits jedoch mehr ist als eine wenig aussagekräftige Hülle. Unter Berücksichtigung dieser Probleme bietet sich folgende Definition des Gesamtfeldes der Kinder- und Jugendarbeit an: Kinder- und Jugendarbeit umfaßt alle außerschulischen und nicht ausschließlich berufsbildenden, mehr oder weniger pädagogisch gerahmten, nicht kommerziellen erlebnis- und erfahrungsbezogenen Sozialisationsfelder von freien und öffentlichen Trägern, Initiativen und Arbeitsgemeinschaften, in denen Kinder und Jugendliche ab dem Schulalter selbständig, mit Unterstützung oder in Begleitung von ehrenamtlichen und/oder beruflichen MitarbeiterInnen individuell oder in Gleichaltrigengruppen zum Zweck der Freizeit, Bildung und Erholung einmalig, sporadisch, über einen turnusmäßigen Zeitraum oder für eine längere, zusammenhängende Dauer zusammen kommen können. Damit konstituieren die Arbeitsfelder der außerschulischen Kinder- und Jugendarbeit ein freiwilliges Angebot in einem doppelten Sinne: Weder können Kinder und Jugendliche zu einer Teilnahme verpflichtet werden, noch können sie andererseits ihre Teilnahme einklagen.

Vor dem Hintergrund der Vielfältigkeit und Differenziertheit der außerschulischen Kinder- und Jugendarbeit kann es nicht verwundern, daß bis heute eine allseits akzeptierte, systematisch gegliederte und theoretisch präzise Gesamtübersicht ebensowenig vorliegt wie eine alle Handlungsfelder und Arbeitsformen integrierende, theoretisch ausgerichtete Übersicht in Gestalt eines Hand- oder Wörterbuches.

Theoriedefizit

Die außerschulische Kinder- und Jugendarbeit bildet in der sozialwissenschaftlichen und -pädagogischen Publikationslandschaft allerdings keine Leerstelle. Aktuelle Entwicklungen der pädagogischen Praxis finden ebenso wie theoretische Reflexionen über die Kinder- und Jugendarbeit vor allem in der monatlich erscheinenden Zeitschrift „Deutsche Jugend" einen Publikationsort. In unregelmäßiger Folge erscheinen darüber hinaus Beiträge in bezug auf die Kinder- und Jugendarbeit in den Fachzeitschriften „Neue Praxis", „Sozialmagazin", „Sozial Extra" und „Unsere Jugend". Eine hier im einzelnen nicht vorstellbare Liste von Monographien komplettiert das Zeitschriftenangebot. Neben historischen Rekonstruktionen (vgl. u.a. Giesecke 1981; Krafeld 1984), die auf die pädagogische Arbeit mit Kindern nicht gesondert eingehen beziehungsweise sie nur streifen, und das Arbeitsfeld theoretisch vermessenden und verortenden „Klassikern" (vgl. etwa Müller u.a. 1964; Rössner 1967; Giesecke 1971; Lessing/Liebel 1975; Damm 1980) und einer nicht mehr aktuellen empirischen Bestandsaufnahme (vgl. Lüdtke 1972) ist insbesondere auf Publikationen hinzuweisen, die das Arbeitsfeld der Kinder- und Jugendarbeit vor dem Hintergrund einer sich sukzessiv modernisierenden Kindheit und Jugend vorstellen (vgl. u.a. Baacke 1985a; Böhnisch 1992) oder aber über die Geschichte, den historischen Standort, konzeptionelle Entwicklungen und Orientierungen sowie die augenblickliche Praxis in zum Teil einführenden Überblicken informieren (vgl. etwa Lessing u.a. 1986; Böhnisch/Münchmeier 1987, 1990; Bauer 1991). Einzig über die Jugendverbände liegt bisher ein systematisches, fast alle Facetten analysierendes und diskutierendes Handbuch vor (vgl. Böhnisch/Gängler/Rauschenbach 1991).

Publikationslandschaft

1. Sozial- und Ideengeschichte der Kinder- und Jugendarbeit

Die heute miteinander verzahnten wie gleichfalls spezialisierten Entwicklungsstränge der Kinder- und Jugendarbeit sind das Resultat von vier Modernisierungsschüben. Erstens kennzeichnet sie der Wandel von geschlossenen, festen zu offeneren, flexiblen, aktions- und themenorientierten Angebots- und Organisationsformen; zweitens ist ein Prozeß der Verberuflichung festzustellen, indem ehrenamtliches und nebenberufliches Engagement durch hauptamtliche MitarbeiterInnen ergänzt und partiell ersetzt wurde; drittens ist zu erkennen, daß sozialdisziplinierende und normative Absichten im Verlauf der Geschichte zugunsten von autonomie- und partizipationsorientierten Intentionen zurückgedrängt wurden; viertens ist hervorzuheben, daß Kinder erst neuerdings zu einer eigenständig beachteten Zielgruppe wurden. Die außerschulische Arbeit mit Kindern war bis in die achtziger Jahre dieses Jahrhunderts hinein kein selbständiges Handlungsfeld der außerschulischen Pädagogik.

Modernisierungen

1.1. Die Entdeckung der Jugend und die Anfänge der Jugendarbeit

Die Herausbildung der Jugend als eigenständige und spezifische Lebenslaufphase und Generation ist ebenso wie ihre Entdeckung als Gegenstand der Pädagogik (vgl. Peukert 1986) auf das 19. Jahrhundert zu datieren.

Entstehung der Jugendverbände und -vereine

Die ersten Vereine und Initiativen, in denen Jugendliche sich in ihrer Freizeit treffen konnten, entstehen Mitte des letzten Jahrhunderts in konfessionellen, ländlichen und städtischen Lebenslagen und Milieus sowie über sportliche und politische Aktivitäten. Den intensivsten Expansionsschub erfahren in dieser Phase die evangelischen und die katholischen Jugendvereinigungen und -verbände (vgl. Dehn 1929).

Die „autonome" Jugendbewegung gab Anregungen

Die kirchlichen, weltanschaulichen, sportlichen und freizeitbezogenen wie auch die politischen Vereinigungen profitieren von Anbeginn wesentlich von der autonomen Jugendbewegung (Wandervogel- und bündische Jugendbewegung), die sowohl in Renitenz zu der feudal-bürgerlichen Plüschkultur des Kaiserreiches wie zu den durchrationalisierten industriellen Modernisierungserscheinungen im letzten Jahrzehnt des 19. Jahrhunderts entsteht und bis Anfang der fünfziger Jahre zwar nicht zahlenmäßig, jedoch mit ihrem Credo von einem autonomen, generationsübergreifenden Jugendreich die Gestaltungen und ideengeschichtlichen Orientierungen der pädagogischen Arbeit mit Jugendlichen inhaltlich prägen (vgl. Koebner/Janz/Trommler 1985). Als ‚pädagogischer' Arm der autonomen Jugendbewegung entwickelt sich, auch geprägt durch die Ideen der Reformpädagogik, die Jugendmusikbewegung mit ihrem Anliegen, die Jugend in den ästhetischen Ausdrucksformen Theater, Musik, Malerei und Literatur zu bilden. Formen und Methoden der kulturellen Kinder- und Jugendarbeit haben hier ihre historischen Wurzeln.

Herausbildung der staatlichen Jugendpflege

Der Entstehungszeitraum der staatlichen Jugendpflege und damit der dritten Bewegung der heutigen Kinder- und Jugendarbeit liegt in den ersten Jahren des zwanzigsten Jahrhunderts, obwohl schon zuvor in Lehrlings- und Handwerkerheimen sowie in Fortbildungsschulen – Vorläufern der heutigen Berufsschulen – die schulentlassene Jugend vor ‚schädlichen' Einflüssen ‚bewahrt' werden sollte. Nachdem von Jugendpflege erstmals im Preußischen Fürsorgegesetz von 1900 die Rede ist, findet sie eine erste rechtliche und strukturelle Rahmung in dem – heute als die ‚Geburtsurkunde' der Jugendarbeit angesehenen – Erlaß des preußischen Kultusministers zur Jugendpflege 1911 in bezug auf die männliche und 1913 in bezug auf die weibliche Jugend. Der Preußische Erlaß legt die Grundlage für die staatliche Institutionalisierung der bis dahin fast ausschließlich von den freien, konfessionellen und politischen Wohlfahrts- und Jugendorganisationen durchgeführten Jugendpflege. Den Veränderungen der industriellen und handwerklichen Erwerbsverhältnisse und des daraus resultierenden Wandels der Familie und der Gesellschaft Rechnung tragend, soll die Jugendpflege die Erziehungstätigkeiten der Eltern, Schulen und der beruflichen Ausbildungsstätten unterstützen, die schulentlassene, aber noch nicht in den Militärdienst eingetretene beziehungsweise verheiratete Jugend vor ‚Verwahrlosung und Verrohung' schützen. Insbesondere sollen Jugendliche zu paramilitärischen Übungen und zum Lesen ausgesuchter Lektüre, zu sportlichen und musisch-kultu-

Erste gesetzliche Grundlagen

rellen Vorführungen und Wettkämpfen, Tisch- und Zimmerspielen zusammenkommen.

Die Jugendlichen strömen allerdings nicht in Scharen zu den Angeboten der Jugendpflege und der Jugendverbände. Damit ist ein bis heute fortdauernder Konflikt benannt. Die autonomen, territorialen, also gebietsorientierten Jugendkulturen zeigen nur äußerst selten eine ungebrochene Harmonie mit den wohlgemeinten Bemühungen und Aktivitäten der außerschulischen Jugendarbeit, ja betonen häufig ihren soziokulturellen Eigensinn bewußt in Absetzung von den jugendarbeiterischen Ansprachen und Absichten.

Angebote fanden nicht immer Zustimmung

1.2. Von der Konsolidierung der Jugendarbeit zur nationalsozialistischen Entpluralisierung

Nach Beendigung des Ersten Weltkrieges wird dem außerschulischen Charakter der sich schnell reorganisierenden Jugendarbeit entsprochen. Nicht mehr die Kultus- und Wissenschaftsministerien, sondern die Ministerien für Volkswohlfahrt sind jetzt in den Ländern der Weimarer Republik für die Jugendarbeit zuständig. Doch weder der Ressortwechsel noch das 1922 im Reichstag verabschiedete und im April 1924 mit Einschränkungen in Kraft getretene, bis 1990 mehrfach novellierte Reichsjugendwohlfahrtsgesetz (RJWG) ändern die strukturellen und rechtlichen Bedingungen der Jugendarbeit grundlegend (vgl. Naudascher 1990). Dennoch kann die Jugendarbeit in den zwanziger Jahren sich quantitativ und qualitativ fortentwickeln. Neue Spiel- und Sportplätze, Turn-, Schwimm- und Badeanlagen, Jugendheime und Jugendherbergen sowie Werkstätten für arbeitslose Jugendliche werden gebaut. Neben sportlichen und geselligkeitsorientierten Aktivitäten, jugendschützerischen, berufs-, arbeitsvorbereitenden und -ersetzenden Angeboten gewinnen kulturell-ästhetische (musische) Akzente in der staatlichen, verbandlichen, aber auch in den Angeboten der politischen Jugendverbände an Bedeutung. In Preußen z.B. wurden 1929 34 Bezirksjugendpfleger und 20 Bezirksjugendpflegerinnen sowie 659 Kreisjugendpfleger und 362 Kreisjugendpflegerinnen tätig – hieran ist zudem auch der Bedeutungszuwachs der Jugendarbeit mit weiblichen Jugendlichen abzulesen. Die Hoffnung, mit dem neugeschaffenen jugendpflegerischen Dienstleistungsnetz und den 565 kommunalen und 557 verbandlichen Jugendheimen auch die Jugendlichen zu erreichen, die bisher der Jugendarbeit fernblieben, erfüllt sich jedoch nicht (vgl. Hirtsiefer 1930). Jugendliche aus sozial und materiell marginalisierten Milieus, arbeitslose Jugendliche, aber auch die städtische ‚Jugendbohême' bleiben den Angeboten der Jugendarbeit weiterhin fern. Auch durch die Tatsache, daß in den zeitweise ca. 100 Jugendverbänden, die seit Beginn der zwanziger Jahre reichsweit ihre Anliegen in einem zentralen Ausschuß koordinieren, verschiedenen Quellen zufolge bis zu 5 Mio. Kinder und Jugendliche ab Mitte der zwanziger Jahre organisiert sind, wird diese Situation nicht grundlegend relativiert. Die auf soziale Integration setzende Vergesellschaftungspolitik der Weimarer Republik schafft allerdings kein Netz, das die gesellschaftlichen Desintegrationsprozesse von Kindern und Jugendlichen aufzufangen vermag. So müssen und wollen viele Kinder und Jugendliche in der Zwischenkriegszeit weiterhin auf die „flüchtigen Netze informeller Solidarität" (Peukert 1986) vertrauen.

Reichsjugendwohlfahrtsgesetz

Neue Freizeitorte

Ausbau der Jugendpflege

Jugendverbände

Jugend im Faschismus

Trotz aller Modernisierungen kann die außerschulische Pädagogik mit Jugendlichen in diesem Zeitraum insgesamt wenig dazu beizutragen, jugendliche Lebenswelten am Ausgang der Weimarer Republik zu stabilisieren, so daß diese bereit und fähig gewesen wären, den ideologischen, autoritär-ordnungspolitischen Erlassen, Maßnahmen und Vereinheitlichungsversuchen der Generationsgestalt Jugend ab 1933 zu widerstehen. Inhalte und Formen der Weimarer Jugendarbeit kopierend, organisieren die nationalsozialistischen Jugendorganisationen mittels Einführung der Jugenddienstpflicht in der zweiten Hälfte der dreißiger Jahre von den 8,87 Millionen 10-18jährigen weiblichen und männlichen Jugendlichen des ‚Deutschen Reichs' 8,7 Millionen (vgl. Hellfeld/Klönne 1985, S. 35). Doch nicht

Viele „marschieren" mit

alle, die der HJ oder dem BDM angehören, stehen dem nationalsozialistischen Staat ungebrochen und unkritisch gegenüber. Neben den Zustimmenden, den Kindern und Jugendlichen, die begeistert an den Aktivitäten teilnahmen und noch heu-

Einige „mogeln sich durch"

te, im Rückblick auf ihre Jugendzeit, die HJ oder den BDM mythologisieren, befindet sich unter den Mitgliedern eine sicherlich nicht kleine Gruppe der Durchmogler, die den Weg durch die nationalsozialistischen Jugendorganisationen als Teil einer gesellschaftskonformen Normalbiographie annehmen. Nur wenige Ju-

Nur wenige zeigen Widerstand

gendliche finden allerdings einen Weg in die verbotenen oppositionellen Zusammenschlüsse der autonomen Jugendbewegung, der Arbeiterjugendbewegung oder der konfessionellen, insbesondere katholischen Milieus. Erst verstärkt in den vierziger Jahren formieren sich unabhängig von den wertgebundenen Oppositionsbewegungen regionale, im Kern oftmals unpolitische, gegen die Autoritarisierung des Alltags aufbegehrende Jugendcliquen (vgl. u.a. Krüger 1987).

1.3. Ambivalenter Neuaufbau und Theoretisierung der Jugendarbeit in der BRD

Die Hoffnung, insbesondere der nationalsozialistischen Opposition, daß die Jugendarbeit, die staatliche wie die verbandliche, die politische wie die kulturelle, soziale wie sportliche, nach dem 8. Mai 1945 die schmalen Spuren jugendlichen

Anknüpfungspunkte nach 1945

Antinazismus fortsetzt, erfüllen sich nicht. Drei andere Bezugspunkte prägen die Geschichte der Jugendarbeit in der Anfangsphase nach dem Zweiten Weltkrieg: Erstens wurden die Erfahrungen der Jugendpflege der Weimarer Republik reaktiviert, zweitens erleben die Formen und Gestaltungen der Jugendarbeit der Zeit zwischen 1933 und 1945 eine entpolitisierte Renaissance und drittens wird vereinzelt an internationale Formen der Jugendarbeit anzuknüpfen versucht. Im Kern prägt demnach eine nur leicht modernisierte Traditionspflege die Phase der Neukonstitution der Jugendarbeit auf allen Ebenen. Die Ideen und die Praxis der jugendlichen Opposition gegen den Nationalsozialismus findet nur wenig Anerkennung (vgl. u.a. Klönne 1991).

Hieran ändern auch die Initiativen der Alliierten wenig. Nachdem sie anfänglich insbesondere die Kriminalitätsrate unter Kindern und Jugendlichen zu senken versuchen, denken sie ab 1946/1947 verstärkt auch daran, demokratische

Impulse von den Alliierten

Impulse zu initiieren. Auf ihre Initiative hin werden bis Anfang der fünfziger Jahre über 300 „German Youth Activity"-Heime, quasi offene Jugendzentren, in den amerikanischen und britischen Besatzungszonen gegründet. Doch die Stimmung des Aufbuchs erlischt bald. Insgesamt gelingt es der Jugendarbeit in den fünfziger Jahren nicht, sich entsprechend des wirtschaftlichen Wandels und der politisch-kulturellen Aufbruchsstimmung neu zu finden.

Unter Fortbestand sozialer Probleme und Belastungen orientieren sich viele Jugendliche im Zuge der ökonomischen Konsolidierung in den fünfziger Jahren schneller als die Jugendarbeit neu, finden neue Normen und Karrierepläne, erobern neue soziale und kulturelle Handlungs- und Artikulationsformen. Bis Ende der fünfziger Jahre zeigt sich die Jugendarbeit, insbesondere die Jugendverbandsarbeit hiervon wenig erschüttert. Erst zu Beginn der sechziger Jahre deuten sich erste Verunsicherungen an. Diskussionen beginnen, die die Jugendarbeit bis zu Beginn der achtziger mitbestimmen sollen, ihre Verberuflichung einleiten, sie von autoritär-normativen Diktionen entlasten und darüber öffnen. In den Jugendverbänden wird über eine Öffnung der Arbeit nachgedacht, die politische Bildung experimentiert mit neuen Themen und Veranstaltungsformen, die Jugendhäuser geben ‚Rockern' und ‚Halbstarken' Raum zum Treffen und die Jugendkulturbewegung verabschiedet sich langsam von ihrem musischen „Laienspielhabitus", entwickelt sich zur Jugend- und später zur Kinder- und Jugendkulturarbeit. Die vielfältigen, kleinen Veränderungen in der Praxis der Jugendarbeit ab dem Ende der fünfziger Jahre finden in dem bis heute verwendeten Begriff „Offene Jugendarbeit" eine Bezeichnung. Im gewolltem Kontrast zur normativ geschlossenen und verregelten Jugendarbeit finden sich unter dem Dach ‚Offene Jugendarbeit' jene Angebote und Konzepte der Kinder- und Jugendarbeit zusammen, die neue soziale Milieus und Zielgruppen für die außerschulische Pädagogik gewinnen möchten. Heute allerdings scheint der Begriff seine charakterisierende und innovative Kraft verloren zu haben. Der Vielfältigkeit und dem Nuancenreichtum der Kinder- und Jugendarbeit präsentiert er keine aussagefähige begriffliche Heimat mehr.

In den Diskussionsbeiträgen von H. Kentler, C.W. Müller, H. Giesecke und K. Mollenhauer zu Beginn der sechziger Jahre in der Zeitschrift „deutsche jugend" (vgl. Müller u.a. 1964) publiziert, findet die Jugendarbeit im Anschluß an diese tendenziell praxisorientierten Überlegungen erstmals einen Ort erziehungswissenschaftlicher Reflexion. Ihre Vorschläge, die traditionelle und sozialintegrative Konzeptionen mit emanzipativen Grundlegungen konfrontieren, bilden die kontroverse Basis für die Bemühungen um eine Theorie der Jugendarbeit, insbesondere in bezug auf die außerschulische Jugendarbeit in Jugendfreizeiteinrichtungen, von denen es Mitte der sechziger Jahre in der heutigen Alt-Bundesrepublik 1.148 gibt (vgl. Lüdtke 1972, S. 185). Neben kritischen Anmerkungen (vgl. etwa Hornstein 1965) sehen sie sich jedoch schon bald mit Entgegnungen konfrontiert, die ihre politische und sozial-kulturelle Sozialisation in den Milieus der ‚antiautoritären' SchülerInnen-, StudentInnen- und Lehrlingsbewegung erfahren haben und theoretisch wie auch praktisch für eine politischere, antikapitalistische Jugendarbeit plädieren (vgl. etwa Lessing/Liebel 1975).

Weitere theoretische Modelle wie die bedürfnisorientierte Jugendarbeit, die situative, die erfahrungsbezogene Jugendarbeit, die progressive Jugendarbeit (vgl. Bierhoff 1974) bis hin zu neueren Zugängen wie die sozialräumliche, die lebensweltliche oder die akzeptierende Jugendarbeit entwickeln sich – mehr oder weniger explizit – in Auseinandersetzung mit diesen frühen Konzeptualisierun-

Marginalien:
- Neuorientierung in den 50er Jahren
- Verunsicherungen zu Beginn der 60er Jahre
- „Offene Jugendarbeit"
- Erste Theoriediskussionen

gen, ohne daß jedoch aktuell erkennbar ist, daß auch nur eine von ihnen für die
Praxen der Jugendarbeit – von einer speziellen Pädagogik des Kinderalters ist bis
Anfang der achtziger Jahre weiterhin nur am Rande die Rede – kontinuierlich
und dauerhaft ‚wegweisend' wird (vgl. u.a. Thole 1991; Krieger/Mikulla 1994).

1.4. Hinweise zur Jugendarbeit in der DDR

In der DDR wird bereits 1947 die Einheit von Jugendpflege und -fürsorge aufgegeben. 1950 wird zwar die Jugendförderung als gesellschaftliche Aufgabe höchster Priorität gesetzlich fixiert, jedoch nicht als Teil der Jugendhilfe. Unter Ausschaltung der pluralen Strukturen – und damit des Subsidiaritätsprinzips – entsteht die Freie Deutsche Jugend (FDJ) als einheitliche Jugendorganisation. Sie entwickelt sich zum zentralen Ort der außerschulischen Pädagogik und der knapp vierzigjährigen DDR-Jugendpolitik.

Zwischen Politik und Freizeit
Der Organisationsgrad der FDJ und der ihr zugeordneten Kinderorganisationen, Jungpioniere und Thälmannpioniere, liegt schon Anfang der fünfziger Jahre bei knapp 38 Prozent und stieg bis 1987 auf nahezu 87 Prozent an. Der Organisationsgrad zeigt auch deswegen einen so hohen Stand, weil die ‚realsozialistischen' Kinder- und Jugendverbände der DDR bis 1989 eng mit dem System der schulischen und betrieblichen Ausbildung verbunden sind.

Disziplinierung von oben versus Selbstverwaltung von unten
Neben den Jungpionieren, den Thälmannpionieren und der Freien Deutschen Jugend bilden die Jugendclubs zumindest für die Kinder- und Jugendgenerationen ab 1970 ein wesentliches außerschulisches Sozialisationsfeld. Insgesamt gibt es gegen Ende der achtziger Jahre circa 10.000 Jugendclubhäuser, Mehrraumjugendclubs und Jugendclubzimmer. Darunter befanden sich allein 6.797 ehrenamtlich verwaltete Jugendfreizeiteinrichtungen in kommunaler Trägerschaft (vgl. BMFSFJ 1994). Diese Landschaft kleinerer und mittlerer Jugendfreizeiteinrichtungen ist die unmittelbare Folge eines, von jugendlichen Selbstinitiativen wesentlich mitgetragenen expansiven Aus- und Neubaus ab Mitte der siebziger bis Mitte der achtziger Jahre. Trotz dieses hohen Selbstverwaltungsanteils sind die Jugendfreizeiteinrichtungen bis 1989 keineswegs ideologiefreie Zonen (vgl. Thole 1993). Die Disharmonie zwischen pädagogischen Intentionen sowie den hieran angekoppelten, ideologisch eingefärbten, sozialen Disziplinierungen und den Autonomieansprüchen von Kindern und Jugendlichen in der DDR liefert der Geschichte der Jugendarbeit ein eigenes, im einzelnen noch zu rekonstruierendes und zu schreibendes Kapitel.

2. Träger- und Personalprofil, Arbeits- und Handlungsfelder der Kinder- und Jugendarbeit

2.1. Rechtliche Grundlagen, Förder- und Trägerstrukturen

Das Kinder- und Jugendhilfegesetz
Gewissermaßen parallel zum Auflösungsprozeß der DDR und dem Ende ihrer bis dahin eigenen Vergesellschaftungsgeschichte von Kindheit und Jugend trat das Kinder- und Jugendhilfegesetz (KJHG) und damit eine neue Rechtsgrund-

lage für die Kinder- und Jugendarbeit in Kraft. In dem seit 1991 für die gesamte Bundesrepublik gültigen KJHG werden in einem eigenen Abschnitt die rechtlichen Grundlagen der Kinder- und Jugendarbeit, der Jugendsozialarbeit und des erzieherischen Kinder- und Jugendschutzes beschrieben: In § 11 des KJHG's wird zuerst allgemein ausgeführt, daß jungen Menschen „die zur Förderung ihrer Entwicklung erforderlichen Angebote" zur Verfügung zu stellen sind. In einem zweiten Passus werden anschließend die Schwerpunkte der Kinder- und Jugendarbeit benannt. In bezug auf die Förderung der Jugendverbände wird in § 12 insbesondere der Selbstorganisationsanspruch von Kindern und Jugendlichen hervorgehoben. Der Leistungskatalog der Jugendsozialarbeit, insbesondere die Leistungen der berufsbegleitenden und berufsfördernden Jugendhilfe, wird in § 13 benannt und der Schutz junger Menschen „vor gefährdenden Einflüssen" – welche immer das auch sein mögen – wird im §14 hervorgehoben. Ob die hier fixierten Grundsätze eine rechtliche Verpflichtung für die politischen Gebietskörperschaften enthalten oder ob sie lediglich einen empfehlenswerten Aufgabenkatalog skizzieren, darüber besteht allerdings nach wie vor keine Rechtsklarheit.

Die Kinder- und Jugendarbeit erfährt in der Regel eine finanzielle Unterstützung durch die Kommunen und Kreise. Die hier anzutreffende Förderungspraxis ist allerdings ebenso unterschiedlich wie die durch die Länder. Nicht deckungsgleiche, länderbezogene Ausführungsbestimmungen und Landesjugendpläne treffen die entsprechenden Regelungen. Die Vielzahl der länderbezogenen und kommunalen Bestimmungen und Verfahren zur Förderung der außerschulischen Kinder- und Jugendarbeit erlaubt es nicht, diese im Rahmen einer einführenden Übersicht vorzustellen. Eine Übersicht der Landesausführungen zum KJHG hat die Arbeitsgemeinschaft Evangelische Jugend in der BRD (vgl. aej 1993) zusammengestellt. Auf Bundesebene wird die Förderung über den Bundesjugendplan reguliert. Durch ihn finden insbesondere bundesweite, zumindest überregionale Zusammenschlüsse und Projekte der sozialen, politischen und kulturellen Kinder- und Jugendarbeit, die im Bundesjugendring zusammengeschlossenen Jugendverbände, Fortbildungs- und Weiterbildungseinrichtungen und das Deutsche Jugendinstitut in München, als zentrale Forschungsinstitution, Projekte der internationalen Kinder- und Jugendarbeit sowie kleine Forschungsvorhaben und Modellprojekte eine finanzielle Förderung. Darüber hinaus fördern eine Reihe von Stiftungen Projekte und Maßnahmen der Kinder- und Jugendarbeit temporär.

<small>Förderung der Kinder- und Jugendarbeit</small>

Als Träger der Kinder- und Jugendarbeit fungieren öffentliche Institutionen und freie Trägerorganisationen. Die kommunalen Jugendämter, in kleineren Gebietskörperschaften auch Gemeinden ohne Jugendamt, Landesjugendämter und Landesjugendbehörden in den Bundesländern bilden die Gruppe der öffentlichen Träger. Zu den freien Trägern gehören erstens die in der Arbeitsgemeinschaft der freien Wohlfahrtspflege organisierten Wohlfahrtsverbände Arbeiterwohlfahrt, Diakonisches Werk, Caritas, Deutsches Rotes Kreuz, Deutscher Paritätischer Wohlfahrtsverband und die Zentralwohlfahrtsstelle der Juden in Deutschland, zweitens und vor allem die in den kommunalen Jugendringen, Landesjugendringen und dem Bundesjugendring zusammengeschlossenen, ebenfalls größtenteils jeweils noch eigenständig bundes- und landesweit sowie kommunal

<small>Trägerstruktur</small>

115

organisierten Jugendverbände – die politischen Jugendorganisationen haben in der Regel einen eigenen Status und arbeiten in Ringen der politischen Jugendverbände zusammen –, und drittens lokale und überregionale Arbeitsgemeinschaften, Verbände, Initiativen, Vereine und Projekte der Kinder- und Jugendarbeit, Reste der bündischen Jugendbewegung sowie einige wenige privatgewerbliche Träger.

2.2. Träger und Personal – Einige empirische Befunde

Eine kontinuierlich fortgeschriebene Zusammenstellung der empirischen Befunde in bezug auf die Kinder- und Jugendarbeit liegt bisher nicht vor (vgl. u.a. Wuggenig 1993). Maßnahmen und Angebote der Jugendarbeit werden vom Statistischen Bundesamt alle vier Jahre, letztmalig 1992, bei den Trägern abgefragt. Da die Übersichten jedoch lediglich die geförderten, eindeutig bildungs- und erholungsorientierten Maßnahmen auflisten und darauf verzichten, Angebote und Projekte mit einem freizeitorientierten Profil zu erfassen, also den Gesamtumfang der faktischen Maßnahmen und Angebote der Kinder- und Jugendarbeit nicht spiegeln, dokumentiert die Maßnahmestatistik lediglich einen kleinen Ausschnitt des gesamten Angebotsspektrums der Kinder- und Jugendarbeit.

Maßnahmen, Einrichtungen und Personal im Spiegel der Statistik

Die Jugendhilfestatistiken 1990 (alte Bundesländer) und 1991 (neue Bundesländer) (vgl. Statistisches Bundesamt 1992, 1994) weisen in sieben Einrichtungstypen untergliedert zusammen 12.308 Einrichtungen der außerschulischen Kinder- und Jugendarbeit mit insgesamt 26.277 Erwerbstätigen aus (vgl. Übersicht). In den alten Bundesländern befinden sich davon 11.961 Einrichtungen mit 24.303 Beschäftigten. Auf dem Territorium der neuen Bundesländer verteilen sich lediglich 347 Einrichtungen mit 1.977 Erwerbstätigen. Ausgehend davon, daß die BesucherInnen von Einrichtungen der Kinder- und Jugendarbeit primär der Alterskohorte der 10-24jährigen angehören, bedeutet dies, daß in den alten Bundesländern auf eine Einrichtung 1.463 und in den neuen Bundesländern 8.357 Kinder und Jugendliche kommen. Unabhängig einer Bewertung der Verteilung im einzelnen ist festzustellen, daß die Einrichtungsversorgungsquote statistisch gesehen in den neuen Bundesländern sechs mal schlechter ist als in den alten Bundesländern. Ein Blick auf den Personalquotienten verbessert dieses defizitäre Bild allerdings leicht. Auf einen Erwerbstätigen in der Kinder- und Jugendarbeit entfallen in den neuen Bundesländern jedoch mit 1466 gegenüber 720 in den alten Bundesländern immerhin noch doppelt so viele Kinder und Jugendliche. Insgesamt erhärtet sich hierüber der Eindruck eines Modernisierungsrückstandes der Kinder- und Jugendarbeit in den neuen gegenüber den alten Bundesländern (vgl. auch BMFSFJ 1994).

Beschäftigte und Einrichtungen der Kinder- und Jugendarbeit

Freizeitbezogene Einrichtungen wie Jugendzentren und -heime stellen bezogen auf die Quantität der Einrichtungen und auf die beschäftige Personenzahl das mit Abstand größte Einrichtungssegment dar. Über 80 Prozent aller Einrichtungen sind im weitesten Sinn Freizeiteinrichtungen und knapp 62 Prozent aller in Einrichtungen der außerschulischen Kinder- und Jugendarbeit Beschäftigten in den alten und gut 88 Prozent in den neuen Bundesländern sind in Jugend-

Einrichtungen der Freizeitgestaltung bilden das „größte" Einrichtungssegment

zentren und Jugendhäusern tätig. Daß dabei die Jugendheime in den alten Bundesländern zahlenmäßig die Jugendzentren überwiegen, jedoch weniger Personal binden, deutet darauf hin, daß der auch in der Regel räumlich gegenüber den Jugendfreizeitzentren kleinere Einrichtungstyp Jugendheim auch heute noch im wesenlichen von ehrenamtlichen Personen geleitet und betreut wird.

Übersicht: Einrichtungen und Personal der Kinder- und Jugendarbeit in Deutschland (1974-1991 alte Bundesländer; 1991 neue Bundesländer; 1991 gesamt)

Art der Einrichtung / Erhebungsjahr		Jugendtagungs-/ Jugendbildungsstätten	Jugendzentren, Freizeitheime, Haus d. off. Tür	Jugendheime	Päd. betreute Spielplätze u.ä.	Einrichtungen der Stadtranderholung	Kinder- und Jugendferienerholungsstätten	Jugendzeltplätze	Insgesamt
Kinder- u. Jugendarbeit 74	Einrichtungen	286	7594	19524	-	163	-	119	27686
	Personal	1779	7559	3629	-	346	-	149	13462
Kinder- u. Jugendarbeit 82	Einrichtungen	432	2265	13966	314	150	467	187	17781
	Personal	3046	10331	2044	1317	150	954	187	18067
Kinder- u. Jugendarbeit 86	Einrichtungen	639	3667	5403	412	174	371	344	11010
	Personal	4188	13914	1572	1579	174	1200	344	23005
Kinder- u. Jugendarbeit 90 (West)	Einrichtungen	562	4215	5946	399	191	295	353	11961
	Personal	4205	14938	1845	1571	579	964	201	24303
Kinder- u. Jugendarbeit 91 (Ost)	Einrichtungen	10	312	6	1	-	18	-	347
	Personal	98	1746	9	-	-	121	-	1974
Kinder- u. Jugendarbeit 91 (Gesamt)	Einrichtungen	572	4527	5952	400	1919	313	353	12308
	Personal	4303	16684	1864	1571	579	1085	201	26277

Eigene Berechnungen nach Statistisches Bundesamt (1977, 1985, 1988, 1992, 1994)

Die freien Träger stellen gegenüber den öffentlichen Trägern einrichtungs- und personalbezogen das quantitativ größte Anbieterspektrum. Jedoch zeigt sich das deutliche Übergewicht an Einrichtungen bei den freien Trägern nicht im gleichen Verhältnis auch bei den hier tätigen Erwerbspersonen. In der geringeren Zahl an Einrichtungen der öffentlichen Träger sind fast ebenso viele Personen beschäftigt wie in den Einrichtungen der freien Träger. Daß die freien Träger auch heute noch weitaus stärker als öffentliche Träger auf ehrenamtliches Engagement zurückgreifen, dürfte diesen Befund erklären. Die insgesamt höhere Präsenz der freien Träger in den Arbeitsfeldern der Kinder- und Jugendarbeit verdankt sich allerdings wesentlich der Situation in den alten Bundesländern. In den

Freie Träger sind größter Anbieter

neuen Bundesländern dominieren auf einem insgesamt niedrigeren Niveau die öffentlichen Träger.

Neben der Betrachtung der aktuellen statistischen Jugendhilfedaten zeigt eine zeitvergleichende Analyse einige beachtenswerte Tendenzen. Den 1974 erfaßten 27.686 Einrichtungen in den westlichen Bundesländern, und nur die sind für einen entsprechenden Vergleich registriert, standen 1990 nur noch die schon erwähnten 11.961 Einrichtungen gegenüber. Ungeachtet der demographischen Entwicklung können Kinder und Jugendliche demnach zu Beginn der neunziger Jahre weitaus weniger Einrichtungen besuchen als noch zu Beginn der siebziger Jahre. Der Rückgang ist besonders einer Dezimierung von Einrichtungen des Typs Jugendheim und Jugendzentrum geschuldet. Betrachten wir hingegen die personellen Ressourcen der Kinder- und Jugendarbeit im Zeitvergleich, ist ein deutlicher Anstieg der Beschäftigtenzahl – von 13.462 auf 24.303, also um 80 Prozent – festzustellen. Einher mit dieser Personalentwicklung geht ein Verfachlichungs- und Akademisierungsschub, d.h. immer mehr MitarbeiterInnen können eine einschlägige fachliche Ausbildung bzw. einen akademischen Abschluß vorweisen (vgl. auch Rauschenbach 1991).

Von den erwerbstätigen Personen sowie nebenberuflich Engagierten in der Kinder- und Jugendarbeit haben 1990 5.429 Personen ein sozialpädagogisches Fachhochschulstudium und 900 einen erziehungswissenschaftlichen Diplomstudiengang erfolgreich beendet. Eine Fachschule mit dem Abschluß ErzieherIn besuchten 3.056 Beschäftigte (knapp 39 Prozent). Der Anteil der fachlich einschlägig Qualifizierten beträgt unter den Vollzeitbeschäftigten knapp 63 Prozent. Trotz der deutlichen Steigerung der Erwerbsquote kann der Stand der darüber gleichfalls gestiegenen Fachlichkeit – zumindest wenn die vorliegenden Daten als Kriterium herangezogen werden – insgesamt noch nicht befriedigen.

Folgen wir den vorgetragenen Befunden, so zeigt sich, daß die quantitative Entwicklung der Kinder- und Jugendarbeit keinen eindeutigen Expansions- und Modernisierungsprozeß erkennen läßt. Zusammen mit den Hilfen zur Erziehung (vormals Fürsorgeerziehung und Freiwillige Fürsorgeerziehung) zeigt die Kinder- und Jugendarbeit seit 1965 sogar die geringste Entwicklungsquote aller Jugendhilfebereiche. Die personelle Ausweitung und Verfachlichung und die Entwicklung einer breiteren Angebotspalette stehen die Ausdünnung der Einrichtungszahl sowie das in den letzten 25 Jahren im Verhältnis zu den anderen Jugendhilfebereichen sich auch nicht annähernd expandierende finanzielle Engagement gegenüber (vgl. Wuggenig 1993, S. 527). Insbesondere die Folgen der Verminderung von Einrichtungen, von denen sicherlich einige vormals durch nebenamtlich oder ehrenamtlich engagierte Personen ihre Vitalität erfahren haben, im Hinblick auf die zeitlich parallel erkennbaren Erosionen und Enttraditionalisierungen sozial-kultureller Milieus bedürfen noch einer, hier nicht zu leistenden eingehenderen Betrachtung. Ebenso haben noch ausstehende Evaluationen zu klären, inwieweit die Einrichtungsreduzierung zum Beispiel durch die Verberuflichung der Kinder- und Jugendarbeit aufgefangen werden konnte.

Marginalien:
- Rückgang der Einrichtungen
- Expansion der Beschäftigten
- Qualifikationsprofil der Beschäftigten
- Gebrochene Expansion

3. Theorien, Konzepte und Methoden der Kinder- und Jugendarbeit

Die Generationsphasen Kindheit und Jugend sind seit gut einem Jahrzehnt tiefgreifenden Ausdifferenzierungs- und Pluralisierungsprozessen unterworfen. Hiervon betroffen sind auch die Freizeitpraxen von Jugendlichen und zunehmend auch von Kindern. Insbesondere der warenförmig organisierte Freizeitmarkt bietet inzwischen eine fast unüberschaubare, sich ständig erweiternde und wechselnde Palette von Möglichkeiten an. Doch obwohl der kommerzielle Freizeitmarkt für Kinder- und Jugendliche engmaschiger geworden ist, ist nicht zu belegen, daß darüber die Angebote der Kinder- und Jugendarbeit unattraktiver wurden (vgl. Spengler 1994). Nichtsdestotrotz ist zu registrieren, daß Kinder und Jugendliche heute mehr als je zuvor in die Modernisierungs- und Vergesellschaftungsformen – seit Mitte der achtziger Jahre mit dem Stichwort Individualisierung charakterisiert – eingebunden sind. *Wandel der Kindheits- und Jugendphase*

Den gesellschaftlichen Veränderungen hat sich auch die außerschulische Kinder- und Jugendarbeit zu stellen. Die gefundenen Wege in den theoretischen Konzeptualisierungen und in der Praxis sind allerdings uneinheitlich und widersprüchlich und münden bisweilen in generelle Infragestellungen (vgl. u.a. Mollenhauer 1982; Giesecke 1984). *Infragestellungen der außerschulischen Pädagogik*

Strukturierte, kohärente, praxisverträgliche Theorieangebote, die die verschiedenen konzeptionellen Angebote zu einem Paradigma bündeln und den praktisch-pädagogischen Verwirklichungen der Kinder- und Jugendarbeit als Wissens- und Legitimationshintergrund zur Verfügung stehen, liegen augenblicklich nicht vor. Seit Beginn der achtziger Jahre favorisieren die pädagogischen Reflexionen vermehrt praktische Fragen: Video und Computer in der Jugendarbeit, Mädchen- und Jungenarbeit, musikalische Bildung, Theater- und Sexualpädagogik, Jugendarbeit und Schule, Umwelt- und Erlebnispädagogik, Fragen der Moral- und Werteerziehung erlebten eine Renaissance und neue Formen der politischen, sozialen, internationalen und multikulturellen Kinder- und Jugendarbeit finden zunehmend Anerkennung. Daneben entwickelten sich neue Ansätze und Modelle mit Fangruppen und Hooligans, mit marginalisierten Kinder- und Jugendszenen, mit Jugendlichen, die erhöhte Gewaltbereitschaft zeigen und diese auch gegenüber Gleichaltrigen und Fremden artikulieren. Neben diesen, im Kern lebensweltlich orientierten Ansätzen, entfalten sich erlebnispädagogische und insbesondere kulturpädagogische Modelle, die, obwohl zum Teil ein anderes Adressatenmilieu ansprechend, ebenfalls an die Selbstartikulationsfähigkeiten und Wünsche von Kindern und Jugendlichen anzuknüpfen versuchen. Partiell wird diesen neuen Ansätzen gar eine modellhafte Rolle für die gesamte Jugendhilfe zugeschrieben. Doch auch wenn noch ungeklärt ist, inwieweit die Kinder- und Jugendarbeit in den achtziger Jahren zum ‚strategischen Ort' der Jugendhilfe avanciert (vgl. Müller 1991, S. 561), ist unbestritten, daß die genannten Orientierungen über ihren Entstehungsfokus hinaus die Arbeitsfelder der Kinder- und Jugendarbeit neu anregen. So hat sich in der politischen Bildungsarbeit das Prinzip des offenen Curriculums (vgl. Giesecke 1993) weiter verbreitet und in der berufsbezogenen Jugendsozialarbeit wie im Kinder- und Jugendschutz finden lebensweltorientierte Konzepte anklang. *Neue Probleme, alte Antworten im neuen Gewand*

Aktuelle Theorieentwürfe	Die Praxis der außerschulischen Kinder- und Jugendarbeit kann momentan auf vier zentrale Entwürfe Bezug nehmen: Erstens eine Kinder- und Jugendarbeit, die wieder stärker auf die jugendlichen Ansätze zur Selbstorganisation vertraut, insbesondere in der Kinder- und Jugendkulturarbeit und der politischen Bildungsarbeit, aber auch vereinzelt in der Jugendverbandsarbeit Mitverantwortungs- und Selbstorganisationsansätze favorisiert; zweitens eine Kinder- und Jugendarbeit, die sich als animatorisches Zentrum für jugendliche und jugendpolitische Initiativen versteht und primär darauf bedacht ist, den Heranwachsenden Räume zur Aktivierung erobern zu helfen und darüber auch die Aktivitäten in den Jugendhäusern, Jugendzentren und Kinder- und Jugendfreizeiteinrichtungen zu intensivieren hofft; drittens eine Praxis der Kinder- und Jugendarbeit, die für pädagogische Arbeit in Jugendhäusern und ähnlichen Einrichtungen keine Zukunft mehr sieht und aktuell stärker auf Projekte und mobile, niederschwellige, also adressatennahe Angebote setzt, regionale, dezentrale Aktionen favorisiert und sich vom Zeitalter der pädagogischen Kinder- und Jugendarbeit verabschieden möchte; letztendlich – ohne explizit die anderen Formen und Vorschläge abzulehnen – schlägt eine vierte Variante vor, die existierenden Angebote und Projekte der unterschiedlichen Einrichtungen und Träger stärker aufeinander abzustimmen, sie zu einem klar profilierten, regionalen, außerschulischen Dienstleistungsangebot für Kinder und Jugendliche zu vernetzen und zu professionalisieren.
Zentrum von Selbstorganisation	
Kinder- und Jugendarbeit als Raumanbieter	
Kinder- und Jugendarbeit als dezentralisiertes, mobiles Präventionsangebot	
Vernetztes Dienstleistungsangebot	
Pädagogik und Bildung	Die vier unterschiedenen Vorhaben und Konzeptionen zeigen eine differente Nähe zu einer aktuellen, kontroversen Diskussion, in der zu klären versucht wird, inwieweit die Kinder- und Jugendarbeit pädagogisch ist oder zu sein hat. Diejenigen, die die außerschulische Arbeit mit Kindern und Jugendlichen generell von pädagogischen Implikationen befreit sehen möchten, verweisen darauf, daß Kindern und Jugendlichen auf pädagogischem Wege keine Orientierungen mehr vermittelt werden können (vgl. Krieger/Mikulla 1994; Baacke 1985b) und das Beharren auf pädagogische Intentionen ein Festhalten an irrelevanten Erziehungsvorstellungen mit den Preis der Entpolitisierung darstellt (vgl. Griese 1994). Demgegenüber wird die Bedeutung pädagogischen Handelns betont (vgl. Schumann 1993; Ferchhoff 1993) und vorsichtig für eine Reaktivierung der außerschulischen Kinder- und Jugendarbeit als Bildungsforum votiert. Dieser Diskurs ist insofern relevant, weil ein Plädoyer für diese oder jene Variante mit darüber entscheidet, welche Handlungskontexte (methodische Makroebene) und Handlungsformen (methodische Mikroebene) die Kinder- und Jugendarbeit an den Praxisorten favorisiert. Generell realisiert sie ihre Anliegen und ihren Auftrag in den Handlungskontexten des offenen, unstrukturierten Arrangements (Situationen), Workshops, Projektes, der Einzel- und Gruppenarbeit, Aufführung, Veranstaltung, Vorführung und des Kurses (Unterricht) unter Rückgriff auf die Handlungsformen Inszenieren, Unterrichten, Planen, Animieren und Anregen, Diskutieren, Konzipieren, Modellieren (Werken, Reparieren und Basteln etc.), Beraten und Arrangieren. Deutlich ist damit signalisiert, daß die Kinder- und Jugendarbeit nicht nur in einem hohen Maße in bezug auf ihre Handlungsorte, sondern auch in bezug auf die angewandten Methoden ausdifferenziert, spezialisiert wie pluralisiert ist.
Methoden	

4. Probleme und Perspektiven – Ausblick

Im Kontrast zu den Theoriediskussionen bewegt sich die Praxis der außerschulischen Kinder- und Jugendarbeit momentan vielerorts in Richtung einer Revitalisierung der Gruppen- und der Beratungsarbeit. Parallel und darüber hinaus ist eine zunehmende Betonung von rechtlichen und administrativen Aspekten in der Praxis zu erkennen, die durch die Sparappelle und -beschlüsse in den politischen Gebietskörperschaften noch verschärft werden. Unter Umgehung von inhaltlichen Profilen münden diese aktuell und direkt in ein betriebswirtschaftliches, dienstleistungsorientiertes Neudenken. Stichworte wie Steuerungsmodell, Produktbeschreibung, -darstellung und -politik, Produktkosten und -evaluation avancieren zu neuen Leitbegriffen. Ob jedoch die in der Praxis augenblicklich gefundenen Wege den Erwartungen von Kindern und Jugendlichen an die Kinder- und Jugendarbeit entsprechen, ist ungeklärt. Die Veränderungen der Kindheits- und Jugendphase verlangen möglicherweise andere Konzepte als die unter sozialpolitischem und monetärem Handlungsdruck von den öffentlichen und freien Trägern entwickelten. Ungeachtet der gewählten Lösungsvariabeln steht der Kinder- und Jugendarbeit als Ganzes bevor, *[Recht und Management als „Lösungen"]*

- die Angebote und Projekte weiter zu flexibilisieren, insbesondere in den Jugendhäusern und Freizeitstätten, und zu variantenreichen Dienstleistungsangeboten zu entwickeln; *[Flexibilisierung]*
- zu versuchen und zu eruieren, ob es möglich ist, der Erosion sozialer Verbindlichkeiten und Milieus durch eine von traditionellen Floskeln befreiten Inszenierung von Sozialität entgegenzusteuern; *[Inszenierung von Sozialität]*
- Kooperationen zwischen den unterschiedlichen Trägern und Anbietern zu initiieren, auch mit den Schulen und kommerziellen Projekten, um die Qualität der Kinder- und Jugendarbeit zu erhöhen, aber auch um über synergetische Effekte eine höhere wirtschaftliche Effektivität und Öffentlichkeit zu erreichen; *[Kooperation]*
- den neuen sozialen Ungleichheiten in der Gesellschaft eine vermehrte Aufmerksamkeit zu schenken, auch um geschlechts-, ethnien-, regionalspezifische, alters- und körperspezifische sowie materiell-soziale und sozialkulturelle Differenzen mit und durch Angebote zu thematisieren; *[Soziale Ungleichheiten]*
- den gesellschaftlichen Veränderungen und dem Strukturwandel der Kindheits- und Jugendphase durch ein erhöhtes und qualifiziertes Fort- und Weiterbildungsangebot zu entsprechen und wissenschaftlich begleitete Evaluations-, insbesondere adressatenbezogene Forschungsprojekte (vgl. Hornstein 1987) sowie Modellprojekte zu konzipieren; *[Modellprojekte, Fort- und Weiterbildung]*
- die weitere Verfachlichung der außerschulischen Kinder- und Jugendarbeit engagiert zu betreiben; *[Professionalisierung]*
- politisch präsent zu sein und u.a. aktiv in die Sozial- und Jugendhilfeplanung einzugreifen, Interessen und Anliegen der Kinder und Jugendlichen vorzutragen und diese zu motivieren, ihre Anliegen zu artikulieren. *[Sozialpolitische Interessenvertretung]*

Von einer Krise der Kinder- und Jugendarbeit kann trotz der momentanen Entwicklungsschwierigkeiten ebensowenig gesprochen werden wie davon auszugehen ist, daß für die genannten Aufgabenfelder schon Lösungen vorliegen. Angesichts der Komplexität der Problemstellungen, aber auch der Infragestellungen, gibt es für die Kinder- und Jugendarbeit keine einfachen und schnellen Diagnosen und Antworten. Allerdings wird die gesellschaftliche Akzeptanz der freizeit-, bildungs- und erholungsbezogenen außerschulischen Pädagogik zukünftig noch stärker als augenblicklich davon abhängen, ob und inwieweit es gelingt, Kindern und Jugendlichen zu ermöglichen, den Gebrauchswert der Kinder- und Jugendarbeit für den Weg durch die Biographie zu erkennen.

Literatur

aej (Arbeitsgemeinschaft Evangelische Jugend): Landesausführungen zum KJHG. Stuttgart 1993.
Baacke, D.: Einführung in die außerschulische Pädagogik. Weinheim/München ²1985(a).
Baacke, D.: Bewegungen beweglich machen – Oder: Plädoyer für mehr Ironie: In: Baacke, D. (Hrsg.): Am Ende – Postmodern? Weinheim/München 1985(b), S. 190-214.
Bauer, W.: JugendHaus. Geschichte, Standort und Alltag Offener Jugendarbeit. Weinheim /Basel 1991.
Bierhoff, B.: Zur Begründung einer kritisch-emanzipativen Theorie und Praxis der Arbeit mit Jugendlichen. Lollar (Lahn) 1974.
BMFSFJ: Bericht der Sachverständigenkommission über die Situation der Kinder und Jugendlichen und die Entwicklung der Jugendhilfe in den neuen Bundesländern. Bonn 1994.
Böhnisch, L.: Sozialpädagogik des Kindes- und Jugendalters. Eine Einführung. Weinheim/München 1992.
Böhnisch, L./Gängler, H./Rauschenbach, Th. (Hrsg.): Handbuch der Jugendverbände. Weinheim/München 1991.
Böhnisch, L./Münchmeier, R.: Wozu Jugendarbeit? Orientierungen für Ausbildung, Fortbildung und Praxis. Weinheim/München 1987
Böhnisch, L./Münchmeier, R.: Pädagogik des Jugendraumes. Weinheim/München 1990.
Damm, D.: Politische Jugendarbeit. Grundlagen, Methoden, Projekte. München 1985.
Dehn, G.: Jugendpflege. In: Nohl, H./Pallat, L. (Hrsg.): Handbuch der Pädagogik, Band 5. Langensalza 1929, S. 97-113.
Ferchhoff, W.: Pädagogische Herausforderungen angesichts des Strukturwandels der Jugend. In: deutsche jugend 41 (1993), Heft 7-8, S. 338-346.
Giesecke, H.: Die Jugendarbeit. München 1971 (⁵1980).
Giesecke, H.: Wozu noch Jugendarbeit. In: deutsche jugend 32 (1984), Heft 10, S. 443-449.
Giesecke, H.: Politische Bildung. Weinheim /München 1993.
Griese, H. M.: Wider die Re-Pädagogisierung in der Jugendarbeit. Eine soziologisch-provokative Außenperspektive und Kritik. In: deutsche jugend 42 (1994), Heft 7-8, S. 310-317.
Hellfeld, M./Klönne, A.: Die betrogene Generation. Jugend im Faschismus. Köln 1985.
Hirtsiefer, H. (Hrsg.): Jugendpflege in Preußen. Eberswalde 1930.
Hornstein, W.: Die Schwierigkeit, eine Theorie der Jugendarbeit zu entwerfen (deutsche jugend, 13, 1965). In: Faltermaier, M. (Hrsg.): Nachdenken über Jugendarbeit. Zwischen den fünfziger und achtziger Jahren. München 1983, S. 216-224.
Hornstein, W.: Die Bedeutung erziehungswissenschaftlicher Forschung für die Praxis sozialer Arbeit. In: neue praxis 17 (1987), Heft 6, S. 463-477.
Jordan, E.: Jugendarbeit. In: Kreft, D./Mielenz, I. (Hrsg.): Wörterbuch Soziale Arbeit. Weinheim/Basel 1988, S. 291-295.
Klönne, A.: Zur Traditionspflege nicht geeignet. In: Breyvogel, W. (Hrsg.): Piraten, Swings und Junge Garde. Jugendwiderstand im Nationalsozialismus. Bonn 1991, S. 295-310.
Koebner, Th./Janz, R.-P./Trommler, F. (Hrsg.): „Mit uns zieht die Zeit". Der Mythos Jugend. Frankfurt a. M. 1985.
Krafeld, F. J.: Geschichte der Jugendarbeit. Weinheim/Basel 1984.

Krieger, W./Mikulla, J.: Offene Jugendarbeit und die Krise der Moderne. Berlin 1994.
Krüger, H.-H.: Jugend und Jugendopposition im Dritten Reich. In: Flessau, K.-I. u.a. (Hrsg.): Erziehung im Nationalsozialismus. Köln 1987, S. 9-23.
Lessing, H. u. a.: Lebenszeichen der Jugend. Weinheim/München 1986.
Lessing, H./Liebel, M.: Jugend in der Klassengesellschaft. Marxistische Jugendforschung und antikapitalistische Jugendarbeit. München 1975.
Lüdtke, H.: Jugendliche in organisierter Freizeit. Weinheim/Basel 1972.
Mollenhauer, K.: Jugendarbeit. In: aej Studientext 21. Stuttgart 1982.
Müller, B.: Jugend in sozialpädagogischen Institutionen. In: Krüger, H.-H. (Hrsg.): Handbuch der Jugendforschung. Opladen ²1993, S. 559-558.
Müller, C. W. u. a.: Was ist Jugendarbeit. München 1964.
Naudascher, B.: Freizeit in öffentlicher Hand. Behördliche Jugendpflege in Deutschland von 1900-1980. Düsseldorf 1990.
Peukert, D. J. K.: Grenzen der Sozialdisziplinierung. Aufstieg und Krise der deutschen Jugendfürsorge von 1878 bis 1932. Köln 1986.
Rauschenbach, Th.: Fachkräfte in der Jugendhilfe. In: Wiesner, R./Zarbrock, W. (Hrsg.): Das neue Kinder- und Jugendhilfegesetz. Köln 1991, S. 401-428.
Rössner, L.: Offene Jugendbildung. München 1967.
Schumann, M.: Wandel von Kindheit und Jugend. Mehr „Erziehung" in Jugendarbeit und Jugendhilfe? In: deutsche jugend 41 (1993), Heft 7-8, S. 320-330.
Spengler, P.: Jugendfreizeit zwischen Kommerz und Pädagogik. Weinheim 1994.
Statistisches Bundesamt: Einrichtungen und tätige Personen in der Jugendhilfe (1974, 1982, 1986, 1990, 1991). Wiesbaden 1977, 1985, 1988, 1992, 1994.
Thole, W.: Familie – Szene – Jugendhaus. Alltag und Subjektivität einer Jugendclique. Opladen 1991.
Thole, W.: Straße oder Jugendclub. Zur Reaktivierung der außerschulischen Kinder- und Jugendarbeit in den neuen Bundesländern. In: neue praxis 23 (1993), Heft 3, S. 185-207.
Wuggenig, U.: Kinder- und Jugendhilfe. In: Markefka, M./Nauck, B. (Hrsg.): Handbuch der Kindheitsforschung. Neuwied 1993, S. 525-534.

VI. Erwachsenenbildung: Volkshochschulen, Verbände, Initiativen, Bildungsstätten

Hans Tietgens

Inhalt

1. Ein Begriff und seine Geschichte
2. Die Eigenart des Arbeitsfelder
3. Die Tätigkeitsfelder des pädagogischen Personals
3.1. Die institutionellen Strukturen
3.2. Die makrodidaktischen Aufgaben
3.3. Mikrodidaktische Anforderungen
4. Die institutionelle Verzweigung und die Rolle des Studiums

Literatur

1. Ein Begriff und seine Geschichte

Erwachsenenbildung ist kein historisch gefestigter Begriff. Bis in die zwanziger Jahre dieses Jahrhunderts hinein wurde eher von Volksbildung gesprochen und seit jüngster Zeit ist vor allem im Bereich von Politik und Publizistik mehr von Weiterbildung die Rede. Der Begriffswandel zeigt an, daß Erwachsenenbildung immer als eine Antwort auf jeweilige gesellschaftliche Lagen verstanden worden ist, insbesondere in Umbruchphasen und Krisensituationen. So werden ihre geschichtlichen Wurzeln in der Zeit der Aufklärung sowie in der Vormärzzeit, also in Verbindung mit den Prozessen der Demokratisierung und Industrialisierung, gesehen (vgl. Strzelewicz 1973). In der Wilhelminischen Zeit war dann die Sorge um die Bindung des Volkes an den Staat eine wichtige Antriebskraft und in der Weimarer Republik die neuartige Verantwortung des Volkes für den Staat ein maßgeblicher Legitimationsfaktor. Mit der Bezeichnung Volksbildung wurde also zugleich die soziale Komponente der Aufgabe betont, während heute mit Weiterbildung das funktionale Moment der Qualifizierung hervorgehoben wird. Demgegenüber sprechen die Autoren und Institutionen, die am personalen Charakter der Bildung festhalten wollen, weiterhin von Erwachsenenbildung.

Begriffswandel

Dies liegt besonders nahe, wenn man bedenkt, wie in der Zeit der NS-Herrschaft das Weiterlernen Erwachsener instrumentalisiert worden ist. Nach 1945 wurde daher die Bedeutung der Erwachsenenbildung für die Entwicklung der Demokratie herausgestellt. Aber erst mit dem Gutachten zur Erwachsenenbildung des Deutschen Ausschusses für das Erziehungs- und Bildungswesen 1960 kann davon gesprochen werden, daß Erwachsenenbildung ein Thema der öffentlichen Diskussion ist. Dafür mußten mehrere Faktoren zusammenwirken, die sich z.T. aus den zeitlichen Umständen ergaben, z.T. aus der Art der Problemdarstellung durch den Ausschuß. Ende der fünfziger Jahre vollzog sich der Wandel von der Industrie- zur Dienstleistungsgesellschaft, lockerte sich der Restaurationdruck, öffnete sich der Blick für die in der Emigration entwickelten Human- und Sozialwissenschaften, meldeten sich zum ersten Mal Alarmzeichen der Automation und der ökologischen Krise. Im Gutachten wurden die Vorteile und die Gefahren der zunehmenden Mobilität der Gesellschaft aufgezeigt und mit „Anpassung und Widerstand" Orientierungsmarken für die Erwachsenenbildung gesetzt. Dabei sahen die Mitglieder des Ausschusses diese nicht als ein Entweder-Oder, auch nicht einfach im Sinne des sowohl als auch, sondern in der Jeweiligkeit ihrer Bedeutung.

Anpassung und Widerstand

Von nun an wurde es selbstverständlich, von Notwendigkeit und Wert des Weiterlernens Erwachsener zu sprechen. Öffentlich wirksame Leitbegriffe und Mahnworte wie „Bürgerrecht auf Bildung" und „Bildungskatastrophe" stützten diese Entwicklung ebenso wie empirische Forschungsergebnisse zur Frage der Relation von Bildung und gesellschaftlichem Bewußtsein (vgl. Strzelewicz/Raapke/Schulenberg 1966). In diesem Kontext wurde allmählich die Bedeutung der hauptberuflichen Tätigkeit in der Erwachsenenbildung erkannt und der Gedanke einer Studienrichtung Erwachsenenbildung im Rahmen des Diplomstudiengangs entwickelt. Ein Jahrzehnt nach dem Gutachten des Deutschen Ausschusses erschien dann der Strukturplan des Deutschen Bildungsrates. Mit den Kriterien

Identitätslernen und Qualifikationslernen

von Identitätslernen und Qualifikationslernen wurde weiterhin vorgezeichnet, welche bildungspolitischen Balanceakte zu leisten waren. Im Konkretisierungsgutachten des Bildungsrates „Umrisse und Perspektiven der Weiterbildung" von 1975 wurde deutlich, was mit „Öffentlicher Verantwortung" für die Weiterbildung gemeint war. Als Maßgabe auf dem Hintergrund der Vorstellung von Erwachsenenbildung als vierter Säule des Bildungswesens finden sich da Begriffe wie „Sozialstaatsverpflichtung" zur „Daseinsvorsorge", zur „Grundversorgung", zur „Chancengleichheit", zur „Teilhabeverbürgung", zur „Sicherung der Einheitlichkeit der Lebensverhältnisse", zwar politische Programmsätze, aber immerhin mit einem Staatsrechtler wie Roman Herzog begründet. Die in dieser Zeit beschlossenen Ländergesetze zur Erwachsenenbildung/Weiterbildung haben, wenn auch in mancher Hinsicht abgeschwächt, darauf Bezug genommen.

Mitte der siebziger Jahre hatten mit Ausnahme von Schleswig-Holstein und den Stadtstaaten Berlin und Hamburg alle Bundesländer gesetzliche Regelungen zur Förderung verabschiedet. Das bot für den Ausbau der Arbeit vor allem in personeller Hinsicht ein gewisses Fundament, wenn es auch keine Sicherung im Sinne der Gewährleistung war. Die unterschiedliche Art der Förderung hat in den einzelnen Ländern zu einer voneinander abweichenden Personalförderung geführt. So ist die Hauptberuflichkeit in Nordrhein-Westfalen, Niedersachsen und Hessen deutlich weiter entwickelt als in den anderen Ländern.[1] Zu beachten ist auch, daß derzeit die Tendenz zur Aushöhlung der Gesetze besteht, denn die in ihnen enthaltenen Förderungsmargen sind als Kann-Vorschriften haushaltsabhängig, und unter dem Druck der sogenannten leeren öffentlichen Kassen sind z.T. gravierende Einschränkungen der Finanzmittel zu beobachten. Welche Konsequenzen die Tendenzen zur Privatisierung auch im Bereich der Erwachsenenbildung für die Hauptberuflichkeit haben, ist noch nicht zu übersehen.

Gesetzliche Regelungen

2. Die Eigenart des Arbeitsfeldes

Es hat durchaus begreifliche Gründe, wenn sich Politik und Administration schwer tun mit der Förderung der Erwachsenenbildung. Immerhin ist sie ein Arbeitsfeld, das durch Offenheit und zugleich Unübersichtlichkeit gekennzeichnet ist. So gibt es für sie keine festgelegten Zugangswege. Dies gilt sowohl für die, die als Erwachsene lernen wollen als auch für die, die ihnen dabei helfen, sei es als freiberufliche KursleiterInnen oder hauptberuflich Planende.

Die hauptberuflich pädagogisch Tätigen sind also quantitativ betrachtet in absoluter Minderheit. Das scheint in dem Umstand begründet, daß Veranstaltungsangebote von Erwachsenenbildungs-Einrichtungen gemeinhin zeitbedingt sind und aus der Situation heraus entwickelt werden und ihre Dauer nicht vorhergesagt werden kann. Diese Unsicherheit führt zu einer beträchtlichen Fluktuation der freien MitarbeiterInnen, die wiederum die Planungsarbeit der hauptberuflich pädagogisch Tätigen belastet. Zwar gibt es auch Programmteile, die über viele Jahre regelmäßig Resonanz finden, aber sie stellen nicht das Typische der Erwachsenenbildung dar. Es werden deshalb nur in seltenen Fällen für ausschließlich Lehrende Dauerverträge abgeschlossen. Die hauptberuflich pädagogisch Tätigen sind daher diejenigen, die die Arbeit der Freiberuflichen „organisieren". Außer den hauptberuflich pädagogisch Tätigen im engeren Sinne, den nebenberuflich Tätigen und den von fallweisen Aufträgen Lebenden gibt es – vor allem im Zusammenhang mit der Maßnahmeförderung durch Drittmittel (z.B. AfG) – solche, die befristet angestellte WeiterbildungslehrerInnen oftmals mit sozialpädagogischen Anforderungen (z.B. Alphabetisierung) sind. Daß bei dieser Arbeitssituation das Berufsselbstbewußtsein wenig ausgeprägt ist, darf nicht verwundern.

<small>Berufsselbstbewußtsein</small> Empirische Untersuchungen (vgl. Gieseke u.a. 1988) haben indes erkennen lassen, warum das Berufsbewußtsein unzureichend entwickelt ist. Zu nennen sind da:

– Die Diskrepanz zwischen der offiziellen Rethorik über die Bedeutung der Erwachsenenbildung und die dürftige Personalausstattung. Noch immer scheint bei Verantwortlichen das Denkmuster verbreitet: Erwachsene lernen nebenberuflich, also kann das Lehren für dieses Lernen auch nebenberuflich geschehen und das Planen reduziert sich aus dieser Sicht auf Organisationshandeln.
– Das schiefe Fremdbild. Von Außenstehenden werden die hauptberuflich pädagogisch Tätigen noch immer vornehmlich als „Lehrer" angesehen. Die disponierenden Aufgaben bleiben ihnen unsichtbar.
– Die mangelnde Herkunftsgemeinsamkeit. Die hauptberuflich pädagogisch Tätigen einer Erwachsenenbildung-Einrichtung haben meist unterschiedliche Studiengänge hinter sich. Neben den Diplom-PädagogInnen gibt es StudienabsolventInnen, die aufgrund ihrer fachlichen Kompetenz oder ihrer Organisationsnähe angestellt worden sind.
– Nicht selten ist das Aufgabenfeld für hauptberuflich pädagogisch Tätige so umfangreich, daß es an fachlichem Wissen fehlt, um mit Kursleitern kompetent über ihre Arbeit sprechen zu können, und dem erwachsenendidaktischen Argumentationsschatz fehlt es oft an der notwendigen Fundierung.
– Die vielfältigen, sich z.T. wiedersprechenden Anforderungen. Die hauptberuflich pädagogisch Tätigen sehen sich in einem Spannungsfeld der Erwartungen z.B. von AdressatInnen, TeilnehmerInnen, KursleiterInnen, TrägervertreterInnen, die jeweils aus unterschiedlichen Perspektiven kommen und in einer je eigenen Sprache artikuliert werden, was zu Zerreißproben führen kann.

<small>Professionalität</small> Eine solche Anforderungsskizze läßt erkennen, inwiefern es sich um eine Tätigkeit handelt, die Professionalität verlangt, nämlich die Fähigkeit, bei konkreten Beobachtungen die Relevanz passender allgemeiner Regeln präsent zu haben und verallgemeinerndes Wissen in konkreten Situationen adäquat einbringen zu können. Eben das aber ist gemeinhin im Studium nicht vermittelt worden, muß also im Vollzug reflexiv gelernt werden, zumal es in den meisten Fällen auch an einer aufgabenbezogenen Berufseinführung fehlt.

<small>Unübersichtlichkeit</small> Hinzu kommt, daß das Arbeitsfeld der Erwachsenenbildung insgesamt durch eine Unübersichtlichkeit gekennzeichnet ist, die Außenstehenden Schwierigkeiten des sich Zurechtzufindens bereitet. Dies gilt für Adressaten, WissenschaftlerInnen und politisch Verantwortliche in gleichem Maße. Öffentlichkeitsarbeit

bedarf daher besonderer Beachtung. Dabei hilft Wissenschaft für das Identitätsbewußtsein wenig, weil es ihr schwer fällt, das Untersuchungsfeld zu definieren und sich über eine Begrifflichkeit zu verständigen. Es gibt weder einen Konsens im Hinblick auf die Abgrenzungen des Arbeitsfeldes noch ein geeignetes Begriffsinventar für die interne Gliederung. Bislang hat sich Wissenschaft meist damit geholfen, daß sie als Erwachsenenbildung betrachtet hat, was sich selbst so benennt. Zu einer solchen Engführung auf originäre organisierte Erwachsenenbildung verführt, daß die Reflexion einschlägiger Begriffe wie Bildung, Lernen, Beratung, Therapie, Seelsorge, Training, kreatives Tun etc. zu keinen eindeutigen Zuordnungen geführt hat und wohl auch nicht führen konnte. Zwar wäre unter Professionalitätsgesichtspunkten eine konventionsbestimmte Verortung der Begriffe wichtig, faktisch sind aber die Begriffsdefinitionen allzuoft von Förderungsgesichtspunkten bestimmt. Insofern hat die politische Semantik die wissenschaftliche überwuchert.

Dazu hat sicherlich beigetragen, in welcher Weise die intentionale Unklarheit mit der institutionellen Vielfalt korrespondiert. Immerhin gilt sie aus gesellschaftspolitischer, pluralistischer Perspektive als eine Art von Qualitätsgarantie. Außerdem ist die Differenzierung ein Ausdruck der Zielgruppenarbeit, die aus dem Bemühen um spezifische Adressatenorientierung folgt. Da die Perspektive der Beschreibung hier die Tätigkeitsfelder der Hauptberuflichen sind und deren Anstellung von rechtlicher Relevanz ist, erscheint eine Darstellung angebracht, die Abgrenzungen und Einteilungen von den ländergesetzlichen Regelungen herleitet.

Institutionelle Vielfalt

3. Die Tätigkeitsfelder des pädagogischen Personals

3.1. Die institutionellen Strukturen

Um die gesetzlichen Regelungen recht zu verstehen, ist es notwendig, sich das organisatorische Grundmuster zu vergegenwärtigen, durch das veranstaltete Erwachsenenbildung gekennzeichnet und in die gesellschaftlichen Strukturen einbezogen ist. Es läßt sich am treffendsten als „Institutionelle Staffelung" bezeichnen. Was Erwachsene, die am Weiterlernen interessiert sind, zuerst einmal wahrnehmen, das sind einzelne Informations-, Lern- oder Gesprächsangebote. Diese Veranstaltungen wären aber nicht möglich, wenn es nicht „dahinter" Erwachsenenbildungseinrichtungen gäbe, die sie arrangieren. Dies zu planen und vorzubereiten ist denn auch die zentrale Aufgabe der hauptberuflich pädagogisch Tätigen. Deren Anstellung wiederum kann nur durch eine rechtsverbindliche Instanz erfolgen. Die Voraussetzungen dafür erfüllen die Rechts- und Unterhaltsträger. Von ihnen ist daher in rechtlichen und bildungspolitischen Zusammenhängen meist die Rede

Institutionelle Staffelung

Diese institutionelle Staffelung gilt tendenziell für alle ländergesetzlich geförderte Erwachsenenbildung. Allerdings kann das Verhältnis von Einrichtung und Träger unterschiedlich eng sein. Daraus folgen gelegentlich auch Konflikte um die pädagogische Autonomie, für die hauptberuflich pädagogisch Tätige eine

Kriterium der öffentlichen Verantwortung

129

spezifische Sensibilität entfalten müssen. Für sie ist von Nachteil, daß die Rechtsträger die Finanzierungsstrategie bestimmen können. Es ist für sie aber auch von Vorteil, daß mit den Ländergesetzen Förderungsbedingungen festgelegt sind, auf die sich erwachsenendidaktische Planung berufen kann, weil sie am Kriterium der öffentlichen Verantwortung orientiert sind. Dazu gehört es, daß die Angebote einer Einrichtung grundsätzlich öffentlich und allen zugänglich sind. Sie dürfen nicht „gruppenspezifischen Eigeninteressen der Träger" dienen. Mit einer Spezialisierung oder einem Streben nach Gewinnerzielung geht das Anrecht auf öffentliche Förderung verloren. Weitere gesetzliche Auflagen sind: keine Doppelfinanzierung, Offenlegung der Ergebnisse, Bereitschaft zur Kooperation, hauptberufliche Leitung.

Um die praktische Umsetzung der Förderungsbestimmungen aus der Sicht der Länderverwaltungen zu erleichtern, ist gemeinhin die Förderung eines einzelnen Trägers und seiner Einrichtung an die Mitgliedschaft in einer der anerkannten Landesorganisationen gebunden. In diesen spiegelt sich der Pluralismus der sogenannten gesellschaftlich relevanten Gruppen wieder. Es sind hier vor allem Einrichtungen in kirchlicher Trägerschaft, die über Ländergesetze Unterstützung erfahren.[2] Die Erwachsenenbildung in evangelischer und katholischer Trägerschaft hat sich auch auf Bundesebene wirksame Organisationsformen geschaffen. Bei diesen sind nicht nur die Landesarbeitsgemeinschaften der Erwachsenenbildung Mitglieder, sondern auch Zusammenschlüsse von Einrichtungen und Verbänden auf Bundesebene, so daß auch Familienbildung, Arbeitnehmerbildung und andere soziale Gruppen vertreten sind.

Pluralismus

Ebenso versuchen auch gewerkschaftliche Einrichtungen sowie Wirtschafts- und Berufsverbände, an den Gesetzen zu partizipieren. Allerdings fällt bei ihnen die inhaltliche Förderungsbegrenzung ins Gewicht. Kaum anders ist es bei den Sportbünden.[3] In einigen Ländern haben die Gewerkschaften deshalb eine Trennung zwischen interner Funktionärsschulung, beruflicher Fortbildung und Allgemeinbildung vorgenommen (Arbeitsgemeinschaft „Arbeit und Leben"). Einen Sonderfall stellen die Initiativgruppen dar, die z.T. in Verbindung mit sozialen Bewegungen gegründet worden sind. Lange Zeit haben sie sich gegen Institutionalisierungstendenzen verwahrt, weil sie fürchteten, damit ihre Eigenheit zu verlieren. Inzwischen ist es aber auch in diesem Bereich zu Zusammenschlüssen gekommen. So wurden beispielsweise in Niedersachsen die Mitglieder des „Vereins niedersächsischer Bildungsinitiativen" und in Nordrhein-Westfalen die Mitglieder der „Landesarbeitsgemeinschaft andere Weiterbildung" in die Reihe der zu fördernden Institutionen aufgenommen. Ihr gehören neben den Bildungswerken der Humanistischen Union örtliche Einrichtungen an, die sich als dialogisch-kooperativ mit Schwerpunkten der Ökologie, Frieden, Frauenarbeit, Entwicklungspolitik oder als „Werkstatt" verstehen. Manche sind auch als Bildungsstätten organisiert, d.h. sie können Tagesveranstaltungen mit Übernachtungsmöglichkeit durchführen und haben dafür einen hauptberuflichen Mitarbeiterstab. Damit hat sich die Zahl der sog. Bildungsstätten noch einmal erhöht. Von denen sind ca. 200 in dem Arbeitskreis Deutscher Bildungsstätten zusammengeschlossen. Ursprünglich aus der Jugendarbeit hervorgegangen und dann von traditionsreichen Heimvolkshochschulen für den ländlichen Bereich bestimmt, fanden sich im Laufe der Zeit Einrichtungen sehr verschiedener Prägung zusammen. Es gehören sowohl Akademien parteinaher Stiftungen dazu als auch „Bildungshäuser" kirchlicher Herkunft oder internationale Begegnungsstätten. Es gibt solche, die verbandsgebunden sind und solche, die inhaltliche Schwerpunkte haben.

Neben all diesen vom gesellschaftlichen Pluralismus bestimmten Einrichtungen gibt es die Volkshochschulen in direkter oder indirekter Trägerschaft der Gebietskörperschaften. Mit der Gründung der Weimarer Republik aus der kommunalen Selbstverwaltung entstanden, nach 1945 wieder „von unten" gewachsen, verstehen sie sich dementsprechend als kommunale Weiterbildungszentren, die einen Pluralismus von innen realisieren (vgl. Strzelewicz u.a. 1979). Sie bieten nicht nur die mit Abstand quantitativ umfangreichsten, sondern auch die nach Inhalt und Arbeitsweise reichhaltigsten Veranstaltungspläne. An ihnen wird sichtbar, wie differenziert das Angebot der Erwachsenenbildung thematisch und methodisch sein kann. Diese Vielfalt kann als exemplarisch dafür gelten, was andere Einrichtungen in einer jeweils von ihrer Herkunft und ihren Zielen her akzentuierten Form auch anbieten. Ausdifferenzierung meint hier nicht nur die inhaltliche Breite. Sie hat bei den Volkshochschulen ihre eindeutigen Schwerpunkte bei den Fremdsprachen, der kulturell-handwerklichen Eigentätigkeit und der Gesundheitsbildung, sodann mit psychologisch relevanten Angeboten und bei berufsbezogener Bildung. Mit der Bezeichnung „berufsbezogen" wird eine Unterscheidung zur arbeitsplatzorientierten getroffen, die Sache der Betriebe ist, und zur arbeitsrechtlich bestimmten, also z.B. den AfG-Maßnahmen, die fallweise auch von Volkshochschulen übernommen werden. Neben der inhaltlichen Ausdifferenzierung gibt es eine solche der unterschiedlichen Verbindlichkeitsgrade und der unterscheidbaren Anspruchsebenen. Vom europaweit geltenden Zertifikatskurs bis zur Selbstbestimmung der Lerngruppe, von der muttersprachlichen Alphabetisierung bis zu Angeboten in Verbindung mit Universitäten ist alles vertreten. Dabei intendiert die Zielgruppenarbeit, soweit möglich etwa bei dem Angebot für Ältere, eine Hinführung zum gesamten Angebot.

Volkshochschulen

Das für Außenstehende deutlichste Unterscheidungsmerkmal des Erwachsenenbildung-Angebots aber sind die Veranstaltungsformen. Und da das Gelingen von Erwachsenenbildung von der Erwartungskonkordanz der planenden Anbieter und der suchenden Lernwilligen abhängt, ist die Artikulation von Veranstaltungsformen ein wichtiges Gestaltungsmoment der Planung. Denn das Grundunterscheidungsmerkmal der Veranstaltungsformen ist die Art und Weise der Mitarbeit, die von den Teilnehmenden verlangt wird. Es gibt die Unterrichtskurse (bei längerer Dauer und verbindlichem Ziel Lehrgänge), die Arbeitskreise (mit verschiedenen Varianten der Eigentätigkeit), die Gesprächskreise zur Orientierung, Urteilsbildung und Selbsterfahrung sowie Einzelveranstaltungen bzw. Vortragsreihen als Informationsangebot, die trotz der gesellschaftlich technischen Entwicklung zur Informationsgesellschaft je nach Thematik und Personen noch Resonanz finden und dem Recht auf Schweigen entgegenkommen. Ein immer wieder zur Entscheidung stehendes Problem ist dabei das der Zeitorganisationsformen. Sie bestanden lange Zeit fast nur aus iterativen Abendkursen und gelegentlich Wochenendseminaren. In letzter Zeit aber geht die seit 30 Jahren stetige Ausweitung des Gesamtangebots fast ganz auf die steigende Zahl der Tagesveranstaltungen (bis zu einem Viertel) oder Kompaktveranstaltungen bzw. auf gemischte Zeit- und Organisationsformen zurück.

Erwartungskonkordanz

Mit diesem Spektrum der Veranstaltungsformen, die jeweils mit Beteiligungsformen korrespondieren, ist zugleich skizziert, in welch vielfältiger Weise sich Einrichtungen der Erwachsenenbildung in verschiedenster Trägerschaft eine eigene Angebotsstruktur geben können. Diese ist in starkem Maße auch davon bestimmt, inwieweit Zielgruppen angesprochen werden. In dieser Hinsicht ein je

Angebotsstruktur   eigenes Profil zu gewinnen wird nicht zuletzt deshalb vielfach angestrebt, weil sowohl empirische Forschung als auch konkrete Erfahrung dafür sprechen lassen, daß Weiterbildungsmotivation unabhängig von Inhalten und konkreten Zielen sehr häufig in der Relation zu Umgangs- und Bezugsgruppen zu sehen ist. Gleichviel ob von einer Einrichtung in kirchlicher Trägerschaft eine Gesprächsrunde zum Thema Gewalt arrangiert wird, ob eine Familienbildungsstätte die Zusammenarbeit zwischen Schule und Elternhaus anstrebt, ob eine Öko-Werkstatt sanfte Technologien thematisieren will, ob Grundlagen der Rhetorik für Ehrenamt, Freizeit und Beruf in der Volkshochschule angekündigt sind oder in einem Bildungsurlaub von „Arbeit und Leben" den Fragen „Was wird aus Europa" nachgegangen wird, in allen Fällen wird deutlich, daß hier Routineorganisation genau so wenig ausreicht wie eine einmalig geglückte Improvisation. Damit ist angedeutet, wo und in welcher Weise Hauptberuflichkeit gefragt ist. Bevor sie im einzelnen dargestellt wird, ist aber noch das allgemein Geltende an der Struktur des Tätigkeitsfeldes differenzierter zu beschreiben.

Als Raster erscheint dafür besonders das Modell der didaktischen Handlungsebenen von Flechsig/Haller geeignet. Es läßt sich problemlos auf die Verhältnisse der Erwachsenenbildung übertragen und bietet eine günstige Möglich-

Modell der didaktischen   keit, die Stellung der hauptberuflich pädagogisch Tätigen sowohl im institutio-
Handlungsebenen   nellen wie im interaktiven Handlungszusammenhang zu verorten. Zu diesem Zweck sind die fünf didaktischen Handlungsebenen (A – E) für die Situation der Erwachsenenbildung in folgender Weise neu zu konkretisieren:

A = gesellschaftliche Bedingungen
B = Institutionsdidaktik
C = Aufgabenbereichsdidaktik
D = Veranstaltungsdidaktik
E = Verfahrensdidaktik
(vgl. Flechsig/Haller 1975; Tietgens 1992)

Hilfreich ist dies Modell, weil es über eine inhaltsbestimmte Klassenzimmerdidaktik hinausgeht und ein Gerüst für das Verständnis von Handlungszusammenhängen bietet (vgl. Weinberg 1990). Es „paßt" gut zur Arbeitssituation der hauptberuflich pädagogisch Tätigen, weil deren Tätigkeit sehr häufig nötigt, Handlungsebenen zu wechseln. Es macht geradezu die Eigenart der Professionalität in diesem Bereich aus, sich zwischen den Ebenen denken und kommunikativ bewegen zu können.

Es kann angenommen werden, daß der größte Teil der hauptberuflich pädagogisch Tätigen nicht unmittelbar lehrend, sondern überwiegend planend und vertretend tätig ist. In diesem Fall kann als Handlungsebene, von der auszugehen

Disponierende Aufgaben   ist, die der Aufgabenbereichsdidaktik (Ebene C) angesehen werden. Überlegungen dazu sind je nach Situation auf die Ebenen A und B zu beziehen und bei der Durchführung mit den Kriterien und Handlungsweisen der Verfahrensebenen zu variieren. Auf diese konzentrieren sich vorwiegend nur die hauptberuflich pädagogisch Tätigen von Internatseinrichtungen. Aber auch wenn die Mehrzahl der hauptberuflich pädagogisch Tätigen vornehmlich mit disponierenden Aufgaben befaßt wird, heißt dies nicht, der E-Ebene keine Aufmerksamkeit zuwenden zu müssen. Denn zum einen hat es immer Vorteile, wenn Planende auch eigene Erfahrungen mit der Durchführung haben und nicht selten ist sie auch verpflichtend. Zum anderen gehört aber zu den Planungsaufgaben, durchführendes Personal erwachsenendidaktisch zu beraten. Beratungsaufgaben können darüber hinaus auch gegenüber Teilnehmenden oder solchen, die es werden wollen, entstehen.

3.2. Die makrodidaktischen Aufgaben

Werden hauptberuflich pädagogisch Tätige gefragt, was sie „eigentlich tun", ist die erste Antwort meist „Programm machen". Das kann sich auf die Zuständigkeit für mehr als ein Dutzend Veranstaltungen pro Jahr beziehen, häufiger sind es gar über Hundert. Zu dem Erwartungdruck, der von den Kontaktpartnern auf den verschiedenen Ebenen ausgeht (A-Ebene: Trägervertreter, B-Ebene: Institutsleitung und Verwaltung, C-Ebene: Kollegen, Kooperateure, D-Ebene: Kurs- und Gesprächsleiter, E-Ebene: Teilnehmende) kommt also der Zeitdruck, unter dem Planende meist stehen. Es gilt daher einen Arbeitsstil zu entwickeln, der sowohl zeitökonomisch als auch kommunikationsfreundlich ist.

Die Aufgaben lassen sich unter strukturellem Aspekt als Anforderungen beschreiben, in einem vielfältigen Beziehungsnetz zu versuchen, Erwartungskonkordanzen zu bewirken. Der Arbeitsplatz ist gleichsam der Umschlagplatz von dem,

– was von potentiellen Teilnehmern an Angeboten erwartet wird, wobei sich dies sowohl auf die Inhalte als auch auf die Angebotsformen und die Verfahrensweisen beziehen kann;
– was auf dem Hintergrund der veröffentlichten Diskussion am Maßstab öffentlicher Verantwortung aufgrund der gesellschaftlichen Situation als besonders wichtig zu lernen erscheint.

Zu diesen subjektiven Bedürfnissen und objektiven Bedarfen, wobei neben den manifesten an latente zu denken ist, kommen als Planungsfaktoren die Vorstellungen und Intentionen, die die Träger und/oder die Planenden selbst mit dem, was sie anbieten, verbinden. In Rücksicht auf diese Komponenten ein möglichst attraktives Veranstaltungsprogramm zu entwickeln, ist also die Aufgabe. Marketing ist dafür ein bezeichnendes Stichwort. Es gilt jeweils zu prüfen, inwieweit Informationszwischenträger, Kooperationspartner und Mitfinanzierer für bestimmte Veranstaltungen gefunden werden können.

Die skizzierte Anforderungsstruktur gilt tendenziell für alle hier vorgestellten Bereiche (Volkshochschulen, verbandliche Einrichtungen, Initiativen, Bildungshäuser). Es sind nur Unterschiede in der Gewichtung zu beachten, je nachdem, inwieweit durch die Träger Präferenzen gesetzt werden. Gravierender sind aber Art und Umfang der jeweiligen Arbeitsplätze von hauptberuflich pädagogisch Tätigen. Sie können sich auf Inhaltsteile beziehen (vornehmlich bei Volkshochschulen), auf Zielgruppen (im Fall von Initiativen und Bildungshäusern) oder auf Regionen (vielfach bei kirchlichen Einrichtungen). Aber auch dies sind nur tendenzielle Aussagen für die jeweilige Planungszuständigkeit.

Zu dieser gehört es vor allem, die Realisatoren für das Geplante, die KursleiterInnen, ModeratorInnen oder ReferentInnen zu gewinnen und mit ihnen Planungsgespräche zu führen. Sie können geradezu als Schlüsselsituation für das Tätigkeitsprofil der hauptberuflich pädagogisch Tätigen angesehen werden. Die Schwierigkeit ist dabei, die jeweiligen vorher meist nicht bekannten Vorstellungen und Interessen gegenseitig anzunähern. Für die Gesprächsergebnisse ist es wichtig, daß hauptberuflich pädagogisch Tätige verdeutlichen, in welcher Weise das verhandelte Angebot in einem Gesamtprogramm steht und unter institutionsspezifischen Gesichtspunkten geplant ist, wobei einzelne Veranstaltungen ihren Stellenwert haben und in Relation zu anderen gesehen werden müssen.

<small>Schlüsselsituation</small>

Bei den genannten Kompetenzen handelt es sich um solche, die in anderen Arbeitssituationen etwa der Hospitation, der Teilnehmerberatung oder der Institutionsverhandlung genauso gefragt sind. Insofern hauptberuflich pädagogisch Tätige gleichsam in einem ständigen Begründungsnotstand leben, kommt noch hinzu, daß das, was sie zu vertreten haben, im Interesse der Wirksamkeit möglichst in der Sprache der jeweiligen Kontaktpartner ausgedrückt werden sollte. Der Überzeugungskraft kommt es ebenso zu gute, wenn auf eigene Erfahrungen der direkten Interaktion in der Erwachsenenbildung verwiesen werden kann.

<small>Begründungsnotstand</small>

3.3. Mikrodidaktische Anforderungen

Die mikrodidaktischen Anforderungen ergeben sich aus der Frage: Was sind erwachsenengerechte Arbeitsweisen in der Erwachsenenbildung? Faktisch heißt das: Nicht der vorgegebene Lehrplan bestimmt das Lehren und Lernen sondern die Motivationen, die eine Veranstaltung zur Erwachsenenbildung haben zustande kommen lassen. Insofern diese für den Einzelnen oft schwer zu identifizieren und in einer Lerngruppe nicht immer auf eine Gemeinsamkeit zu bringen sind, ergeben sich Probleme, jeweils passende Vorgehensweisen zu finden. Sowohl für die Kurszufriedenheit als auch für den Lernerfolg ist es aber wichtig, einen gewissen Konsens im Bezug auf die Rolle der „Lehrenden" und den Grad der Zielstrebigkeit des Vorgehens zu erreichen. Was gewünscht wird ist jedoch nicht selten eine Mischung von straffem Vorgehen und offenem Entgegenkommen. So hängt praktisch sehr viel davon ab, welche Sensibilität Kurs- und GesprächsleiterInnen mitbringen, um in den Äußerungen der Teilnehmenden „lesen" zu können, was gemeint ist, um passend darauf reagieren zu können. Darüber hinaus gelten als wichtigste Kriterien eines erwachsenengerechten Vorgehens ein angemessener Wechsel der Methoden sowie Transparenz des Vorgehens bzw. der Kommunikation.

<small>Erwachsenengerechte Arbeitsweisen</small>

Anstelle von Teilnehmerorientierung ist im letzten Jahrzehnt häufig von Lebensweltorientierung gesprochen worden. Der Begriff sollte aber nur verwendet werden, wenn das, was man zu tun gedenkt, tatsächlich dem entspricht, was der Begriff von seinem Bedeutungsursprung her besagt, eine Orientierung an der Vorstellungswelt der Teilnehmenden. Das aber heißt, mentale Brücken zwischen Gewohnheitsdenken und Aneignungsprozeß zu suchen. Es ist dann zugleich eine

<small>Lebensweltorientierung</small>

Deutungsmusterorientierung, mit der versucht werden kann, die für die Veranstaltungsthematik relevanten Auslegungen zur Sprache zu bringen (vgl. Arnold 1985). Dahinter stehen anthropologische Prämissen des symbolischen Interaktionismus, die deutlich werden lassen, auf welcher Ebene sich Lernen vollzieht, inwiefern es dem Zuschreibungsmechanismus gegenzusteuern versucht, von denen Menschen sonst ihre Lebenssicherheit ableiten, die aber bei Veränderung der Umfeldverhältnisse ihre Funktion verlieren. Diese Sichtweise ist der Erwachsenenbildung besonders adäquat, weil Adressaten durch ihre jeweilige Lernvergangenheit geprägt sind, die in den aktuellen Lernprozeß einwirkt. Was auf diesem Hintergrund als übergreifendes Kennzeichen des Erwachsenengerechten herausgestellt werden kann, ist die Situationsorientierung im Unterschied zu einem sachsystematischen Vorgehen (vgl. Kaiser 1985).

Varianten der Situationsorientierung bezogen auf verschiedene Arbeits- und Wirkungsbereiche der Erwachsenenbildung sind Problemorientierung und Aufgabenorientierung. Letztere erscheint für die Frage des methodischen Vorgehens die konkreteste Markierung. Sie entspricht dem, was gemeinhin zu den Interaktionsformen des Erwachsenengerechten geraten wird: *Interaktionsformen*

– Ernstnehmen der Lerngewohnheiten und Lernschwierigkeiten der Teilnehmenden durch mögliche Differenzierungen;
– vorhandene Lernerfahrungen bewußt machen, vorhandenes Wissen mobilisieren und mit dem neu zu lernenden in Zusammenhang bringen (Anschlußlernen);
– inhaltlich und methodisch Neuartiges dosiert einführen und stufenweise steigern, damit kein Widerstand entsteht und eine schrittweise Aneignung möglich ist;
– von Zeit zu Zeit lernanregende Erfahrungen der Leistungsfähigkeit (Erfolgserlebnisse) vermitteln;
– einen Interaktionsstil anregen, der durch gegenseitige Hilfsbereitschaft ein soziales Klima entstehen läßt, das ein angstfreies Lernen erlaubt;
– auf Grundlegendes konzentrieren, Anwendbares hervorheben und den Umgang mit dem Gelernten fördern.

Bei einer solchen Auflistung ist allerdings vor ihrer Verallgemeinerung zu warnen. Zwar wird oft von „dem" Erwachsenengerechten gesprochen, dann aber allzu schnell das Aufgabenspezifische übersehen. Demgegenüber sind die intentionalen Ausprägungen der Erwachsenenbildung zu beachten, die nicht an Inhalte gekoppelt sind. So erweist sich eine Unterscheidung in

– lernzielbezogen
– problemorientiert
– gestaltungsbestimmt

als problemnah. Alle drei Modalitäten von Erwachsenenbildung haben ihre Berechtigung und eine einigermaßen trennscharfe Eigenheit. Die bisher genannten Empfehlungen treffen dabei in erster Linie auf lernzielbezogene Angebote zu.

Im Falle der problemorientierten und gestaltungsbestimmten Angebote ist die Freigabe der Eigeninitiative der Teilnehmenden noch wichtiger. So erscheinen für GesprächsleiterInnen Empfehlungen folgender Art passend:

135

- Geduld haben und warten können;
- Aufgreifen von Teilnehmerbeiträgen;
- Sachverhalte und Verstehensvermögen in Beziehung bringen;
- den Stellenwert einzelner Gesprächsbeiträge klären (Tatsachen und Meinungen, Fälle und Regeln, Begründungen und Weiterungen, Vereinbares und Nichtvereinbares);
- Rollenstruktur im Hinblick auf Ziele aufgreifen.

Kompetenzprofile

Unabhängig davon wird immer wieder einmal bemerkbar werden, was sich als die Hauptschwierigkeit im Kommunikationsprozeß der Erwachsenenbildung erwiesen hat: Das sich Bewegen auf verschiedenen Sprachebenen. Als allgemein geltende Prämisse läßt sich aber wohl sagen, daß hauptberuflich pädagogisch Tätige die professionelle Aufgabe als eine des Ermöglichens verstehen sollten. Dafür lassen sich als Kompetenzprofile benennen:

- Interaktionssensibilität, das heißt Selbstwahrnehmungsfähigkeit und Fähigkeit, den Deutungsspielraum in den Äußerungen der Gesprächs- und Verhandlungspartner zu erkennen.
- Abstraktionsphantasie, die einen angemessenen Umgang mit strukturellen und kognitiven Verkürzungen der Kommunikation erlaubt.
- Relationsbewußtsein, das inhaltliche, formale und personale Bezüge zu vermitteln und das Kriterium der Verhältnismäßigkeit der Mittel zu beachten vermag.
- Relevierungskompetenz, die auf Vermittlungsprobleme einzugehen und das jeweilige Verhältnis von Allgemeinem, Besonderen und Betreffenden einsichtig zu machen vermag.

Alle diese Kompetenzen dienen letztlich dazu, das Wahrnehmungspotential zu erhöhen, um die Dimension der Metakommunikation thematisieren zu können, wozu die Einsicht der Deutungsabhängigkeit genauso gehört wie die der Vergangenheitsabhängigkeit, der Perspektivenverschränkung und die Erfahrung des Fremden einschließlich seiner Differenziertheit.

4. Die institutionelle Verzweigung und die Rolle des Studiums

Angesichts des zur Verfügung stehenden Umfangs wurden im bisherigen Text die institutionellen Verzweigungen kaum berücksichtigt. Diese haben allerdings für die Frage der Professionalität nicht die Trennungsbedeutung, die man vermuten möchte. Jedenfalls ist dies aus der schriftlichen Dokumentation zu schließen. Am präzisesten sind hier das „Berufsbild für Leiter und Mitarbeiter an Volkshochschulen", das in der Reihe der Blätter zur Berufskunde von der Bundesanstalt für Arbeit herausgegeben wird, und die intern erschienenen „Leitlinien für Qualifikation und Einstellung von hauptberuflichen und pädagogischen Mitarbeiterinnen und Mitarbeitern in der katholischen Erwachsenenbildung". Bei einem Vergleich ist die Übereinstimmung bemerkenswert, wenn strukturbedingte Arbeitsplatzanforderungen beschrieben und Qualifikationsmerkmale benannt werden. Wenn es beispielsweise zum „Berufsethos" der Hauptberuflichen aus katholischer Sicht heißt: „Sie sind getragen von der Achtung vor der personalen Würde des Erwachsenen, vom Vertrauen in die Entwicklungsfähigkeit des Menschen und von der Sorge um das Recht eines jeden Teilnehmers, sich mit seinen Kräften und Fähigkeiten in den Bildungsprozeß einzubringen", so dürfte dies ein Konsens im Hinblick auf berufliche Identität auch für andere Bereiche der Erwachsenenbildung sein.

Damit sind jeweils verbandsspezifische Akzente genauso wenig ausgeschlossen wie Spannungsmomente zwischen Trägern und Einrichtungen. Unterschiede *im Tätigkeitsprofil* aber ergeben sich eher aus der inhaltlichen Gewichtung oder aus Präferenzen für bestimmte Veranstaltungsformen. Ob auf öffentlichkeitswirksame Einzelveranstaltungen oder auf intensive Internatsarbeit unter Nutzung des Bildungsurlaubs mehr Wert bei einer Institution gelegt wird, hat selbstverständlich Konsequenzen für die Anforderungsstruktur am Arbeitsplatz. Wenn der Schwerpunkt bei Eltern- und Familienbildung sowie bei politischer und kultureller Bildung im weitesten Sinne liegt, die bei Einrichtungen in kirchlicher Trägerschaft das Basisangebot ausmachen, dann ist die Affinität für AbsolventInnen des Diplomstudiengangs Erwachsenenbildung naheliegender als bei der Volkshochschule. Bei ihnen beträgt der Anteil Diplom-PädagogInnen denn auch nur etwa 1/4 der Hauptberuflichen. Gegenüber der Einstellung zur Hauptberuflichkeit hat sich allmählich im Interesse der Stabilisierung eine positive Einschätzung durchgesetzt. Dabei können Hauptberufliche im Bereich „der anderen Erwachsenenbildung" noch ein etwas anderes Profil haben, wie eine empirische Untersuchung in Niedersachsen hat erkennen lassen (vgl. Beyersdorf 1993). So ist etwa eine Interessenidentität zwischen Lehrenden und Lernenden, hier treffender Initiierenden und Teilnehmenden, eher gegeben. Ansonsten aber wird für die Situation der hauptberuflich pädagogisch Tätigen ähnliches gesagt wie in institutionalisierten Formen der Erwachsenenbildung: „Die Professionalität der in der selbstorganisierten Bildungsarbeit Tätigen weist sich in der guten Durchmischung fachlicher und pädagogisch-didaktischer Kompetenzen aus" (ebd., S. 55).

Was bedeutet dies nun für die Vorbereitung auf eine solche Tätigkeit? Eine erste Antwort wäre ein möglichst frühzeitiger Erwerb von Milieuerfahrungen. Was das Studium anlangt, liegt es nahe zu sagen, das Wie ist wichtiger als das Was. Indes sollte bei all dem, was hier über die Notwendigkeit zur Situationserfassung, über den Wert der Fähigkeit zur Korrelation von Selbstwahrnehmung und Fremdwahrnehmung und zur Kommunikationskompetenz gesagt wurde, nicht unterschätzt werden, wie wichtig wissenschaftlich fundiertes Wissen ist. Bei dem Umstand, beruflich in einem Legitimationsnotstand zu leben, wollen Begründungszusammenhänge deutlich gemacht werden, für die ein anschlußfähiges Wissen notwendig ist. Es hatte gute Gründe, wenn bei der ersten Konzeption eines Studiengangs Erwachsenenbildung gesellschaftliche und psychologische Voraussetzungen als Fundament herausgestellt wurden. Dennoch ist das Erwachsenenbildungsstudium aus der Sicht der Praxis manches Mal kritisiert worden. Der Versuch, dies bei der Neugestaltung der Studienprüfungsordnung von 1988 (vgl. AUE 1990) zu berücksichtigen, hat zwar zu dem ausdrücklichen Hinweis auf die Notwendigkeit der Kompetenz für Organisation und Personalführung veranlaßt, berücksichtigt dies bei der näheren Ausführung aber kaum.

Wenn als Antwort auf die Kritik für Handlungsorientierung plädiert wird und die Praktika vermehrt wurden, so ist damit die Problematik nicht getroffen. Sie beruht auf einem spezifischen Reflexionsdefizit. Es gilt zu erkennen, daß die Aufmerksamkeit der Professionsvorbereitung auf der Transformation zwischen allgemeinem wissenschaftlichem Wissen und konkreten Handlungssituationen liegen muß.

Anmerkungen

1   Der unterschiedliche Stellenwert, der in der ländergesetzlichen Förderung erkennbar wird, ist wohl auch ein Grund mit, weshalb bundesvergleichbare verbandsübergreifende Zahlen nicht zu erhalten sind. Allein die jährlich erscheinende Statistik der Pädagogischen Arbeitsstelle des DVV, jetzt Deutsches Institut für Erwachsenenbildung enthält detaillierte Personalangaben. Danach waren in den Volkshochschulen 1993 4.448 hauptberuflich pädagogisch Tätige angestellt. Davon 3.819 in den alten und 629 in den neuen Bundesländern. Von der Gesamtsumme waren 765 in Volkshochschulen-Leitungsfunktion. Weitere 1.798 sind planend tätig gewesen und 729 lehrend. Die Differenz zur Gesamtsumme wird mit 399 planend und 757 lehrend Tätigen ausgefüllt, die aus „Fremdmitteln" finanziert werden und daher befristet tätig sind. Weitere exakte Zahlen sind zur Zeit nicht zu erhalten. Die deutsche evangelische Arbeitsgemeinschaft für Erwachsenenbildung nennt nach einer Spontanumfrage 426 Hauptberufliche, wobei nur die Landesorganisationen erfaßt wurden und nicht alle reagierten. In der katholischen Erwachsenenbildung dürfte das Hauptberuflichen-Volumen ähnlich sein. Für die Personalstruktur im konfessionellen Bereich ist wohl bezeichnend, daß vor einigen Jahren im Falle von Nordrhein-Westfalen davon gesprochen worden ist, daß 50 hauptberuflich Tätige auf 1.000 Honorarkräften und 1.000 Ehrenamtliche kommen. Das Verhältnis wäre damit 1:40 (vgl. Moret 1988). Das ist immerhin etwas günstiger als bei den Volkshochschulen, wo das Verhältnis im Durchschnitt etwa 1:60 ist, obwohl eine Relation wie 1:20 in Grundsatzerklärungen festgehalten wurde. Nach der Volkshochschulen-Statistik läßt sich auch der Frauenanteil genauer bestimmen. Bei der Kursleitertätigkeit sind es 63%, bei Hauptberuflichen 53% und in Leitungsfunktionen 29%.
2   1992 haben diese Einrichtungen insgesamt 8,7 Mio. Teilnehmende in 320.000 Veranstaltungen erreicht. Bei den Volkshochschulen kommen nach der gleichen Statistik auf 550.000 Veranstaltungen über 9 Mio. Teilnehmende. Es sind sehr grobe Zahlen. Die Differenz ergibt sich aus der unterschiedlichen Anzahl der Einzelveranstaltungen, was bei der statistisch erfaßten Unterrichtsstundenzahl bei kirchlichen Einrichtungen 6.876 Mio. und bei Volkshochschulen 15.073 Mio. deutlich wird.
3   In den Ländern Nordrhein-Westfalen, Rheinland Pfalz, Bremen und Hessen (in der Reihenfolge ihrer Anerkennung) werden die „Bildungswerke der Landessportbände" gesetzlich gefördert. Dabei bleibt die Mitgliederschulung ausgeklammert, so daß der Anteil der hauptberuflich pädagogisch Tätigen niedrig ist. Ende der 80er Jahre lag er bei 32 Personen. Probleme nach innen (Sorge wegen Pädagogisierung) oder nach außen (Konkurenz um Sportstätten) sind nach Anfangsschwierigkeiten weitgehend beigelegt worden. Bei traditioneller Organisationsstruktur liegt das Gewicht der Angebotsstruktur bei „sportpraktischen Kursen als organisierten Lernprozessen, in denen die Teilnehmer neue sportliche Bewegungsfaktoren und soziale Erfahrungen sammeln können. ... Systematisch und theoretisch begründete Anleitung zum Sporttreiben im Zusammenhang mit der Gesundheitsvorsorge, der Gesunderhaltung und der Rehabilitation" (Bildungspolitische Konzeptionen des Deutschen Sportbundes zum Sport in der Weiterbildung, in: Jütting 1982, S. 76).

Literatur

Arbeitskreis universitäre Erwachsenenbildung (Hrsg.): Studienmöglichkeiten der Erwachsenenpädagogik an den Hochschulen in der Bundesrepublik Deutschland und Westberlin. Hannover 1990.

Arnold, R.: Deutungsmuster und pädagogisches Handeln. Bad Heilbrunn 1985.

Beyersdorf, M.: Selbstorganisierte Institutionalisierung. In: Friedrich-Ebert-Stiftung (Hrsg.): Jahrbuch 1993 zur Lage der politischen Bildung. Bonn 1993.

Breloer, G. u.a.: Teilnehmerorientierung und Selbststeuerung in der Erwachsenenbildung. Braunschweig 1980.

Bundesanstalt für Arbeit (Hrsg.): Leiter/Leiterin und pädagogischer Mitarbeiter/pädagogische Mitarbeiterin an Volkshochschulen. Bielefeld [7]1994.

Deutscher Ausschuß für das Erziehungs- und Bildungswesen (Hrsg.): Zur Situation und Aufgabe der deutschen Erwachsenenbildung. In: Deutscher Ausschuß für das Erziehungs- und Bildungswesen: Empfehlungen und Gutachten des deutschen Ausschusses. 1953/1975. Gesamtausgabe. Stuttgart 1966, S. 857-928.

Deutscher Bildungsrat (Hrsg.): Strukturplan für das Bildungswesen. Stuttgart 1970.

Deutscher Bildungsrat (Hrsg.): Umrisse und Perspektiven der Weiterbildung. Stuttgart 1975.

Flechsig, K. H./Haller, H. D.: Einführung in didaktisches Handeln. Stuttgart 1975.

Gieseke, W.: Habitus von Erwachsenenbildnern. Oldenburg 1989.

Gieseke, W. u.a.: Professionalität in der Erwachsenenbildung. Bad Heilbrunn 1988.

Jütting, D.: Die Bildungswerke der deutschen Sportbünde. Erwachsenenbildung in neuer Trägerschaft. Frankfurt a.M. 1982.

Kaiser, A.: Sinn und Situation. Bad Heilbrunn 1985.

Katholische Bundesarbeitsgemeinschaft für Erwachsenenbildung: Leitlinien für Qualifikation und Einstellung von hauptberuflichen pädagogischen Mitarbeiterinnen und Mitarbeitern in der katholischen Erwachsenenbildung. Bonn 1992.

Mader, W. u.a.: 10 Jahre Erwachsenenbildungswissenschaft. Bad Heilbrunn 1991.

Moret, J.: Zu Personal und Fortbildung bei einem freien Träger der Weiterbildung. In: Schlutz, E./Siebert, H. (Hrsg.): Ende der Professionalisierung. Die Arbeitssituation in der Erwachsenenbildung als Herausforderung für Studium, Fortbildung und Forschung. Bremen 1988.

Schmitz, E./Tietgens, H. (Hrsg.): Enzyklopädie Erziehungswissenschaft. Band 11: Erwachsenenbildung. Stuttgart 1984.

Strzelewicz, W.: Demokratie und Erwachsenenbildung. Braunschweig 1973.

Strzelewicz, W. u.a.: Bildung und Lernen in der Volkshochschule. Braunschweig 1979.

Strzelewicz, W./Raapke, H.-D./Schulenberg, W.: Bildung und gesellschaftliches Bewußtsein. Stutgart 1966.

Tietgens, H.: Einleitung in die Erwachsenenbildung. Darmstadt [2]1991.

Tietgens, H.: Reflexionen zur Erwachsenendidaktik. Bad Heilbrunn 1992.

Weinberg, J.: Einführung in das Studium der Erwachsenenbildung. Bad Heilbrunn [2]1990.

VII. Mädchen- und Frauenarbeit: Mädchenbildung, Frauenselbsthilfe, Frauenprojekte

Renate Klees-Möller

Inhalt

1. Begriff und Geschichte
1.1. Frauenbildung und Mütterlichkeit als Beruf
1.2. Frauenarbeit und Emanzipation: Die zweite Frauenbewegung und ihre politisch-pädagogischen Ansätze
1.3. Frauenbewegung im Bildungs- und Sozialwesen

2. Allgemeine Grundlagen und Prinzipien in den Handlungskonzepten

3. Parteiliche Mädchen(bildungs)arbeit
3.1. Entstehung, Ziele und Organisationsformen
3.2 Mädchenarbeit in der Jugendbildung
3.3. Mädchenhäuser, Mädchenarbeit in den erzieherischen Hilfen
3.4. Rechtliche Grundlagen
3.5. Mitarbeiterinnen in der Mädchenarbeit

4. Frauenarbeit
4.1. Die Bewegung gegen Gewalt und die Frauenhäuser
4.2. Frauenarbeit auf den Gebieten Gesundheit und Therapie
4.3. Initiativen und Projekte zum Thema Mutterschaft
4.4. Frauenbildung
4.5. Die Arbeit der Gleichstellungsbeauftragten

5. Ausblick

Literatur

1. Begriff und Geschichte

Gezielte Angebote allein für Mädchen und Frauen sind in den Handlungsfeldern von außerschulischer Pädagogik, Selbsthilfe und sozialer Arbeit inzwischen fast eine Selbstverständlichkeit: Kaum eine Einrichtung der Jugendbildung, die in den letzten Jahren nicht Veranstaltungen speziell für Mädchen durchgeführt, Mädchentage, -feste, -workshops oder Kurse zu „mädchenspezifischen" Themen angeboten hätte. Die Palette der zahlreichen, ausschließlich Mädchen vorbehaltenen Einrichtungen reicht von Mädchentreffs und -cafés, Projekten zur Problematik des sexuellen Mißbrauchs bis hin zu Selbstverteidigungs-, Bewegungs- und Kommunikationszentren. Die Vielfalt der neueren Arbeit mit Frauen dokumentieren die Frauengesundheits- und -therapiezentren, die Projekte und Initiativen zu den Themen Schwangerschaft, Geburt und Mutterschaft, die Frauenhäuser und Notrufe für vergewaltigte Frauen sowie die Selbsthilfeinitiativen verschiedener Gruppen, z.B. von Migrantinnen, Obdachlosen und Alleinerziehenden. Und die Programme vieler Volkshochschulen, Familienbildungsstätten, Akademien und Hochschulen bieten ein breites Spektrum von Frauenbildungsangeboten.

Dem unübersehbaren Bedeutungszuwachs dieses Handlungsfeldes entspricht die „Entdeckung" neuer Themen und die Entwicklung spezifischer Problemdefinitionen, Arbeitsweisen und methodischer Zugänge. Gewalt gegen Mädchen und Frauen, Körperlichkeit und Sexualität, weiblicher Lebenszusammenhang und Lebensentwürfe von Frauen, der Sexismus in der Gesellschaft und die Rolle von Frauen in Öffentlichkeit und Politik – damit sind zentrale Problemstellungen angesprochen, die in der neueren Mädchen- und Frauenarbeit im Vordergrund stehen. Die veränderten Zugänge lassen sich mit den Stichworten Parteilichkeit, Betroffenheit, Ganzheitlichkeit und Hilfe zur Selbsthilfe umschreiben – als Arbeit „von, mit und für Frauen".

Aber was genau ist unter dieser Mädchen- und Frauenorientierung zu verstehen? Ist das Bildungs- und Sozialwesen nicht ohnehin stark von Frauen geprägt? Gab es in diesem Feld nicht auch schon immer Angebote, die sich speziell an Mädchen und Frauen richteten? Und welchen Sinn hat es eigentlich, die Arbeit geschlechtsspezifisch auszurichten? Was macht die Mädchen- und Frauenarbeit als neuerer Ansatz und als spezifisches Arbeitsfeld in Abgrenzung zu anderen Bereichen im Bildungs- und Sozialwesen aus?

Um diese Fragen zu beantworten und einer Begriffsbestimmung näher zu kommen, ist ein Rückblick auf die historischen Wurzeln der Mädchen- und Frauenarbeit in den Frauenbewegungen der Jahrhundertwende und seit Ende der sechziger Jahre hilfreich.

1.1. *Frauenbildung und Mütterlichkeit als Beruf*

Erste deutsche Frauenbewegung

Ihre Wurzeln hat die heutige Mädchen- und Frauenarbeit in der Frauenbewegung des 19. und 20. Jahrhunderts, ihren Emanzipationsbestrebungen auf rechtlicher, politischer, sozialer und kultureller Ebene. Vor allem die Anhängerinnen des gemäßigten Flügels der Frauenbewegung – daneben gab es noch die radikale, die sozialistische und die konfessionelle Strömung – engagierten sich für eine verbesserte Bildung von Mädchen und Frauen und für die Beseitigung besonderer sozialer Notlagen von Frauen und Familien (vgl. Gerhard 1990; Salomon 1908). Ihre Arbeit basierte auf dem Emanzipationsideal der „geistigen Mütterlichkeit", das von einer natürlichen Ungleichheit der Geschlechter ausging und die Gleichbewertung des „männlichen" und „weiblichen" Prinzips in der Gesellschaft verwirklicht sehen wollte. Die Frauen des Bürgertums, die damals von höherer Bildung und Berufstätigkeit ausgeschlossen waren, erkämpften sich den Zugang zu diesen Bereichen mit der Argumentation, die Gesellschaft benötige die bisher nur in der Familie zur Entfaltung gebrachten „weiblichen Potenzen" wie Empathie und Fürsorglichkeit. Diese wollten sie nun außerfamiliär in „spezifisch weiblichen" Feldern einbringen – in der Arbeit mit Menschen, z.B. als Lehrerin oder Fürsorgerin. Die Vorstellung von der besonderen Berufung der Frau zur – leiblichen oder geistigen – Mutterschaft prägte die Entwicklung des Sozial- und Bildungswesens der folgenden Jahre in hohem Maße (vgl. Simmel 1990).

Emanzipationsideal: geistige Mütterlichkeit

1.2. Frauenarbeit und Emanzipation: Die zweite Frauenbewegung und ihre politisch-pädagogischen Ansätze

Seit Ende der sechziger Jahre hob die neue Frauenbewegung in der Bundesrepublik Deutschland die sozialen Ungleichheiten und Ungleichbewertungen im Verhältnis der Geschlechter, die trotz des Gleichberechtigungspostulates im Grundgesetz („Männer und Frauen sind gleichberechtigt", Art. 3) fortbestanden, in das Bewußtsein von Frauen und der gesellschaftlichen Öffentlichkeit. Die Anhängerinnen der neuen Frauenbewegung forderten Gleichberechtigung und „Autonomie", und zwar im doppelten Sinne: als organisatorische Unabhängigkeit von bisherigen Formen und Strukturen etablierter Politik und als individuelle Selbstbestimmung im Sinne persönlicher Emanzipation von Herrschaft und Unterdrückung. Eine Festlegung der Frauen auf „wesensgemäße" Tätigkeiten – in Familie oder Beruf – wurde abgelehnt. Mädchen und Frauen sollten endlich ihre individuellen Potenziale jenseits scheinbarer biologischer Festlegungen uneingeschränkt entfalten können.

Emanzipationsideale: Gleichberechtigung und Selbstbestimmung

Vor diesem Hintergrund kritisierten die Anhängerinnen der Frauenbewegung auch die herkömmliche Bildung, Erziehung und soziale Arbeit. Diese legen die Mädchen und Frauen – so lautete der Hauptpunkt der Kritik – auf traditionelle Bilder von Weiblichkeit fest, also auf die Zuständigkeit für die Familie, als Ehefrau und Mutter. Bildungs- und Hilfsangebote in der sozialen Arbeit würden Mädchen und Frauen zwar auch direkt ansprechen, allerdings ohne sie wirklich zu meinen, ohne von ihrer Subjektivität auszugehen. Die Probleme der Frauen, so die Kritik, würden als Ausdruck des individuellen Versagens einzelner Personen gedeutet und sollten durch kompensatorische Angebote und „Hilfen" beseitigt werden. Das Bildungs- und Sozialwesen wurde als gesellschaftlicher Bereich identifiziert, der an der Benachteiligung und Diskriminierung von Mädchen und Frauen mitwirkt.

Kritik des Bildungs- und Sozialwesens

Die Anhängerinnen der Frauenbewegung wollten sich von den traditionellen Institutionen lösen und entwickelten seit Mitte der siebziger Jahre vielfältige

Aufbau eigener Projekte

Projekte in eigener Regie, unter autonomer Trägerschaft. Diese Arbeit ist primär politisch motiviert, will auf Ungerechtigkeiten und Ungleichheiten im Geschlechterverhältnis hinweisen und strukturelle Veränderungen herbeiführen. Zugleich wollen die feministischen Projekte praktische Solidarität unter Frauen beweisen und zur Entwicklung einer autonomen Frauenkultur beitragen.

1.3. Frauenbewegung im Bildungs- und Sozialwesen

Seit den achtziger Jahren kam es zu Berührungspunkten, Überschneidungen und Mischformen zwischen den autonomen Projekten und dem herkömmlichen Bildungs- und Sozialwesen. Zunehmend wurde den Beteiligten die Ähnlichkeit der Probleme der Mädchen und Frauen in den autonomen Projekten und den institutionalisierten Feldern bewußt. Frauen in feministischen Projekten erlebten ihre ausschließlich politisch gedachten Konzepte als zu kurz gegriffen und bezogen sozialpädagogische und psychologische Wissensbestände in ihre Arbeit ein, ohne allerdings ihre Grundkonzepte außer Kraft zu setzen. Parallel begannen in den herkömmlichen Institutionen beschäftigte Pädagoginnen, Sozialarbeiterinnen und Psychologinnen, die der Frauenbewegung angehörten oder nahestanden, neue Arbeitsweisen zu entwickeln und zu erproben. Ihre Arbeit erhielt mit dem Sechsten Jugendbericht: „Zur Verbesserung der Chancengleichheit von Mädchen in der BRD" (1984) Auftrieb und öffentliche Beachtung. Der Bericht und die zugehörigen Expertisen lieferten ein differenziertes Bild über die Lebenswirklichkeit von Mädchen und gaben Auskunft über Formen und Wege ihrer Sozialisation. Die Problemlagen von Mädchen in Familie, verschiedenen Feldern der Jugendhilfe und auf dem Arbeitsmarkt wurden analysiert. Die Jugendhilfe wurde als Bereich beschrieben, der den Lebenslagen und Bedürfnissen von Mädchen nicht gerecht wird, indem sich ihre Auffälligkeitsdefinitionen, Verhaltenserwartungen und Interventionen an der traditionellen Frauenrolle orientieren, Mädchen in einigen Bereichen weniger Beachtung erhalten, bzw. ihre Probleme verkannt werden, und für die Arbeit mit ihnen weniger Geld ausgegeben wird. Kritisiert wurden auch die geschlechtsspezifischen Hierarchien in der Mitarbeiterschaft, die Zuweisung der Frauen auf die unteren Ränge der Profession und auf die direkte Beziehungs- und Versorgungsarbeit, während die männlichen Kollegen in Leitungspositionen die „Regie" führen. Die Träger der Jugendhilfe wurden dazu aufgefordert, in ihren Bereichen alles zu tun, um Mädchen eine selbstbestimmte und selbstverantwortete Identitätsarbeit und Lebensplanung zu ermöglichen.

Die neuere Mädchen- und Frauenarbeit entwickelte sich somit zunächst innerhalb der Frauenbewegung und wurde von dort in die institutionalisierten Felder des Bildungs- und Sozialwesens hineingetragen. Charakteristisch für diese neueren Ansätze ist der Perspektivenwechsel, der spezifische Blick auf die Situation von Mädchen und Frauen, ihre Lebenszusammenhänge, Bedürfnisse und Problembewältigungsstategien. Der „frauenspezifische Blick" richtet sich also auf den Subjektstatus von Mädchen und Frauen und Möglichkeiten der Förderung von Weiblichkeitsentwürfen jenseits traditioneller Vorgaben. Dem veränderten Adressatinnenverständnis entspricht die Neudefinition der Rolle der Pro-

Marginalien:
- Sechster Jugendbericht („Mädchenbericht")
- Kritik der Jugendhilfe
- Perspektivenwechsel auf die Situation der Mädchen und Frauen

fessionellen und eine veränderte Praxis. Diese frauenorientierte, neuere Praxis in den Handlungsfeldern von Pädagogik, Selbsthilfe und sozialer Arbeit ist in die Frauenpolitik, ihren verschiedenen Ansätzen und Strategien zur Veränderung der Geschlechterverhältnisse eingebunden.

Die neuere Mädchen- und Frauenarbeit erhebt den Anspruch auf Eigenständigkeit, ohne allerdings anderen Feldern und Konzepten additiv zugefügt werden und eine Randposition einnehmen zu wollen. Ihre Ansätze machen auf die Bedeutsamkeit des Geschlechts in Theoriebildung und Praxisentwürfen aufmerksam und verstehen sich daher als ein innovatives Potential, das eine Revision bisheriger Zugänge und Handlungsmuster in den klassischen Feldern des Bildungs- und Sozialwesens insgesamt herausfordert.

Herausforderungen durch die Mädchen- und Frauenarbeit

2. Allgemeine Grundlagen und Prinzipien in den Handlungskonzepten

In der neueren Mädchen- und Frauenarbeit wurden auf der Basis des oben beschriebenen Perspektivenwechsels veränderte Arbeitsweisen entwickelt, die zugleich einen besonderen Umgang mit Handlungsmustern einschließen, die in der Selbsthilfebewegung der achtziger Jahre, in Therapiezusammenhängen, der herkömmlichen sozialen Arbeit und der Erwachsenenbildung zum Tragen kommen. Im Zuge der Ausdehnung und Ausdifferenzierung des Arbeitsfeldes kam es zu einer Vielzahl je eigener Handlungskonzepte in Abhängigkeit zu den inhaltlichen Schwerpunktsetzungen und den jeweils besonderen Rahmenbedingungen. Die Frauenhausmitarbeiterin arbeitet „anders" als die Pädagogin im Jugendfreizeitheim oder die ehrenamtlich aktive Frau im Stadtteilprojekt.

Bei aller Unterschiedlichkeit einzelner Ansätze gibt es jedoch auch Übereinstimmungen in den grundlegenden theoretischen Annahmen, Sichtweisen und Zugängen in der Arbeit, die im folgenden anhand zentraler Begriffe erläutert werden sollen.

Kristallisationspunkt heutiger Konzeptionsbildungen in der Mädchen- und Frauenarbeit und der darauf bezogenen Frauenforschung ist nicht mehr allein das Patriarchalismuskonzept, das in den Anfängen der Frauenbewegung als analytische Kennzeichnung des Herrschaftsverhältnisses zwischen den Geschlechtern herangezogen wurde. Das Geschlecht als grundlegendes Strukturierungsprinzip der gesellschaftlichen Verhältnisse wird in den Mittelpunkt der Betrachtung gerückt; nicht mehr die „besondere" Situation der Frau, sondern das Verhältnis zwischen den Geschlechtern bildet den Fokus der Analyse. Je nach Geschlechtszugehörigkeit bilden sich zwei unterschiedliche Lebenszusammenhänge heraus, die jeweils für Frauen und Männer Gemeinsamkeiten aufweisen. Dies ist eng verbunden mit der geschlechtsspezifischen Arbeitsteilung, die beiden Geschlechtern unterschiedliche Tätigkeiten und Zuständigkeiten zuweist (Hausarbeit – Erwerbsarbeit) und die die Arbeit von Männern höher bewertet als die der Frauen. Die Ungleichheiten im Geschlechterverhältnis, insbesondere die geschlechtsspezifische Arbeitsteilung und die unterschiedliche Bewertung der Arbeit, bilden den Rahmen für die verschiedenen Sozialisationswege bei Jungen und Mädchen.

Geschlecht als grundlegendes Strukturierungsprinzip

Der weibliche Lebenszusammenhang

Der Begriff „weiblicher Lebenszusammenhang" verweist auf die Arbeit in und für die Familie als entscheidendes Merkmal der Lebenssituation und Lebensplanung von Frauen, unabhängig davon, ob sie eine Erwerbstätigkeit ausüben oder nicht. Die Familienarbeit ist auf die alltägliche Daseinsvorsorge gerichtet und erfordert andere Einstellungen, Verhaltensweisen und Fähigkeiten als die Erwerbsarbeit. Die Lebenszusammenhänge insbesondere jüngerer Frauen sind über die Familienarbeit hinaus von der Zuweisung zur Erwerbsarbeit geprägt („doppelte Vergesellschaftung"). Als „Grenzgängerinnen" zwischen Familien- und Erwerbsarbeit sind sie verschiedenen Herrschaftsformen, unterschiedlichen und widersprüchlichen Belastungen und dem Zwang unterworfen, Widersprüche auszubalancieren.

Basis einer jeden Mädchen- und Frauenarbeit ist die Einbeziehung des Geschlechterverhältnisses bei Problemanalysen, der Entwicklung von Handlungskonzepten und der Wahl von Methoden. Ungleichheiten und Ungleichbewertungen im Geschlechterverhältnis werden nicht ausgeblendet, da ihre Aufhebung Anliegen und integraler Bestandteil der Konzeptbildung ist. Dies bedeutet immer auch die Suche nach politisch wirksamen Strategien.

Durch den grundlegenden Perspektivenwechsel auf die Mädchen und Frauen werden ihre Lebensentwürfe, Interessen und Fähigkeiten zum Ausgangs- und Brennpunkt der Arbeit gemacht. Die Arbeit setzt an der eigenen Betroffenheit und den persönlichen Erfahrungen der Frauen an und sucht diese auf ihre kollektive gesellschaftliche Situation zu beziehen. „Frauen helfen Frauen" – so lautete in den Anfängen der Frauenarbeit der Wahlspruch, mit dem auch die Ablehnung der Dominanz von Experten zum Ausdruck gebracht wurde. Die Mädchen- und Frauenarbeit „lebt" von ihren emanzipatorischen Zielsetzungen und den solidarischen Verständigungsprozessen unter Frauen. In den Handlungsfeldern des Bildungs- und Sozialwesens leisten Frauen diese Arbeit vor dem Hintergrund der Reflexion der eigenen gesellschaftlichen Rolle und der Erarbeitung eines „Frauenbewußtseins".

„Frauen helfen Frauen"

Parteilichkeit

Für diese Frauenorientierung wird meist der Begriff der Parteilichkeit verwendet, verstanden als Verpflichtung und Verantwortlichkeit, für Mädchen und Frauen als von Benachteiligung und Diskriminierung Betroffenen „Partei" zu nehmen. Parteilichkeit bedeutet nicht, alles für gut und richtig zu befinden, was Mädchen und Frauen tun, sondern sie als So-Gewordene und So-Handelnde vorurteilsfrei anzunehmen. So läßt sich zum Beispiel ungewöhnliches, abweichendes Handeln durch die Einordnung in den weiblichen Lebenszusammenhang als Verweigerung aufgezwungener Handlungsmuster durch traditionelle Weiblichkeitsbilder und als aktive Bewältigungsstrategie zur Überwindung geschlechtsspezifischer Zumutungen verstehen. Die parteiliche Arbeit will die Frauen aus der Opferrolle und individuellen Schuldzuschreibungen herausführen und Problembearbeitungen ermöglichen, die zu einer Entlastung und Stärkung der Selbsthilfefähigkeit führen.

Ganzheitlichkeit in der Problemsicht und den Konzepten

Ganz wesentlich ist auch die Ganzheitlichkeit als tragendes Prinzip in der Mädchen- und Frauenarbeit. Sie richtet sich gegen die Aufspaltung des weiblichen Lebenszusammenhanges in Teilprobleme und will die Konfliktlagen in ihren Wechselbeziehungen einer Bearbeitung zugänglich machen. Auf der Ebene der Konzeptbildung bedeutet dies die Integration verschiedener Zugänge, z.B.

von Beratung, Bildungs- und Kulturarbeit, so daß den Mädchen und Frauen nach Bedarf angemessene Angebote zugänglich sind, die auf verschiedener Ebene genutzt werden können.

3. Parteiliche Mädchen(bildungs)arbeit

3.1. Entstehung, Ziele und Organisationsformen

Pädagoginnen in der Jugendarbeit, die der Frauenbewegung nahestanden, entwickelten Ende der siebziger Jahre Ansätze einer parteilichen Mädchenarbeit aus der Erfahrung und Kritik an der Koedukation, die in den sechziger Jahren die als überholt angesehene geschlechtsgetrennte Pädagogik abgelöst hatte. Sie erkannten, daß die Jugendarbeit ihre Angebote und Hilfen zwar prinzipiell an Jungen und Mädchen richtete, in der Praxis aber an den Lebenslagen, Interessen und Problemen von Jungen orientiert war – zum Beispiel durch von Jungen bevorzugte Sport- und Werkstattangebote in den Häusern der offenen Tür. Den Mädchen schenkte die Jugendarbeit weniger Beachtung, machte ihnen „kompensatorische" Angebote oder betrachtete sie als „Anhängsel" der Jungen (vgl. Schumacher/Trauernicht 1986).

Koedukationskritik: Ausgangspunkt für Mädchenarbeit

In Absetzung dazu wurden analog zu den Projekten der Frauenbewegung neue Ansätze für die Arbeit mit Mädchen entwickelt, mit dem Ziel, ihnen eine selbstbestimmte und selbstverantwortete Identitätsarbeit und Lebensplanung zu ermöglichen und ihnen Lernfelder zu eröffnen, in denen sie sich ihrer selbst, ihrer Eigenschaften und Fähigkeiten vergewissern können, ein Selbstverständnis und Selbstbewußtsein über ihre Gleichwertigkeit entwickeln und neue Handlungsspielräume entdecken und erproben können. Die Mädchen sollen sich nach diesem Konzept der direkten Beurteilung und dem Zugriff durch Jungen entziehen können. Daher wird die Arbeit unter Ausschluß von Jungen in geschlechtshomogenen Räumen angeboten. Die Rolle der Pädagogin besteht darin, diese „Mädchenräume" herzustellen und abzusichern. Denn oftmals haben die Mädchen Interesse an gemeinsamen Aktivitäten und gegenseitigem Austausch, trauen sich in einem Umfeld, das die Kommunikation unter Frauen belächelt und abwertet, aber häufig nicht, den ersten Schritt zu tun. Die Pädagogin als die Erfahrenere stellt sich auch als Identifikationsfigur zur Verfügung und ermöglicht produktive Auseinandersetzungen über weibliche Lebenskonzepte. Dazu gehört die Fähigkeit, mit den durch Alter, Bildungsstand u.ä. gegebenen Unterschieden zwischen ihr und den Mädchen offen umzugehen, Nähe und Distanz in Balance zu halten.

Ziele parteilicher Mädchenarbeit

Rolle der Pädagogin

Mädchenarbeit findet heute unter verschiedenen Bezeichnungen, Organisationsformen und Trägerschaften statt. Grob lassen sich Ansätze, die in ausschließlich Mädchen vorbehaltenen Einrichtungen autonomer, kommunaler oder verbandlicher Träger umgesetzt werden, z.B. die Mädchentreffs und Mädchenhäuser (eigenständige Mädcheneinrichtungen) abgrenzen von Ansätzen in koedukativen Einrichtungen, z.B. Jugendbildungsstätten oder -freizeitheimen, in denen die Angebote regelmäßig oder unregelmäßig unter Ausblendung des koedukativen Zusammenhanges stattfinden (Mädchenarbeit in koedukativem Rahmen).

Verschiedene Organisationsformen und Trägerschaften

Eine weitere Differenzierung ergibt sich entlang der klassischen Gliederung der Jugendhilfe, also zwischen Ansätzen der Mädchenarbeit

- in den Einrichtungen und Maßnahmen der außerschulischen Jugendbildung (Jugendgruppen der Verbände, Kirchen, Parteien; Jugendfreizeiteinrichtungen, -heime; Jugendbildungsstätten in der Art von Tagungsheimen);
- in den erzieherischen Hilfen, insbesondere den Einrichtungen der Heimerziehung und sonstigen betreuten Wohnformen;
- in den familienergänzenden Einrichtungen der Kinderpflege, -erziehung und -bildung (Kindergärten, -tagesstätten und -horte).

Es gibt jedoch auch eigenständige Mädcheneinrichtungen, die quer zu dieser Systematik liegen, z.B. die ganzheitlichen Mädchenhäuser (siehe unten). Die Mädchenarbeit im Bereich der außerschulischen Jugendbildung ist bisher am weitesten entwickelt und wird daher im folgenden beispielhaft ausführlicher behandelt.

3.2. Mädchenarbeit in der Jugendbildung

Praxis der Mädchenbildung

In den koedukativen Einrichtungen der außerschulischen Jugendbildung findet die Mädchenarbeit als offenes Angebot in der Form von Treffpunktarbeit und als kontinuierliche Gruppenarbeit statt. Die offene Arbeit geht häufig in die etwas verbindlichere Gruppenarbeit über. Anknüpfend an den konkreten Interessenlagen der Teilnehmerinnen werden gemeinsame Aktionen geplant und verschiedene Themen bearbeitet. Neben Einzelangeboten für eine Stunde, einen Nachmittag oder Abend gibt es Projektangebote, in denen eine intensivere und umfassendere Auseinandersetzung in größeren Zeiteinheiten möglich ist. Ergänzend werden in den koedukativen Einrichtungen auch Mädchentage, -feste, und -treffen veranstaltet, um den Mädchen in diesen Einrichtungen die Möglichkeit zu geben, eine eigene Kultur zu entwickeln.

Handlungsformen

Miteinander reden, Sich-mitteilen, Sich-austauschen ist eine tragende Handlungsform von Mädchenarbeit, die aus keiner ihrer Organisationsformen wegzudenken ist. Weitere wichtige Handlungs- und Aktionsformen sind Rollen-, Plan- und Stegreifspiele, Phantasiereisen und -briefe, Interaktions- und Sensitivspiele/-übungen, Erkundungen, ergebnis- und produktionsorientierte sowie gruppenprozeßbezogene Aktivitäten.

Inhaltliche Schwerpunkte

Die Vielfalt der thematischen Schwerpunkte in der heutigen Mädchenbildungsarbeit kann in der folgenden Aufzählung nur angerissen werden:

- Identität und Lebensalltag: Eigene Identität und Lebensgeschichte, geschlechtsrollenstereotype Eigenschaften und Verhaltensweisen („Typisch Mädchen – typisch Junge!"), Mädchenfreundschaften, Mütter und Töchter, Lebenswelten in anderen Ländern;
- Sexualität, Liebe, Körper: Vorstellungen und Ansichten über Sexualität, eigene sexuelle Wünsche und Bedürfnisse und Erfahrungen, Lesbisch-sein, Menstruation, Körpergefühl und Schlankheitswahn;
- Private und berufliche Lebensplanung/Berufsfindung: Lebensentwürfe in eigener Regie, Partnerwahl, gesellschaftliche Arbeitsteilung, Berufswahl („Traum-Frau, Traum-Beruf, Traumkarriere");

- Gewerblich-technische/naturwissenschaftlich-technische Orientierung, neue Technologien;
- Selbstbehauptung und Selbstverteidigung („Ich stehe meine Frau – Selbstbehauptung und Rhetorik für Mädchen und Frauen");
- Mädchen-und Frauenkultur („Ich muß mal was für mich tun – von Therapie bis Ikebana", „Videofestival mit selbstgedrehten Mädchenfilmen");
- Öffentlichkeit und gesellschaftliche Partizipation: Frauenbewegung, Forderungen, Grundsätze und Entwicklungsperspektiven zu Staat und Gesellschaft, Paragraph 218, Strategien gegen Gewalt gegen Mädchen und Frauen.

In den letzten Jahren differenziert sich die Mädchenarbeit aus: Neue Themen kommen hinzu, und stärker als zuvor geht es um den bewußten Umgang mit den Differenzen unter Mädchen und Frauen. Gab es von Beginn an besondere Angebote für Mädchen unterschiedlicher Altersgruppen, Bildungsvoraussetzungen und nationaler Zugehörigkeit, so entstanden in den letzten Jahren auch Projekte für junge Mütter, für Mädchen mit Behinderungen und mit ausweichendem, süchtigen Verhalten. Spezielle Ansätze wurden auch für Mädchen und junge Frauen in ländlichen Regionen geschaffen. *Neuere Entwicklungen*

Angestoßen durch die Frauenbewegung, sind von Männern parallel zur Mädchenarbeit Konzepte einer geschlechtsspezifischen Jungenarbeit entwickelt worden. Den verschiedenen Ansätzen (reflektierte, antisexistische und parteiliche Jungenarbeit) liegt die gleiche Intention einer Neubestimmung von Männlichkeit unter Rücknahme des Machtanspruches zugrunde. Jungen sollen dabei die Möglichkeit erhalten, angstfrei an einengenden patriarchalen Rollenbildern zu arbeiten und eine positive männliche Identität zu entwickeln, die ohne die Unterdrückung und Abwertung von Frauen auskommt und dazu motiviert, destruktive Strukturen im Geschlechterverhältnis abzubauen (vgl. Sielert 1989; Ottemeier-Glücks 1990). Die Arbeit wird von Männern getragen; sie erreicht in der Praxis aber bei weitem nicht den Verbreitungsgrad der Mädchenarbeit. *Jungenarbeit: Neubestimmung von Männlichkeit*

3.3. Mädchenhäuser, Mädchenarbeit in den erzieherischen Hilfen

Langjährige Erfahrungen in der Mädchenarbeit haben gezeigt, daß ein spezielles Angebot für mißbrauchte, psychisch und physisch bedrohte Mädchen erforderlich ist. In Mädchenhäusern und Zufluchtsstellen finden Minderjährige Wohn- und Beratungsmöglichkeiten. Hier wird ihnen Schutz vor Bedrohung und Gewalt, sowie Ruhe und Verständnis geboten. Die Jugendlichen haben die Gelegenheit, ihre persönliche Situation zu klären und zu eigenständigen Entscheidungen zu kommen, zum Beispiel ob sie eine Rückkehr in die Familie beabsichtigen. Während die Zufluchtsstellen Mädchen und junge Frauen in Krisensituationen nur vorübergehend aufnehmen, bieten die im Rahmen der Frauenbewegung geschaffenen ganzheitlichen Mädchenhäuser konzeptionell vielfältig abgestufte Hilfen an, die neben der Beratung langfristige Wohnangebote, Selbsthilfebereiche, Zentren zur Freizeitgestaltung und Präventionsangebote umfassen. *Schutz vor Bedrohung und Gewalt*

Möglichkeiten zur Aufarbeitung belastender Erfahrungen

Neben den Zufluchtsstellen wurden innerhalb der erzieherischen Hilfen in den letzten Jahren weitere parteiliche Angebote für Mädchen geschaffen, zum Beispiel Mädchenwohngruppen innerhalb der Heime, Individualmaßnahmen und Angebote für junge Frauen mit Kindern. Durch die Frauenarbeit wurde hier ein Perspektivenwechsel eingeleitet, der die Mädchen und jungen Frauen jenseits der klassischen geschlechtsspezifischen Auffälligkeitsdefinitionen („sexuelle Gefährdung", „Lolita-Verhalten") in ihren oftmals massiven geschlechtsspezifischen Belastungen, dem großen Umgang erfahrener physischer, psychischer und sexueller Gewalt in den Blick nimmt. Die Mädchen erfahren in diesen Angeboten Akzeptanz, erhalten die Möglichkeit zur Aufarbeitung ihrer Erfahrungen und Unterstützung bei der Berufsfindung, -ausbildung und Lebensplanung.

3.4. Rechtliche Grundlagen

Eine wichtige gesetzliche Grundlage für die Mädchenarbeit ist das Kinder- und Jugendhilfegesetz (KJHG) insofern, als es dazu auffordert, „die unterschiedlichen Lebenslagen von Mädchen und Jungen zu berücksichtigen, Benachteiligungen abzubauen und die Gleichberechtigung von Mädchen und Jungen zu fördern" (§ 9, Abs.3). Die geschlechterdifferenzierende Arbeit wird als Querschnittsaufgabe und die Berücksichtigung der Interessen von Mädchen als integraler Bestandteil des gesamten Jugendhilfeangebotes definiert. Die in der Mädchenarbeit tätigen Pädagoginnen begreifen die Einmischung in strukturelle und politische Zusammenhänge und die Beteiligung an Gremien, Ausschüssen und politischen Willensbildungsprozessen als wesentliches Element ihrer Arbeit. Möglichkeiten der Aufnahme mädchengerechter Angebote in den Jugendhilfekatalog und in die Regelfinanzierung bietet zum Beispiel die kommunale Jugendhilfeplanung (§ 80 KJHG), bei der durch die Bildung von Arbeitsgemeinschaften zu Bedürfnissen und Interessen von Mädchen Einfluß gewonnen werden kann. Die in der Mädchenpolitik Engagierten können die Bestimmung nutzen, daß öffentliche Träger die Mittelvergabe an freie Träger davon abhängig zu machen haben, ob die in § 9 genannten Grundsätze beachtet werden (§ 74, Abs. 2).

Mädchenförderung als Gebot der Jugendhilfe

Sobald die Mädchenarbeit als Bestandteil der Jugendhilfeaufgaben praktiziert wird, gelten die allgemeinen gesetzlichen Grundlagen dieser Einrichtungen und Maßnahmen, z.B. für den Betrieb dieser Einrichtungen, die Bezahlung der Mitarbeiterinnen usw.

Autonome, ganzheitliche Projekte passen oft nicht in die gesetzlich vorgegebenen Strukturen und haben Probleme, bezuschußt zu werden. Zufluchtstellen zum Beispiel werden auf der Basis des § 42 KJHG – „Inobhutnahme"- finanziert, die auch gegen den Willen eines Mädchens möglich ist. Da dies den parteilichen Ansätzen widerspricht, sind in der Praxis Konflikte mit den zuständigen Behörden vorprogrammiert. Mitarbeiterinnen in der Jugendhilfe setzen sich für veränderte rechtliche Lösungen ein.

3.5. Mitarbeiterinnen in der Mädchenarbeit

Die Mehrzahl der in der Mädchenarbeit Tätigen sind Sozialpädagoginnen/-arbeiterinnen mit einer Fachhochschulausbildung, gefolgt von Pädagoginnen mit einem Universitätsstudium. Der Qualifikationserwerb für die Mädchenarbeit erfolgt nach Aussagen von Praktikerinnen überwiegend nicht an der Hochschule, sondern im Arbeitsfeld. Eine Quantifizierung der Stellen in der Mädchenarbeit ist nicht möglich, da die zur Verfügung stehenden Personalstatistiken der Jugendhilfe keine Angaben zu Schwerpunkten in der konzeptionellen Arbeit machen, sondern lediglich nach Einrichtungen oder Maßnahmen spezifizieren. So ist beispielsweise bekannt, daß 1990 54,3% der insgesamt 22.760 in der Jugendarbeit tätigen Personen weiblich waren. Wie viele sich davon allerdings der Mädchenarbeit widmen, kann aus diesen Daten nicht geschlossen werden (vgl. Neunter Jugendbericht, 1995).

Weibliches Personal in der Jugendbildung

Aus Praxisberichten geht hervor, daß die Mädchenbildungsarbeit inzwischen zwar „salonfähig" geworden ist, aber nach wie vor mit geringen finanziellen Mitteln und wenigen hauptamtlich Beschäftigten auskommen muß. Ein großer Teil der Arbeit wird von Honorarkräften und Praktikantinnen geleistet. Sie werden in den offenen und themenspezifischen Angeboten eingesetzt und benötigen als Voraussetzung die Motivation zur parteilichen Arbeit, pädagogische Kompetenzen in der Gruppenarbeit und themenspezifische Spezialkenntnisse. Die vielfältigen Aufgaben der Hauptamtlichen umfassen geschäftsführende und leitende Tätigkeiten, die Planung und Konzeption der Angebote, die Entwicklung von Programmen in Zusammenarbeit mit dem Team sowie schließlich die Öffentlichkeitsarbeit und politische Lobby- und Netzwerkarbeit, um die eigene Einrichtung bekannt zu machen, die gewünschten Zielgruppen zu erreichen, Bewußtseinsförderung zu betreiben und BündnispartnerInnen zu gewinnen (vgl. auch Möhlke/Reiter 1995).

Tätigkeitsschwerpunkte der Haupt- und der Nebenamtlichen

4. Frauenarbeit

4.1. Die Bewegung gegen Gewalt und die Frauenhäuser

Durch die Frauenbewegung ist Mitte der siebziger Jahre erstmals das große Ausmaß der männlichen körperlichen und seelischen Gewalt gegen Frauen, v.a. in Familie und Ehe, aufgedeckt und als Ausdruck männlicher Vorherrschaft gedeutet worden. Die Bewegung gegen die Gewalt verfolgte von Beginn an einen doppelten Anspruch: Durch die Einrichtung von Frauenhäusern soll mißhandelten Frauen und ihren Kindern Zuflucht, Hilfe und Beratung geboten werden, und zugleich soll durch eine damit verbundene Öffentlichkeitsarbeit Gewalthandeln von Männern gegen Frauen und Kinder kontinuierlich in die öffentliche Diskussion getragen und kritisiert werden, um zu einem Abbau der Gewalt beizutragen. 1992 gab es in Deutschland 324 Frauenhäuser einschließlich Frauenschutzwohnungen, davon 92 in den neuen Bundesländern. Ca. 160 der Frauenhäuser arbeiten autonom, die übrigen befinden sich in Trägerschaft verschiedener Wohl-

Anzahl der Frauenhäuser

fahrtsverbände. Vereinzelte Studien belegen einen hohen Bedarf und eine Überlastung bestehender Einrichtungen (vgl. Ministerium für die Gleichstellung von Frau und Mann 1992).

Kernpunkte der Konzepte der autonomen Häuser sind gemeinsame, hierarchiefreie Entscheidungsstrukturen, ein ganzheitlicher Beratungsansatz und die Hilfe zur Selbsthilfe. Frauenhäuser sind Tag und Nacht aufnahmebereit und gewähren Männern grundsätzlich keinen Zutritt. Da sich die Probleme in den Frauenhäusern, bedingt durch die AusländerInnenpolitik und Wohnungsnot, häufen, werden hohe Anforderungen an die Kompetenzen der Mitarbeiterinnen gestellt, Lösungen im Sinne der Frauen zu erreichen. Die Häuser in freier Trägerschaft unterscheiden sich von den autonomen darin, daß bei Beratungsangeboten auf Wunsch der Frau der Partner einbezogen wird, allerdings außerhalb des Frauenhauses. Außerdem gibt es Unterschiede im Selbstverwaltungsverständnis.

Ganzheitlicher Beratungsansatz

Die Arbeit wird in der Regel über mehrere Quellen finanziert, durch Personalkostenzuschüsse der Städte und Länder, Leistungen auf Grundlage des Bundessozialhilfegesetzes, eigene Zahlungen der Frauen und Sonderprogramme der Arbeitsämter. Die Frauenhausmitarbeiterinnen kritisieren das Individualisierungsprinzip der Finanzierung auf der Basis des Bundessozialhilfegesetzes, daß das gesellschaftliche Problem der Gewalt leugnet, und fordern eine institutionelle Förderung ihrer Arbeit.

Bei den Beschäftigten überwiegen die staatlich anerkannten Sozialarbeiterinnen/-pädagoginnen sowie – zumeist in der Arbeit mit Kindern – die Erzieherinnen. Die Arbeit wird getragen von hauptamtlichem Personal – die Stellenpläne sehen in der Regel zwei bis drei Stellen vor – und Praktikantinnen sowie ABM-Beschäftigten. Die Hauptamtlichen kümmern sich vorwiegend um Planung, Organisation und Öffentlichkeitsarbeit, während die nur vorübergehend Beschäftigten schwerpunktmäßig in der Arbeit mit Kindern, zusätzlicher Beratung, Nachbetreuung und Nachtbereitschaft eingesetzt sind.

Neuere Ansätze in der Arbeit gegen Gewalt

Um zu verhindern, daß die Gewalt gegen Frauen als „Frauenthema" in eine sozialpolitische Ecke abgedrängt wird, zielen neuere Konzepte darauf ab, die Gewalt durch ein abgestimmtes Vorgehen verschiedener gesellschaftlicher Instanzen – Politik, Polizei, Staatsanwaltschaft, Gerichte – öffentlich zu ächten und eindeutig zu sanktionieren. Für von Sexualdelikten Betroffene sind in einigen Städten Sonderdezernate bei Polizei und Staatsanwaltschaften eingerichtet worden.

Frauenberatungsstellen

Eng verknüpft mit der Geschichte der Frauenhäuser sind Frauenberatungsstellen, die die Nachbetreuung für ehemalige Frauenhausbewohnerinnen leisten und mit Notrufgruppen zusammenarbeiten, die vergewaltigten Frauen juristische und persönliche Beratung anbieten und Selbsthilfegruppen organisieren.

4.2. *Frauenarbeit auf den Gebieten Gesundheit und Therapie*

Mit den diesem Bereich zugehörigen Themen nahm die Frauenbewegung Ende der sechziger Jahre ihren Ausgang: Im Mittelpunkt standen die Debatte um den § 218, die weibliche Sexualität und Verhütung. Der Fremdbestimmung über den weiblichen Körper und die weibliche Gebärfähigkeit, die sich z.B. in Abtreibungsverboten manifestiert, und der gesellschaftlichen Normierung der Sexualität wurde das Ziel der Selbstbestimmung entgegengesetzt: Dies beinhaltet die Entdeckung des weiblichen Körpers und der Gebärfähigkeit als lustvolles Potential von Frauen, die Einsicht in die Veränderbarkeit gewaltförmiger Beziehungen und die Möglichkeit erotischer Erfahrungen unter Frauen. Die Frauenarbeit in diesem Bereich entwickelte sich zudem als Folge der Erkenntnis, daß die herkömmliche, männlich geprägte Medizin wesentliche Entstehungszusammenhänge von Gesundheit und Krankheit bei Frauen ausblendet und einer Pathologisierung weiblicher Körpervorgänge Vorschub leistet. Die organisatorischen und institutionellen Formen der Arbeit reichen von autonomen Frauengesundheits- und -therapiezentren, Beratungs- und Bildungseinrichtungen verschiedener Träger bis hin zu privaten Praxen und Gesundheitsbildungsangeboten bei Krankenversicherungen und Erwachsenenbildungseinrichtungen. Die Zahl der Projekte belief sich in den alten Bundesländern Anfang der neunziger Jahre auf ca. 145 (vgl. Runge 1992, S. 176).

Themen in den autonomen Projekten waren zunächst die Entwicklung neuer Möglichkeiten des selbstbestimmten Umgangs mit dem eigenen Körper bei Menstruation, Schwangerschaftsverhütung und Geburt, die Beratung bei geplantem Schwangerschaftsabbruch und die Auseinandersetzung mit der Heilkunst „weiser Frauen" des Mittelalters. In autonomen wie auch in anderen Einrichtungen werden Angebote zu Eßstörungen, weiblichem Suchtverhalten und die Selbsthilfe bei und nach schweren Krankheiten zunehmend wichtig. Bildung, Beratung und Therapie stellen wichtige Elemente der ganzheitlich orientierten Arbeit dar. Körperorientierte Methoden, z.B. Entspannungsübungen, Massage und Tanz, erweitern das Angebot. Auch die zahlreichen feministischen Psychotherapieansätze nutzen moderne Körpertherapien als Zugang für die Bearbeitung des Leidens von Frauen an ihren spezifischen Entfremdungs- und Belastungszusammenhängen.

Vielfalt der Themen und Arbeitsansätze

Auch für diesen Bereich lassen sich keine präzisen statistischen Angaben zur Arbeitsmarktlage machen. Es ist davon auszugehen, daß ehrenamtliche bzw. nebenberufliche und freie Formen vor allem in den autonomen Projekten gegenüber hauptamtlichen Anstellungsverhälnissen überwiegen. Im Bereich der Gesundheitsbildung traditioneller Träger, vor allem der Krankenkassen, sind in den letzten Jahren Stellen geschaffen worden. Die auf diesen Gebieten tätigen Pädagoginnen verfügen zum Teil über außerhalb des Studiums erworbene Zusatzausbildungen, etwa in verschiedenen psychotherapeutischen Ansätzen, oder haben andere einschlägige Spezialkenntnisse erworben (z.B. zu alternativen Heilverfahren). In den Gesundheits- und Therapiezentren kooperieren meist Angehörige medizinischer, psychologischer und pädagogischer Berufe miteinander.

4.3. *Initiativen und Projekte zum Thema Mutterschaft*

Eine große Zahl von Frauenprojekten (1991: ca. 410) beschäftigt sich mit dem Thema Muttersein von Frauen und Fragen der Kinderbetreuung. Auch in den zahlreichen Elterninitiativen, Eltern-Kind-Gruppen und Lerngruppen (1991: ca. 2.700; vgl. Runge 1992) sind Frauen in starkem Maße engagiert. Auch die Selbsthilfe Alleinerziehender wird fast ausschließlich von Frauen geleistet.

Die Lebensrealität von Müttern ist in der Frauenbewegung immer ein wichtiges und heftig diskutiertes Thema gewesen, denn die Gebärfähigkeit der Frau als Kristallisationspunkt ihrer Unterdrückung erschwert einen unbefangenen Umgang mit diesem Thema. Mütterlichkeitsideologien, die gesellschaftliche Norm der optimalen Förderung des Nachwuchses und die niedrige Bewertung der Erziehungs- und Versorgungsarbeit wirken sich im Alltag von Frauen mit Kindern belastend aus. In der Frauenpolitik werden der Ausbau der öffentlichen Kinderbetreuung und strukturelle gesellschaftliche Veränderungen gefordert, um eine Vereinbarkeit von Kindererziehung und Beruf für beide Geschlechter zu ermöglichen. Seit 1980 entstanden in größeren Städten Mütterzentren als Selbsthilfeeinrichtungen, die Kontakt- und Austauschmöglichkeiten, gegenseitige Unterstützung und Bildungsangebote für Frauen mit ihren Kindern schaffen. Jenseits der Isolation der Kleinfamilie wollen die Zentren den Frauen in ihrem Muttersein Anerkennung und Bestätigung ermöglichen. Die Arbeit basiert auf dem Laiinnenprinzip, aber die Angebote der Frauen in Kursen u.ä. werden finanziell honoriert. Das Spektrum der Aktivitäten reicht vom offenen Bereich über Gesprächskreise zu verschiedenen Themen, wie Fragen des Alleinerziehens, Sozialhilfeabhängigkeit, Probleme ausländischer Mütter usw. bis hin zu Kleiderbasaren, Reparaturdiensten, Mittagstischangebot, Kinderbetreuungsdiensten und Bildungsangeboten für Berufsrückkehrerinnen.

4.4. Frauenbildung

Die Bildungsarbeit mit Frauen hat im Gefolge der autonomen Frauenbewegung eine enorme Ausweitung, Differenzierung und Strukturerweiterung erfahren. Sie findet in Form fraueneigener Projekte und im Rahmen bestehender Erwachsenenbildungseinrichtungen, Verbände, Gewerkschaften, Parteien und Kirchen statt. Inzwischen sind die Programme der meisten Volkshochschulen, kirchlichen Akademien oder privaten Bildungseinrichtungen ohne Frauengesprächskreise und -foren, Tages- und Wochenendseminare oder Bildungsurlaube für Frauen nicht mehr denkbar. Hochschulen öffnen ihre Tore seit den achtziger Jahren gelegentlich für Nichtakademikerinnen (Berliner Sommeruni, Frauenforen im Revier) oder bieten Frauenstudien als Fortbildung für (Familien-) Frauen an. Überdies hat sich ein breit gefächertes autonomes Bildungsangebot mit Einrichtungen wie den Frauenferienhäusern, Frauenschulen u.ä. gebildet. Das Spektrum der angebotenen Themen ist auch hier vielfältig und reicht von Fragestellungen zur Frauenbewegung, -geschichte, -kultur und -politik bis hin zur beruflichen Fort- und Weiterbildung.

Im Mittelpunkt der methodischen Zugänge stehen erfahrungsbezogene und handlungsorientierte Ansätze. Teilnehmerinnenorientierung, Einbeziehung ganzheitlicher Lernformen und die Befähigung zu eigenständigem Handeln sind Grundprinzipien in der Arbeit. Biographische Zugänge, in denen Frauen eine Aufarbeitung ihrer Lebensgeschichte jenseits der gesellschaftlichen Normierungen ermöglicht wird sowie körperorientierte Ansätze zur Steigerung der Erlebnis- und Ausdrucksfähigkeit erweitern heute das Methodenspektrum (vgl. Schiersmann 1993).

Einen hohen Stellenwert nimmt die berufliche Fort- und Weiterbildung innerhalb der neueren Frauenbildung ein. Eine Vielzahl von Weiterbildungskonzeptionen sind auf Arbeitsmarktpositionen und die spezifischen Lebensbedingungen von Frauen, z.B. Alleinerziehenden, älteren Frauen und Ausländerinnen zugeschnitten und durchgeführt worden. Wichtige Schwerpunkte bilden die Angebote für gering qualifizierte Frauen, Frauen mit diskontinuierlichen Berufsbiographien bzw. Berufsrückkehrerinnen und für weibliche Arbeitslose in den neuen Bundesländern. *Berufliche Fort- und Weiterbildung*

Unter Titeln wie „Neuer Start ab 35" wollen Weiterbildungsangebote für Wiedereinsteigerinnen Angebote zur beruflichen Neuorientierung geben und den erfahrungsgemäß langwierigen und widersprüchlichen Prozeß begleiten, bei dem die beruflichen Wünsche der Frauen mit den Bedürfnissen der Familienmitglieder und den Bedingungen des Arbeitsmarktes in Einklang gebracht werden müssen. Die Weiterbildungsangebote zielen zum einen auf die Vermittlung berufsbezogener Kenntnisse und Fertigkeiten, zum anderen stellen sie ein Forum für die Reflexion der Neuorientierung dar und wollen die Teilnehmerinnen darin unterstützen, ihre Interessen realistisch einzuschätzen und selbstbewußt neue Bildungs-, Berufs- und Lebensperspektiven anzugehen. *Angebote für Wiedereinsteigerinnen in den Beruf*

Angesichts der Vielzahl und Unterschiedlichkeit der Angebote und Träger der Weiterbildung – sie reichen von den Betrieben über öffentliche und private Bildungswerke bis hin zu autonomen Fraueninitiativen – wurden in letzter Zeit spezielle Informations- und Beratungsmöglichkeiten für weiterbildungsorientierte Frauen geschaffen. Diese meist bei kommunalen Verwaltungen oder Arbeitsämtern angesiedelten Stellen konzentrieren sich neben ihrer Aufgabe der beruflichen Eingliederung auch auf Angebote zur Berufsorientierung junger Frauen und auf die betriebliche Frauenförderung. *Beratung zur Berufsorientierung und Weiterbildung*

Die Arbeit in der Frauenbildung wird überwiegend von nebenberuflichen Lehrkräften geleistet, die die jeweils zu vermittelnden Fachgebiete aufgrund eines Hochschulstudiums beherrschen. Hauptamtliche Mitarbeiterinnen sind z.B. in den herkömmlichen Institutionen als Referentinnen für ein größeres Fachgebiet zuständig. In Volkshochschulen beträgt die Frauenquote bei den nebenberuflich Tätigen 38%, bei den Hauptamtlichen dagegen 16% (vgl. Schiersmann 1993, S. 249). Außerhalb von Volkshochschulen wird ein großer Teil der Dozentinnen im Rahmen von Arbeitsbeschaffungsmaßnahmen tätig.

Wie auch in den übrigen Bereichen der Mädchen- und Frauenarbeit hängt die Frauenbildung stark vom persönlichen Engagement einzelner Mitarbeiterinnen ab. Der inhaltliche Bezug aufgrund der Nähe zur Frauenbewegung und ihren Zielen begründet bei vielen Dozentinnen eine hohe Motivation für die Arbeit, andererseits erscheint es vielen frustrierend, daß ihnen nur in begrenztem Umfang Geld, Zeit und Anerkennung zugestanden wird.

4.5. Die Arbeit der Gleichstellungsbeauftragten

In den Verwaltungen der Städte, Landkreise und Gemeinden sind Gleichstellungsbeauftragte tätig; darüber hinaus haben die Kirchen, einzelne Verbände und Wirtschaftsunternehmen Frauenfördermaßnahmen ergriffen. Einzelne Bundesländer haben Gleichstellungsgesetze verabschiedet, die die Aufgaben und Kompetenzen der Frauenbeauftragten in den Kommunen und Landesbehörden regeln. Das Bundesgleichstellungsgesetz trat 1994 in Kraft und regelt ausschließlich die Gleichstellung innerhalb der Bundesbehörden. Die Gleichstellungsbeauftragten in öffentlichen Institutionen arbeiten zumeist hauptamtlich. Es gibt unterschiedliche Modelle der Ansiedlung der Frauenbeauftragten und der Ausstattung mit Rechten; typisch ist das Modell der Stabsstelle mit Querschnittsfunktion. Die Arbeit der Frauenbeauftragten richtet sich auf die Durchsetzung der Gleichstellung in der internen Struktur der Verwaltung, z.B. durch Frauenförderpläne, und die damit verbundene Beratungs- und Aufklärungsarbeit. Zum anderen agiert die Gleichstellungsbeauftragte für die Aufhebung der Benachteiligung von Frauen in der Öffentlichkeit. Wichtige Schwerpunkte sind die Organisation von Bildungsmaßnahmen, Ausstellungen und Veranstaltungen zu verschiedenen Themen und die Unterstützung bei der Vernetzung der Gruppen und Initiativen vor Ort. In Gleichstellungsstellen Tätige kritisieren „Webfehler" in der Organisationsstruktur und in der Ausstattung ihrer Kompetenzen sowie zu geringe materielle und personelle Ressourcen für eine effektive Arbeit (vgl. Wilken 1992).

Gleichstellungsgesetze

Aufgaben der Frauenbeauftragen

5. Ausblick

Da sich das Feld der neueren Mädchen- und Frauenarbeit stark ausgedehnt und je unterschiedlich spezialisiert hat, bietet sie für Absolventinnen erziehungswissenschaftlicher Studiengänge mit sozialpädagogischer und erwachsenenpädagogischer Schwerpunktsetzung sowie für Fachhochschulabsolventinnen in Sozialpädagogik/Sozialarbeit ein breites und differenziertes Einsatzfeld für professionelle Arbeit. Die Ansätze der Mädchen- und Frauenarbeit sind aus dem Spektrum sozialer Angebote nicht mehr wegzudenken, wenn dies auch nicht heißt, daß ihr Fortbestehen immer gesichert wäre. Anders formuliert: Die beruflichen Möglichkeiten in diesem Feld verbessern sich vermutlich in dem Maße, wie es gelingt, die Ansätze der Mädchen- und Frauenarbeit in den verschiedenen Bereichen der Jugendhilfe, der Erwachsenenbildung und der übrigen Gebiete politisch durchzusetzen.

Strukturelle Probleme und Mängel in der Qualifikation zur Mädchen- und Frauenarbeit

Die Verankerung der Geschlechterperspektive und die Durchsetzung von Mädchen- und Fraueninteressen stößt auf männlich geprägte Strukturen innerhalb der Sozial- und Bildungsberufe. Zwar bilden Frauen in Ausbildung und Beruf zahlenmäßig die Mehrheit, im Prozeß der Ausdehnung, Differenzierung und Verwissenschaftlichung gerieten sie aber in den Status einer Minderheit insofern, als Aufgaben der Planung, Leitung, Ausbildung und Forschung zu einem unverhältnismäßig hohen Anteil von Männern ausgeübt werden. Für die Ausbildung bedeutete dies die Verallgemeinerung männlicher Wissenschafts- und Politikentwürfe und die Ausblendung und Abwertung der Zugänge und Erfahrungen von Frauen. Einstellungen und Motive für den Beruf, zum Beispiel die in übrigen gesellschaftlichen Bereichen anerkannten personenbezogenen Orientierungen, werden mehr als subjektive Barrieren und Defizite, denn als Qualifikationsvoraussetzungen thematisiert. So ist festzustellen, daß die Praxis der Mädchen- und Frauenarbeit entsprechenden Ansätzen in Ausbildung, Wissenschaft und Forschung ganz entschieden vorauseilt. Der hohen Bedeutung des Handlungsfeldes Mädchen- und Frauenarbeit und der Erkenntnis ihrer innovativen Funktion für Theoriebildungen und Praxisentwürfe im Bildungs- und Sozialwesen wird in Ausbildung, Wissenschaft und Forschung noch immer zu wenig entsprochen. Bisher fehlen z.B. eine bundesweit umfassende, befriedigende Datenlage zur Mädchen- und Frauenarbeit, eine systematische Evaluation ihrer vielfältigen Praxisansätze sowie Mittel für den Aufbau erziehungswissenschaftlicher Frauenforschungsschwerpunkte.

Das Einbringen der Geschlechterperspektive in Ausbildung, Wissenschaft und Forschung steht noch am Anfang, die Veränderung des Geschlechterverhältnisses in der Profession bleibt auch auf längere Sicht frauenpolitisches Anliegen und fachpolitische Notwendigkeit.

Literatur

Brückner, M./Holler, S.: Frauenprojekte und soziale Arbeit. Frankfurt a.M. 1990.
Bruner, C.F.: Mädchenforschung in der Bundesrepublik Deutschland. Eine Literaturdokumentation. München 1991.
Bundestagsdrucksache 10/1007: Sachverständigenkommission. Sechster Jugendbericht: Verbesserung der Chancengleichheit von Mädchen in der BRD. Bonn/Bad Godesberg 1984.
Bundesministerium für Frauen und Gesundheit: Frauen in der Bundesrepublik Deutschland. Bonn 1992.
Gerhard, U.: Unerhört. Die Geschichte der deutschen Frauenbewegung. Reinbek 1990.
Gladisch, R.: Verortung von Mädchenarbeit innerhalb von Jugendhilfe – Anforderungen an Jugendhilfestrukturen und Jugendhilferecht. In: Institut für soziale Arbeit Münster (Hrsg.): Betrifft Mädchen 1 (1993), S. 4-8.
Hartwig, I.: Sexuelle Gewalterfahrungen von Mädchen. Konflikten und Konzepte mädchenorientierter Heimerziehung. Weinheim/München 1990.
Heiliger, A./Kuhne, T. (Hrsg.): Feministische Mädchenpolitik. München 1993.
Klees, R./Marburger, H./Schumacher, M.: Mädchenarbeit. Praxishandbuch für die Jugendarbeit.Teil I. Weinheim/München 1992.
Metz-Göckel, S./Nyssen, E.: Frauen leben Widersprüche. Zwischenbilanz der Frauenforschung. Weinheim/Basel 1990.
Ministerium für die Gleichstellung von Mann und Frau des Landes NRW: Frauenhäuser in Nordrhein-Westfalen. Ein Erfahrungsbericht. Düsseldorf 1992.
Möhlke, G./Reiter, G.: Feministische Mädchenarbeit: gegen den Strom. Münster 1995.
Ottemeier-Glücks, F.G.: Emanzipatorische Jungenarbeit. In: Heiliger, A./Funk, H. (Hrsg.): Neue Aspekte der Mädchenförderung. München 1990, S. 53-70.
Runge, B.: Frauen-Selbsthilfe und Frauenprojekte. In: Faber, G/Meyer, H. (Hrsg.): Unterm neuen Kleid der Freiheit das Korsett der Einheit. Auswirkungen der deutschen Vereinigung für Frauen in Ost und West. Berlin 1992, S. 173-181.
Salomon, A.: Soziale Frauenbildung. Leipzig/Berlin 1908.
Schiersmann, C.: Frauenbildung: Konzepte, Erfahrungen, Perspektiven. Weinheim/München 1993.

Schumacher, M./ Trauernicht, G.: Offene Jugendarbeit mit Mädchen in NRW. Münster 1986.
Sielert,U.: Jungenarbeit. Praxishandbuch für die Jugendarbeit, Teil II. Weinheim/München 1992.
Simmel-Joachim, M.: Frauen in der Geschichte der sozialen Arbeit – zwischen Anpassung und Widerstand. In: Cremer, C./Bader, C./Dudeck, H. (Hrsg.): Frauen in sozialer Arbeit. Zur Theorie und Praxis feministischer Bildungs- und Sozialarbeit. Weinheim/München 1990.
Sotelo, E. de: Frauen fallen durch. Eine kritische Begründung sozialpädagogischer Frauenbildungsarbeit. Weinheim 1992.
Wilken, L.: Einmischung erlaubt – kommunale Frauenbüros in der Bundesrepublik. Hamburg 1992.

VIII. Medien- und Kulturpädagogik: Medienerziehung, Kulturarbeit, jugendkulturelle Bildung

Hans-Jürgen von Wensierski

Inhalt

1. Medienpädagogik
1.1. Entwicklung und Konzepte der Medienpädagogik
1.2. Handlungsfelder und Institutionen der Medienpädagogik
1.3. Medienpädagogik als Berufsfeld
2. Kulturarbeit und Kulturpädagogik
2.1. Entwicklungslinien der Kulturarbeit
2.2. Konzepte und Praxisfelder der Kulturarbeit und jugendkulturellen Bildung
2.3. Kulturarbeit als Arbeitsmarkt und Berufsfeld

Literatur

Medienpädagogik und Kulturpädagogik ist gemeinsam, daß sie beide Bereiche repräsentieren, die als Wissenschafts(sub)disziplin wie als Handlungsfelder noch kaum konsolidiert sind und auch über keine umfassende konsistente Theoriebildung verfügen. Ein erster Unterschied läßt sich demgegenüber in der Verankerung der beiden Bereiche innerhalb der Pädagogik als Wissenschafts- und Handlungssystem ausmachen. Während sich die Kulturpädagogik/Kulturarbeit heute vor allem als ausdifferenziertes Feld außerschulischer kultureller Praxis mit einer Vielzahl von institutionalisierten pädagogischen Kontexten erweist, steht ein solcher Institutionalisierungs- und Professionalisierungsprozeß für die Medienpädagogik noch weitgehend aus. Auch wenn es erste Beispiele für außerschulische, explizit medienpädagogisch orientierte Praxisfelder gibt (z.B. Medienwerkstätten, Kinder- und Jugendkino-Projekte, Video- und Filmwerkstätten usw.), so scheint die Bedeutung der Medienpädagogik innerhalb der Erziehungswissenschaft doch nach wie vor weniger auf diesem Aspekt der Konstituierung eines eigenständigen pädagogischen Handlungsfeldes zu liegen, als vielmehr in einer spezifisch kritischen Perspektive der PädagogInnen auf die sozialisatorische, biographische und sozialökologische Bedeutung von technischen Massenmedien für Kinder und Jugendliche. Insofern zeigt sich bei einem ersten Versuch der Systematisierung dieses Feldes, daß weniger eine Pluralität von Handlungsfeldern als eine Pluralität von Forschungsperspektiven auf den Zusammenhang Medien – Gesellschaft – Individuum die Teildisziplin Medienpädagogik strukturiert. Medienpädagogik, das meint vor allem auch die verschiedenen pädagogischen Konsequenzen und Konzepte, die sich aus den Ergebnissen der Medienwissenschaft, der Publizistik, der psychologischen und soziologischen Kommunikationsforschung, der Jugendmedienforschung, der Medienwirkungsforschung, der Programmanalysen und Publikumsforschung, der Unterrichtsforschung und der Forschung zur Technikfolgenabschätzung ergeben (vgl. Hiegemann/Swoboda 1994).

Unterschiede von Medienpädagogik und Kulturpädagogik

1. Medienpädagogik

Versucht man eine erste Annäherung, dann kann man Medienpädagogik als Gruppenbegriff für alle pädagogischen Beschäftigungen mit Medien in Theorie und Praxis verstehen. Die vier Arbeitsprogramme der Medienpädagogik – Medienerziehung, Mediendidaktik, Medienkunde und Medienforschung (vgl. Issing 1987, S. 24ff.) – richten ihr Augenmerk dabei auf medienvermittelte Bildungs- und Sozialisationsprozesse sowie auf die Lern- und Handlungsmöglichkeiten, die sich insbesondere für Kinder und Jugendliche im zunehmend mediatisierten Alltag erschließen lassen.

Definition der Medienpädagogik

Bei der Frage, wie sich Medienpädagogik von Kulturpädagogik unterscheidet, der es schließlich gleichfalls um soziale und kulturelle Lernprozesse im Rahmen einer medial vermittelten Interaktion und Kommunikation mit Hilfe von Theater, Musik, Literatur und Bildender Kunst, aber auch Film und Video geht, fallen vor allem zwei Aspekte auf: Erstens, obwohl die Medienpädagogik prinzipiell einen weitgefaßten Begriff medienvermittelter Kommunikation postuliert, der kaum unterscheidbar ist von einer umfassenderen symbolisch vermittelten Interaktion, stehen doch weniger die Kommunikations- und Interaktionsverhältnisse des Alltags schlechthin im Fokus des Interesses der Medienpädagogik. Kennzeichnend ist in ihren Aufgabenstellungen und Zielperspektiven vielmehr eine Vergegenständlichung und Engführung des Medienbegriffs auf die modernen technischen Massenmedien.

Ein zweiter zentraler Unterschied zur Kulturpädagogik besteht darin, daß die Medienpädagogik ihren so zugeschnittenen Gegenstand unter der Perspektive eines potentiellen Bedrohungsszenarios betrachtet. Die Entwicklung hin zu den modernen Medientechnologien und ihr tendenziell inflationärer Bedeutungszuwachs innerhalb der Alltagskommunikation vor allem von Kindern und Jugendlichen wird je nach Position als latentes oder als manifestes Problem für die kritische, mündige und aktive Auseinandersetzung mit einer medienvermittelten Konstruktion der sozialen Wirklichkeit betrachtet. Explizit ist diese Bedrohungsperspektive traditionell im Kontext der bewahrpädagogischen Ansätze und des Jugendschutzes angesiedelt. Implizit läßt sich eine solche Perspektive aber selbst bei den medienpädagogischen Diskussionen um die Medienwirkungsforschung und bei den Konzepten einer handlungsorientierten Medienarbeit ausmachen.

1.1. Entwicklung und Konzepte der Medienpädagogik

Die Entstehung und Entwicklung der Medienpädagogik in Deutschland ist eng verbunden mit der Entwicklung und dem Einfluß einer medienkritischen Jugendschutzbewegung, die sich seit Anfang des Jahrhunderts in immer neuen Wellen der wachsenden Bedeutung von Massenmedien für den Alltag der nachwachsenden Generation entgegenstellte. Medienerziehung konstituierte sich in diesem Kontext vor allem als „Bewahrpädagogik", die in modernisierten Varianten bis heute wirksam bleibt. Merkmal einer solchen „bewahrpädagogischen" Position war zu Beginn des Jahrhunderts und später in den fünfziger Jahren eine kulturpessimistische Deutung des kulturellen und technologischen Wandels in der Gesellschaft: Die mit der zunehmenden Technisierung und „Vermassung" einhergehenden Tendenzen innerhalb der entstehenden Freizeit- und Kulturindustrie wurden als zivilisatorischer Rückfall hinter die pädagogischen Bemühungen um das bildungsbürgerliche Ideal einer Kulturpubertät gedeutet, während die Philologen als Priesterorden des deutschen Bildungsguts in der jungen Generation „das heilige Feuer" des Geisteslebens „entzünden" sollten (vgl. Spranger 1925, S. 249). Kinder und Jugendliche galten in dieser Perspektive – gestützt auf entwicklungspsychologische Vermutungen über eine potentielle Reizüberflutung in der modernen Gesellschaft – vor allem als gefährdete Rezipienten, die hilflos den psychischen Deprivationsprozessen solchen unkontrollierten Medienkonsums ausgesetzt sind. Die Strategie dieser bewahrpädagogischen Medienerziehung ist bis heute zweigleisig. Zum einen setzt sie auf die Kontrolle der Medien. Neben einer umfangreichen Gesetzgebung zum Bereich des Jugendmediensschutzes und eigens dazu geschaffenen Institutionen wie die „Bundesprüfstelle für jugendgefährdende Schriften" oder die „Freiwillige Selbstkontrolle der

Die medienkritische Jugendschutzbewegung

Filmwirtschaft (FSK)" gehören dazu vor allem regelmäßig wiederkehrende Medienkampagnen der einschlägigen Jugendschutzverbände. Zum anderen zielt sie auf eine erzieherische Kontrolle jugendspezifischer Räume: Hier setzt die Aufgabe einer schulischen und außerschulischen Medienerziehung an. Während ältere Ansätze der Bewahrpädagogik vor allem Abstinenz gegenüber den Massenmedien postulierten, setzen die neueren Vertreter auf die erzieherische Aktivierung einer kritischen Wachsamkeit gegenüber den Gefahren der Massenmedien. Gestützt auf die Kritikfähigkeit von Kindern und Jugendlichen gilt es, ein „aktives Rezipientenverhalten" im Sinne einer sinnvollen Auswahl der Mediennutzung zu erreichen (vgl. Keilhacker 1968, 1979; zusammenfassend: Schorb 1994).

Wenngleich auch heute noch jugendschützerische Positionen im Sinne einer bewahrpädagogischen Tradition feststellbar sind, so hat doch seit den siebziger Jahren ein weitreichender Perspektivenwechsel stattgefunden, der sich unter dem Stichwort „handlungsorientierte Medienpädagogik" zusammenfassen läßt.

Handlungsorientierte Medienpädagogik stellt das vergesellschaftete und handlungsfähige Subjekt in den Mittelpunkt ihrer Konzeption. Mediennutzer sind demnach nicht passive Rezipienten, sondern aktive Mitgestalter ihrer mediatisierten Lebenswelt. Erste Vorläufer einer solchen subjektbezogenen Medienerziehung finden sich bereits im Gefolge der Reformpädagogik bei Otto (1916) und vor allem bei Reichwein, der im Rahmen seiner sog. „Seherziehung" auf eine offensive und kritische Auseinandersetzung seiner SchülerInnen mit den damals noch neuen audiovisuellen Medien setzte. Ziel war die Schärfung des Reflexionsvermögens der SchülerInnen für die verschiedenen Inhalts- und Bedeutungsebenen der Medien und ihrer Botschaften (vgl. Reichwein 1967).

<small>Handlungsorientierte Medienpädagogik</small>

Bausteine für eine explizit handlungsorientierte Medienpädagogik entwickelten sich dann seit den siebziger Jahren zunächst im Rahmen von ideologie- und kulturkritischen Medienanalysen (vgl. das Konzept „Visueller Kommunikation"; Ehmer 1971) und durch den Bezug auf verschiedene Studien über die Struktur der Öffentlichkeit in modernen Gesellschaften und die Möglichkeiten zur Schaffung von kritischen Gegenbewegungen (vgl. Habermas 1962; Enzensberger 1970; Negt/Kluge 1972) sowie in stärker interaktionistisch ausgerichteten Analysen, die insbesondere den Aspekt einer interpretativen und gestaltenden Auseinandersetzung des Individuums mit seiner sozialen Wirklichkeit betonten (vgl. Habermas 1971; Teichert 1973; Baacke 1973).

<small>Aufgabe einer handlungsorientierten Medienpädagogik</small>

Die handlungsorientierte Medienpädagogik versteht den Umgang mit Medien als interpretative und gestaltende Auseinandersetzung mit der sozialen Wirklichkeit im Rahmen von medienvermitteleter Kommunikation. Subjekttheoretische Voraussetzung für solches kommunikatives Handeln ist in dieser Perspektive die Kommunikations- und Handlungskompetenz. Bei medienvermittelten Interaktionen ist nun entscheidend, daß Handlungskompetenz ihrerseits Wahrnehmungskompetenz voraussetzt. Wahrnehmungsprozesse sind die Grundlage für die Konstitution von Sinn und Bedeutung im kommunikativen Handeln. Wenn aber Wahrnehmungsprozesse entscheidend die Interpretation der sozialen Wirklichkeit bestimmen und medienvermittelte Interaktionen entscheidend die Wahrnehmungsprozesse mitstrukturieren, dann ist Handlungskompetenz durch die Fähigkeit bestimmt, die Konstitutionsbedingungen der eigenen Wahrnehmungsprozesse im Kontext der sozialen „Zeichen- und Symbolwelten (Medienwelten)" (Baacke 1992, S. 43) reflektieren zu können. Hier setzt handlungsorientierte Medienpädagogik an: Ihre Aufgabe ist die „Wahrnehmungsbildung" – nicht im Sinne der normativen Ausbildung eines Geschmackssinns für das Wahre, Schöne und Gute, sondern als Bildung einer kritischen und selbstreflexiven Kompetenz im aktiven Umgang mit einer zunehmend mediatisierten Lebenswelt („Mediennutzungskompetenz"; vgl. Sander/Vollbrecht 1987, S. 133ff.). Dieser bildungstheoretische Impetus zielt explizit auf die sozialen Kosten, die auch handlungsorientierte Medienpädagogen in der zunehmenden Mediatisierung insbesondere auch der Sozialisationsräume vermuten: Thematisiert werden hier die „Wahrnehmungsverschmutzung" (Baacke 1992, S. 40) als moderner Variante der These von der Reizüberflutung, die Auflösung der Unterscheidbarkeit von Realität und medienproduzierten Simulationswelten (vgl. überblicksartig dazu Krüger/von Wensierski 1990) sowie die sozialstrukturellen Auswirkungen gesellschaftlicher Mediatisierung auf die Organisation von Arbeit und Freizeit.

Eine bildungspolitische Legitimation bezieht die Medienpädagogik darüber hinaus aus den Befürchtungen um die Konstitution neuer sozialer Ungleichheiten im Gefolge einer forcierten Mediatisierung. Auf der Basis der sog. Knowledge-Gap-These („Wissenskluft") wird bisweilen die Gefahr einer sozialen Kluft zwischen neuartigen Informations-Eliten und sozialen Gruppen, die von solchem technologischen Herrschaftswissen ausgespart bleiben, konstatiert (vgl. Saxer 1988; Baacke 1994; Sander/Vollbrecht 1994, S. 373f.). Die Aufgabe medienpädagogischer Konzepte bestünde demnach in der kompensatorischen oder differentiellen Gegensteuerung gegenüber solchen potentiell ungleichen Bildungschancen (vgl. Armbruster u.a. 1984).

Die „Knowledge-Gap-These"

1.2. Handlungsfelder und Institutionen der Medienpädagogik

(a) Außerschulische Medienpädagogik

Anders als im Bereich der Kulturarbeit kann die außerschulische Medienpädagogik auf keine ausdifferenzierte institutionalisierte und professionalisierte Struktur zurückgreifen. Von einigen freien Initiativen und Projekten (etwa: Medien-, Film- und Videowerkstätten) abgesehen, erscheint die Medienpädagogik vor allem als spezifisches, gegenstandsbezogenes Methodensetting innerhalb der Handlungsfelder der außerschulischen Kinder- und Jugendarbeit, Jugendbildung sowie der Kulturarbeit. Dem umfangreichen Netz der außerschulischen Medien-Institutionen kommt vor allem die Aufgabe einer infrastrukturellen Grundversorgung (Technik und Software) im Bereich der Medienarbeit sowie koordinierende und übergreifende bildungs- und medienpolitische Aufgaben zu. Ihre pädagogische und bildungspolitische Bedeutung liegt insbesondere in der medienpädagogischen Aus- und Weiterbildung von Multiplikatoren (ErzieherInnen, SozialpädagogInnen, LehrerInnen u.a.).

Die außerschulische Medienpädagogik

Beispiele für überregionale Medienanbieter sind etwa das „Institut für Film und Bild in Wissenschaft und Unterricht" (FWU), das vor allem Schulen mit audiovisuellen Medien versorgt; das „Institut Jugend Film Fernsehen e.V.", das

Institutionen des Medienbereichs

sich durch eine Verbindung von theoretischer medienpädagogischer Forschung und praktischen pädagogischen Hilfen (z.B. Periodika) auszeichnet.

Das „Adolf Grimme Institut" des Deutschen Volkshochschulverbandes widmet sich insbesondere dem Zusammenhang von Medienpädagogik und Erwachsenenbildung, der Medienbeobachtung und -kritik (z.B. Fernsehpreis) und bietet auf verschiedenen Ebenen ein Forum für medienpolitische Diskurse. Unter der Trägerschaft der Akademie Remscheid für musische Bildung und Medienerziehung gibt es seit 1977 ein bundesweit agierendes „Kinder- und Jugendfilmzentrum" (KJF), das sich insbesondere dem Bereich außerschulischer Medienarbeit widmet. Das KJF erarbeitet medienpädagogische Konzepte, führte eigene Medienprojekte durch, ist im Bereich der Weiterbildung tätig und initiiert vielfältige innovative Aktivitäten (z.B. Jugendfotopreis, Medienverzeichnisse, mediendidaktische Empfehlungen).

Weitere Beispiele für bedeutsame bundesweit agierende Träger im Bereich der Medienarbeit sind die Arbeitsgemeinschaft für Jugendfilmarbeit und Medienerziehung, die Bundesarbeitsgemeinschaft der Jugendfilmclubs e.V. in Aachen, das „Deutsche Institut für Fernstudien" an der Universität Tübingen sowie die Landeszentralen und die Bundeszentrale für politische Bildung.

Von diesen überregionalen und bundesweit operierenden Medieninstitutionen abgesehen, findet die außerschulische Medienpädagogik vor allem in den lokalen und kommunalen Bereichen der Jugendhilfe – insbesondere der Jugendarbeit und des Jugendschutzes – statt. Wenngleich auch hier immer noch der rezeptive Umgang mit den Medien dominiert (Filmabende, illustrativer Einsatz von Medien im Rahmen von themenbezogenen Veranstaltungen usw.) werden jedoch seit der verbreiteten Verfügbarkeit der Neuen Medien (Video, Computer, Multimedia) zunehmend auch Projekte einer aktiven Medienarbeit entwickelt und ausprobiert. Beispiele solcher Projekte sind etwa Video- und Computergruppen, Kinder-Medien-Werkstätten, die Erstellung von Video-Magazinen, Kinder-Kino-Projekte, Jugendradio- und Hörspielprojekte, Foto- und Ton-Dia-Projekte bis hin zu Computerworkshops (vgl. Pluskwa 1986; Damm/Schröder 1987; Brenner/Niesyto 1993).

Medienpädagogik im Bereich der Jugendhilfe

Die Einsicht in eine inzwischen weitreichende Mediatisierung auch des kindlichen Alltags hat zudem die Frage nach einer vorschulischen Medienerziehung dringlich werden lassen. Einschlägige Konzepte über den Einsatz im Kindergarten zielen hier nicht mehr auf die illusorische Rekonstruktion heiler – d.h. medienfreier – Kinderwelten, sondern suchen die Auseinandersetzung mit der vorfindlichen häuslichen Mediensozialisation von Kindern (vgl. DJI 1994; Tietze/Peek/Link 1989).

Medienerziehung im Kindergarten

Außerhalb der sozialpädagogisch ausgerichteten Medienarbeit haben sich Initiativen einer freien Medienarbeit entwickelt, die insbesondere in gesellschaftskritischer Reaktion auf den Siegeszug der Neuen Medien sowie der zunehmend kommerziellen Medienlandschaft entstanden sind. Ihre Programmatik orientiert sich weiterhin an der Idee und Funktion einer kritischen Gegenöffentlichkeit für die Demokratisierung der mediatisierten Informationsgesellschaft (vgl. Kinter 1994). Insbesondere seit den ersten Kabelpilotprojekten zu Beginn der achtziger Jahre haben sich – etwa im Rahmen sog. „Offener Kanäle" – zahlreiche alternative Radio-, Fernseh- und Videoinitiativen entwickelt, die sich um partizipativen

Initiativen und Projekte freier Medienarbeit

Bürgerrundfunk bemühen. Im Bereich der Computerszene stehen dem vergleichbar die Computer- und Hacker-Clubs gegenüber, die sich wie der Chaos-Computer-Club in Hamburg nicht nur um einen freien Informationszugang für alle, sondern auch um die Datenschutzproblematik und damit um eine soziale Technikfolgenabschätzung bemühen.

(b) Medienpädagogik in Schule und Unterricht

Angesichts der noch in den Anfängen steckenden Professionalisierungstendenzen einer außerschulischen Medienpädagogik sind Schule und Unterricht heute immer noch die zentralen Orte für eine Medienerziehung. Ihr Stellenwert und ihre konzeptionelle Ausgestaltung ist allerdings von Schule zu Schule und von Bundesland zu Bundesland höchst unterschiedlich. Eine Reihe von Ländern verfügt inzwischen über ausgearbeitete Gesamtkonzeptionen schulischer Medienerziehung (vgl. Knauf 1994, S. 278). Allerdings bedeuten solche Konsolidierungsprozesse keineswegs, daß die schulische Medienpädagogik nunmehr als eigenständiges Fach oder auch nur im Rahmen eines klar strukturierten und abgrenzbaren Unterrichtsblocks verankert wäre. Medienerziehung erfolgt vielmehr fächerübergreifend, indem die verschiedensten medienrelevanten Aspekte querschnittartig den gesamten Fächerkanon durchziehen – mit einem Schwerpunkt im Deutsch- und Kunstunterricht. Eschenauer kommt in einer Analyse der medienpädagogischen Curricula denn auch zu dem Schluß, daß medienpädagogische Aspekte zwar in hohem Maße in den Lehrplänen anzutreffen seien, deren systematische Verankerung und Zuordnung in den Fächern sei aber höchst unzureichend. Herausragendes Kennzeichen der Medienpädagogik in den Lehrplänen sei ihre „weitgehende Unverbindlichkeit" (Eschenauer 1989, S. 387).

Medienerziehung in der Schule

Tulodziecki, der die übergreifende Aufgabe schulischer Medienerziehung vor allem in der Förderung des „intellektuellen und sozialen bzw. moralischen Urteilsvermögens" (Tulodziecki 1989, S. 197) sieht, nennt vier spezifische Aufgabenschwerpunkte, denen die Schule heute in bezug auf das Medienthema gegenübersteht (ebd., S. 83-196): Erstens, die Aufarbeitung der subjektiven Medienwirkungen. Dies beinhaltet sowohl die Analyse der emotionalen Reaktionen auf Medienprodukte (z.B. Angst, Aggression), wie auch die Folgen einer selektiv verengten Realitätswahrnehmung durch Medien, wie sie etwa auch im Rahmen des „Agenda-Setting-Aproach" diskutiert werden (vgl. Edelstein 1983; Schenk 1987). Schließlich umfaßt dieser erste Aufgabenschwerpunkt auch noch die Frage medienvermittelter Handlungs- und Orientierungsmuster. Der zweite Aufgabenschwerpunkt richtet sich auf die tatsächliche Mediennutzung und den Medienkonsum in der kindlichen und jugendlichen Lebenswelt. Angesichts des relativ hohen Zeitbudgets, das Kinder und Jugendliche heute für Mediennutzung aufwenden, erscheine die Befähigung zu einer „sinnvollen Mediennutzung" als eine wichtige medienerzieherische Aufgabenstellung der Schule. Das zielt nicht nur auf eine kritische und selbstreflexive Auswahl von Medienangeboten, sondern auch auf die Schaffung von schulischen Anregungsmilieus für Handlungsalternativen. Das weist zugleich auf den dritten Schwerpunkt – die aktive Medienarbeit. Kinder und Jugendliche sollen hier – vor allem im Rahmen von Projektarbeit – selbst zu „Produzenten von medialen Botschaften" (ebd., S. 141)

Vier Aufgabenschwerpunkte schulischer Medienerziehung

werden. Solche aktiven Medienprojekte gelten gewissermaßen als Königsweg einer kritischen und handlungsorientierten Medienerziehung. In der Rolle des kreativen Akteurs würden nicht nur die technischen und ästhetischen Möglichkeiten und Probleme bei der medialen Umsetzung eigener Interessen und Botschaften sichtbar. Eine solche produkt- oder prozeßorientierte Auseinandersetzung impliziere auch die Entwicklung und den Ausbau von qualitativen Anspruchsniveaus gegenüber eigenen und fremden Medienprodukten und – so die pädagogische Hoffnung – eine Immunisierung gegenüber Manipulationsmechanismen (ebd., S. 142). Der vierte Aufgabenschwerpunkt zielt schließlich auf die Medienanalyse und Medienkritik. Dieser Bereich umfaßt neben der Analyse einzelner Medienprodukte (z.B. Filme, Werbung) vor allem auch die Diskussion des gesellschaftlichen Strukturzusammenhangs von Medienproduktion, -verbreitung und -rezeption (vgl. Tulodziecki 1989).

1.3. Medienpädagogik als Berufsfeld

Von der Medienpädagogik als einem eigenständigen Berufsfeld kann bis auf den heutigen Tag noch kaum die Rede sein. Auch wenn sich in den letzten Jahren der Anteil an medienpädagogischen Ausbildungsmöglichkeiten erheblich erweitert hat, handelt es sich dabei doch vor allem um Ausbildungsanteile in anderen pädagogischen oder sonstigen akademischen Berufen oder um Zusatzqualifikationen: z.B. als Wahlpflichtbereiche (sozial)pädagogischer Fachhochschul- und Universitätsstudiengänge oder als Studienanteile in der Ausbildung von KommunikationswissenschaftlerInnen, PublizistInnen, JournalistInnen usw.

Der Professionalisierungsprozeß in der Medienpädagogik

Auch die langjährigen Bemühungen, für die Medienpädagogik ein eigenes Berufsbild zu entwerfen (vgl. Baacke 1985; Schäfer 1989; Wunden 1994), haben bis heute noch nicht die Konstitution einer eigenständigen medienpädagogischen Profession in einem abgrenzbaren Arbeitsmarktsegment sichern können. Eine solche Zielrichtung ist allerdings im Kontext der medienpädagogischen Debatte auch durchaus umstritten. So stellt Aufenanger die Legitimation der Medienpädagogik als einer autonomen Teildisziplin der Pädagogik schlechthin in Frage: „Nur zu sagen: ‚Es gibt neue Medien und Entwicklungen zu neuen Informationstechnologien, die sich auf den Menschen auswirken, und *deshalb* brauchen wir eine Medienpädagogik', scheint mir aus pädagogischer Sicht nicht ausreichend. Zielvorstellungen im pädagogischen Handeln sollten sich aus philosophischer, anthropologischer und gesellschaftstheoretischer Sicht begründen lassen, wollen wir nicht blind einer Praxis folgen, über deren Ideologie wir uns (noch) nicht im klaren sind. Für die Medienpädagogik würde dies heißen, sich erst einmal ihrer Zielvorstellung zu vergewissern, bevor sie sich als eigenständige Teildisziplin der Pädagogik etablieren sollte" (Aufenanger 1988).

Medienpädagogik oder Kulturarbeit?

Über diese konstitutionstheoretische Fragestellung hinaus zeigt die Analyse m.E., daß auch die neueren Konzepte der Medienpädagogik mit ihrer Fokussierung auf die neuen massenmedialen Technologien in dem Dilemma zwischen einer technisch orientierten Medienkunde bzw. Mediendidaktik und einem auf soziale Kontrolle und Prävention bedachten Jugendmedienschutz verfangen bleiben. Eine handlungsorientierte Medienpädagogik, die sich aber lösen will von bloßer kritischer Medienanalyse und der kognitiven Vermittlung von medialen Nutzungsfertigkeiten und statt dessen die kreativen Potentiale in Medienprojekten erschließen will, wird regelmäßig zur Kulturarbeit/Kulturpädagogik.

2. Kulturarbeit und Kulturpädagogik

Unter Kulturarbeit und Kulturpädagogik wird heute in erster Linie das äußerst heterogene Feld außerschulischer kultureller Praxis verstanden: Die Kultur- und sozio-kulturellen Zentren, Theaterinitiativen, Jugendkunstschulen, Schreibwerkstätten, Spielprojekte, Theater- und Museumspädagogik, Künstlerhäuser, Stadtteilprojekte, Kinderzirkusprojekte, aber auch die Formen kultureller Arbeit und Bildung im Kontext von Jugendfreizeitstätten, Volkshochschulen und Musikschulen. Kulturarbeit

Dieser Vielfalt an Einrichtungen und Handlungsfeldern steht zudem eine unübersichtliche Pluralität an konzeptionellen Begriffen gegenüber. Kulturarbeit erweist sich vor diesem Hintergrund als Gruppenbegriff für unterschiedliche theoretische Zugänge und Perspektiven. Teilweise synonym, teilweise voneinander abgrenzend umfaßt der Bereich Kulturarbeit gleichzeitig solche Konzepte wie: soziokulturelle Arbeit, Jugendkulturarbeit, soziokulturelle Jugendarbeit, kulturell-ästhetische Bildung, soziale Kulturarbeit, kulturelle Sozialarbeit, Kulturpädagogik, ästhetische Erziehung, kulturelle Jugendbildung, musisch kulturelle Bildung, Stadtteil-Kulturarbeit, alternative Kultur, Subkultur, ästhetische Praxis, kulturelle Animation, Kultur-selber-machen (vgl. Richard 1984, S. 14ff.; Oehrens 1993, S. 22). Konzepte der Kulturarbeit

Kulturarbeit läßt sich dabei als ein pragmatischer Handlungszusammenhang bezeichnen, in dem sich sowohl kulturtheoretische, ästhetisch praktische und kulturpolitische Ebenen miteinander verbinden. Kennzeichnend für die Praxis gegenwärtiger Kulturarbeit ist das Spannungsverhältnis zwischen unabhängiger freier Kulturarbeit und den etablierten Instituten der traditionellen Hoch-Kultur, in dem sich zugleich das Dilemma aktueller – vor allem kommunaler – Kulturpolitik in Zeiten knapper finanzieller Ressourcen ausdrückt. Ebenen der Kulturarbeit

Unstrittig ist dabei das in den letzten Jahren gestiegene allgemeine Interesse an Kultur und Kulturpolitik. Auch wenn die voreilig euphorische Programmatik von der Kulturgesellschaft als ökonomisch folgerichtiger Fortentwicklung einer nach-industriellen Dienstleistungsgesellschaft letztlich der technologischen Variante einer mikroelektronisch hochgerüsteten Informationsgesellschaft der neunziger Jahre weichen mußte, so ist die grundlegende Bedeutung von Kultur und Kulturpolitik für die gesellschaftlichen Modernisierungsprozesse doch unbestritten. Allerdings bleibt dieses „neue Interesse an Kultur" höchst zwiespältig in seinen Motivlagen – eingekeilt in das Spannungsverhältnis zwischen der unverzichtbaren und konstruktiven bzw. kritischen Bedeutung der Kultur innerhalb der Ambivalenzen gesellschaftlicher Modernisierungsprozesse zum einen und der Funktionalisierung von Kultur für die Markt- und Konsuminteressen expandierender Medienindustrien oder als infrastruktureller Zierrat im Rahmen regionaler Wirtschaftsförderung und Stadtentwicklungsplanung zum anderen (vgl. Kramer 1988).

2.1. Entwicklungslinien der Kulturarbeit

Während erste Konzeptualisierungen einer Kulturpädagogik bereits bei Spranger (1925) und anderen Vertretern der geisteswissenschaftlichen Pädagogik formuliert sind und erste Ansätze einer „Jugendkulturarbeit" bis zu Wynnecken (1914) und seinem reformpädagogischen Wirken im Kontext der bürgerlichen Jugendbewegung zurückverfolgt werden können, so läßt sich das heutige Feld der Kulturarbeit und Kulturpädagogik doch eher vor dem Hintergrund sozial- und kulturgeschichtlicher Entwicklungen seit den siebziger Jahren rekonstruieren und verstehen.

Zwei Entwicklungslinien der Kulturarbeit

Dabei lassen sich verschiedene Entwicklungslinien ausmachen, deren gemeinsame Klammer in den gesellschaftlichen Modernisierungs- und Demokratisierungsprozessen im Gefolge der Studentenbewegung nach 1968 sowie der sozial-liberalen Reformbemühungen nach 1969 gesehen werden kann.

Neue soziale Bewegungen

Die erste Entwicklungslinie verweist auf die Herausbildung „neuer sozialen Bewegungen", die in kultureller Hinsicht seit den siebziger Jahren zur Ausdifferenzierung und Pluralisierung einer vielschichtigen „Alternativszene" führten (vgl. Roth/Rucht 1987). Hier organisierten sich in neuen subkulturellen Milieus gesellschafts- und institutionenkritische, meist junge Leute und probierten gegenkulturelle Entwürfe zur etablierten Gesellschaft. „Freie Künstlergruppen, die die Institutionen verlassen hatten, Bürgerinitiativen, Jugendzentrumsbewegung, Frauengruppen, Geschichtsinitiativen, Laienkunstgruppen und viele andere waren Träger neuer Kunst- und Kulturformen, die im Zusammenhang mit der gesellschaftlichen und politischen Aufbruchphase der End'sechziger und frühen siebziger Jahre entstanden waren" (Sievers/Wagner 1992, S. 13).

Die sozialdemokratisch orientierte „neue Kulturpolitik"

Die zweite Entwicklungslinie der Kulturarbeit resultiert demgegenüber unmittelbar aus der Reformeuphorie sozialliberaler Politikplanung, die sich unter den Stichworten: „mehr Demokratie wagen", „Chancengleichheit" und den damit verbundenen bildungsreformerischen Ansprüchen auch dem Kulturbereich zuwandte. Unter dem Programm einer „neuen Kulturpolitik" wurde der etablierte Kulturbetrieb einer grundlegenden Kritik unterzogen: Hauptansatzpunkte waren dabei die elitären und restaurativen Momente des traditionellen Hoch-Kulturbegriffs. Kulturpolitik wurde demgegenüber als so etwas wie die Fortsetzung der Sozialpolitik mit anderen Mitteln gedacht: Unter dem neu geschaffenen Begriff „Soziokultur" sollten der Kultur neue soziale Gruppen erschlossen werden, zugleich sollte eine „nicht-affirmative Kultur" ihre Relevanz für gesellschaftliche Themen und Probleme und ihr Potential für eine Veränderung gesellschaftlicher Verhältnisse dokumentieren (vgl. Glaser/Stahl 1974, S. 27ff.). Unter dem Postulat von der „kulturellen Chancengleichheit" und gestützt auf einen nunmehr „erweiterten Kulturbegriff" entwickelte sich eine vor allem auch pädagogisch konzipierte Kulturarbeit, der es im Sinne ihrer sozialdemokratischen Forderung „Kultur für alle" (Hoffmann 1979) immer auch um Kulturvermittlung (vgl. Glaser/Stahl 1974, S. 29) gehen mußte: z.B. durch Museums- und Theaterpädagogik, Reformierung des Kunstschulunterrichts oder durch Öffnung der Kultureinrichtungen für „kulturfremde Nutzergruppen" (vgl. Sievers/Wagner 1992, S. 15).

Spannungsverhältnis zwischen freier Kulturszene und staatlicher Kulturpolitik

Wenngleich sich beide Entwicklungslinien durch die Orientierung an einem erweiterten Kulturbegriff auszeichneten, war das Verhältnis zwischen der „neuen Kulturpolitik" und den freien Kulturgruppen – den Theaterinitiativen, den freien

KünstlerInnen, den subkulturellen Jugendstilen usw. – keineswegs unproblematisch. Während sich nämlich viele freie Gruppen und Szenen den Instrumentalisierungsbemühungen ihrer Kulturarbeit für die Ziele sozialliberaler Gesellschaftspolitik widersetzten und diesen die Autonomie kultureller Eigentätigkeit entgegensetzten, entdeckte auf der anderen Seite die Kulturpolitik seit Mitte der siebziger Jahre nunmehr auch die Kulturarbeit als Organisationszusammenhang, in dem es darum gehen müsse, „die disparaten Ansätze der Kulturarbeit zu organisieren" (Richard 1984, S. 18). Kulturpolitik manifestiert sich in der Folge zunehmend auch als Kulturadministration, deren Aufgabe sich allerdings nicht in der Verwaltung von Kulturarbeit erschöpfen sollte, sondern entsprechend ihrem gesellschaftspolitischen Anspruch in „Kulturentwicklungsplanung" mit dem Anspruch gestalterischer Interventionen innerhalb des Kulturbetriebs weiterentwickelt wurde (vgl. Richard 1984, S. 18ff.; Eichler 1983).

Auch wenn die Etablierung einer solchen planungsorientierten Kulturadministration auf der Basis sozialstaatlicher Steuerungs- und Rationalisierungsprozesse als sozialtechnologische Befriedungsstrategie im Umgang mit den durchaus kritischen sozialen Bewegungen und Kulturinitiativen verstanden werden kann (vgl. Röbke 1992), so ermöglichen ihre neu entwickelten förderpolitischen Instrumente zum Ende der siebziger Jahre doch zugleich auch einen erheblichen Zuwachs an kulturellen Initiativen, sozio-kulturellen Einrichtungen und Projekten. Es entstehen soziokulturelle Zentren, Kulturwerkstätten, Kulturinitiativen auf Stadtteilebene, Jugendmusik- und Jugendkunstschulen. In den achtziger Jahren treten die programmatischen Debatten um eine Gegen- und Alternativkultur und eine sozialreformerisch orientierte Kulturpolitik denn auch zurück gegenüber einem sich zunehmend ausdifferenzierenden Praxisfeld Kulturarbeit – an die Stelle konzeptioneller Programmarbeit tritt postmoderne Selbstbescheidenheit: „Vielfalt als Konzeption" lautet die Formel. Die ehemals „alternative" Kulturarbeit etabliert sich zur freien Kulturszene, die neben den traditionellen Kulturinstituten (Oper, Theater, Museum) zum anerkannten zweiten (wenn auch stets bedrohten) Standbein innerhalb des förderungswürdigen Kulturbetriebs wird.

Vielfalt als Konzeption

Im Rahmen dieser Konsolidierung der freien Kulturszene seit den achtziger Jahren lassen sich zudem Professionalisierungs- und Institutionalisierungsprozesse beobachten, die zum einen durch die Etablierung öffentlicher Förderprogramme, zum anderen durch die Einrichtung entsprechender Ausbildungs- und Weiterbildungsprogramme begleitet werden (vgl. Wagner 1992; Niederbremer 1988). Der damit einhergehende institutionalisierte Ausbau der Kulturarbeit im Verlauf der achtziger Jahre bedingte, nicht zuletzt auf dem Hintergrund der zunehmenden Sparprogramme in den öffentlichen Haushalten, darüber hinaus den Aufbau interessenpolitischer Vertretungssysteme, was sich in der Gründung einer Vielzahl von Arbeitsgemeinschaften und Fachverbänden auf Landes- und Bundesebene niederschlug (vgl. Sievers/Gehrke 1992). Neben der ‚Wiederentdeckung' auch privater Finanzierungshilfen auf der Basis privater Stiftungen oder des ‚Kultur-Sponsoring' (vgl. Kolfhaus/Eichler 1993, S. 62ff.) und der Entwicklung neuer Förderinstrumente (z.B. Feuerwehrfonds und selbstverwaltete Förderungsstrukturen; vgl. ebd., S. 56ff.) werden in jüngster Zeit unter einer sozialökologischen Perspektive vor allem die Verzahnung freier und öffentlicher Kulturarbeit im Rahmen sog. „Kulturpädagogischer Netzwerke" (vgl. von Kathen/Ver-

Kulturarbeit in Zeiten knapper Finanzhaushalte

meulen 1992, S. 170f.; Honig/Zacharias 1993) und die Möglichkeiten einer Modernisierung und Rationalisierung kultureller Planung und Administration mit Hilfe neuer Konzepte von Entwicklungsplanung und Kulturmanagement diskutiert.

2.2. Konzepte und Praxisfelder der Kulturarbeit und jugendkulturellen Bildung

Kulturpädagogik

Der Versuch einer Rekonstruktion dessen, was sich unter Kulturpädagogik verstehen läßt, erweist sich, wie die meisten Begriffsbestimmungen im Kontext der Kulturarbeit, als schwierig. Das Spektrum der Bedeutungen reicht von spezifischen Konzepten kulturpädagogischer Praxis (z.B. die „Pädagogische Aktion", vgl. Mayrhofer/Zacharias 1977) über die Definition als Methode einer „umfassenden Vermittlungsform für kulturbezogene Bildung und Praxis" (Oehrens 1993, S. 47) bis zu den Versuchen einer Konzeptualisierung der Kulturpädagogik als erziehungswissenschaftlicher Teildisziplin (vgl. Müller-Rolli 1988). Im Sinne dieser letzten Definition ist unter Kulturpädagogik denn auch kein spezifischer Handlungszusammenhang zu verstehen, der sich als Gegenstandsfeld etwa sinnvoll von anderen Konzepten der Kulturarbeit abgrenzen ließe. Kulturpädagogik erweist sich vielmehr als spezifischer Ausbildungs- und Reflexionszusammenhang (Studium, Forschung, Methoden- und Theoriebildung), in dem sich die Erziehungswissenschaft mit den Bedingungen, Möglichkeiten und Zielen der Vermittlung von Kultur im Sinne ästhetischer Wahrnehmungen und Erfahrungen beschäftigt. Kulturpädagogisches Handeln ist dabei auf die Initiierung individueller Bildungsprozesse in außerschulischen Bildungs- und Kultureinrichtungen gerichtet, in denen es auf der Basis freiwilliger Teilnahme auch um die Verminderung sozialer Ungleichheit durch unterschiedliche kulturelle Reproduktionschancen geht. In Anlehnung an das kultursoziologische Konzept von Bourdieu (1983) sieht Müller-Rolli die kulturpädagogische Vermittlungsleistung ästhetischer Wahrnehmung und Erfahrung bildungstheoretisch als Chance zur „Inkorporation kulturellen Kapitals" (Müller-Rolli 1988, S. 21). Dabei geht es, im Unterschied zur Schulpädagogik, nicht um Leistung und Lernerfolge, sondern um die Initiierung selbstreflexiver Prozesse, in denen die Teilnehmer sich aktiv mit der Angebotsstruktur der ästhetischen Praxis (Malerei, Musik, Theaterspielen Literatur usw.) auseinandersetzen (ebd.). Nicht die perfekte Beherrschung musischer und ästhetischer Techniken ist das Ziel kulturpädagogischer Bemühungen, sondern die Erweiterung der kommunikativen und ästhetischen Wahrnehmungs- und Darstellungsmöglichkeiten im Kontext jeweils konkreter lebensweltlicher Bezüge.

Praktisch wird eine solche pädagogisch bildungstheoretische Konzeption vor allem in zwei Bereichen, in denen sich in den letzten 10 Jahren eine verstärkte Ausrichtung auf kulturpädagogische Elemente feststellen läßt: in der Sozialpädagogik/Sozialarbeit als soziale Kulturarbeit sowie in der außerschulischen Jugendbildung als jugendkulturelle Bildung bzw. als Jugendkulturarbeit.

Das Spannungsverhältnis von Sozialpädagogik und Kulturarbeit

Das Verhältnis von Sozialpädagogik und Kulturarbeit erwies sich in der Vergangenheit stets als prekäres Spannungsverhältnis. Zwar waren traditionell Elemente einer ästhetischen Praxis immer auch Bestandteil von Jugendarbeit gewesen, allerdings zumeist reduziert auf den instrumentalisierten Einsatz von ästhetisch-handwerklichen Techniken (Malen, Basteln, Spiele) zum Zwecke sozialpädagogischer Gruppenbildung. Noch für die siebziger Jahre lassen sich innerhalb der Sozialpädagogik zudem deutlich abweisende und mißtrauische Positionen ausmachen, die in einer wachsenden Bedeutung kultureller Arbeit vor allem Befriedungs- und Verblendungsstrategien vermuteten. Im Verlauf der achtziger Jahre kehrt sich dieses Bild allerdings grundlegend um. Wohl nicht zuletzt in Reaktion auf die Krise der Jugendarbeit, die angesichts des Strukturwandels der Jugendphase, schwindender Teilnehmerzahlen und knapper Haushaltskassen die Jugendarbeit zunehmend unter Legitimationsdruck setzt, erfahren kulturpädagogische Konzepte in der Sozialpädagogik einen regelrechten Boom (vgl. Brenner 1986, S. 350; Richard 1984, S. 22ff.). Kulturarbeit, verstanden als neues und attraktives Methodensetting erscheint angesichts der neu konstatierten „soziokulturellen Emanzipation der Jugend" (vgl. Böhnisch/Münchmeier 1987) vielfach als eine Art Königsweg aus der Krise der Jugendarbeit. Versuche einer theoretischen Neu-Bestimmung des Verhältnisses von Sozial- und Kulturarbeit postulieren in jüngerer Zeit so etwas wie ein „kulturelles Mandat" der Sozialpädagogik (vgl. Treptow 1988). Gemeint ist damit die Bedeutung, die Sozialpädagogik „zur Ermöglichung kultureller Aneignungs- und Ausdrucksformen" gerade für benachteiligte und ausgegrenzte Gruppen sowie zur Unterstützung der Selbstbehauptungsbemühungen von Teilkulturen habe (vgl. ebd., S. 83 u. 91f.).

Spätestens seit der Adaption der kulturtheoretischen Arbeiten des Centre for Contemporary Cultural Studies (vgl. Clarke u.a. 1979; Brake 1981) für die Konzeptualisierung einer ästhetischen Praxis mit Jugendlichen, zeichnet den Begriff der Jugendkulturarbeit jene Ambivalenz aus, die sich einstellt, wenn pädagogische Konzepte einer ästhetischen Erziehung oder kulturellen Bildung zugleich die Eigenständigkeit und Kreativität jugendkultureller Stile und Praxen konstatieren müssen (vgl. Hartwig 1980; Richard 1984). „Jugendkultur" (vgl. dazu Baacke 1993; Baacke/Ferchhoff 1993) als Gegenstandsfeld der Jugendkulturarbeit hat also immer schon diese doppelte Bedeutung: Der Begriff beschreibt zum einen die alltagsorientierte, ganzheitliche Auffassung jugendlicher Lebenslagen und Sinnzusammenhänge, zum anderen – in einem engeren Sinne – kennzeichnet er die ästhetisch-künstlerischen Praktiken von Jugendlichen (vgl. Nachtwey 1987).

<small>Jugendkulturarbeit und jugendkulturelle Bildung</small>

Eine Jugendkulturarbeit, die sich als altersphasenspezifische Form der Kulturarbeit ihrer Zielgruppe „Jugendliche" nähern will, hat insofern zunächst die Besonderheiten zu beachten, die sich aus den Modernisierungs- und Individualisierungsprozessen innerhalb der jugendlichen Lebenswelten ergeben: Den Strukturwandel der Jugendphase, der aus der Übergangs- und Vorbereitungsphase des Jugendalters eine Lebensphase von eigener biographischer Qualität neben dem Erwachsenenalter macht und mit einem veränderten Selbstverständnis und Selbstbewußtsein Jugendlicher, nicht zuletzt gegenüber den Versuchen einer Pädagogisierung und Kolonialisierung ihrer Lebenswelten, einhergeht; die Pluralisierung und Ausdifferenzierung jugendlicher Gruppen- und Lebensstile, was für Jugendkulturarbeit bedeutet, daß sie in der Praxis immer mit einer Pluralität von gleichwertig nebeneinanderexistierenden Jugendkulturen konfrontiert wird; schließlich eine umfassende Vergesellschaftung von Jugend und Jugendkultur, was jugendkulturelle Ausdrucksformen immer als einen unauflösbaren Zusammenhang von Eigenaktivität und Konsumtion, von Jugendkultur und Kulturindustrie, von biographischer Identität und mediatisierter Selbstinszenierung erscheinen läßt.

Das Medium bzw. Kontinuum, in dem Jugendkulturarbeit unter den genannten Voraussetzungen wirksam wird, ist die ästhetische Praxis (vgl. Hartwig 1980). Ästhetische Praxis umfaßt sowohl die Eigenproduktionen jugendkultureller Selbstinszenierungen und die Objektivationen jugendlicher Symbolwelten, als auch initiierte ästhetische Produktionen im Rahmen der Vermittlung und Umsetzung medialer und künstlerischer Techniken wie Malerei, Musik, Theater usw. Zentrale Merkmale solcher Praxis innerhalb der Jugendkulturarbeit sind aber die Animation zu Eigentätigkeit und eigener Produktion sowie eine alltagsweltliche Orientierung, die in ihren Themenstellungen am Selbstverständnis der Jugendlichen und vorfindlicher jugendkultureller Praxen ansetzt. Allerdings ist es nicht die Aufgabe von Jugendkulturarbeit, gleichsam die Alltagserfahrungen von Jugendlichen zu verdoppeln oder die ‚Exotik' expressiver Stile für ihre Zwecke auszuschlachten. Sie enthält gegenüber dem Alltag auch ein widerständiges, kritisches Moment, insofern sie die Konstitution von Differenzerfahrungen zur Grundlage ihres methodischen Vorgehens macht – Differenz, verstanden als Konfrontation der eingeschliffenen alltäglichen und biographisch sedimentierten Wahrnehmungsformen mit dem Ungewohnten, Neuen und Fremden (vgl. Treptow 1988, S. 86). Eine so verstandene Jugendkulturarbeit „versucht die Sinnzusammenhänge einzelner Lebensbereiche wieder deutlich zu machen und Netze zu spannen, in denen sich das Vertraute im eigenen Alltag mit dem Neuen, Unbekannten vermischt. Sie strebt die Verzahnung unterschiedlichster Lebens-, Tätigkeits- und Inhaltsbereiche durch konkretes Handeln an. Sie versucht, Kindern und Jugendlichen ein Stück Partizipation zu ermöglichen, indem sie Anlässe zur Neu- und Mitgestaltung ihres sozialen und kulturellen Umfeldes bietet" (Schäfer 1988, S. 17). Gleichwohl sind die Übergänge zwischen alltagskulturellen Aktionsformen und explizit bildungsbezogenen musisch-kulturellen Vermittlungsformen mit einer größeren Nähe zu den darstellenden und bildenden Künsten fließend. Die Formen der Jugendkulturarbeit reichen von Straßenfesten mit Kindern und Jugendlichen, über Theaterprojekte im Rahmen von Jugendbildungsstätten, Kulturprogramme in Jugendzentren, Kinder- und Jugendzirkusprojekte, stadtteilbezogene Malaktionen, soziokulturelle Zentren, Kreativwerkstätten, Ausstellungsprojekte bis hin zu Jugendkunstschulen.

Aufgabenstellung und Arbeitsformen der Jugendkulturarbeit

2.3. *Kulturarbeit als Arbeitsmarkt und Berufsfeld*

Eine auch nur annähernd verläßliche Datenbasis über das Arbeitsmarktsegment und Berufsfeld ‚Kulturarbeit/Kulturpädagogik' gibt es nicht. Weder in den Fachserien des Statistischen Bundesamtes noch in der Berufs- und Arbeitslosenstatistik der Bundesanstalt für Arbeit sind kulturpädagogische Berufe gesondert vermerkt. Aussagen über Entwicklungstendenzen in diesem Bereich beruhen mithin weitgehend auf Spekulationen und Modellrechnungen. Lediglich in einzelnen Teilsegmenten lassen sich einige Entwicklungstendenzen ausmachen, die möglicherweise Rückschlüsse auf den Gesamtkontext Kulturarbeit/Kulturpädagogik zulassen. Dazu gehören etwa die Musikschulen, die Volkshochschulen, die Jugendkunstschulen und die Soziokulturellen Zentren.

So gibt es in der Bundesrepublik 778 Musikschulen (1991), 239 Soziokulturelle Zentren (1993) und 254 Jugendkunstschulen (1993). Ein quantitativ großer Anteil im Bereich der kommunal organisierten kulturellen Bildung und Kulturarbeit fällt darüber hinaus traditionell den Volkshochschulen zu. Rund 21% aller Kursangebote lassen sich hier diesem Bereich zuordnen, womit sich der Anteil an künstlerischen und kulturellen Aktivitäten seit 1970 vervierfacht hat. Die Analyse des Berufsfeldes „Kulturarbeit" fällt indes zwiespältig aus. Dem quantitativen Zuwachs an Institutionen und MitarbeiterInnen in diesen Einrichtungen stehen nämlich oftmals unsichere Beschäftigungsverhältnisse, ein großes Ungleichgewicht zwischen ehren-, neben- und hauptamtlichen MitarbeiterInnen sowie eine geschlechtsspezifische Benachteiligung von Frauen gegenüber (vgl. Rauschenbach u.a. 1994). So beträgt der Anteil an Honorar- und Teilzeitkräften meist zwischen ca. 75% (Musikschulen) und 95% (VHS); in den soziokulturellen Zentren arbeiten rund 5% unbefristet Beschäftigte und weitere 4% auf der Basis von Zeitverträgen (vgl. Husmann 1992, S. 213). Den weitgehend ungesicherten und risikoträchtigen Arbeitsverhältnissen steht innerhalb der Kulturarbeit/Kulturpädagogik ein buntes Spektrum von Berufsqualifikationen gegenüber: Freie KünstlerInnen, LehrerInnen (v.a. Kunst- und Musik), Diplom-PädagogInnen, SozialarbeiterInnen, HandwerkerInnen und StudentInnen verschiedenster Fachrichtungen teilen sich den kulturellen Arbeitsmarkt, wobei in den Bereichen Musikschulen, Jugendkunstschulen und VHS unter den pädagogischen Berufen eher die Lehrämter dominieren. In den Soziokulturellen Zentren lassen sich demgegenüber verstärkt sozialpädagogische Professionen (SozialpädagogInnen, Diplom-PädagogInnen) ausmachen. Angesichts dieser Daten lassen sich – im Unterschied zu Müller-Rolli (1988) – denn auch weder Hinweise auf ein „eindeutiges Berufsprofil" noch auf die „Herausbildung eines neuen ‚Berufes' in den kulturpädagogischen Praxisfeldern" finden (vgl. Rauschenbach u.a. 1994, S. 83f.).

In einem gewissen Spannungsverhältnis zu diesem eher begrenzten Teil-Arbeitsmarkt stehen demgegenüber allerdings die Entwicklungen im Bereich der Qualifizierung (Aus-, Fort- und Weiterbildung) des kulturpädagogischen Personals. Hier sind in den letzten Jahren eine Reihe von grundständigen kulturpädagogischen und kulturwissenschaftlichen Studiengängen insbesondere an den Hochschulen und Universitäten entstanden, die noch ergänzt werden durch freizeit-, kunst- und sozialpädagogische Studiengänge mit dem Schwerpunkt Kulturpädagogik auf der Ebene der Fachhochschulen (vgl. im Überblick von Kathen/Vermeulen 1992, S. 157ff.; Niederbremer 1988). Rauschenbach u.a. resümieren angesichts dieser Vielfalt eine gewisse „inhaltliche Beliebigkeit der derzeitigen Ausbildungsgänge" (1994, S. 101). Unbeantwortet ist indes bis heute die Frage, ob angesichts der beschriebenen Arbeitsmarktstrukturen sowie der Eigenart des kulturpädagogischen Feldes, insbesondere mit seiner Nähe zu den freien Künsten, einer grundständigen kulturpädagogischen Ausbildung der Vorzug zu geben ist gegenüber einem vielschichtigen Weiterbildungsangebot, das sowohl künstlerischen, kulturellen wie auch pädagogischen Berufen den Einstieg in die Kulturarbeit/Kulturpädagogik ermöglicht.

Marginalien:
- Vielfach ungesicherte Beschäftigungsverhältnisse in der Kulturarbeit
- Kulturpädagogische Ausbildungsmöglichkeiten

Wohl als Reaktion auf die zunehmenden Anforderungen in bezug auf eine Professionalisierung und institutionelle Vernetzung der kulturpädagogischen Arbeit sowie der Aquirierung von Mitteln und Sponsoren in Zeiten rückläufiger öffentlicher Kulturbudgets hat sich in den letzten Jahren insbesondere ein Zuwachs an Aufbaustudiengängen im Bereich des Kulturmanagements entwickelt. Allerdings muß die Zukunft erst noch zeigen, ob diese Management-Kompetenzen auf tatsächlich vorhandene Arbeitsplätze rekurrieren können oder zunächst für die Schaffung des eigenen Arbeitsplatzes eingesetzt werden müssen.

Literatur

Armbruster, B. u.a.: Neue Medien und Jugendhilfe. Analysen, Leitlinien, Maßnahmen. Neuwied 1984.
Aufenanger, S.: Medienpädagogik als Beruf? Ein Diskussionsbeitrag. In: GMK-Rundbrief Nr. 20, 1988, S. 29-32.
Baacke, D.: Kommunikation und Kompetenz. Grundlegung einer Didaktik der Kommunikation und Medien. München 1973.
Baacke, D.: Medienpädagogik III: Handlungsorientierte Medienpädagogik. Studienbrief der FernUniversität Hagen. 3 Kurseinheiten. Hagen 1985.
Baacke, D.: Handlungsorientierte Medienpädagogik. In: Schill, W./Tulodziecki, G./Wagner, W.-R. (Hrsg.): Medienpädagogisches Handeln in der Schule. Opladen 1992, S. 33-58.
Baacke, D.: Jugend und Jugendkulturen. Darstellung und Deutung. Weinheim/München ²1993.
Baacke, D.: Jugendforschung und Medienpädagogik. Tendenzen, Diskussionsgesichtspunkte und Positionen. In: Hiegemann/Swoboda (1994), S. 37-57.
Baacke, D./Ferchhoff, W.: Jugend und Kultur. In: Krüger, H. H. (Hrsg.): Handbuch der Jugendforschung. Opladen ²1993, S. 403-445.
Baacke, D./Sander, U./Vollbrecht, R.: Medienwelten Jugendlicher. Opladen 1991
Böhnisch, L./Münchmeier, R.: Wozu Jugendarbeit?. Weinheim/München 1987.
Bourdieu, P.: Die feinen Unterschiede. Frankfurt a.M. 1983.
Brake, M.: Soziologie der jugendlichen Subkulturen. Eine Einführung. Frankfurt a.M. 1981.
Brenner, G.: Kulturelle Praxis mit Jugendlichen. In: Deutsche Jugend (1986), Heft 7-8, S. 350-362.
Brenner, G./Niesyto, H. (Hrsg.): Handlungsorientierte Medienarbeit. Video, Film, Ton, Foto. Weinheim/München 1993.
Clarke, J. u.a.: Jugendkultur als Widerstand. Frankfurt a.M. 1979.
Damm, D./Schröder, A.: Projekte und Aktionen in der Jugendarbeit. Ein Gruppenhandbuch. München 1987.
DJI – Deutsches Jugendinstitut (Hrsg.): Handbuch Medienerziehung im Kindergarten. Teil 1: Pädagogische Grundlagen. Opladen 1994.
Edelstein, A.: Agenda-Setting – Was ist zuerst: Mensch oder Medien? Medienwissenschaftliche Variationen einer alten Fragestellung. In: Media Perspektiven (1983), S. 469-474.
Eichler, K.: Jugendkulturarbeit im Planungsgestrüpp – Rahmenbedingungen und Einflußfaktoren. In: Bundesvereinigung Kulturelle Jugendbildung (Hrsg.): Jugendkulturarbeit: Beispiele für Planung und Praxis. Bad Heilbrunn 1983, S. 95-135.
Ehmer, H.K.: Visuelle Kommunikation – Beiträge zur Kritik der Bewußtseinsindustrie. Köln 1971.
Enzensberger, H.M.: Baukasten zu einer Theorie der Medien. In: Kursbuch (1970), Heft 20, S. 159-186.
Eschenauer, B.: Medienpädagogik in den Lehrplänen. Eine Inhaltsanalyse zu den Curricula der allgemeinbildenden Schulen im Auftrag der Bertelsmann Stiftung. Gütersloh 1989.
Glaser, H./Stahl, K.H.: Die Wiedergewinnung des Ästhetischen. Perspektiven und Modelle einer neuen Soziokultur. München 1974.

Habermas, J.: Strukturwandel der Öffentlichkeit. Darmstadt/Neuwied 1962.
Habermas, J.: Vorbereitende Bemerkungen zu einer Theorie der kommunikativen Kompetenz. In: Habermas, J./Luhmann, N. (Hrsg.): Theorie der Gesellschaft oder Sozialtechnologie. Frankfurt a.M. 1971, S. 101-141.
Hartwig, H.: Jugendkultur. Ästhetische Praxis in der Pubertät. Reinbek bei Hamburg 1980.
Hiegemann, S./Swoboda, W.H. (Hrsg.): Handbuch der Medienpädagogik. Theorieansätze – Traditionen – Praxisfelder – Forschungsperspektiven. Opladen 1994.
Hoffmann, H.: Kultur für alle. Perspektiven und Modelle. Frankfurt a.M. 1979.
Honig, C./Zacharias, W.: Kulturpädagogisches Netzwerk. Visionäre Chancen, strukturelle Hindernisse und konkret-praktische Handlungsanleitung für ein kinder- und jugendkulturelles Netzwerk auf kommunaler Ebene. Unna 1993.
Husmann, U.: Soziokulturelle Zentren in der Bundesrepublik. In: Sievers/Wagner (1992), S. 203-216.
Issing, L.J.: Medienpädagogik und ihre Aspekte. In: Issing, L.J. (Hrsg.): Medienpädagogik im Informationszeitalter. Weinheim 1987, S. 19-32.
von Kathen, D./Vermeulen, P.: Handbuch Jugendkunstschule. Unna 1992.
Keilhacker, M.: Der Mensch von heute in der Welt der Informationen. In: Jugend Film Fernsehen, 1968, S. 131-146.
Keilhacker, M.: Wie Kinder und Jugendliche Film und Fernsehen erleben. In: merz (Medien und Erziehung), 1979, S. 67-78.
Kinter, J.: Gegenöffentlichkeit und Selbsttätigkeit – Ende einer medienpolitischen Utopie? Zur Geschichte und Theorie alternativer Öffentlichkeit. In: Hiegemann/Swoboda (1994), S. 205-222.
Knauf, T.: Medienpädagogik im öffentlichen Bildungssystem der Bundesrepublik Deutschland – Zum Ort der Medienthematik im Schulunterricht. In: Hiegemann/Swoboda (1994), S. 271-287.
Kolfhaus, S./Eichler, K.: Planerische, strukturelle und finanzielle Grundlagen der Kinder- und Jugendkulturarbeit in Nordrhein-Westfalen. Unna 1993.
Kramer, D.: Zum Kulturbegriff der öffentlichen Kulturarbeit. In: Müller-Rolli (Hrsg.) (1988), S. 65-79.
Krüger, H.H./von Wensierski, H.-J.: Wirklichkeit oder Simulation – Erziehungswissenschaft und Medienalltag. In: Krüger, H.H. (Hrsg.): Abschied von der Aufklärung? Perspektiven der Erziehungswissenschaft. Opladen 1990, S. 195-210.
Mayrhofer, H./Zacharias, W.: Kulturelle Praxis – Pädagogische Aktion. Zur Orientierung ästhetischer Erziehung. In: Ästhetik und Kommunikation, (1977), Heft 30, S. 86-94.
Müller-Rolli, S.: Kulturpädagogik heute. In: Müller-Rolli (1988), S. 11-32.
Müller-Rolli, S. (Hrsg.): Kulturpädagogik und Kulturarbeit. Grundlagen, Praxisfelder, Ausbildung. Weinheim/München 1988.
Nachtwey, R.: Pflege, Wildwuchs, Bricolage. Opladen 1987.
Negt, O./Kluge, A.: Öffentlichkeit und Erfahrung. Zur Organisationsstruktur von bürgerlicher und proletarischer Öffentlichkeit. Frankfurt a.M. 1972.
Niederbremer, N.: Kulturpädagogische Studiengänge. In: Müller-Rolli (1988), S. 205-216.
Oehrens, E.M.: Ziele und Begriffe der Kulturpädagogik. In: Baer, U./Fuchs, M. (Hrsg.): Methoden und Arbeitsformen der Kulturpädagogik. Unna 1993, S. 21-52.
Pluskwa, M.: Der Computer kann alles, aber sonst nichts – Jugendarbeit und Computerkultur. Loccumer Protokolle 18/86. Rehburg – Loccum 1986.
Rauschenbach, T./Christ, B./Galuske, M.: Die Mitarbeiterinnen in der Kinder- und Jugendkulturarbeit. Unna 1994.
Reichwein, A.: Film in der Schule. Vom Schauen zum Gestalten. Braunschweig 1967.
Richard, J.: Kulturarbeit machen. Regensburg 1984.
Röbke, T.: Das frühe ‚politische Programm' der Soziokultur. In: Sievers/Wagner (1992), S. 37-54.
Roth, R./Rucht, D. (Hrsg.): Neue soziale Bewegungen in der Bundesrepublik Deutschland. Bonn 1987.
Sander, U./Vollbrecht, R.: Kinder und Jugendliche im Medienzeitalter. Opladen 1987.

Sander, U./Vollbrecht, R.: Wirkungen der Medien im Spiegel der Forschung. Ein Überblick über Theorien, Konzepte und Entwicklungen der Medienforschung. In: Hiegemann/Swoboda (1994), S. 361-385.

Saxer, U.: Wissensklassen durch Massenmedien? Entwicklung, Ergebnisse und Tragweite der Wissenskluftforschung. In: Fröhlich, W. D./Zitzlsperger, R./Franzmann, B. (Hrsg.): Die verstellte Welt. Beiträge zur Medienökologie. Frankfurt a.M. 1988, S. 141-190.

Schäfer, B.: Praxis Kulturpädagogik. Entwicklungsstand und Perspektiven. Unna 1988.

Schäfer, E.: Aufgaben, Kompetenzen und Selbstverständnis von MedienpädagogInnen in der Erwachsenenbildung. In: GMK-Rundbrief Nr. 22, 1989, S. 18-21.

Schenk, M.: Medienwirkungsforschung. Tübingen 1987.

Schill, W./Tulodziecki, G./Wagner, W.R. (Hrsg.): Medienpädagogisches Handeln in der Schule. Opladen 1992.

Schorb, B.: Zwischen Reformpädagogik und Technozentrik – Über Kinoreformer und die ‚Keilhacker-Schule' zu einer handlungsorientierten Medienpädagogik. In: Hiegemann/ Swoboda (1994), S. 149-166.

Sievers, N./Wagner, B.: Einleitung: Soziokultur und Kulturpolitik. In: Sievers/Wagner (1992), S. 11-33.

Sievers, N./Wagner, B. (Hrsg.): Bestandsaufnahme Soziokultur. Beiträge – Analysen – Konzepte. Stuttgart/Berlin/Köln 1992.

Sievers, N./Gehrke, O.: Im Netz der Interessen. Bundesweite Zusammenschlüsse im soziokulturellen Feld. In: Sievers/Wagner (1992), S. 129-145.

Spranger, E.: Kultur und Erziehung. Gesammelte pädagogische Aufsätze. Leipzig 1925.

Teichert, W.: ‚Fernsehen' als soziales Handeln. In: Rundfunk und Fernsehen (1973), Heft 21, S. 356-382.

Tietze, W./ Peek, R./ Link, R.: Medien im Alltag von Kindern im Kindergartenalter. Teilstudie I. Zur Mediensituation drei- bis sechsjähriger Kinder. (Begleitforschung des Landes NRW zum Kabelpilotprojekt Dortmund. Band 17). Düsseldorf 1989.

Treptow, R.: Kulturelles Mandat. Soziale Kulturarbeit und kulturelle Sozialarbeit. In: Müller-Rolli (1988), S. 81-103.

Tulodziecki, G.: Medienerziehung in Schule und Unterricht. Bad Heilbrunn 1989.

Wagner, B.: Öffentliche Förderung und Fördermodelle Freier Theaterarbeit in der Bundesrepublik Deutschland. In: Sievers/Wagner (1992), S. 243-273.

Wunden, W.: Medienpädagogik als Beruf – Überlegungen zu einem Berufsbild MedienpädagogIn. In: Hiegemann/Swoboda (1994), S. 325-337.

Wyneken, G.: Was ist „Jugendkultur"? München 1914.

IX. Beratung: Lebenswelt, Netzwerk, Institutionen

Frank Engel/Frank Nestmann

Inhalt

1. Beratung und Modernisierungsprozesse
2. Entwicklungen und theoretische Positionen des Arbeitsfeldes Beratung
3. Aktuelle Tendenzen
4. Institutionen des Arbeitsfeldes Beratung
5. Forschungsstand
6. Beratung als Tätigkeitsfeld für pädagogisches Personal
7. Kritische Bilanz

Literatur

1. Beratung und Modernisierungsprozesse

Beratung als zeitgemäße Form der Bearbeitung von Modernisierungsprozessen

Beratung hat sich im Laufe der letzten Jahrzehnte zu einem kontinuierlich expandierenden Arbeitsbereich von PädagogInnen in verschiedenen Praxisfeldern entwickelt. Unterschiedlichste Anlässe, Aufgaben und Ziele von Beratung, verschiedenste Adressatengruppen, immer neu hinzukommende Beratungseinrichtungen lassen Beratung mittlerweile zu einer Kommunikations- und Interaktionsform werden, die sämtliche Alltagsbereiche und Professionsformen durchdringt.

Damit unterliegt Beratung als professionelle Handlungsform den allgemeinen Entwicklungstrends moderner Gesellschaften, wird selbst komplexer und unübersichtlicher, so daß es nicht selten eines ‚Beratungsführers‘ oder der ‚Beratung zur Beratung‘ bedarf, um sich im Labyrinth der vielfältigen Angebote zu orientieren. Beratung reagiert hiermit auf die Pluralisierung der Lebensformen und -entwürfe und bietet eine zeitgemäße Form der Bearbeitung von Modernisierungsprozessen und deren Risiken. Versprochen wird professionelle Hilfe bei der Orientierung, Planung und Entscheidung in allen Lebensbereichen – ob Wohnen, Freizeit, Arbeit, Konsum, Entsorgung etc. – ebenso wie eine Kompensation des zunehmenden Verlustes an Gemeinschaft und der „Individualisierung von Risiken" (Keupp u.a. 1989; vgl. auch Beck 1986; Beck/Beck Gernsheim 1994).

Beratung läßt sich aber auch als „professionelles Aufstiegsprojekt psychologisch und pädagogisch ausgebildeter Praktiker" (Dewe/Scherr 1990, S. 490) beschreiben. Nicht nur für PsychologInnen „ist Beratung zu *dem* Professionalisierungsfeld geworden" (Knauth/Wolff 1989, S. 327). Sie stellt auch in anderen sozialen Berufen, insbesondere in der Pädagogik, eine große Professionalisierungschance dar (vgl. Nestmann 1988a).

Beratung im Alltag, eine unterstützende Hilfe in sozialen Netzwerken

Beratung lediglich als Gegenstand *professionellen* Handelns zu betrachten, wäre allerdings eine verkürzte und einseitige Sichtweise. Als eine individuelle und soziale Form der Orientierung und Problembearbeitung ist Beratung auch im Alltag überall dort anzutreffen, wo Personen nicht aufgrund eigener Erfahrungen, Kenntnisse, Kompetenzen urteilen, entscheiden oder handeln können, und deshalb Unterstützung durch andere suchen. Diese anderen sind in erster Linie nicht Professionelle, sondern Familienangehörige, EhepartnerInnen, Freunde, Freundinnen oder auch „unbeteiligte Dritte", die als alltägliche Helfer (vgl. Nestmann 1988b) beraten. Hier war Beratung schon immer und ist auch weiterhin in der reflexiven Form des ‚Sich-beratens‘ oder der transitiven Form des ‚Jemanden-beratens‘ ein Alltagsphänomen, eingebettet in mehr oder weniger eng geknüpfte informelle und unterstützende Netze, mit deren vielfältiger Bedeutung sich die Forschung zur sozialen Unterstützung beschäftigt (vgl. Diewald 1991; Röhrle 1994).

Politik- und Institutionsberatung als Beratungsfelder

Beratung, bisher beschrieben als eine verbreitete Form pädagogischer, sozialpädagogischer, psychologischer, aber auch alltäglicher Fall- und Problembearbeitung, hat darüber hinaus ihren Stellenwert als sozialwissenschaftlich begründete Form der Institutions- und Politikberatung. Hierbei kommen in der Institutionsberatung all jene Erhebungs- und Evaluationsmethoden zum Einsatz, die wissenschaftlich begründete Aussagen über institutionelle Kontexte zulassen und als Grundlage für Organisationsentwicklung und Institutionsveränderung genutzt werden können. Auch Politikberatung bedient sich sozialwissenschaftlicher Methodik und Wissensbestände, um Praxisentscheidungen zu begründen. Daß in diesen Formen einer „beratenden Wissenschaft" (Dewe 1991) der Transfer von Wissenschaftswissen in die entsprechenden Praxisbereiche nicht unproblematisch ist, darauf verweist die neuere Verwendungsforschung (vgl. Beck/Bonß 1989).

Diese alle Gesellschaftbereiche erfassende Ausweitung und Differenzierung von Beratungsfeldern und Beratungsangeboten enthält jedoch potentielle Risiken und grundsätzliche Ambivalenzen (vgl. auch Schönig/Brunner 1990). So besteht beispielsweise die Gefahr, daß sich Ratsuchende in eine für sie nur schwer durchschaubare Abhängigkeit von ExpertInnen begeben. Aus ‚An-Beratung-Interessierten' werden in einem Prozeß der Zuschreibung von Beratungsbedürftigkeit schnell ‚Beratungsobjekte', die den jeweiligen Professionellen und ihren Beratungseinrichtungen quasi-ausgeliefert sind. Beratung bedeutet somit einerseits wichtige Hilfe oder Vermittlung von Orientierung und neuer Erkenntnis, kann aber andererseits zur „Entmündigung durch Experten" (Illich 1979), zu „Kompetenzentzug statt Kompetenzerweiterung" (Guttandin 1979) oder ausschließlich zum „Vollzug von Expertenkompetenz" (Flick 1990) führen. Sowohl als gesellschaftliche Reaktionsform wie auch als individuelle Handlungsform steht Beratung im Spannungsfeld dieser Ambivalenzen.

Beratung als ein ambivalentes Handlungsfeld

2. Entwicklungen und theoretische Positionen des Arbeitsfelds Beratung

Gegenwärtig liegt kein integrierendes Beratungskonzept vor, das handlungsanleitend für die vielfältige Beratungspraxis sein könnte. Zwar existieren erste Umrisse eines „metatheoretischen Bezugsrahmens" (Brunner/Schönig 1990), jedoch bleiben diese zwangsläufig vorerst sehr allgemein. Demgegenüber findet man in den letzten Jahrzehnten eine Vielzahl theoretischer Konkretisierungen von Beratung, die zeigen wie stark Beratung in die jeweiligen theoretischen und handlungspraktischen Entwicklungen der Disziplinen Pädagogik, Sozialpädagogik/Sozialarbeit und Psychologie eingebunden war und ist. Beratung kann aus diesen unterschiedlichen Perspektiven als *pädagogische Bildungschance* interpretiert werden, sie ist als eine Form *alltagsorientierten Handelns* in der sozialen Arbeit beschreibbar oder als *therapie-nahe Vorgehensweise* in psychologischen Handlungsfeldern.

Beratung zwischen pädagogischen, sozialpädagogischen, und psychologischen Konzepten

Im Rahmen emanzipatorischer Erziehungswissenschaft wurde von Mollenhauer (1965) der mit Beratung potentiell verbundene Bildungsaspekt als eine Chance zur kritischen Aufklärung hervorgehoben. Beratung wird hier zu einer eigenständigen pädagogischen Handlungsform mit der Intention, sowohl zu einer kritisch-reflexiven Sichtweise anzuregen als auch problemlösend zu wirken.

Beratung als kritische Aufklärung

Sozialpädagogisch ausgerichtet ist das alltagsnahe Beratungskonzept von Fromman u.a. (1976, vgl. auch Seibert 1978). Ausgehend von der Komplexität sozialer Probleme schlugen sie eine Beratungsausrichtung vor, die in der Lage ist, eben diesen komplexen alltäglich materiellen, sozialen und psychischen Be-

Sozialpädagogisch orientierte alltagsnahe Beratung

lastungen aus einer ‚parteilichen Perspektive' gerecht zu werden. In der Folge entwickelte sich hieraus eine eigenständige Formulierung sozialpädagogischer und sozialer Beratung auf interaktionistischer und alltagstheoretischer Basis (vgl. Thiersch 1986, 1989, 1991), die Kritik an klinischen Orientierungen klassisch-psychologischer Beratungseinrichtungen einerseits und Kritik an den Kontrollorientierungen klassisch-sozialarbeiterischer Beratungsdienste andererseits übt. Herausgearbeitet wurde die Gefahr, daß Beratung den Ratsuchenden-Typus eines „homo consultabilis" (Thiersch 1989) hervorbringt – einen Ratsuchenden, der sich auf die alltagsferne, ‚künstliche' Logik eines Beratungssystems einläßt, das Probleme parzelliert und im Sinne des institutionellen Auftrags und der konzeptionellen Ausrichtung umdefiniert.

Psychologisch-therapeutische Beratung

Demgegenüber dominierten in Beratungspraxis und -diskussion über Jahrzehnte eine Vielzahl unterschiedlicher psychologisch-therapeutischer Beratungsausrichtungen. Diese therapeutische Phase psychologischer Beratung löste die noch in den sechziger Jahren dominierende testdiagnostische Phase der Beratung (vgl. Nestmann 1984a; Keupp u.a. 1989), die von naturwissenschaftlicher Deduktionslogik geprägt war, ab und durchdrang als zentrale Beratungsorientierung sämtliche pädagogische und psychologische Beratungsfelder. Beratung verlor im Rahmen dieses therapeutischen Leitkonzepts ihre eigenständigen Konturen und verstand sich nur noch als quasi-defizitärer Ableger therapeutischen Handelns. In Anlehnung an die sich inflationär entwickelnden Therapieschulen konkurrierten auf dem zunehmend unübersichtlich werdenden Angebotsmarkt der siebziger und achtziger Jahre tiefenpsychologisch ausgerichtete, lerntheoretisch-verhaltensorientierte, humanistische und erlebnisaktivierende Beratungsformen. In der Alltagspraxis der Beraterinnen und Berater wurden diese meist schulenübergreifend und pragmatisch-eklektisch gehandhabt (vgl. Gerstenmaier/Nestmann 1984; Keupp u.a. 1989). Diese eklektische Orientierung überstand auch die psychotherapeutische „Wende" hin zu systemischen Ansätzen, die das „System Familie" ins Zentrum des psychologischen Beratungsinteresses rückten und diese Arbeit mit Familien zu einer „Normalform" (vgl. Straus u.a. 1988) der Beratungsarbeit in vielen Einrichtungen werden ließen.

Eklektizismus und Familienorientierung

Die gemeindepsychologische Orientierung als eine disziplinübergreifende Beratungsperspektive

Als kritische Reflexion der psychotherapeutischen Beratungspraxis (und unter Bezug auf US-amerikanische Entwicklungen der ‚Community Psychology') entwickelte sich andererseits, getragen von einer Minderheit psychologischer ForscherInnen wie auch PraktikerInnen, Ende der siebziger Jahre eine gemeindepsychologische Perspektive psychosozialer Versorgung (vgl. Keupp/Zaumseil 1978; Keupp 1988, 1990; Kardorff 1992). Diese psychosoziale Ausrichtung ermöglichte die konzeptionelle Anschlußfähigkeit der psychologischen Beratungsdiskussion an sozialwissenschaftliche Debatten und an die sozialpädagogische Praxis. So entstand als eine grundlegende Alternative eine integrative Sichtweise psychosozialer Phänomene. Kritisiert wird das medizinische Krankheitsmodell, die Fixierung auf therapeutisch-technologische Orientierungen und der mangelnde Lebensweltbezug ebenso wie die soziale Ungleichheit psychosozialer Versorgung und die damit einhergehende Mittelschichtsorientierung von Beratungsmodellen und -angeboten (vgl. Keupp u.a. 1989, S. 169). Favorisiert werden demgegenüber Handlungsperspektiven psychosozialer Praxis, die lebenswelt- und alltagssensibel organisiert sind. Aufmerksamkeit erhalten hierbei nicht nur verbesserte Versorgungsbedingungen, sondern auch Handlungsformen sozialer Aktionen, die eine Chance zur (Wieder-) Erlangung von Partizipations- und Selbstbestimmungsmöglichkeiten bieten („Empowerment"; Rappaport 1981, 1987; Stark 1989, 1991). Hier wird Partizipation als ‚Teilhabe-Strategie', d.h. als die aktive Unterstützung von Initiativen und selbstorganisierten alltagsnahen Projekten zur Gestaltung sozialer und räumlicher Umwelt (vgl. Sachs-Pfeifer 1989) ebenso wirksam wie Netzwerkförderung im Sinne der Arbeit mit intermediären Instanzen (vgl. Kardorff 1992) und informellen Unterstützungssystemen (vgl. Nestmann 1989, 1991). Auch Prävention erhält hier eine Chance als Orientierung und Strategie, Handlungsfreiräume zu schaffen und dort, wo diese bedroht sind, sie aufrechtzuerhalten (vgl. Stark 1989; Hellerich 1989).

3. Aktuelle Tendenzen

Betrachtet man die aktuelle konzeptionelle Beratungsliteratur (vgl. Nestmann 1991; Thiersch 1989, 1990, 1991; Schmitz/Bude/Otto 1989; Schönig/Brunner 1990; Dewe/Scherr 1990; Flick 1990; Gröning 1993), so fällt auf, daß die vorgeschlagenen Konzepte und Orientierungen der gesellschaftlichen Ausdifferenzierungslogik folgen und von Beratung allgemein eine größere Sensibilität und Anpassungsfähigkeit gegenüber den sich verändernden Alltagsstrukturen erwarten. Größere „kommunikative Sensibilität", deutliche Ressourcen- und Netzwerkorientierung werden hierbei ebenso anvisiert wie die Ausrichtung von Beratung an einer sozialökologischen Perspektive.

Beratung als lebensweltsensibles und alltagsorientiertes Konzept

Daß die „kommunikative Sensibilität" nicht aus der Experten-Rolle ableitbar ist, darauf verweist die Kritik an den Professionalisierungskonzepten sowohl pädagogischer und sozialpädagogischer (vgl. Ferchhoff 1989, 1990; Dewe u.a. 1993) als auch psychosozialer Praxis (vgl. Keupp u.a. 1989). Praxisbezogenes und berufskulturell alltägliches Wissen, das nicht direkt aus sozialwissenschaftlichem Wissen ableitbar ist, erfährt eine Aufwertung. Speziell Beratung (wie auch allgemein professionelles soziales Handeln) wird dabei – verbunden mit der Abkehr von der Expertenrolle eines „Sozialingenieurs" (Dewe u.a. 1993) – in ein Konzept von „lebenslagen- und lebensweltorientierter Professionalisierung" (ebd., S. 36) integriert und zu einem alltagssensiblen Deutungsangebot, gekennzeichnet vom Respekt vor der Autonomie der Ratsuchenden. In hohem Maß ist dieses lebensweltorientierte Vorgehen letztendlich abhängig von der Person des Beraters oder der Beraterin, d.h. von seiner oder ihrer ganz individuellen Art und Weise, mit dem Beratungswissen umzugehen und es handlungsfähig zu machen, sei es als „hermeneutische Deutungskompetenz" (Ferchhoff 1989, 1990; Dewe u.a. 1993), als eine Beratungskompetenz im Sinne von (Lebens-)Kunst (vgl. Frommann 1990) oder als eine Form der Beratung, die sich am literarischen Modell „des Erzählers" bei Walter Benjamin orientiert (vgl. Schmitz u.a. 1989). In diesen Beratungsentwürfen versteht sich Beratungshandeln als ein tentatives Handeln, als ein die vorhandenen Problemlösekapazitäten der Ratsuchenden ergänzendes reflexives Unterstützungsangebot jenseits perfekter Lösungen, aber auf dem Weg zu einem „gelingenderen Alltag" (Thiersch 1986).

Kommunikative Sensibilität" als Voraussetzung für lebensweltorientierte Beratung
Beratung als Beratungs-„Kunst"

Lebensweltsensibilität als kulturelle und subkulturelle Sensibilität

Die neuere Forschung der US-amerikanischen Beratungspsychologie (vgl. Betz/Fitzgerald 1993) zeigt ebenso wie die Diskussion über „Interkulturalität" in der sozialen Arbeit (vgl. Müller 1993) und der Beratung (Nestmann/ Niepel 1993), daß Lebensweltsensibilität hier sowohl Sensibilität gegenüber dem kulturell oder subkulturell Anderen wie auch gegenüber individuellen Lebensstilen bedeutet. Kulturelle und subkulturelle Analysen werden für ein derartiges Verständnis von Beratung unabdingbar und liefern die Basis für Interpretations- und Verständnisversuche ‚des Anderen' und damit auch für die Beratung.

Die sozialökologische Orientierung des Beratungshandelns

Einen weiteren Schwerpunkt der aktuellen Diskussionen stellt die sowohl in der sozialen Arbeit diskutierte (vgl. Wendt 1991; Heiner u.a. 1994) als auch im Rahmen der gemeindepsychologischen Orientierung (vgl. Stark 1989) favorisierte sozialökologische Perspektive dar. Beratung als kontext- und ressourcenorientiertes Handeln (vgl. Kelly 1989; Nestmann 1991; Meinhold 1994) dient hier vorrangig dem Erkennen, aber auch der Aktivierung und Unterstützung vorhandener Ressourcen, so daß sie auf weitestgehend selbständige und durch soziale Netzwerke mitgetrage Hilfe im alltäglichen sozial-räumlichen Kontext hin orientiert ist. Eine derartige lebensweltsensible Herangehensweise liefert sowohl eine Grundlage für Einzelfall-Beratung wie auch für die Arbeit mit und in größeren Kontexten (Institutionen, Stadtteilen, Kommunen etc.) – eine Beratungs- und Handlungsorientierung sozialer und psychosozialer Arbeit, auf die Konzepte US-amerikanische Gemeindepsychologie (vgl. Levine u.a. 1993) ebenso verweisen wie Ansätze aus der Gemeinwesenarbeit (vgl. Oehlschlägel 1994).

4. Institutionen des Arbeitfeldes Beratung

Zunehmende Ausdifferenzierung der Beratungsfelder

Wie eingangs erwähnt führt die zunehmende Ausdifferenzierung des Arbeitsfelds Beratung zu verstärkter Unübersichtlichkeit. Das gilt ebenso für die explizit ausgewiesenen Beratungseinrichtungen wie für die sozialen und pädagogischen Handlungsfelder, in denen Beratung in andere professionelle Tätigkeiten integriert ist (z.B. Schule, Heimerziehung, Erwachsenenbildung und die Arbeit im Jugend-, Sozial- oder Gesundheitsamt). Trotz der Tatsache, daß Beratung in administrativ-behördlichen und anderen institutionellen Arbeitsfeldern wie Beratungsstellen in freier Trägerschaft der Wohlfahrtspflege durch Rechtsnormen des Sozialgesetzbuches (SGB), des Kinder- und Jugendhilfegesetzes (KJHG) und des Bundessozialhilfegesetzes (BSHG) verankert ist, haben sich unterschiedliche Arbeits- und Beratungsformen herausgebildet. Gesetzliche und institutionelle Rahmenbedingungen, Einbindungen in spezifische Trägerstrukturen, deren weltanschauliche Position (Caritas, Arbeiterwohlfahrt, Diakonie oder Deutscher Paritätischer Wohlfahrtsverband) geben zwar basale Orientierungen vor, aber letztendlich entscheiden konzeptionelle und methodische Ausrichtungen über die konkreten Handlungsformen der Beratungsarbeit. So kann beispielsweise die Beratung innerhalb eines Jugendamtes stark reglementiert und bürokratisch organisiert sein, ebenso aber im Sinne des „Modernisierungswandels Sozialer Arbeit" (Schumann 1994, S. 17) offen und innovativ gestaltet werden.

Beratungseinbindung und Beratungsvielfalt

Eine Erziehungs- und Familienberatungsstelle mag ihre Beratungsarbeit an familientherapeutischen Konzepten ausrichten und ihr Klientel an dieses „Handlungsprogramm" anpassen (vgl. Schmitz u.a. 1989), während eine andere Beratungsstelle stadtteilorientiert Netzwerk- oder Gemeinwesenarbeit betreibt (vgl. Böhm 1992). Beratungsstellen auf dem Lande (vgl. Lenz 1994) mögen zudem regional andere Arbeitsschwerpunkte formulieren als Beratungsstellen in der Großstadt.

Beratungsinstitutionen, eingebettet in bestimmte gesetzliche, weltanschauliche, konzeptionelle, personelle und sozialräumliche Kontexte, werden somit zunehmend zu ‚selbständigen Einrichtungen', mit der Chance, regions- und zielgruppenspezifische Schwerpunkte in der Beratungsarbeit zu setzen und eigene Profile zu entwickeln.

Trotz aller Themen-, Problem- und Konzeptvielfalt lassen sich unseres Erachtens allgemein zwei strukturell verschiedene Beratungsbereiche unterscheiden.

Zum einen der relativ struktur-konstante, rechtlich fixierte – in seinen Konzepten sich verändernde – *Beratungs-Kernbereich* (Berufsberatung, Beratung im Allgemeinen Sozialen Dienst, Erziehungsberatung, Familienberatung, Sozialberatung für Ausländer etc.), mit einem einerseits traditionell wie auch teilweise administrativ-behördlichen Beratungsangebot, aber auch „niedrigschwelligen" und die Beratung „auf die Straße hinaustragenden" innovativen und alltagsnahen Ausläufern (z.B. Drogenberatung, Streetwork; vgl. Danzer 1992). Beratungs-Kernbereiche als konstante Angebotsbereiche

Zum anderen existiert ein sich *ausweitendes offenes Beratungsfeld*, das – nicht selten eher institutionskritisch und selbstorganisiert – flexibel auf aktuelle Problemlagen bestimmter Bevölkerungsgruppen (z.B. Jugendliche, Alte, Männer, Frauen, Lesben, Schwule, HIV-Infizierte) reagiert oder neue Beratungsdomänen (Scheidungsberatung, Schuldnerberatung, Gesundheitsberatung, aber auch Beratung in Form von wissenschaftlicher Begleitforschung, Organisationsentwicklung und Sozialmanagement) hervorbringt. Letztere sind nicht selten in Modellprojekte eingebunden, zunehmend selbstorganisiert oder privatwirtschaftlich ausgerichtet. Neue Beratungsfelder und -angebote

So bleibt festzuhalten, daß auch die Institutionen des Arbeitsfeldes Beratung einem permanenten Wandel unterliegen. Neue Problembereiche, sich verändernde Konzepte, aber insbesondere die sich in den letzten Jahren zuspitzende Verknappung finanzieller Ressourcen öffentlicher Haushalte führen zu immer neuen Anpassungen an veränderte Rahmenbedingungen und halten den Praxisbereich Beratung konzeptionell und institutionell ‚in Bewegung'.

5. Forschungsstand

Im Vergleich zur differenzierten Struktur von Beratungseinrichtungen ist die gegenwärtige Forschung zu Akzeptanz und Wirkung von Beratung in den Anfängen. Straus und Stiemert (1991), die konstatieren, daß erst in Ansätzen von einer Beratungsforschung zu sprechen ist, nennen als Gründe methodische Künstlichkeit statt Alltagsnähe, den ‚heiklen Forschungsgegenstand' und das damit verbundene Zugangsproblem zum Feld wie auch die fehlende Praxisrelevanz einer quantitativ ausgerichteten Beratungsforschung (vgl. ebd., S. 323f.). Wenig Akzeptanz- und Wirkungsforschung zum Thema Beratung

Sie fordern eine qualitative und subjektorientierte Beratungsforschung, die dem Alltag und der Lebenswelt von BeraterInnen sowie den Ratsuchenden gegenüber die gleiche Sensibilität aufbringt wie die Praxis selbst. Forschungsarbeiten, die in diese Richtung weisen und Wissenschaft als Dialog und Praxisforschung betreiben, sind einerseits Bestandsaufnahmen des Beratungsalltags (vgl. Gerstenmaier/Nestmann 1984; Danzer 1993), Arbeiten zur Bedeutung sozialer Netzwerkbeziehungen und des Hilfesuchverhaltens von Unterschichtsfamilien in der Beratung (vgl. Buchholz u.a. 1988), Untersuchungen zur sozialen Unterstützungsrelevanz alltäglicher BeraterInnen (vgl. Nestmann 1988b) und andererseits Arbeiten, die sich der Struktur der Berater-Ratsuchenden-Interaktion widmen (vgl. u.a. Schmitz et al. 1989).

Die Forderung nach qualitativer und subjektorientierter Beratungsforschung

Einen derartigen Dialog zwischen Beratungspraxis und Wissenschaft gilt es zu vertiefen, so daß Beratungsforschung praxisrelevant und alltägliche Beratungsrealiät Gegenstand wissenschaftlicher Forschung wird.

6. Beratung als Tätigkeitsfeld für pädagogisches Personal

Trotz der Einrichtung von Ausbildungsschwerpunkten im Rahmen universitärer Ausbildungsstätten (z.B. in Tübingen, Bielefeld, Dresden) bleibt die Verankerung von Diplom-PädagogInnen im Beratungsbereich entwicklungsbedürftig. Obwohl gerade in der Pädagogik, insbesondere in der Sozialpädagogik, die Beratungsdiskussion seit Jahren intensiv geführt wird, ist bisher die (Neu-)Formulierung einer pädagogischen Beratungsprofessionalität nur in Ansätzen gelungen. Allerdings scheinen die Voraussetzungen für eine Integration verschiedener Beratungsansätze unter einer sozialwissenschaftlich-sozialpädagogischen Perspektive hier sehr günstig (vgl. u.a. Brunner/Schönig 1990; Beck u.a. 1991; Thiersch 1992).

Intensive Beratungsdiskussion – geringe Entwicklung diplompädagogischer Betrachtungsprofessionalität

In der Praxis von Diplom-PädagogInnen hat Beratung vor allem auch dort gegenwärtig eine große Bedeutung, wo sie in andere Aufgaben integriert ist bzw. zu deren Kern geworden ist, so z.B. in Fort- und Weiterbildung, in Erwachsenen- und Elternbildung, in der Institutions- und Organisationsveränderung, in Altenarbeit, Freizeitpädagogik, im Schul- und Bildungsbereich etc., aber auch dort, wo im Zuge einer Erweiterung und Ergänzung sozialpädagogischer, gesundheitlicher und psychosozialer Versorgungsnetze neue Beratungsinstitutionen und -initiativen entstehen (Jugendberatung, Aidsberatung, Migranten- und Flüchtlingsberatung etc.).

„Implizite" Beratungsfelder für Diplom-PädagogInnen

Bei der gegenwärtig noch immer am klinisch-psychologischen Professionalisierungsideal ausgerichteten Beratungspraxis der traditionellen Beratungsstellen (mit dem Prototyp der Erziehungsberatung) bleiben den Anstellungsträgern aber einerseits die ‚billigeren' AbsolventInnen der Fachhochschulen, andererseits die vorgeblich besser methodisch-therapeutisch qualifizierten Diplom-PsychologInnen, die zudem ihre klassischen Professionalisierungsdomänen verteidigen (vgl. Nestmann 1984b). In diesen Stellen sind deshalb weiterhin relativ wenig Diplom-PädagogInnen tätig, obwohl die dort bearbeiteten Problemstellungen und die Beratungsaufgaben gerade ihrem Professionsprofil entsprechen.

Psychotherapiedominanz in traditionellen Beratungsstellen

Der 8. Jugendbericht (1990) hat allerdings Beratung in den Mittelpunkt lebensweltorientierter sozialpädagogischer Arbeit und psychosozialer Versorgung

von Kindern, Jugendlichen und ihren Familien gestellt. Beratung erweist sich hier als durchgängige, theoretische und praktische Orientierung, die entlang der Strukturmaximen Prävention, Dezentralisierung, Alltagsorientierung von Settings und Methoden, Normalisierung, Partizipation und Lebensweltbezug formuliert wird. Beratende Hilfen stehen im Zentrum der Anstrengungen, um Heranwachsende und ihre familialen und außerfamilialen Netzwerke in der Erschließung materieller, sozialer und psychologisch-biographischer Ressourcen zu unterstützen. Auf eine über enge Jugendhilfebezüge hinausgehende Kontext- und Verbundorientierung in einem entwickelten sozialpädagogischen Beratungsfeld weisen die institutionalisierten Angebote der Jugendberatung, der Erziehungs- und Familienberatung, der Trennungs- und Scheidungsberatung, der Beratung bei Schwangerschaftskonflikten, der Schuldnerberatung, der Beratung im Rahmen der sozialpädagogischen Familienhilfe sowie der Sucht- und Drogenberatung.
Beratung im Mittelpunkt lebensweltorientierter sozialer Arbeit

Auch kollegiale Beratung und Praxisberatung als Supervision und Konsultation sowie die Beratung von sozialen Institutionen und Organisationen erweitern den Individuen- und Klientenbezug sozialpädagogischer Beratung in einer sich wandelnden Beratungslandschaft.

Beratung in traditionellen ‚Kernbereichen' wie im wachsenden ‚offenen Beratungsfeld' wird so zu einer breiten Berufsperspektive sozialpädagogischer AbsolventInnen. Darauf, daß insbesondere die Arbeitsfelder im ‚intermediären' Bereich" auch für PädagogInnen zunehmend interessant werden, verweisen Effinger und Körber (1994), die die Attraktivität gerade dieser Angebote hervorheben: überschaubarere Arbeitsstrukturen, höhere Identifikation mit der (Beratungs-)Arbeit und größere Verbundenheit mit der Lebenswelt der Ratsuchenden.

Beratung als breite Berufsperspektive

Eine Aus- und Fortbildung, die theoretisch fundiert und praxisnah auf Beratungsarbeit mit Individuen, Gruppen, Netzwerken und Systemen vorbereitet, die konzeptionelle Elemente einer Beratungs-Soziologie, -Psychologie und -Pädagogik integriert und die gesellschaftliche Standards, Rahmenbedingungen und Funktionen von Beratungsangeboten und Beratungsansätzen reflektiert, schafft somit eine geeignete Basis für professionelles Handeln in diesen Feldern.

7. Kritische Bilanz

Trotz der Unübersichtlichkeit des Arbeitsfeldes zeichnet sich in der pädagogischen und sozialpädagogischen Diskussion die Tendenz ab, Beratung disziplinenübergreifend mit neuem professionellen Selbstverständnis (vgl. z.B. Dewe/ Scherr 1990; Dewe u.a. 1993) unter einer sozialwissenschaftlichen Perspektive und in Anlehnung an die Geschichte der sozialpädagogischen und psychosozialen Beratungsdiskussion (s.o.) zu formulieren. Beratung unter dieser Perspektive ist nicht klinisch-therapeutisch dominiert, sondern alltagsnah- und lebensweltorientiert wie auch kontext- und ressourcensensibel.

Tendenz zur disziplinübergreifenden sozialwissenschaftlichen Beratungsperspektive

Um diesen Weg weiterzubeschreiten, bedarf es einerseits der verstärkten Einbindung von Beratung in die aktuelle Methodendebatte sozialer Arbeit (vgl. Groddeck/Schumann 1994; Heiner u.a. 1994), die im Rahmen eines „evaluativen Diskurses" (Kirusek, zit. n. Heiner u.a. 1994, S. 8) oder einer „aufgeklärten" Ka-

Enge Verzahnung von Theorie und Praxis Lebensweltsensibilität und Beratung

suistik (Schumann 1994, S. 24) eine enge handlungsanleitende Verzahnung von Theorie und Praxis anvisiert. Andererseits gilt es, die gemeindepsychologische Orientierung weiter zu elaborieren und in der psychosozialen und sozialen Praxis stärker zu etablieren. In Ergänzung hierzu lassen sich sowohl aus der sozialwissenschaftlichen Forschung, aber auch aus anderen Disziplinen wie beispielsweise aus der ethnographischen Forschung und Methodologie (vgl. Schütze 1994) Perspektiven entwickeln, die die speziellen Lebenswelten im Sinne „dichter Beschreibung" (Geertz 1983) verständlich machen. Eine so orientierte Beratung bemüht sich um das Verständnis ‚des Anderen', erstens aus dem reflexiven Umgang mit dem jeweils eigenen Beratungskontext und zweitens aufgrund der Interpretationsversuche über die ‚andere' Lebenswelt. Es bleibt zu hoffen, daß sich dann auch die Methoden der Beratung in Zukunft nicht mehr auf Anleitungen zum ‚aktiven Zuhören' oder ‚Paraphrasieren' beschränken (Gröning 1993), sondern sich ein vielfältiges Spektrum von Methoden personen- und kontextbezogener Beratung in der Prävention, Intervention und Rehabilitation entwickelt. Nur so kann sich Beratung auch praktisch aus dem ‚Schlepptau' psychotherapeutischer Schulen (Röhrle 1993) befreien ohne andererseits als leere ‚Innovationssprachhülse' in endlosen Theoriedebatten zu ‚vertrocknen'.

Literatur

Beck, M./Brückner, G./Thiel, H.-U. (Hrsg.): Psychosoziale Beratung. Forum für Verhaltenstherapie und psychosoziale Praxis Bd. 18. Tübingen 1991.
Beck, U.: Risikogesellschaft. Auf dem Weg in eine andere Moderne. Frankfurt a.M. 1986.
Beck, U./Beck-Gernsheim, E. (Hrsg.): Riskante Freiheiten-Individualisierung in modernen Gesellschaften. Frankfurt a.M. 1994.
Beck, U./Bonß, W. (Hrsg.): Weder Sozialtechnologie noch Aufklärung? Analysen zur Verwendung sozialwissenschaftlichen Wissens. Frankfurt a. M. 1989.
Betz, N.E./Fitzgerald, L.F.: Individuality and Diversity: Theory and Research in Counseling Psychology. In: Annual Review of Psychology 44 (1993), S. 343-381.
Böhm, I./Faltermaier, T./Flick, U./Krause-Jacob, M. (Hrsg.): Gemeindepsychologisches Handeln: Ein Werkstattbuch. Freiburg 1992.
Brunner, E.J./Schönig, W.: Umrisse einer Beratungstheorie. In: Brunner, E.J./Schönig, W. (Hrsg): Theorie und Praxis von Beratung. Freiburg 1990, S. 152-158.
Buchholz, W./Gmür, W./Höfer, R./Straus, F.: Lebenswelt und Familienwirklichkeit. Studien zur Paxis der Familienwirklichkeit. Frankfurt a.M. 1988.
Danzer, B.: Die „Alltagswende" im Arbeitsfeld Beratung. Regensburg 1992.
Dewe, B.: Beratende Wissenschaft. Göttingen 1991.
Dewe, B./Ferchhoff, W./Scherr, A./Stüwe, G.: Professionelles soziales Handeln. Soziale Arbeit im Spannungsfeld zwischen Theorie und Praxis. Weinheim/München 1993.
Dewe, B./Scherr, A.: Beratung und Beratungskommunikation. In: Neue Praxis 20 (1990), Heft 6, S. 488-500.
Diewald, M.: Soziale Beziehungen: Verlust oder Liberalisierung. Soziale Unterstützung in informellen Netzwerken. Berlin 1991.
Effinger, H./Körber, K.: Sozialunternehmer, Freiberufler oder Bedienstete: Professionalisierung im intermediären Bereich. In: Neue Praxis 24 (1994), Heft 1, S. 46-56.
Ferchhoff, W.: Thesen zur Neuorientierung von Professionalität. In: Krause, H.-J. (Hrsg.): Geschichte, Gegenwart und Zukunft sozialer Berufe. Schriftenreihe der FH Düsseldorf, Bd. 1. Düsseldorf 1989, S. 113-148.
Ferchhoff, W.: Alltagsweltliches und wissenschaftliches Wissen in Professionalisierungskonzepten. In: Soziale Arbeit 10 (1990), Heft 12, S. 441-447.

Flick, U.: Beratung – Aufhebung erlernter Hilflosigkeit? In: Psychosozial 13 (1990), Heft 2 . S. 63-73.

Frommann, A./Schramm, W./Thiersch, H.: Sozialpädagogische Beratung. In: Zeitschrift für Pädagogik 22 (1976), Heft 5. S. 715-741.

Geertz, C.: Dichte Beschreibung. Frankfurt a.M. 1983.

Gerstenmaier, J./Nestmann, F.: Alltagstheorien von Beratung. Opladen 1984.

Gröning, K.: Beratung für Frauen. In: Neue Praxis 23 (1993), Heft 3. S. 227-248.

Groddeck, N./Schumann, M. (Hrsg.): Modernisierung sozialer Arbeit durch Methodenentwicklung und -reflexion. Freiburg 1994.

Guttandin, F.: Beratung – Kompetenzentzug oder Kompetenzerweiterung? In: Nagel, H./ Seifert, M. (Hrsg.): Inflation der Therapieformen. Reinbeck 1979, S. 185-194.

Heiner, M./Meinhold, M./von Spiegel, H./Staub-Bernasconi. S.: Methodisches Handeln in der sozialen Arbeit. Freiburg 1994.

Hellerich, G.: Die Transformation von der nekrophilen zur biophilen Prävention. In: Stark, W. (Hrsg.): Lebensweltbezogene Prävention und Gesundheitsförderung. Freiburg 1989, S. 40-56.

Illich, I. u.a.: Entmündigung durch Experten. Zur Kritik der Dienstleistungsberufe. Reinbek 1979.

Kardoff, E.v.: Gemeindepsychologie – zwischen eigenständiger Berufsidentität und psychologischer Arbeitsperspektive. In: Böhm, I. u.a. (Hrsg.): Gemeindepsychologisches Handeln. Freiburg 1992, S. 303-318.

Kelly, J.G.: Die ökologischen Grundlagen präventiver Konzepte am Beispiel präventiver Beratungsarbeit. In: Stark, W. (Hrsg.): Lebensweltbezogene Prävention und Gesundheitsförderung. Freiburg 1986, S. 128-159.

Keupp, H.: Gemeindepsychgologie. In: Asanger, R./Wenninger, G. (Hrsg.): Handwörterbuch Psychologie. München 1988, S. 218-226.

Keupp, H.: Gemeindepsychologie. Alternative zum Psychokult? In: Neue Praxis 20 (1990), Heft 2, S. 168-177.

Keupp, H./Straus, F./Gmür, W.: Verwissenschaftlichung und Professionalisierung. In: Beck, U./Bonß, W. (Hrsg.): Weder Sozialtechnolgie noch Aufklärung? Frankfurt a.M. 1989, S. 149-195.

Keupp, H./Zaumseil, M. (Hrsg.): Die gesellschaftliche Organisierung psychischen Leidens. Zum Arbeitsfeld klinischer Psychologen. Frankfurt a.M. 1978.

Knauth, B./Wolff. S.: Die Pragmatik von Beratung – Ein Konversationsanalytischer Beitrag zur Theorie psychosozialer Dienstleistungen. In: Verhaltenstherapie und psychosoziale Praxis 21 (1989), Heft 2, S. 327-344.

Lenz, A.: Ländliche Beratungsarbeit – Eine gemeindepsychologische Perspektive. In: Neue Praxis 24 (1994), Heft 2, S. 131-143.

Levine, M./Toro, P.A./Perkins, D.V.: Social and Community Interventions. In: Annual Review of Psychology 44 (1993), S. 525-558.

Mollenhauer, K.: Das pädagogische Phänomen Beratung. In: Mollenhauer, K./Müller, C.W.: „Führung" und „Beratung" in pädagogischer Sicht. Heidelberg 1965, S. 25-50.

Müller, B.: Das Soziale und die Fremden. Interkulturalität als Grundlage sozialer Arbeit – Konsequenzen für die Ausbildung. In: Neue Praxis 23 (1993), Heft 1/2, S. 1-11.

Nestmann, F.: Beratung in der Erziehungsberatung. In: Zygowski, H. (Hrsg.): Erziehungsberatung in der Krise. Tübingen 1984, S. 74-98 (a).

Nestmann, F.: Psychologen in der Erziehungsberatung – an den Grenzen der Institutionalisierung und Professionalisierung. In: Psychologie und Gesellschaftskritik 8 (1984), Heft 4, S. 24-59 (b).

Nestmann, F.: Beratung. In: Hörmann, G./Nestmann, F. (Hrsg.): Handbuch der psychosozialen Intervention. Opladen 1988, S. 101-113 (a).

Nestmann, F.: Die alltäglichen Helfer. Theorien sozialer Unterstützung und eine Untersuchung alltäglicher Helfer aus vier Dienstleistungsbereichen. Berlin 1988 (b).

Nestmann, F.: Förderung sozialer Netzwerke – eine Perspektive pädagogischer Handlungskompetenz? In: Neue Praxis 19 (1989), Heft 2, S. 107-124.

Nestmann, F.: Beratung, soziale Netzwerke und soziale Unterstützung. In: Beck, M./Brückner, G./Thiel, H.-U. (Hrsg.): Psychosoziale Beratung. Tübingen 1991, S. 47-69.
Nestmann, F./Niepel, T.: Beratung von Migranten. Berlin 1993.
Rappaport, J.: In praise of a paradox: A social policy of empowerment over prevention. In: American Journal of Community Psychology 9 (1981), Heft 1, S. 1-15.
Rappaport, J.: Terms of empowerment and exemplars of prevention. Toward a theory of community psychology. In: American Journal of Community Psychology 15 (1987), Heft 2, S. 121-144.
Röhrle, B.: Beratung: Im Spannungsfeld von therapeutischen Methoden und sozialpolitischen Tendenzen. Vortrag Fachtagung LAG für Erziehungsberatung NRW. Köln 1993.
Röhrle, B.: Soziale Netzwerke und Unterstützung. Weinheim 1994.
Sachs-Pfeiffer, T.: Partizipation: Teilhaben statt Teilnehmen. In: Stark, W. (Hrsg.): Lebensweltbezogene Prävention und Gesundheitsförderung. Freiburg 1989, S. 191-222.
Seibert, U.: Soziale Arbeit als Beratung. Ansätze und Methoden für eine nichtstigmatisierende Praxis. Weinheim/Basel 1978.
Schönig, W./Brunner, E.J.: Beratung in pädagogischen, sozialpädagogischen und psychologischen Praxisfeldern – Rahmenbedingungen und Probleme. In: Schönig, W./Brunner, E. J. (Hrsg.): Theorie und Praxis von Beratung. Freiburg 1990, S. 7-27.
Schmitz, E./Bude, H./Otto, C.: Beratung als Praxisform „angewandter Aufklärung". In: Beck, U./ Bonß, W. (Hrsg.): Weder Sozialtechnologie noch Aufklärung? Frankfurt a.M. 1989, S. 122-148.
Schütze, F.: Ethnographie und sozialwissenschaftliche Methoden der Feldforschung. Eine mögliche methodische Orientierung in der Ausbildung und Praxis der sozialen Arbeit. In: Groddeck, N./Schumann, M. (Hrsg.): Modernisierung sozialer Arbeit durch Methodenentwicklung und -reflexion. Freiburg 1994, S. 189-297.
Schumann, M.: Modernisierung und Methodenbildung. Ein Überblick. In: Groddeck, N./Schumann, M. (Hrsg.): Modernisierung sozialer Arbeit durch Methodenentwicklung und -reflexion. Freiburg 1994, S. 12-25.
Stark, W.: Prävention als Gestaltung von Lebensräumen. Zur Veränderung und notwendigen Reformierung eines Konzepts. In: Stark, W. (Hrsg.): Lebensweltbezogene Prävention und Gesundheitsförderung. Freiburg 1989.
Stark, W.: Prävention und Empowerment. In: Hörmann, G./Körner, W. (Hrsg.): Klinische Psychologie – Ein kritisches Handbuch. Reinbek 1991, S. 213-232.
Straus, F./Höfer, R./Gmür, W.: Familie und Beratung. München 1988.
Straus, F./Stiemert, S.: Qualitative Beratungsforschung – Zur Perspektivität qualitativer Methoden. In: Flick u.a. (Hrsg.): Handbuch qualitativer Sozialforschung. München 1991, S. 323-326.
Thiersch, H.: Die Erfahrung der Wirklichkeit. Perspektiven einer alltagsorientierten Sozialpädagogik. Weinheim/München 1986.
Thiersch, H.: Homo Consultabilis: Zur Moral institutionalisierter Beratung. In: Böllert, K./Otto, U. (Hrsg.): Soziale Arbeit auf der Suche nach der Zukunft. Bielefeld 1989, S. 175-193.
Thiersch, H.: Zur geheimen Moral der Beratung. In: Brunner, E.J./Schönig, W. (Hrsg.): Theorie und Praxis von Beratung. Freiburg 1990, S. 129-151.
Thiersch, H.: Soziale Beratung. In: Beck, M./Brückner, G./Thiel, H.-U. (Hrsg.): Psychosoziale Beratung. Tübingen 1991, S. 23-35.
Thiersch, H.: Lebensweltorientierte Soziale Arbeit. Aufgaben der Praxis im sozialen Wandel. Weinheim/München 1992.
Wendt, W.R. (Hrsg.): Unterstützung fallweise: Case Management in der Sozialarbeit. Freiburg 1991.

X. Gesundheitsförderung: Gesundheitserziehung, Gesundheitsberatung, Gesundheitsdienste

Christian Palentien/Klaus Hurrelmann

Inhalt

1. Entstehungsbedingungen und Ursachen gesundheitlicher Beeinträchtigungen
1.1. Entwicklungsbedingte Anforderungen
1.2. Gesundheitsrelevantes Verhalten

2. Ansatzpunkte der Gesundheitsförderung

3. Theoretische Grundlegungen gesundheitsfördernder Ansätze
3.1. Sozialisation und Gesundheit

4. Ziele und Handlungsfelder der Gesundheitsförderung

5. Institutionen und Angebote der Gesundheitsförderung
5.1. Arbeitsfelder im Grenzbereich der Praxis

6. Probleme der Inanspruchnahme professioneller Hilfe

7. Zusammenfassung und Folgerungen

Literatur

Wandel des Krankheitsspektrums

Bei Kindern und Jugendlichen handelt es sich zwar um eine vergleichsweise gesunde Bevölkerungsgruppe: Naturwissenschaftlich-medizinische, soziale und bildungsbezogene Entwicklungen haben dazu geführt, daß zahlreiche der noch vor wenigen Jahrzehnten die Morbiditätsstatistiken anführenden Krankheiten und Beschwerden zurückgedrängt werden konnten. Anzunehmen, in dieser Altersgruppe gäbe es keine gesundheitlichen Probleme, wäre jedoch verfehlt: Aktuelle empirische Befunde konstatieren eine zunehmende Bedeutung chronischer Krankheiten und Beschwerden (vgl. Petermann/Noecker/Bode 1987). Insbesondere Allergien und dem Asthma bronchiale kommen hierbei wegen ihrer hohen Prävalenzraten ein besonderes Gewicht zu. Auch das Spektrum psychischer Auffälligkeiten (vgl. Remschmidt/Walter 1989) und psychosomatischer Beeinträchtigungen, zu denen unter anderem Störungen des Eßverhaltens gezählt werden können, ist breiter geworden (vgl. Engel/Hurrelmann 1989).

Multifaktorielle Erklärungsansätze

Die Ursachen gesundheitlicher Beeinträchtigungen im Kindes- und Jugendalter müssen im Kontext genetischer, immunologischer und ökologischer Faktoren betrachtet werden. In der neueren Literatur geraten aber auch soziale und auch psychische Faktoren immer stärker in das Zentrum der Aufmerksamkeit: Beziehungsprobleme mit den Eltern, Anerkennungsprobleme in der Gleichaltrigengruppe, Zukunftsunsicherheiten und schulische Leistungsprobleme kennzeichnen nur einige der Belastungen, denen oftmals schon Kinder ausgesetzt sind. Sie können die individuelle Bewältigungskapazität überfordern und dazu führen, daß aus Anforderungen Überforderungen erwachsen. Eine Vielzahl an Krankheiten und Auffälligkeiten müssen als Signale für eine erschwerte Verarbeitung der aktuellen Lebens- und Entwicklungsbedingungen betrachtet werden.

Ziele von Prävention und Gesundheitsförderung

Maßnahmen der Krankheitsprävention und Gesundheitsförderung setzen hier an. Ihr Ziel ist nicht mehr die alleinige Abwendung einer Krankheit, sondern auch die Stärkung der Gesundheitspotentiale. Menschen sollen in die Lage versetzt werden, drohende oder schon vorhandene Gesundheitsrisiken zu erkennen und Handlungsmöglichkeiten zu entwickeln, um diesen individuell oder kollektiv entgegenzuwirken. Neben ÄrztInnen, PsychologInnen und SozialarbeiterInnen kommt hierbei Diplom-PädagogInnen ein bedeutender Stellenwert zu: Um den Gesundheitszustand der Gesamtbevölkerung zu verbessern, werden präventive und gesundheitsfördernde Aktivitäten in allen Altersgruppen zunehmend durch pädagogische Fachleute koordiniert.

1. Entstehungsbedingungen und Ursachen gesundheitlicher Beeinträchtigungen

1.1. Entwicklungsbedingte Anforderungen

Entwicklungsanforderungen Jugendlicher

In der Kindheits- und Jugendphase kommen entwicklungsbedingt so viele Belastungsfaktoren auf einen Menschen zu wie in kaum einer anderen Lebensphase. Diese Entwicklungsanforderungen spiegeln die biologischen, psychischen und sozialen Anpassungsleistungen wider, die junge Menschen zu erbringen haben. Begleitet werden sie von zahlreichen Krisen. Ihre Typizität für diese Lebensphase findet Ausdruck in dem Begriff der „Adoleszentenkrise" (Remschmidt 1979, S. 47).

Bereits in der Kindheit können instabile Eltern-Kind-Beziehungen zu einer unausgeglichenen Stimulierung von Sinnesbereichen und zu emotionalen Defiziten führen – eine Entwicklung, die auch in der Phase der Pubertät noch Auswirkungen zeitigt (vgl. Baur-Göldner 1986). Weiterhin kommen – vor allem im zweiten Lebensjahrzehnt – Krisen durch übermäßige Leistungsanforderungen in der Schule und Unsicherheiten beim Übergang von der Schule in den Beruf große Bedeutung zu.

<small>Belastungen durch instabile Eltern-Kind-Beziehungen</small>

<small>Schulische Anforderungen</small>

Andere Ausgangsquellen für Belastungen im Kindes- und Jugendalter liegen im Freizeit- und Konsumbereich: Für Kinder und Jugendliche sind heute die Freiräume für die Gestaltung ihrer individuellen Lebensweise sehr hoch. Diese Individualisierungschancen werden aber von Konsumzwängen und dem Erleben von Sinndefiziten begleitet, die neue Formen von Belastungen mit sich bringen und die die Bewältigungskapazität einer Vielzahl junger Menschen überfordern (vgl. Mansel/Hurrelmann 1991).

<small>Belastungen im Freizeitbereich</small>

1.2. Gesundheitsrelevantes Verhalten

Neben den direkten physiologischen Auswirkungen entwicklungsbedingter Anforderungen und Belastungen beeinflussen diese Faktoren indirekt auch gesundheitsrelevante Einstellungen und Kognitionen und so – über eine potentiell in der Kontrolle des handelnden Individuums stehende Verhaltenskomponente – entscheidend den Gesundheits- und Krankheitsstatus im Kindes- und Jugendalter. Beispiele hierfür sind unzureichendes Bewegungs- und Ernährungsverhalten sowie ungeschütztes Sexualverhalten.

<small>Zusammenhang von Einstellungen und Verhaltensweisen</small>

– Einhellig wird in der Literatur die Notwendigkeit einer Veränderung des Ernährungsverhaltens beurteilt: Im Zusammenhang mit einem heute weit verbreiteten Ernährungsfehlverhalten schon bei Kindern werden Herz-/Kreislauferkrankungen, Diabetes mellitus, chronische Krankheiten der Leber, alkoholbedingte Krankheiten, einige Krebsarten, Gicht, Neurodermitis, Bluthochdruck sowie Mangelkrankheiten und Krankheiten der Verdauungsorgane und des Kauapparates genannt (vgl. Ernährungsbericht 1988).

<small>Ernährungsverhalten</small>

– Ein Mangel an regelmäßiger und angemessen dosierter Bewegung zählt heute zu den Hauptursachen der sogenannten Zivilisationskrankheiten (Regulationsstörungen des Herz-/Kreislaufsystems, Arteriosklerose, Koronarinsuffizienz, Einschränkungen des Bewegungsapparates und funktionelle Organschwächen) (vgl. Mellerowicz/Dürrwächter 1985). Nicht nur die Verkümmerung oder eine mangelnde Ausbildung des Bewegungsapparates kann eine mögliche Folge sein. Darüber hinaus besteht die Gefahr einer Beeinträchtigung der regulativen Fähigkeiten des vegetativen Systems und einer Reduktion der biochemischen Kapazität der Hormondrüsen. Ist es einerseits ein Mangel an Bewegung, der zahlreiche Krankheiten verursacht bzw. die Anfälligkeit für gesundheitliche Beeinträchtigungen erhöht, so können andererseits auch zu exzessiv betriebene Sportaktivitäten zu funktionellen und morphologischen Störungen führen (vgl. Banzer 1989).

<small>Bewegungsverhalten</small>

Sexualverhalten

- Ungeschütztes Sexualverhalten hat sich zu einem Risikofaktor erster Ordnung entwickelt. So nehmen Infektionen und ungeplante Schwangerschaften deutlich zu: Insgesamt sind ungefähr 30-60 Prozent aller Schwangerschaften ungewollt. Sie werden – neben dem erhöhten Risiko für Infektionskrankheiten – auf fehlende oder unzureichende Kontrazeption zurückgeführt (vgl. Goebel 1984).

2. Ansatzpunkte der Gesundheitsförderung

Kinder und Jugendliche als Adressaten von Prävention und Gesundheitsförderung

Ziel von Konzepten der Prävention und Gesundheitsförderung ist es, gesundheitsrelevante Einstellungen und Verhaltensweisen zu beeinflussen. Vermehrt werden hierfür vor allem Kinder und Jugendliche als Adressaten gewählt:

1. Die heute als dringlich bezeichneten gesundheitlichen Problemlagen der 10- bis 20jährigen, nämlich Unfälle, Gewalttaten, Alkohol- und Drogenmißbrauch, Aids, Eßstörungen, Allergien, psychische Störungen und bösartige Neubildungen, erfordern eine besondere Aufmerksamkeit.
2. In der Adoleszenz werden spezifische Formen des Gesundheitsverhaltens, wie z.B. der Umgang mit Krankheit, Eßgewohnheiten, Rauchen und das Hygieneverhalten, ausgebildet. Sind es zum einen die Spätfolgen von Krankheiten und Erkrankungen, deren Auswirkungen bis in das Erwachsenenalter reichen, so kommen zum anderen den im Jugendalter initialisierten Gesundheits- und Krankheitsverhaltensweisen Schlüsselfunktionen für die Gesundheit im Erwachsenenalter zu.
3. Die Jugendlichen von heute sind potentiell die „Eltern von morgen": Die Einflußnahme auf gesundheitliche Problemlagen und auf gesundheitsrelevante Einstellungen und Verhaltensweisen ist damit immer auch eine Einflußnahme auf die Gesundheit nachfolgender Generationen (vgl. Lösel/Bender 1991).

Neuorientierung des Gesundheitsbegriffs

Allen heutigen Ansätzen liegt die Annahme zugrunde, daß sich Gesundheit nicht nur durch eine Abwesenheit von Krankheit definieren läßt, sondern vielmehr – im Sinne der von der World Health Organisation (1946) vorgeschlagenen Definition – den Zustand des körperlichen, seelischen und sozialen Wohlbefindens bezeichnet: Entsprechend wird der Begriff der „Gesundheitsförderung" als umfassender Begriff für alle Formen des präventiven Handelns auf persönlicher und institutioneller Ebene eingesetzt, der auch die Gesundheitserziehung als eine spezifische Form der Vorbeugung mit einschließt. Gesundheitsförderung muß in diesem Sinne als eine interdisziplinäre Aufgabe der Medizin, Psychologie, Soziologie und Pädagogik verstanden werden. Sie hat das Ziel, Menschen in die Lage zu versetzen, ihre Bedürfnisse zu befriedigen, ihre Hoffnungen und Wünsche wahrzunehmen und zu verwirklichen sowie mit ihrer Umwelt produktiv umgehen und sie verändern zu können (vgl. Hurrelmann 1990).

3. Theoretische Grundlegungen gesundheitsfördernder Ansätze

In den sechziger und siebziger Jahren gingen Ansätze der Gesundheitsförderung von der Annahme aus, das Gesundheitsverhalten sei durch Einstellungsänderungen steuerbar (Health-Belief-Modell, vgl. Becker 1974). Ausgangspunkt dieser Annahme war die subjektiv wahrgenommene Bedrohlichkeit und Schwere einer Erkrankung, die – in Verbindung mit einer selbst eingeschätzten Anfälligkeit – die Grundmotivation gesundheitsrelevanten Verhaltens darstelle. Dieser Ansatz hat sich jedoch – nicht nur für das Jugendalter – als begrenzt tauglich herausgestellt: Vor allem die volle Rationalität des menschlichen Verhaltens, die in diesem Modell vorausgesetzt wird, erscheint höchst fragwürdig (vgl. Laaser/Hurrelmann/Wolters 1993). Darüber hinaus wird Gesundheit gerade von Jugendlichen nicht als ein körperliches Problem begriffen, sondern vielmehr als aktuelle psychische Befindlichkeit und Kompetenz (vgl. Lösel/Bender 1991; Franzkowiak 1986). Jugendliche haben ein stark gegenwarts- und an körperlicher Attraktivität und Aktivität orientiertes Gesundheitskonzept. Längerfristige Aspekte sind für sie vielfach von ebenso geringer Relevanz wie die Etikettierung einer Verhaltensweise als gesundheitsschädlich.

Health-Belief-Modell

Gesundheitskonzepte im Jugendalter

Neuere Konzepte der Gesundheitsförderung berücksichtigen, daß die gesundheitsschädigende Komponente bestimmter Verhaltensweisen oft nur aus der Perspektive eines Dritten erkennbar ist und ihr im alltäglichen und sich durch Lebensbewältigung auszeichnenden Verhalten des Einzelnen nur ein unwesentlicher oder kein Stellenwert zukommt (vgl. Schwarzer 1992). Gesundheitsrelevantes Verhalten hängt demnach weniger von Einstellungen und Wissenselementen ab, sondern ist in seiner Grundmotivation, einer im Kontext unterschiedlicher Lebenslagen und Lebensphasen variierenden Funktionalität zu betrachten. Gesundheitsabträgliches Verhalten dient hiernach der subjektiv befriedigenden Bewältigung von Aufgaben und Anforderungen, die im Jugendalter eng mit dem Prozeß der Individuation und Integration, also Sozialisation, verbunden ist.

Bewältigung von Anforderungen

3.1. Sozialisation und Gesundheit

Sozialisation bezeichnet den Verlauf der Persönlichkeitsbildung, der in Abhängigkeit von und in Auseinandersetzung mit der gesellschaftlich vermittelten sozialen und dinglich-materiellen Umwelt sowie der biophysischen Struktur des Organismus stattfindet. Das normativ gesetzte Ziel der Adoleszenzphase ist Ich-Identität, die sozialisationstheoretisch mit dem Erwerb von Handlungskompetenz verknüpft ist.

Abweichendes, auffälliges und gesundheitsbeeinträchtigendes Verhalten entsteht als Folge einer Unausgewogenheit individueller und sozialer Ressourcen gegenüber ereignis- und situationsspezifischen Handlungsanforderungen: Gesundheit wird als ein Gleichgewichtsstadium zwischen sozial-ökologischen, körperlich-physiologischen und innerpsychischen Prozessen gesehen. Sind personelle Fähigkeiten und Fertigkeiten sowie soziale Ressourcen nur unzureichend

Gesundheit als Gleichgewichtsstadium

vorhanden, dann fehlen die Voraussetzungen für ein autonomes und zielorientiertes Handeln. Sozial, psychisch und organisch „auffällige" Formen der Persönlichkeitsentwicklung und des Verhaltens können die Folge sein (vgl. Hurrelmann 1990, 1994).

4. Ziele und Handlungsfelder der Gesundheitsförderung

Förderung von Kompetenzen

Gesundheitsfördernde Maßnahmen haben hiernach die psychischen, sozialen, kognitiven, biologischen und die diese Dimensionen determinierenden Bedingungen zu berücksichtigen. Auf allen für Kinder und Jugendliche relevanten Ebenen muß es das Ziel sein, Verhaltens- und Handlungskompetenzen zu fördern, um den Vollzug von autonomem und zielorientiertem Handeln zu ermöglichen. Die Handlungsfelder zur Verwirklichung von Maßnahmen der Gesundheitsförderung betreffen informelle und professionelle Systeme gleichermaßen:

Handlungsfelder: informelle Ebene

Auf der informellen Ebene kommt vor allem der Familie und der Peer-Group heute eine wichtige Bedeutung zu. Als zentrale Sozialisationsinstanzen sind sie für die Grundlegungen von Verhaltensmustern in den Bereichen Hygiene, Ernährung etc. direkt oder indirekt verantwortlich. Einen Einfluß üben familiäre Gesundheitseinstellungen und -verhaltensweisen darüber hinaus auch auf den in dieser Lebensphase fast ausschließlich elterninitiierten Umgang mit Einrichtungen der medizinischen Versorgung aus.

Handlungsfelder: professionelle Ebene

Auf der professionellen Ebene zählen zu den Institutionen und Trägern im Bereich der Gesundheitsförderung Einrichtungen des Bundes, der Länder und der Kommunen, Krankenkassen, Berufsverbände und -kammern, teilweise in freier Trägerschaft, kommerzielle Einrichtungen sowie die Medien.

5. Institutionen und Angebote der Gesundheitsförderung

Ausgaben im Gesundheitswesen

Derzeitig besteht in der Bundesrepublik Deutschland ein sehr breites und heterogenes Spektrum sowohl an Angeboten als auch an Trägerorganisationen, die im Bereich der Gesundheitsförderung tätig sind. Sie umfassen in ihren Rechtsnormen verschiedenste Varianten, werden von einem wachsenden kommerziellen Gesundheitsmarkt begleitet und bieten für verschiedene Berufsgruppen ein stark expandierendes Tätigkeitsfeld: Allein im Jahr 1989 beliefen sich die gesamten Ausgaben für die Erhaltung und Wiederherstellung der Gesundheit sowie für die Milderung von Krankheitsfolgen in der Bundesrepublik auf 277 Milliarden DM. Vergleicht man diese Summe mit der des Jahres 1970, so bedeutet dieses eine Zunahme von 292 Prozent. Der größte Anteil aller Aufwendungen entfiel 1989 auf die Leistungsbereiche Behandlung und Krankheitsfolgekosten. Ausgaben für vorbeugende und betreuende Maßnahmen kamen, erstellt man eine Rangskala nach den Leistungsbereichen im Gesundheitswesen, auf Platz 3 (vgl. Bundesministerium für Gesundheit 1991, S. 225).

In allen diesen Feldern haben die Aufwendungen für das im Gesundheitswesen tätige Personal einen großen Stellenwert. Sie können vor allem auf der Anbieterebene von Gesundheitsleistungen verortet werden und geben einen Überblick über den Umfang des Arbeitsmarktes auch für „nichtärztliche" Berufsgruppen:

Die Zahl der *ÄrztInnen*, die an der kassenärztlichen Versorgung teilnehmen, lag 1989 bei 74.000. In den neuen Bundesländern waren 1990 2.139 ÄrztInnen niedergelassen (vgl. Steuer 1991, S. 3; Bundesministerium für Gesundheit 1991, S. 327). Beschäftigungsstruktur

Die Anzahl der *Krankenhäuser* lag 1988 in der alten Bundesrepublik bei rund 3.100, die Zahl der Betten bei 672.834. Insgesamt waren 1988 ca. 857.000, davon 89.698 ÄrztInnen sowie 331.704 dem Pflegepersonal zuzurechnende Personen in Krankenhäusern beschäftigt (vgl. Steuer 1991a, S. 1). In den neuen Bundesländern bestanden 1989 539 Krankenhäuser, in denen 1990 noch 14.899 ÄrztInnen ambulant und 21.884 ÄrztInnen stationär tätig waren (vgl. Bundesministerium für Gesundheit 1991, S. 327).

Der *öffentliche Gesundheitsdienst* oblag 1989 in den alten Bundesländern 298 Gesundheitsämtern (Jaschke/Schmid 1986, S. 26), von denen 161 staatliche und 137 kommunale Ämter waren. Mit 71,1 Prozent stellten 3.633 ÄrztInnen den Großteil der in diesen Ämtern vollzeitlich Beschäftigten, denen – abgesehen vom Verwaltungspersonal – 2.400 SozialarbeiterInnen folgten. In den neuen Bundesländern waren 1990 209 Gesundheitsämter für den öffentlichen Gesundheitsdienst zuständig (Bundesministerium für Gesundheit 1990, S. 326).

Der *Rehabilitationsbereich* wird im wesentlichen von Sucht-, Rheuma-, Rehabilitations- und Kurkrankenhäusern abgedeckt. Hinzu kommen Kurkliniken- und Kurkrankenanstalten: Im Jahre 1988 wurden von den Rehabilitationsträgern insgesamt 1.458.481 Maßnahmen durchgeführt oder abgeschlossen. Mit 1.081.692 Maßnahmen überwog hierbei der Bereich der medizinischen Rehabilitation, gefolgt von solchen, die der beruflichen und der sozialen Eingliederung dienten (vgl. Bundesministerium für Gesundheit 1991, S. 238).

PsychologInnen sowie PsychagogInnen sind im institutionalisierten Gesundheitssystem vor allem als tiefpsychologische und analytische Psycho- und VerhaltenstherapeutInnen tätig. Von ihnen waren bereits im Jahre 1983 ca. 1.600 an der kassen- bzw. vertragsärztlichen Versorgung beteiligt. Hinzu kommt ein großer Anteil frei praktizierender PsychologInnen, PsychagogInnen und anderer nicht-ärztlicher Therapeuten (vgl. Jaschke/Schmid 1986, S. 26).

Beratungs-, Vermittlungs- und Hilfsdienste mit allgemeiner Zielsetzung und für spezielle Gruppen haben eine präventive, vermittelnde und steuernde Funktion. Nach Auskunft der Deutschen Arbeitsgemeinschaft für Jugend- und Eheberatung e.V. bestehen zur Zeit 7.503 Beratungsstellen in den alten und 2.079 Beratungsstellen in den neuen Bundesländern.

Zahlenmäßig nur schwer aufschlüsselbar ist der Bereich der häuslichen *Kranken-, Familien- und Altenpflege*. Er wird von Sozialstationen erfüllt, die zumeist unter der Trägerschaft von freien Wohlfahrtsverbänden, Kirchengemeinden, Krankenpflegevereinen und selten auch von kommunalen Gebietskörperschaften stehen.

Gleiches gilt für den Bereich der stationären Versorgung in *Heimen*, denen im Gesundheitswesen vor allem die Aufgabe der Bewältigung von Krankheits-

und Behinderungsfolgen zukommt. Auch hierfür sind genaue Angaben zu ihrer Anzahl bzw. der Anzahl ihrer Plätze nicht verfügbar.

5.1. Arbeitsfelder im Grenzbereich der Praxis

Gesundheitsförderung im Erziehungs- und Bildungsbereich

Alle Einrichtungen und Institutionen im Gesundheitswesen sind direkt und indirekt Träger jeder Form von Gesundheitserziehung und Gesundheitsförderung. Vor allem im Kindes- und Jugendalter kommt darüber hinaus – neben der Gleichaltrigengruppe und den Massenmedien – den institutionellen Sozialisationsinstanzen eine große Bedeutung zu. So können z.B. Erziehungs- und Bildungseinrichtungen als zentraler Bestandteil der Lebenswelt von Kindern und Jugendlichen betrachtet werden. Sie erreichen alle Angehörigen der jüngeren Jahrgänge. Erziehungs- und Bildungseinrichtungen wirken hierbei nicht nur curricular, durch die vermittelten Wissenselemente und -bestandteile, sondern auch durch ihr gesamtes soziales und „ökologisches" institutionsspezifisches Angebot an Arbeitsverhalten, körperlicher Betätigung, hygienischem Verhalten, Ernährungsverhalten, Gestaltung des Tagesrhythmus usw., also auch in den Bereichen, in denen Gesundheit nicht explizit zum Thema gemacht wird.

Das in Erziehungs- und Bildungseinrichtungen tätige professionelle Personal besteht oftmals aus ErzieherInnen, LehrerInnen, SozialpädagogInnen sowie SchulpsychologInnen. Speziell ausgebildete Fachleute der Gesundheitsberatung und Gesundheitsförderung, wie sie z.B. zusatzqualifizierte Diplom-PädagogInnen darstellen, gewinnen erst in jüngster Zeit an Bedeutung. So geht zwar die Initiierung von Gesundheitsförderungsprogrammen vielfach von Organisationen und Einrichtungen aus. Zu ihrer Umsetzung bedarf es jedoch Vermittlungsinstanzen, die sowohl die Anleitung spezifischer Gesundheitsförderungsmaßnahmen als auch die Abstimmung einzelner Komponenten zu einem Gesamtsetting übernehmen (vgl. Lohaus 1993). Im Gesundheitsbereich qualifizierte PädagogInnen nehmen im Bildungs- und Erziehungsbereich vor allem diese Multiplikatorenfunktionen wahr. Im Gegensatz zu z.B. ausgewählten LehrerInnen, die ihren SchülerInnen und KollegInnen aus anderen Kontexten bekannt sind, besteht bei ihnen nicht der mögliche Nachteil, daß Kommunikations- und Interaktionsstrukturen vorgeprägt und eventuell „vorbelastet" sind.

Aufgabenstruktur unterschiedlicher Institutionen

Ähnlich den Erziehungs- und Bildungsinstitutionen ergeben sich für alle Einrichtungen und Institutionen der Gesundheitsförderung und -beratung im Kindes- und Jugendalter spezifische Schwerpunktaufgaben. Während die bundes- und landesweit tätigen Institutionen eine eher verwaltende und koordinierende Funktion haben, sind die kommunal organisierten Einrichtungen vielfach praxisorientiert. Sie stellen gerade für PädagogInnen Hauptbetätigungsfelder dar und bedürfen eines weiteren Ausbaus im Sinne einer formellen Gesundheitsinfrastruktur. Konkret können hierzu Einrichtungen der psychiatrischen und medizinischen Versorgung, Einrichtungen der psychosozialen Versorgung und Einrichtungen des öffentlichen Gesundheitsdienstes gezählt werden.

(a) Einrichtungen der psychiatrischen und medizinischen Versorgung

Ein Krankheitsverständnis, das den komplexen somatischen, psychischen, sozialen und ökonomischen Entstehungs- und Verlaufsbedingungen von psychischen Störungen Rechnung trägt, hat sich erst zu Anfang der siebziger Jahre in der Bundesrepublik entwickelt. Hiermit verbunden war die Einrichtung einer Psychiatrie-Enquete, die – ausgehend von umfangreichen Defizitanalysen – vor allem für die Kerngruppe Schwerstkranker und sozial beeinträchtigter Patienten eine Erweiterung der medizinisch-psychiatrischen Versorgung forderte. Diese Forderung, die den ambulanten, teilstationären, stationären und komplementär-rehabilitativen Bereich betraf, legte den Grundstein für ein fachdisziplinenübergreifendes Handeln unterschiedlicher Berufsgruppen sowohl in der psychiatrischen wie auch in der medizinischen Versorgung (vgl. Schmid/Schmidt 1986).

Forderungen der Psychiatrie-Enquete

Heute praktizieren im ambulanten kinder- und jugendpsychiatrischen Bereich rund 100 niedergelassene Kinder- und JugendpsychiaterInnen sowie über 600 JugendlichenpsychotherapeutInnen. Vielfach erfüllen sie ihre Aufgaben in Ergänzung niedergelassener ÄrztInnen. Hierneben nehmen vor allem Erziehungs- und Familienberatungsstellen sowie – im teilstationären Bereich – Tageskliniken einen wesentlichen Anteil an den Versorgungsaufgaben wahr. Während der teilstationäre Bereich die temporär begrenzte Betreuung von Kranken und Behinderten umfaßt, bieten die zur Zeit rund 100 Einrichtungen des stationären Bereichs eine Vollbetreuung Betroffener an. Sie werden ergänzt durch rehabilitative Einrichtungen, zu denen Patientenclubs, Wohngruppen, beschützende Werkstätten, Übergangswohnheime etc. gezählt werden (vgl. Remschmidt 1995).

Versorgungsstrukturen

Auch wenn die genaue Zahl der einzelnen in diesen Versorgungssträngen tätigen VertreterInnen unterschiedlicher Fachdisziplinen nur schwerlich ermittelbar ist, gibt es im Vergleich zur Kinder- und Jugendpsychiatrie wohl kaum ein Feld, das sich durch eine derartig starke Interdisziplinarität auszeichnet: ÄrztInnen, PsychotherapeutInnen, PsychologInnen sowie – vor allem im klinischen Bereich – zahlreiche andere Hilfsberufe arbeiten oftmals mit SozialarbeiterInnen, SozialpädagogInnen sowie mit Diplom-PädagogInnen zusammen (vgl. Remschmidt 1995a).

Multiprofessionelle Teams in der Kinder- und Jugendpsychiatrie

Im Mittelpunkt aller pädagogischen Tätigkeiten stehen sowohl im ambulanten wie auch im stationären Bereich der kinder- und jugendpsychiatrischen Versorgung Maßnahmen der Betreuung, Vor- und Nachsorge: Hierbei geht es darum, erkrankte oder wiedererkrankte Personen dahingehend zu unterstützen, nicht oder nur kurze Zeit stationär behandelt werden zu müssen, eine Behandlungsmotivation zu initiieren, Betroffene an Ärzte und Krankenhäuser zu vermitteln sowie bei Krisen zu intervenieren. Im Feld der Nachsorge liegt der Schwerpunkt der Aufgaben in der Rückfallverhütung, der Sicherung einer Nachbehandlung und auch hier in Ansätzen der Krisenintervention.

Im Vergleich zu ÄrztInnen sowie PsychologInnen zeichnen sich Diplom-PädagogInnen vor allem dadurch aus, die gesamte Lebenssituation der jungen Patientinnen und Patienten in die Behandlung und Betreuung einbeziehen zu können. Ihnen kommt aus diesem Grund ein besonderer Stellenwert bei der Begleitung solcher Patientengruppen zu, die nicht nur durch besonders schwere Erkrankungen, sondern vielmehr auch durch psychosoziale Probleme (Verlust von Freunden durch längere Klinikaufenthalte etc.) und sozioökonomische Probleme (Verlust des Ausbildungsplatzes, Schwierigkeit des Erhalts eines Ausbildungsplatzes etc.) charakterisiert sind. Originär erziehungswissenschaftliche Qualifikationen stehen im Vordergrund aller Tätigkeiten im komplementär-rehabilitativen Bereich.

(b) Einrichtungen der psychosozialen Versorgung

Strukturen des Beratungsbereichs

Die Situation der psychosozialen Versorgung ist heute durch eine Vielzahl unterschiedlicher Ansätze, Konzepte und Institutionen geprägt. Sie variieren je nach ihrer spezifischen Themenstellung (Erziehung, Drogen, Ehe, Familie, Schwangerschaft, Sexualität etc.) und je nach ihrer Trägerschaft (freie/staatliche Träger). Auch wenn der Beratungsbereich aufgrund angespannter öffentlicher Haushalte auf kommunaler Ebene zunehmend häufig zur Disposition gestellt wird, zählt er noch immer zu einem der Hauptarbeitsfelder für verschiedenste soziale Berufe: Insgesamt bestehen heute – nach Auskunft der Deutschen Arbeitsgemeinschaft für Jugend- und Eheberatung e.V. – 7.503 Beratungsstellen in den alten und 2.079 Beratungsstellen in den neuen Bundesländern. Neben ÄrztInnen sowie Eltern- und FamilienberaterInnen, Jugend- und SozialarbeiterInnen, PsychologInnen sowie SozialpädagogInnen kommt hierbei Diplom-PädagogInnen als Fachkräften ein erheblicher Stellenwert zu.

Gesundheitsberatung

Koordination von Hilfen

Während Diplom-PädagogInnen im Beratungsbereich überwiegend für unspezifische Beratungs- und Supervisionsaufgaben qualifiziert sind, gewinnen im Gesundheitsbereich ausgebildete PädagogInnen – abgesehen von der Beteiligung an allgemeinen sozialpädagogischen Tätigkeiten mit erheblichen Anteilen an korrektiver und unterstützender Intervention – speziell für die Aufgaben der Gesundheitsberatung an Bedeutung. Ihre Kenntnisse ermöglichen es ihnen, Hilfestellungen bei der Vorbeugung oder Kuration explizit gesundheitlicher Problemlagen – wie z.B. im Bereich der Ernährung – zu leisten, sich gleichzeitig aber auch an der Diagnostik psychosomatischer und psychischer Auffälligkeiten zu beteiligen. Eine Schlüsselfunktion kommt im Gesundheitsbereich ausgewiesenen PädagogInnen darüber hinaus im Rahmen der Durchführung von Therapien und Behandlungen langandauernder Krankheiten und Auffälligkeiten zu, bei denen sie direkt als Hilfe- und Unterstützungsinstanz den Betroffenen begleiten und indirekt als KoordinatorInnen von Hilfe und Unterstützung tätig sind.

(c) Einrichtungen des öffentlichen Gesundheitsdienstes

Strukturen des öffentlichen Gesundheitsdienstes

Zu den relevanten Institutionen des öffentlichen Gesundheitswesens zählen vor allem die Gesundheitsämter. Ihre Aufgabe besteht darin, die öffentliche Gesundheit sowohl zu schützen als auch zu fördern. Kommen hierzu den Ämtern zum einen hoheitliche Befugnisse zu, z.B. im Bereich des Seuchenschutzes, so obliegt ihnen zum anderen insbesondere der Teil der Tätigkeiten, der sich mit der Beratung und Betreuung der Bevölkerung in Fragen der körperlichen, geistig-seelischen und sozialen Gesundheit befaßt. Ihm werden, je nach Größe, personeller Ausstattung und Organisationsstruktur der Gesundheitsämter, verschiedene Angebote und Einrichtungen zugerechnet, wie z.B. der Sozialmedizinische Dienst, die Eheberatung, die Schwangerschaftsberatung, die Beratungsstelle für Risikokinder, der Jugendgesundheitsdienst, die kinder- und jugendpsychiatrische Beratungsstelle, der Zahnärztliche Dienst, die Drogenkoordination, die Gesundheitsberatung für Erwachsene oder Behinderte, der Sozialpsychiatrische Dienst etc. (vgl. Ortmann 1986, S. 216).

Bezogen auf ihre spezifische Themenstellung leisten diese Einrichtungen Unterstützung und Beratung. Hierbei gleichen sie – abgesehen von den amtlichen Aufgaben, die überwiegend von ZahnärztInnen bzw. ÄrztInnen durchgeführt werden, wie beispielsweise der Impfschutz durch den Jugendgesundheitsdienst – nicht nur institutionell vielfach den Angeboten freier Träger, sondern auch im Hinblick auf das Tätigkeitsspektrum von DiplompädagogInnen. Ähnlich dem psychosozialen Bereich konzentriert sich dieses wesentlich auf die Vorsorge, Früherkennung und Nachsorge.

<small>Unterstützung/Betreuung/ Beratung</small>

6. Probleme der Inanspruchnahme professioneller Hilfe

Obwohl Ansätze der Prävention und Gesundheitsförderung in allen der hier genannten Bereiche und Einrichtungen auf unterschiedlichem Wege verfolgt werden, zeigen vor allem neuere Studien (vgl. Settertobulte/Hurrelmann 1994; Palentien/Hurrelmann 1994), daß die bestehende medizinische und psychosoziale Versorgung in ihren jetzigen Strukturen den an sie gestellten Ansprüchen nicht gerecht werden kann. Bislang nur wenig miteinander kooperierende psychosoziale und medizinische Dienste sowie eine unzureichende Verknüpfung dieser Dienste mit der Lebenswelt von Kindern und Jugendlichen haben dazu geführt, daß die Inanspruchnahme professioneller medizinischer und psychologischer Hilfe auf Barrieren stößt: Nur etwa jeder dritte Jugendliche im Alter von 13- bis 16 Jahren läßt sich von einem Arzt/einer Ärztin behandeln, wenn eine Erkrankung vorliegt.

<small>Defizite der Inanspruchnahme von Hilfen</small>

Ein ähnliches Defizit kann für den Bereich der psychosozialen Versorgung konstatiert werden: Remschmidt (1990) untersuchte 1986/1987 sowohl die Prävalenz psychischer Störungen und Auffälligkeiten wie auch die Frage des Behandlungsbedarfs. Die Studie fand auf der Basis einer repräsentativen Stichprobe von 1.969 SchülerInnen als Nachfolgeuntersuchung einer ersten Erhebung im Rahmen des Modellprogramms Psychiatrie der Bundesregierung statt: Remschmidt konnte einen Anteil von 12,7 Prozent der SchülerInnenstichprobe als behandlungs- bzw. beratungsbedürftig nachweisen. Tatsächlich in Behandlung befanden sich jedoch nur 3,3 Prozent der Fälle.

Insgesamt kann festgestellt werden, daß die Inanspruchnahme professioneller Dienste noch immer durch einen Eintritt in eine „qualitativ neue Sozialbeziehung" gekennzeichnet ist (vgl. von Ferber 1986): Jugendliche stehen häufig vor der Situation, erstmalig mit Personen außerhalb ihrer bisher erlebten Sozialbeziehungen Kontakt aufnehmen zu müssen, ohne vorhersehen zu können, was sie genau erwartet. Erschwerend kommen mangelnde Informationen über die Struktur und Leistung der Dienste, Fragen der Finanzierung und die räumlichen Entfernungen zu einem Arzt, Pädagogen oder Psychologen hinzu.

<small>Barrieren der Inanspruchnahme</small>

7. Zusammenfassung und Folgerungen

Nicht mehr die akuten Krankheiten zählen zu den bedeutenden Gesundheitsproblemen von Kindern und Jugendlichen, vielmehr sind es heute psychosomatische, psychische und chronische Erkrankungen, die als dringliche Gesundheitsprobleme der jungen Generation bezeichnet werden müssen. Neben genetischen Dispositionen gewinnen Luft-, Wasser- und Bodenverunreinigungen sowie Schadstoffe in Nahrungs- und Genußmitteln zu ihrer Erklärung eine immer größere Bedeutung. Gleiches gilt für die Einbeziehung psychosozialer Beanspruchungen, denen gerade Kinder und Jugendliche in nahezu allen Lebensbereichen ausgesetzt sind, sowie für gesundheitsabträgliche Verhaltensweisen.

Ansatzpunkte von Prävention und Gesundheitsförderung

Maßnahmen der Gesundheitsförderung setzen hier an. Sie haben zum Ziel, gesundheitsrelevante Einstellungen und Verhaltensweisen zu beeinflussen. Ansätze der Gesundheitsförderung erweisen sich dann als aussichtsreich, wenn sie

1. an den Erfahrungen und Erlebnissen von Kindern und Jugendlichen ansetzen: Gerade im Jugendalter gehört es zu den wichtigsten Verhaltensweisen, daß die vorherrschenden gesellschaftlichen Erwachsenennormen in Frage gestellt werden. Präventive und gesundheitsförderliche Maßnahmen sollten es daher vermeiden, als ein Aufzwingen von offiziellen Erwachsenenverhaltensweisen empfunden werden zu können;
2. die vorherrschenden normativen und sozialstrukturellen Rahmenbedingungen berücksichtigen: Ein selbstkritischer Umgang mit den eigenen gesundheitszu- bzw. gesundheitsabträglichen Verhaltensweisen zählt hierzu genauso wie die Thematisierung bestehender Dauerbelastungen bei Kindern und Jugendlichen (lange Ausbildungszeiten, arbeitsmarktbezogene Verunsicherungen etc.) und das Eingehen auf objektiv gesundheitsabträgliche Strukturen der Erwachsenenwelt;
3. den alltäglichen und durch soziale und kulturelle Einflüsse geprägten Lebensstil von Kindern und Jugendlichen in ihren Ansatz mit einbeziehen: Prävention und Gesundheitsförderung sollte die Förderung von Selbstentfaltung und Selbstfindung von Kindern und Jugendlichen als Anknüpfungspunkte nutzen und sich als Hilfe bei der Unterstützung eines individuellen Lebensstils verstehen (vgl. Laaser/Hurrelmann/Wolters 1993).

Nordrhein-Westfälisches Programm zur Suchtprävention

Neuere Modelle betrachten Gesundheit als einen Gleichgewichtszustand zwischen sozial-ökologischen, körperlich-physiologischen und innerpsychischen Prozessen. Gleichermaßen werden die psychischen, sozialen, kognitiven und biologischen Bedingungen in allen für Kinder und Jugendliche relevanten Bereichen zu berücksichtigen versucht. Ein gelungenes Beispiel hierfür ist das nordrhein-westfälische Programm der Suchtprävention. Ausgehend von der Prämisse, daß der Konsum von Drogen für Jugendliche spezifische psychosoziale Funktionen erfüllt, werden soziale, affektive und kognitive Lernziele aufeinander bezogen: Lebensbewältigung, Problemlösungsfähigkeit sowie der Erwerb personaler und sozialer Handlungskompetenzen stehen im Mittelpunkt dieses schulisch orientierten Ansatzes (vgl. Hesse/Hurrelmann 1991).

Neben der Schule kommt heute vor allem den Einrichtungen der medizinischen und psychosozialen Versorgung ein besonderer Stellenwert für die gesundheitliche Situation von Kindern und Jugendlichen zu. Vielfach stoßen die in diesen Einrichtungen verfolgten Ansätze jedoch schon im Vorfeld an System- und Organisationsgrenzen. Untersuchungen zur Inanspruchnahme medizinischer und psychosozialer Hilfen zeigen, daß sich Jugendliche nur unzureichend an diese Einrichtungen wenden. Sollen Zugangsbarrieren überwunden werden, gehört es zukünftig zu den wesentlichen Aufgaben aller an der Gesundheitsförderung Beteiligten, sich für eine verstärkte Kooperation verschiedener Institutionen – über die Grenzen ihrer eigenen Disziplin hinweg – einzusetzen. Ziel muß es sein, unter Berücksichtigung der Vielzahl der heutigen und mehrfaktoriell-bedingten Erkrankungen, zu einer multidisziplinären und -perspektivischen Betrachtung der Probleme von Kindern und Jugendlichen zu gelangen.

Literatur

Banzer, W.: Präventive Sportmedizin – Chancen und Grenzen. In: Laaser, U./Murza, G. (Hrsg.): Gesundheitsförderung. Sport und Gesundheit im Spannungsfeld von Prävention und Lebensqualität. Bielefeld 1989, S. 25-41.

Baur-Göldner, S.: Einfluß elterlicher Einstellung gegenüber dem Kind auf das körperliche Wohlbefinden und das Selbstkonzept im Verlauf der Pubertät. Dissertation. Ulm 1986.

Becker, M.H. (Hrsg.): The health belief model and personal health behavior. Thorofare N.J. 1974.

Bundesministerium für Gesundheit (Hrsg.): Daten des Gesundheitswesens. Ausgabe 1991. Baden-Baden 1991.

Deutsche Gesellschaft für Ernährung e.V. (Hrsg.): Ernährungsbericht. Frankfurt a.M. 1988.

Engel, G. L.: Psychisches Verhalten in Gesundheit und Krankheit. Bern 1976.

Engel, U./Hurrelmann, K.: Psychosoziale Belastung im Jugendalter. Empirische Befunde zum Einfluß von Familie, Schule und Gleichaltrigengruppe. Berlin 1989.

Ferber, C. von: Wie hängen medizinische Behandlung und Gesundheitsselbsthilfe zusammen? In: Gross, R. (Hrsg.): Wege der Gesundheitsforschung. Berlin/Heidelberg 1986, S. 288-317.

Franzkowiak, K.P.: Risikoverhalten und Gesundheitsbewußtsein bei Jugendlichen. Berlin 1986.

Goebel, P.: Ungewollte Schwangerschaft – Ausdruck eines Konflikts oder Zufall? In: Lockot, R. (Hrsg.): Intimität. Stuttgart 1984, S. 143-153.

Hesse, S./Hurrelmann, K.: Gesundheitserziehung in der Schule. Ein Überblick über inländische und ausländische Konzepte und Programme. In: Prävention 14 (1991), Heft 2, S. 50-57.

Hurrelmann, K.: Einführung in die Sozialisationstheorie. Über den Zusammenhang von Sozialstruktur und Persönlichkeit. Weinheim/Basel ^{4}1993.

Hurrelmann, K.: Lebensphase Jugend. Eine Einführung in die sozialwissenschaftliche Jugendforschung. Weinheim/München 1994.

Hurrelmann, K./Laaser, U.: Gesundheitswissenschaften als interdisziplinäre Herausforderung. In: Hurrelmann, K./Laaser, U. (Hrsg.): Gesundheitswissenschaften. Handbuch für Lehre, Forschung und Praxis. Weinheim/Basel 1993, S. 3-26.

Jaschke, H./Schmid, R.: Gesundheitssysteme und Sozialarbeit. In: Oppl, H./Weber-Falkensammer, H. (Hrsg.): Lebenslagen und Gesundheit – Hilfen durch soziale Arbeit. Frankfurt a.M. 1986, S. 18-39.

Laaser, U./Hurrelmann, K./Wolters, P.: Prävention, Gesundheitsförderung und Gesundheitserziehung. In: Hurrelmann, K./Laaser, U. (Hrsg.): Gesundheitswissenschaften. Handbuch für Lehre, Forschung und Praxis. Weinheim/Basel 1993, S. 176-203.

Lösel, F./Bender, D.: Jugend und Gesundheit. In: Haisch, J./Zeitler, H.-P. (Hrsg.): Gesundheitspsychologie. Zur Sozialpsychologie der Prävention und Krankheitsbewältigung. Heidelberg 1991, S. 65-86.

Lohaus, A.: Gesundheitsförderung und Krankheitsprävention im Kindes- und Jugendalter. Göttingen u.a. 1993.

Mansel, J./Hurrelmann, K.: Alltagsstreß bei Jugendlichen. Eine Untersuchung über Lebenschancen, Lebensrisiken und psychosoziale Befindlichkeiten im Statusübergang. Weinheim/München 1991.

Mellerowics, H./Dürrwächter, H.: Training und Sport. Mittel der präventiven Medizin. In: Deutsches Ärzteblatt (1985), Heft 12, S. 834-841.

Omran, A.R.: Epidemiologic Transition in the United States. The Health Factor in Population Change. In: Population Bulletin 32 (1977), Heft 2, S. 3-42.

Ortmann, K.: Ambulante Dienste im Gesundheitswesen – gesundheitsbezogene ambulante Dienste. In: Oppl, H./Weber-Falkensammer, H. (Hrsg.): Lebenslagen und Gesundheit – Hilfen durch soziale Arbeit. Frankfurt a.M. 1986, S. 212-226.

Palentien, C./Hurrelmann, K.: Gesundheitsprobleme und Strukturen medizinischer und psychosozialer Versorgung im Jugendalter. In: Das Gesundheitswesen (56) 1994, Heft 4, S. 181-186.

Petermann, F./Noecker, M./Bode, U.: Psychologie chronischer Krankheiten im Kindes- und Jugendalter. München 1987.

Remschmidt, H.: Adoleszentenkrisen und ihre Behandlung. In: Sprecht, F./Gerlicher, K./Schütt, K. (Hrsg.): Beratungsarbeit mit Jugendlichen. Fragestellungen, Erfahrungen, Anregungen. Göttingen 1979, S. 44-62.

Remschmidt, H.: Grundsätze zur Versorgung psychisch gestörter Kinder und Jugendlicher. In: Praxis der Kinderpsychologie und Kinderpsychiatrie 39 (1990), S. 338-347.

Remschmidt, H.: Grundsätze der psychologischen Versorgung für Jugendliche. In: Settertobulte, W./Palentien, C./Hurrelmann, K. (Hrsg.): Gesundheitsversorgung für Kinder und Jugendliche: Ein Praxishandbuch. Heidelberg 1995.

Remschmidt, H.: Versorgung und Versorgungseinrichtungen für psychisch kranke Kinder und Jugendliche. In: Settertobulte, W./Palentien, C./Hurrelmann, K. (Hrsg.): Gesundheitsversorgung für Kinder und Jugendliche: Ein Praxishandbuch. Heidelberg 1995.

Remschmidt, H./Walter, R.: Evaluation kinder- und jugendpsychiatrischer Versorgung. Stuttgart 1989.

Schmid, R./Schmidt, E.H.: Vor- und Nachsorge für psychisch Kranke. In: Oppl, H./Weber-Falkensammer, H. (Hrsg.): Lebenslagen und Gesundheit – Hilfen durch soziale Arbeit. Frankfurt a.M. 1986, S. 268-280.

Schwarzer, R.: Psychologie des Gesundheitsverhaltens. Göttingen 1992.

Settertobulte, W./Hurrelmann, K.: Sind Jugendliche adäquat medizinisch versorgt? Zugangsschwellen Jugendlicher gegenüber ärztlichen Beratungs- und Behandlungsangeboten. In: TW Pädiatrie (1994), Heft 7, S. 95-105.

Steuer, W.: Ärztliche Versorgung. In: Steuer, W./Dettinger, L.: Handbuch für Gesundheitswesen und Prävention: Stationäre und ambulante Versorgung, öffentlicher Gesundheitsdienst, Versicherungswesen, Sozialmedizin. Landsberg 1991, II-2.2, S. 1-11.

Steuer, W.: Stationäre Versorgung. In: Steuer, W./Dettinger, L.: Handbuch für Gesundheitswesen und Prävention: Stationäre und ambulante Versorgung, öffentlicher Gesundheitsdienst, Versicherungswesen, Sozialmedizin. Landsberg 1991 a, II-1, S. 1-11.

Werse, W./Murza, G.: Gesundheitsförderung in Westdeutschland. In: Laaser, U./Schwartz, F.W. (Hrsg.): Gesundheitsberichterstattung und Public Health in Deutschland. Berlin/Heidelberg/New York 1992, S. 185-191.

World Health Organisation: Constitution. Geneva 1946.

XI. Hilfen für behinderte Menschen: Sonderschulen, Rehabilitation, Prävention, integrative Einrichtungen

Alfred Sander

Inhalt

1. Einführende Bemerkungen
2. Arbeitsfeld Früh- und Elementarbereich
3. Arbeitsfeld Primar- und Sekundarbereich
3.1. Sonderschulen
3.2. Integrative Regelschulen
3.3. Außerschulische Hilfen
4. Arbeitsfeld Berufs- und Erwachsenenbereich
4.1. Berufliche Integration
4.2. Erwachsenes Leben
5. Schlußbemerkung: Zu den Berufsaussichten für SonderpädagogInnen

Literatur

1. Einführende Bemerkungen

Hilfen für behinderte Menschen sind nicht nur ein Arbeitsfeld der Pädagogik, sondern auch ein Arbeitsfeld der Medizin, der Psychologie, der Sozialarbeit, des Sozialrechts und der Altenpflege. Es handelt sich um ein interdisziplinäres Feld; die multiprofessionelle Kooperation läßt allerdings zu wünschen übrig. Im folgenden Beitrag geht es schwerpunktmäßig um die pädagogischen Anteile am interdisziplinären Arbeitsfeld.

Die pädagogischen Hilfen sind am weitesten für behinderte Kinder und Jugendliche entwickelt, während das Erwachsenenalter und erst recht das Seniorenalter bisher nur selten ein Thema in der Behindertenpädagogik waren. Sehr viele Menschen werden, sofern sie nicht eines plötzlichen Todes sterben, gegen Ende ihres Lebens einmal behindert sein – etwa durch Gedächtnisschwund bis hin zur Altersverwirrtheit, durch Beweglichkeitseinschränkung bis hin zur Bettlägerigkeit und durch ähnliche Beeinträchtigungen schwerer und schwerster Art. Dieses Feld beginnt in der Pädagogik gerade erst bearbeitet zu werden. Traditionell liegt der Schwerpunkt auf behindertenpädagogischen Bemühungen im Kindes- und Jugendalter, viele Jahrzehnte lang sogar eingeschränkt auf das Schulalter. Denn die Durchsetzung der staatlich verordneten Schulbesuchspflicht aller Kinder führte vor allem im 19. Jahrhundert dazu, daß auch für Kinder verschiedener Behinderungsarten nach und nach entsprechende schulische Möglichkeiten eingerichtet werden mußten.

Bisheriger Schwerpunkt Schulalter

Behinderung stellt kein einheitliches Erscheinungsbild dar, sondern zeigt sich in unterschiedlichen Formen und Schweregraden. Schon bevor der Sammelname Heilpädagogik 1861 eingeführt wurde, gab es voneinander unabhängige pädagogische Bemühungen um gehörlose Kinder, um blinde Kinder, um geistesschwache Kinder usw. Auf die heute in Deutschland geltende Unterteilung in zehn schulpädagogisch relevante Behinderungsarten geht Abschnitt 3.1. näher ein. Ob jede Behinderungsart, jeder Sonderschultyp ein eigenes behindertenpädagogisches Arbeitsfeld konstituiert, soll an dieser Stelle nur als Frage aufgeworfen werden.

Viele Erscheinungsformen von Behinderungen

In den sonderpädagogischen Arbeitsfeldern sind pädagogische Fachleute verschiedener Ausbildung tätig. SonderschullehrerInnen haben ein mindestens achtsemestriges Studium an wissenschaftlichen Hochschulen absolviert, durch erstes und zweites Staatsexamen die Unterrichtsbefähigung für – meistens zwei – bestimmte Sonderschultypen erworben und unterrichten an entsprechenden Sonderschulen oder als integrationsunterstützende Fachkräfte an Regelschulen. Diplom-PädagogInnen mit Schwerpunkt Sonderpädagogik haben ebenfalls ein mindestens achtsemestriges Studium an wissenschaftlichen Hochschulen absolviert, aber keine Unterrichtsbefähigung erworben; sie arbeiten in außerschulischen Feldern, z.B. in der pädagogischen Leitung von Internaten oder von Werkstätten für behinderte Menschen. In außerschulischen Feldern arbeiten auch viele DiplomsozialpädagogInnen, die im Studium an einer Fachhochschule den Schwerpunkt Heilpädagogik/Rehabilitation gewählt hatten. Im vorschulischen Bereich wird die praktisch-heilpädagogische Arbeit vielfach von ErzieherInnen geleistet, die nach einer – meist berufsbegleitenden – sonderpädagogischen Zusatzausbildung in Kindergärten für behinderte Kinder oder in Frühförderstellen

Sonderpädagogische Berufe

tätig sind (siehe Abschnitt 2.).Viele FrühförderInnen haben zusätzliche Fortbildungskurse in speziellen Therapien absolviert. ErzieherInnen mit Fachschulabschluß und sonderpädagogischer Zusatzausbildung können auch in Sonderschulen – vor allem in Schulen für Geistigbehinderte – als „pädagogische Unterrichtshilfen" eingesetzt und „Fachlehrerinnen/Fachlehrer an Sonderschulen" werden. Diese Aufzählung sonderpädagogischer Ausbildungen und Berufe ist nicht vollständig. Auch AbsolventInnen nichtpädagogischer Ausbildungen können im sonderpädagogischen Bereich arbeiten, z.B. DiplompsychologInnen, LogopädInnen, KrankengymnastInnen.

Die behindertenpädagogischen Arbeitsfelder sowohl des Schulalters als auch der anderen Lebensaltersbereiche sind nach mehr als 100 Jahre langem Aufbau separierender Einrichtungen nunmehr durchsetzt von Bemühungen um integrierende Formen. Die folgende Darstellung gliedert sich nach den Lebensaltersbereichen.

2. Arbeitsfeld Früh- und Elementarbereich

Die institutionalisierte Erziehung beginnt in Deutschland für die meisten Kinder im Elementarbereich, nämlich mit dem Besuch des Kindergartens. Für behinderte und von Behinderung bedrohte Kleinkinder kann die spezielle Förderung durch Fachleute schon früher beginnen, in manchen Fällen schon bald nach der Geburt. Seit der grundlegenden behindertenpädagogischen Empfehlung des Deutschen Bildungsrates von 1973 sind die pädagogischen und therapeutischen Angebote im „Vorelementarbereich" oder Frühbereich (Alter 0-3 Jahre) erheblich ausgebaut worden; sie stellen heute ein vielfältiges behindertenpädagogisches Arbeitsfeld dar.

Die Ziele der Arbeit im Früh- und Elementarbereich sind Prävention durch Frühförderung, verbunden mit der Anbahnung von Integration (siehe auch Staatsinstitut 1990). Pädagogische Prävention soll bei einer bereits bestehenden Entwicklungsgefährdung oder Behinderung die Zunahme der Beeinträchtigung verhindern (sekundäre Prävention) und ihr Übergreifen auf andere Entwicklungsbereiche des Kindes möglichst unterbinden (tertiäre Prävention). Pädagogische Prävention setzt also durchweg beim einzelnen Kind und seiner unmittelbaren Umgebung (Familie, Kind-Umfeld-System) an, während Vorbeugung durch generelle Verhinderung der Möglichkeit des Auftretens von Beeinträchtigungen (primäre Prävention) hauptsächlich ein Arbeitsfeld der medizinischen Prophylaxe ist (vgl. Sander 1983).

Prävention

Die sonderpädagogische Frühförderung von entwicklungsgefährdeten oder behinderten Säuglingen und Kleinkindern erfolgt meistens nicht in Sondereinrichtungen, sondern in der Wohnung des Kindes und seiner Eltern. Das Kind soll in diesem jungen Alter möglichst noch nicht „institutionalisiert" werden. Von der regional zuständigen Frühförderstelle aus fahren FrüherzieherInnen (FrühförderInnen) in einem regelmäßigen Turnus – z.B. jede Woche für eine Stunde –zu den betreffenden Familien. Dort wird mit dem Kleinkind in spielerischer Form pädagogisch und therapeutisch gearbeitet, wobei die Mutter oder ein

Frühförderung

anderes Familienmitglied anwesend sein soll, um bestimmte Übungen im weiteren Verlauf der Woche spielend wiederholen zu können. Diese verbreitete Methode der „Hausfrüherziehung" stößt in der Praxis dort an Grenzen, wo die Wohnverhältnisse ungeeignet sind oder die Erwachsenen den regelmäßigen Hausbesuch nicht wünschen. Dann ist es möglich, daß die Mutter mit dem behinderten Kleinkind regelmäßig zur Frühförderstelle kommt. Sonderpädagogische Frühförderung findet also teilweise auch in zentralen Institutionen statt. In manchen Regionen wird die zentralisierte Form immer noch gegenüber der Hausfrüherziehung vorgezogen. Die Gründe dafür sind nicht primär pädagogischer Art.

<small>Hausfrüherziehung</small>

Das sonderpädagogische Arbeitsfeld Frühförderung reicht auch in klinische Einrichtungen hinein, vor allem in Sozialpädiatrische Kliniken; dort werden behinderte und von Behinderung bedrohte Kinder medizinisch behandelt, sie bzw. ihre Angehörigen psychologisch beraten und pädagogisch betreut. Die Leitung solcher Kliniken liegt in medizinischer Hand; PädagogInnen können bestenfalls in einem interdisziplinären Leitungsteam mitwirken, ansonsten sind sie nachgeordnete MitarbeiterInnen des Arztes.

Inhaltlich erstreckt sich die sonderpädagogische Frühförderung in je nach Einzelfall unterschiedlicher Gewichtung auf Wahrnehmungstraining der verschiedenen Sinne, sensumotorische und psychomotorische Übungen, Sprachanbahnung, grundlegende soziale Fähigkeiten und behinderungsspezifische Therapie. Neben der eigentlichen Frühförderung beanspruchen die notwendigen Beratungsgespräche mit den Eltern des Kindes viel Zeit und Arbeitskraft. Es geht bei dieser „Frühberatung" nicht nur um Fördermöglichkeiten für das Kind, sondern oft auch um psychische Hilfen für die Eltern, die die Tatsache eines behinderten Kindes zu akzeptieren und in ihr Leben zu integrieren haben. Bei anderen Eltern versucht die Frühberatung zunächst einmal zu erreichen, daß das Förderangebot angenommen wird. Denn die pädagogischen Angebote im Frühbereich und im Elementarbereich sind für die Erziehungsberechtigten auch von behinderten Kindern nicht verpflichtend. Die Erziehungsberechtigten können auf Frühförderung und Kindergartenbesuch verzichten.

<small>Frühberatung</small>

Da in Deutschland keine generelle Meldepflicht für behinderte Säuglinge und Kleinkinder besteht, ist nicht sichergestellt, daß alle Eltern von den – für sie kostenlosen – Frühfördermöglichkeiten Kenntnis erhalten. In der älteren Fachliteratur wird deshalb eine möglichst lückenlose „Früherfassung" der behinderten Kinder zu den wichtigen Aufgaben des Arbeitsfeldes Früh- und Elementarbereich gezählt. Heute wird diese Teilaufgabe wegen ihres totalitären Anspruchs differenzierter betrachtet.

<small>„Früherfassung"</small>

Sonderpädagogische Frühförderung endet nicht regelmäßig bei Eintritt in den Elementarbereich, sondern wird häufig während der Kindergartenzeit fortgesetzt. Der/die FrühförderIn kann weiterhin das Kind in seiner Wohnung besuchen, in vielen Fällen besucht er/sie es nun jedoch im allgemeinen Kindergarten bzw. in der Kindertagesstätte und arbeitet mit ihm in der Gruppe. Andere Kinder können an den pädagogischen und therapeutischen Spielen und Übungen teilnehmen, dadurch wird einer eventuellen Sonderstellung des behinderten Kindes vorgebeugt und die soziale Integration gefördert. In diesem Zusammenhang erhalten auch die ErzieherInnen des Kindergartens spezielle Hinweise für ihre Ar-

<small>Integration im allgemeinen Kindergarten</small>

beit mit dem Kind und der Gruppe, und der/die FrüherzieherIn erhält von ihnen wichtige Informationen über das Verhalten des behinderten Kindes im Lauf der Woche.

Für viele behinderte Kinder im Elementarbereich ist der Besuch eines allgemeinen Kindergartens am Wohnort (mit sonderpädagogischer Unterstützung) zur Selbstverständlichkeit geworden; das behindertenpädagogische Arbeitsfeld Elementarbereich besteht daher zu einem großen Teil aus Integrationsunterstützung und Förderung in gemischten Gruppen des allgemeinen Kindergartens oder der allgemeinen Kindertagesstätte. Daneben gibt es aber auch noch viele Sonderkindergärten, die auf Kinder je einer bestimmten Behinderungsart spezialisiert sind. Dort arbeiten ErzieherInnen, die meistens eine sonderpädagogische Zusatzausbildung absolviert haben, mit Gruppen von beispielsweise nur geistigbehinderten Kleinkindern oder nur gehörlosen Kleinkindern. Ein solches Arbeitsfeld ist weniger heterogen, aber sicher auch weniger integrativ und ohne nichtbehinderte Verhaltensvorbilder. Daher haben in manchen Regionen Sonderkindergärten begonnen, sich auch für nichtbehinderte Kinder zu öffnen. Die Homogenität wird von diesen Sondereinrichtungen also zugunsten von mehr Integration aufgegeben.

Sonderkindergarten

3. Arbeitsfeld Primar- und Sekundarbereich

Dem Lebensalter von 6 bis 15 Jahre bzw. – unter Einbeziehung der Sekundarstufe II – bis 18 oder 20 Jahre entspricht ein stark ausdifferenziertes und teilweise starr institutionalisiertes Arbeitsfeld pädagogischer Hilfen für behinderte Kinder und Jugendliche. Es umfaßt hauptsächlich die Sonderschulen in ihren unterschiedlichen Formen, im Zuge der neueren Integrationsentwicklung zunehmend aber auch die allgemeinen Schulen; daneben auch außerschulische Hilfen. Auf der Ebene der Institutionen spielen sich seit ein bis zwei Jahrzehnten erhebliche Veränderungen, ja Umwälzungen ab, die sich auf das gesamte Arbeitsfeld auswirken. Die folgende Übersicht beginnt mit den Sonderschulen, weil sie die traditionsreichste, am stärksten ausdifferenzierte und nach der Schülerzahl größte Institution in diesem Felde sind.

3.1. Sonderschulen

Schulische Bildungsanstalten für Kinder bestimmter Behinderungsarten gibt es in Deutschland mancherorts schon seit rund 200 Jahren; die 1778 in Leipzig errichtete Taubstummenanstalt wird als älteste deutsche Sonderschule betrachtet. Die frühen Sonderschulgründungen hatten die Aufgabe, die staatlich angeordnete allgemeine Schulpflicht durchsetzen zu helfen und die Volksschulen zu entlasten. Sie stellten einen großen Schritt auf dem historischen Weg zur Integration dar, indem sie den behinderten Kindern und Jugendlichen einen verbesserten Zugang zu Bildung und Arbeit ermöglichten. Die Frage, ob dafür separate Sonderschulen notwendig waren oder ob nicht gleich integrative Bildungswege hät-

Über 200 Jahre Sonderschulen

ten geschaffen werden können, kann an dieser Stelle nicht weiter verfolgt werden.

Während des ganzen 19. und des ersten Drittels des 20. Jahrhunderts entstanden Sonderschulen für Kinder verschiedener Behinderungskategorien, wobei die Kategorien oft unterschiedlich abgegrenzt wurden. Sonderschulklassen waren und sind wesentlich kleiner als Klassen allgemeiner Schulen. Dem Vorteil der kleineren Klasse und der behinderungsspezifischen Unterrichtsweise stand aber von Anfang an der Nachteil gegenüber, daß in der Sonderschulklasse das Verhaltensmodell nichtbehinderter Altersgenossen fehlt und daß die SonderschülerInnen mit zunehmendem Alter sich ausgesondert und gebrandmarkt fühlen.

Die Hilfsschule, die im dritten Drittel des 19. Jahrhunderts für sehr schulleistungsschwache Volksschulkinder eingeführt wurde, war bald der verbreitetste Sonderschultyp. Unter dem Namen „Schule für Lernbehinderte" (in einigen Bundesländern auch: Förderschule, Schule für Lernhilfe und ähnlich) ist sie es bis heute geblieben. Um ungünstige Auseinanderentwicklungen zu verhindern, hat die Kultusministerkonferenz der Bundesrepublik Deutschland 1972 „Empfehlungen zur Ordnung des Sonderschulwesens" herausgegeben und darin zehn Sonderschultypen für zehn Behinderungsarten definiert, die das Gesamtspektrum der Behinderungen im Kindes- und Jugendalter umfassen sollen (vgl. KMK 1972). In anderen Nationen, die sicherlich das gleiche Gesamtspektrum an Behinderungen im Kindes- und Jugendalter aufweisen, findet man nach Zahl und Zuschnitt andere Kategorien; das Arbeitsfeld Sonderschulen muß also nicht so gegliedert sein, wie es uns in Deutschland selbstverständlich geworden ist. Kürzlich hat die Kultusministerkonferenz in neuen „Empfehlungen zur sonderpädagogischen Förderung in den Schulen in der Bundesrepublik Deutschland" die Aufteilung in die bisherigen zehn Sonderschultypen noch einmal bestätigt (vgl. KMK 1994). Wer sich für das Arbeitsfeld Sonderschule interessiert, wird in Deutschland also auch künftig auf die im folgenden genannten zehn Sonderschultypen stoßen. Die Reihenfolge richtet sich nach den Schülerzahlen, beginnend mit dem größten Sonderschultyp.

(a) Schule für Lernbehinderte: Die Sonderschule für sog. lernbehinderte Kinder und Jugendliche ist in der Fachdiskussion besonders umstritten, weil „Lernbehinderung" nur in bezug auf Schule definiert ist und vor oder nach der Schulzeit eigentlich nicht diagnostiziert werden kann. Lernbehinderung hängt also wesentlich von der pädagogischen Leistungsfähigkeit der allgemeinen Schule ab, die ein schulschwaches Kind noch angemessen fördern kann oder nicht (zur Kritik der Lernbehindertenschule siehe Erath 1987). In Deutschland besuchen rund 200.000 Kinder und Jugendliche die Lernbehindertenschule. Wer sich in dieses sonderpädagogische Arbeitsfeld begibt, wird immer wieder vor Begründungs- und Rechtfertigungsfragen stehen.

Lernbehinderung im sonderschulpädagogischen Sinne zeigt sich in erheblich verringerter Schulleistung, häufig operationalisiert als zweimalige Nichtversetzung in der Grund- und Hauptschule. In vielen administrativen Versuchen, Lernbehinderung zu definieren, wird das Schulversagen mit intellektueller Beeinträchtigung in Verbindung gebracht, die durch einen Intelligenzquotienten zwischen etwa 55 und 85 quantifiziert wird (vgl. Kanter/Speck 1980, S. 36f.).

Kinder in der Lernbehindertenschule weisen häufig entsprechende Entwicklungsrückstände auch in anderen Bereichen – Sprache, Sozialverhalten, Motorik usw. – auf. Es sind ganz überwiegend Kinder aus soziokulturell und sozioökonomisch benachteiligten Verhältnissen.

Die Schule für Lernbehinderte wendet Unterrichtsmethoden wie die allgemeine Schule, jedoch in genauerer Dosierung an (vgl. Sander 1978, S. 424). Sie führt zu einem Schulabschluß eigener Prägung, der nicht als Hauptschulabschluß anerkannt wird.

(b) Schule für Geistigbehinderte: Die Schule für Geistigbehinderte (oder praktisch Bildbare) ist in Deutschland erst in den sechziger Jahren entstanden. Sie nimmt Kinder auf, die bis dahin wegen „fehlender Bildungsfähigkeit" vom Schulbesuch ganz ausgeschlossen waren und zu Hause oder in Pflegeheimen betreut wurden, sowie die schwächsten Kinder der früheren Hilfsschule (Lernbehindertenschule). In den neuen Bundesländern entstanden Schulen für Geistigbehinderte erst nach 1989. Heute werden in Deutschland etwa 60.000 Kinder und Jugendliche in diesem Sonderschultyp unterrichtet.

Ein Teil der SchülerInnen kann einfache Fertigkeiten im Lesen, Schreiben und Rechnen erreichen; ein anderer Teil muß in der Schule noch grundlegendere Kulturtechniken erlernen, z.B. allein den Mantel aus- und anziehen, allein zur Toilette gehen, ohne Hilfe essen und trinken. Es versteht sich von selbst, daß auch in diesem Sonderschultyp kein Hauptschulabschluß vermittelt wird. Um so bemerkenswerter ist es, daß gute Erfahrungen mit integrativer Erziehung geistigbehinderter Kinder in allgemeinen Schulen gemacht wurden (z.B. Hetzner/Podlesch 1994; Maikowski/Podlesch 1994).

Lebenspraktische Bildung

Typisch für das Arbeitsfeld Geistigbehindertenschule ist, daß hier neben Sonderschullehrkräften vielfach auch Angehörige anderer pädagogischer und therapeutischer Berufsgruppen mitarbeiten (vgl. auch Bach 1979; Fröhlich 1991).

(c) Schule für Sprachbehinderte: Die Schule für Sprachbehinderte weist in den letzten Jahren deutlich steigende Schülerzahlen auf. Dies wird vor allem darauf zurückgeführt, daß viele Eltern lernschwacher und zugleich sprachauffälliger Kinder, wenn ihr Kind denn schon in eine Sonderschule eingewiesen werden muß, die Sprachbehindertenschule der Lernbehindertenschule vorziehen, weil erstere als weniger diskriminierend gilt: In der Sprachbehindertenschule wird grundsätzlich auf dem Niveau der Grund- und Hauptschule unterrichtet, und viele Schüler kehren vor Abschluß ihrer Schulpflichtzeit wieder in eine allgemeine Schule zurück (vgl. Knura/Neumann 1980). Die „Sprachheilschule" versteht sich als Durchgangsschule: Nur ein kleiner Teil der SchülerInnen bleibt bis zum Ende der Schulzeit und erwirbt in dieser Sonderschule den Hauptschulabschluß.

Durchgangsschule

(d) Schule für Verhaltensgestörte: Verhaltensgestörte Kinder wurden auch schwererziehbare, gemeinschaftsschwierige oder ähnlich genannt; ihre Sonderschule heißt neuerdings in einigen Bundesländern Schule für Erziehungshilfe. Es handelt sich um Kinder und Jugendliche mit so gravierenden Auffälligkeiten des Sozialverhaltens, daß ihre eigenen Schulleistungen und/oder die Schulleistungen ihrer KlassenkameradInnen und MitschülerInnen dadurch erheblich beeinträch-

tigt werden. Die pädagogische und therapeutische Behandlung kann sich nicht auf die „Arbeit am Kind" und auf den Schulvormittag beschränken, sondern muß nach Möglichkeit auch die Lebensverhältnisse des Kindes und sein soziales Umfeld miteinbeziehen. Enge Kooperation mit Sozialpädagogik/Sozialarbeit ist in diesem Arbeitsfeld besonders wichtig. Es gibt gute Gründe für die These, daß die Verhaltensgestörtenpädagogik eher in den Bereich der Sozialpädagogik/Sozialarbeit als in den der klassischen Sonderpädagogik gehöre.

<small>Kooperation mit Sozialpäd./Sozialarbeit erforderlich</small>

Aus der Sicht der Schulverwaltung ist die Schule für Verhaltensgestörte jedoch ein Sonderschultyp wie die neun anderen. Die Verhaltensgestörtenschule soll Durchgangsschule sein, ihre SchülerInnen also auf dem Lehrplanniveau der Grund- und Hauptschule unterrichten und sie nach einigen Jahren wieder in die allgemeine Schule zurückgeben. Das gelingt jedoch in der Realität nicht sehr oft, weil eine längerfristige Verhaltensstörung sich immer auch ungünstig auf die schulische Lern- und Leistungsentwicklung auswirkt (vgl. Goetze/Neukäter 1989). So entsteht oft eine sekundäre Lernbeeinträchtigung, und der betreffende Jugendliche erreicht in der Verhaltensgestörtenschule nicht einmal den Hauptschulabschluß.

(e) Schule für Körperbehinderte: In der Körperbehindertenschule trifft man hauptsächlich Kinder und Jugendliche mit Schädigungen des Bewegungs- und Stützapparates des menschlichen Körpers an, also vor allem mit zerebralen Lähmungen – meistens Spastik –, Querschnittslähmungen, progressiver Muskelschwäche, Gliedmaßenfehlbildungen, Glasknochenkrankheit, Gelenkstarre, schwerwiegenden rheumatischen Erkrankungen, heute seltener mit spinaler Kinderlähmung oder Rachitis. Die Schülerschaft ist vom physischen Status, aber auch von der schulischen Leistungsfähigkeit her sehr heterogen zusammengesetzt. Viele Kinder in der Körperbehindertenschule weisen zusätzliche Sprachbehinderungen, Schädigungen der Sinnesorgane oder auch intellektuelle Beeinträchtigungen auf; Mehrfachbehinderung ist die Regel (vgl. Haupt/Jansen 1983). Wie viele Geistigbehindertenschulen haben auch zahlreiche Körperbehindertenschulen in den letzten Jahrzehnten sich bewußt für die Aufnahme schwerstmehrfachbehinderter Kinder geöffnet (vgl. Fröhlich 1991). Diese Sonderschule führt deshalb zu Schulabschlüssen auf unterschiedlichen Niveaus: neben dem Hauptschulabschluß auch zu Abschlüssen vom Niveau der Lernbehinderten- und der Geistigbehindertenschule. Körperbehinderte Jugendliche, die die mittlere Reife oder das Abitur anstreben, tun dies zunehmend in allgemeinen Realschulen, Gesamtschulen und Gymnasien.

<small>Heterogene Schülerschaft</small>

Die Körperbehindertenschule ist meistens mit einem Internat verbunden oder als Heimsonderschule organisiert. In ihrem Betrieb arbeiten neben SonderschullehrerInnen relativ viele Fachkräfte anderer Ausbildungsgänge mit.

(f) Schule für Schwerhörige und Schule für Gehörlose: Unter den Kindern mit Hörschädigung sind die meisten schwerhörig und nur ein kleinerer Teil gehörlos. Die Schule für Gehörlose nimmt volltaube und praktisch taube Kinder auf, diese Kinder können nicht mittels ihres Gehörs Sprache verstehen und sprechen lernen. Die Schule für Schwerhörige besuchen Kinder mit beeinträchtigtem Hörvermögen, das aber grundsätzlich für den Spracherwerb noch nützlich ist. Der Grenzbereich zwischen beiden Sonderschultypen ist in der Praxis fließend, ins-

<small>Oberbegriff Hörschädigung</small>

besondere da immer bessere elektronische Hörhilfen und medizinische Behandlungswege entwickelt werden.

Die wichtigste Aufgabe beider Sonderschulen liegt in der Förderung der Kommunikationsfähigkeit. In der Gehörlosenschule liegt der Schwerpunkt eher auf basaler Lautsprachanbildung, Förderung der Fähigkeit, vom Mund des Gesprächspartners das Gesprochene abzulesen, und evtl. Einführung in ein zweites Sprachsystem (die bei Fachleuten umstrittene Gebärdensprache). In der Schwerhörigenschule liegt der Schwerpunkt eher auf Lautspracherweiterung und -korrektur, auf Übungen im ergänzenden Mundablesen und auf richtigem Gebrauch des Hörgerätes. Der Unterricht in beiden Schulen führt prinzipiell zum Hauptschulabschluß, hörgeschädigte Kinder können je nach schulischer Leistungsfähigkeit jedoch auch andere Schulabschlüsse erreichen (vgl. auch Jussen/Kröhnert 1982). Gehörlosenschulen sind wegen ihres weiten Einzugsbereiches meistens Heimsonderschulen mit Internat.

(g) Schule für Sehbehinderte und Schule für Blinde: Die Schule für Blinde hat in ganz Deutschland wenig mehr als 1000 SchülerInnen und ist damit der kleinste Sonderschultyp. Die Blindenschule nimmt vollblinde und praktisch blinde Kinder auf, das sind Kinder mit so geringem Restsehvermögen, daß sie auf visuellem Wege nicht lesen, schreiben und andere optisch bestimmte Kulturtechniken bzw. Verhaltensweisen lernen können. Die Schule für Sehbehinderte hingegen ist für jene Kinder gedacht, die trotz Sehschädigung in erster Linie mittels visueller Wahrnehmung lernen; diese Kinder lernen z.B. die Schwarzweißschrift – meistens in entsprechender Vergrößerung – lesen und schreiben, während in der Blindenschule die mit den Fingerspitzen abzutastende Punktschrift gelehrt und gelernt wird. Es gibt wesentlich mehr sehbehinderte als blinde Kinder (vgl. Rath/Hudelmayer 1985).

Oberbegriff Sehschädigung

In beiden Sonderschultypen für sehgeschädigte Kinder wird grundsätzlich der Hauptschulabschluß vermittelt. Blinde und sehbehinderte SchülerInnen können jedoch auch Schulabschlüsse auf anderen Niveaus erreichen. Allerdings bietet kaum eine einzelne dieser kleinen Sonderschulen Abschlußmöglichkeiten aller Niveaus an. Die Schulen sind meistens mit Internatsbetrieb organisiert.

(h) Sonstige Sonderschulen: Der zehnte Sonderschultyp ist gemäß den Empfehlungen der Kultusministerkonferenz die Schule für Kranke (vgl. KMK 1994, Anlage, Abschnitt 2.5.). Sie ist eine echte Durchgangsschule, weil sie die Kinder und Jugendlichen nur während der Dauer einer stationären medizinischen Behandlung betreut. Der Unterricht erfolgt auf der Kinderstation des Krankenhauses, unter Umständen am Krankenbett oder auch bei dem Kind zu Hause. Er zielt vor allem auf den Erhalt der Rückkehrfähigkeit in die Stammschule und setzt also enge Zusammenarbeit mit dieser voraus (vgl. Wienhues 1979). Bei sehr langfristigen und insbesondere bei malignen Krankheiten erfordert die Arbeit in der Krankenschule ganz besondere menschliche Fähigkeiten von der Lehrperson.

Schule für Kranke

Der Unterricht im Krankenhaus wird nicht von allen Bundesländern dem Sonderschulwesen zugerechnet, diese Länder zählen dann nur neun Sonderschultypen. Neben den bisher genannten Sonderschulen gibt es vereinzelt noch weiter spezialisierte Einrichtungen, etwa für mehrfachbehinderte Kinder und Jugendliche (z.B. für taubblinde Menschen).

3.2. Integrative Regelschulen

Regelschulen sind im Sprachgebrauch der Behindertenpädagogik alle Schulen, die nicht Sonderschulen sind. Integrativ werden solche Regelschulen genannt, die ein behindertes Kind oder mehrere behinderte Kinder aufnehmen, um sie unterrichtlich und sozial zu integrieren. Einige solcher Schulen gibt es schon seit vielen Jahrzehnten, z.B. hie und da ein Gymnasium oder eine Gesamtschule, die neben ihrer üblichen lokalen Schülerschaft auch Jugendliche einer bestimmten Behinderungsart aus überregionalem Einzugsbereich aufnimmt und integriert unterrichtet; die behinderten Jugendlichen leben dann meist in einem Internat am Ort. Erst durch die behindertenpädagogische Empfehlung des Deutschen Bildungsrates von 1973 wurde die schulische Integration möglichst vieler behinderter Kinder und Jugendlicher zum allgemeinen Ziel erhoben; ein Ziel, auf das seither, trotz vieler berufsständischer und bildungspolitischer Widerstände, die tatsächliche Entwicklung – wenn auch langsam – hinführt. Wer als sonderpädagogische Fachkraft auf schulische Integration hinarbeitet, hat meistens die Eltern auf seiner Seite, aber in vielen Regionen die Schulbehörde noch gegen sich.

Schulische Integration als neuer Weg

Seit Mitte der siebziger Jahre entstanden zunächst in West-Berlin, dann in zahlreichen anderen deutschen Städten Integrationsklassen in Grundschulen, entsprechend später auch in Schulen des Sekundarbereiches. Die Integrationsklassen im engeren Sinn waren und sind Regelschulklassen, die neben nichtbehinderten Kindern auch drei bis fünf Kinder mit unterschiedlichen Behinderungen aufnehmen und ständig mit zwei Lehrkräften besetzt sind: einer Regelschullehrkraft und einer sonderpädagogischen Lehrkraft. Seit Mitte der achtziger Jahre erfolgt schulische Integration oft auch in der Organisationsform von „Einzelintegration", das heißt, ein einzelnes behindertes Kind wird in die für seinen Wohnbezirk zuständige Regelschule aufgenommen, eine sonderpädagogische Lehrkraft kommt nur während einiger Stunden pro Woche hinzu. In weniger dicht besiedelten Gebieten hat die Einzelintegration den Vorzug, daß sie am Wohnort erfolgen kann; da das behinderte Kind in dieselbe Schule wie die Nachbarskinder geht, wird die außerschulische Integration nicht beeinträchtigt. Eine Schwierigkeit dieses Systems liegt aber darin, daß die sonderpädagogische Fachkraft sich im Lauf einer Woche auf mehrere Kind-Umfeld-Systeme umstellen muß, ohne eins davon gründlich kennenzulernen.

Integrationsklassen

„Einzelintegration"

Sowohl in Integrationsklassen als auch bei Einzelintegration besteht eine Besonderheit des schulischen Arbeitsfeldes darin, daß zwei Lehrpersonen gleichzeitig in derselben Klasse unterrichten. Für LehrerInnen aus Regelschulen wie aus Sonderschulen ist dies eine ungewohnte Arbeitsbedingung, die vor allem zu Anfang Schwierigkeiten bereiten kann.

Zwei Lehrer/innen unterrichten gemeinsam

Gemeinsamer Unterricht für nichtbehinderte und behinderte Kinder kann aus Sicht der Schulverwaltung zielgleich oder zieldifferent erfolgen. Zieldifferenter Unterricht setzt für das behinderte Kind aufgrund seiner eingeschränkten Schulleistungsfähigkeit andere, individuell angepaßte Lern- und Leistungsziele. Auf diese Weise kann ein lernbehindertes oder geistigbehindertes Kind in der Regelschulklasse bleiben, ohne am Schuljahresende die Versetzungsnormen der nichtbehinderten MitschülerInnen erfüllen zu müssen. In der Praxis zeigt sich besonders bei lernbehinderten SchülerInnen, daß sie oft nur in einem Teil der Fächer

Zielgleicher und zieldifferenter Unterricht

zieldifferent, in einem andern Teil jedoch zielgleich in Grund-, Haupt- oder Gesamtschulklassen unterrichtet werden können. Zieldifferenter Unterricht stellt besonders hohe Anforderungen an die Unterrichtsorganisation, aber auch zielgleicher Unterricht verlangt häufig Binnendifferenzierung und didaktischmethodische Kreativität (vgl. Eberwein 1994).

Nach rund 20 Jahren schulischer Integrationsbewegung in Deutschland besuchen erst höchstens 5% der behinderten Kinder und Jugendlichen eine integrative Regelschule, die ganz überwiegende Mehrzahl besucht nach wie vor eine Sonderschule. In einigen Bundesländern sind allerdings schon mehr als 10% der behinderten SchülerInnen in Regelschulklassen integriert. Die Entwicklung geht bundesweit auf mehr Integration hin, insbesondere auch nach den sonderpädagogischen Empfehlungen der Kultusministerkonferenz vom 6. Mai 1994.

3.3. Außerschulische Hilfen

Im Alter von 6 bis 16 oder 18 Jahren ist die Schule zwar ein wichtiger, aber nicht der einzige wichtige Lebensbereich junger Menschen. Auch behinderte Kinder und Jugendliche führen ein außerschulisches Leben, das bestimmt wird von individuellen Bedürfnissen und Möglichkeiten, familiären Bedingungen und örtlichen Gegebenheiten. Behutsame fachliche Unterstützung kann dabei sehr nützlich sein; behutsam ist sie dann, wenn sie so zurückhaltend wie möglich erfolgt, um dem behinderten jungen Menschen jede weitere Hervorhebung und Diskriminierung zu ersparen. Dieses Arbeitsfeld außerschulischer Sonderpädagogik ist bisher allerdings nur sehr wenig elaboriert.

Institutionell erstreckt das Arbeitsfeld sich grundsätzlich auf alle Formen von Nachmittags- und Freizeitangeboten. In therapeutischen Schülerhilfen können nachmittags neben Regelschulkindern, die keine amtliche Diagnose als sonderpädagogisch förderungsbedürftig aufweisen, Integrationskinder aus Regelschulen und Sonderschulkinder gefördert werden. In Schülerhorten können Kinder aus nur einer Schulart oder aber aus Regel- und aus Sonderschulen betreut werden. In Sonderschulen mit Internat werden nachmittags und gegebenenfalls auch am Wochenende Freizeitbeschäftigungen organisiert, teils nur für die Internatskinder, teils geöffnet auch für andere Kinder und Jugendliche aus dem Ort. Jugendverbände in kirchlicher oder anderer Trägerschaft arbeiten in manchen Orten aktiv gegen die Isolation behinderter Menschen, nehmen behinderte Kinder und Jugendliche in ihre Gruppen auf und gestalten das Gruppenleben integrativ; auch in einigen Sonderschulinternaten oder Heimsonderschulen gibt es Gruppen allgemeiner Jugendverbände (z.B. Pfadfinder) nur für InternatsbewohnerInnen. Zur Jugendarbeit mit Gruppen behinderter Mitglieder oder mit integrativen Gruppen gehören als Höhepunkte auch Fahrt und Lager. Ferienlager und andere Ferienveranstaltungen werden alljährlich im Sommer auch von freien Trägern und von vielen Kommunen angeboten; sie kommen vor allem sozial benachteiligten Kindern zugute, unter ihnen auch behinderten Kindern. Mancherorts sind Freizeitgruppen entstanden, die als erklärtes Hauptziel die praktizierte Gemeinsamkeit von behinderten und nichtbehinderten jungen Menschen anstreben (z.B. CeBeEf: Clubs Behinderter und ihrer Freunde). Auch in Jugendzentren findet

Nachmittags- und Freizeitangebote

man gelegentlich gezielte Initiativen zur Integration behinderter Jugendlicher. Ebenso öffnen sich Freizeitsportgruppen und Sportvereine nach und nach für behinderte Kinder und Jugendliche; der Behindertensport, in der Vergangenheit ein abgetrennter Zweig des allgemeinen Sportlebens, beginnt ebenfalls seine integrativen Dimensionen zu entwickeln. Zu den außerschulischen Hilfen gehören auch verschiedene private Initiativen wie beispielsweise regelmäßige Hausaufgabentreffs und Spielnachmittage für eine Handvoll nichtbehinderter MitschülerInnen in der Wohnung eines behinderten Kindes.

Nach unseren Erfahrungen kann es für die Selbstkonzeptentwicklung eines in der Regelschule unterrichteten behinderten Kindes auch nützlich sein, wenn es in einem bestimmten Lebensalter andere, ähnlich behinderte Kinder kennenlernt. Dazu kann ein in größeren Abständen veranstaltetes nachmittägliches Treffen für die Integrationskinder einer bestimmten Behinderungsart und ihre Eltern aus einer ganzen Region dienen. Auch in diesem gesamten Arbeitsfeld geht die Entwicklung auf mehr Integration hin.

4. Arbeitsfeld Berufs- und Erwachsenenbereich

Rehabilitation

Das Ziel sonderpädagogischer Arbeit wird traditionell mit Rehabilitation bezeichnet (vgl. Runde 1985). In der herkömmlichen Sichtweise dienen Frühförderung, Schulbesuch und Berufsausbildung zur Vorbereitung der Rehabilitation des behinderten Menschen, während die Berufsausübung auf einem festen Arbeitsplatz als Zielzustand der Rehabilitation gilt. Der Mensch ist dabei auf die Rolle der Arbeitskraft reduziert, gesellschaftliche und persönliche Integration wird nur unter dem Aspekt Berufstätigkeit betrachtet. Insbesondere die verwaltungsseitige Handhabung der vielfältigen rehabilitationsrechtlichen Bestimmungen führte zu der unangemessenen Verkürzung des Rehabilitationsverständnisses. Rehabilitation – wörtlich: Wiederherstellung – sollte dem behinderten Menschen in all seinen Dimensionen gelten und zum Ziel haben, ihm ein individuell befriedigendes Leben in der Gesellschaft zu ermöglichen. Die berufliche Eingliederung kann, muß aber nicht in jedem Falle einen wesentlichen Beitrag dazu leisten.

Integration

Rehabilitation setzt allein am behinderten Menschen an und will ihn soweit (wieder-)herstellen, daß er möglichst produktiv in die vorhandene Gesellschaft eingegliedert werden kann. Integration als neuerer Zielbegriff hingegen meint nicht die einseitige Anpassung des behinderten Menschen an die vorhandene Gesellschaft, sondern auch die allmähliche humane Veränderung der Gesellschaft durch ihre Öffnung für behinderte Menschen und andere Minderheiten, durch angeleitete Akzeptanz der Verschiedenheit.

4.1. Berufliche Integration

Nachdem in unserer Zivilisation nun das Ende der Vollbeschäftigung erreicht zu sein scheint, ist es für alle Jugendlichen schwierig, einen Platz auf dem freien

Ausbildungs- und Arbeitsmarkt zu finden. Für behinderte Menschen ist die „Marktlage" naturgemäß noch viel schwieriger und daher im allgemeinen ohne staatliche Stütz- und Schutzmaßnahmen nicht mehr zu meistern. Wer in dem Arbeitsfeld „Hilfen zur beruflichen Integration" tätig ist, braucht neben behindertenpädagogischen Fachkenntnissen auch viel Ausdauer und Phantasie sowie detaillierte Rechts- und Organisationskenntnisse. Die Rechtsbestimmungen und Verwaltungsvorschriften, die organisatorischen Formen und regionalen Institutionen in diesem Bereich sind sehr vielfältig (vgl. Bundesanstalt für Arbeit 1993).

In dem vielgliedrigen öffentlichen Berufsschulwesen kann man einzelne behinderte Jugendliche in praktisch allen Klassen antreffen. Gehäuft befinden sie sich in Vollzeitklassen für noch nicht berufsfähige oder noch nicht in Ausbildungsstellen vermittelte Jugendliche. Sonderklassen für behinderte Jugendliche in der Berufsschule sind sehr selten. Viele Berufsschullehrkräfte erklären nicht ohne Stolz, daß sie in ihren allgemeinen Klassen schon immer Integration praktizieren. Unterstützte berufsschulische Integration durch regelmäßige Mitarbeit einer Sonderschullehrkraft in der Berufsschulklasse ist allerdings ebenfalls noch sehr selten. Andererseits kann es im Berufsschulalter auch sinnvoll sein, je nach den individuellen Bedürfnissen die sonderpädagogische Unterstützung zu reduzieren oder zu beenden. Berufsschulen

Für körperbehinderte, hörgeschädigte oder sehgeschädigte Jugendliche gibt es bundesweit auch einige behinderungsspezifische Berufsschulzentren mit länderübergreifenden Einzugsbezugsbereichen. Dort ist die soziale Situation ähnlich wie in Heimsonderschulen. Behinderte Jugendliche, die einen betrieblichen Ausbildungsplatz erlangt haben, können zusätzlich von der Arbeitsverwaltung finanzierte „ausbildungsbegleitende Hilfen" (abH) erhalten. Die abH erstrecken sich auf Fachtheorie und Fachpraxis, aber auch auf sozial- und sonderpädagogische Einzelfallhilfe. Sie umfassen 3 bis 8 Wochenstunden pro Jugendlichen und können im Einzelfall eine wichtige Integrationsunterstützung sein. Ähnlich sind die Arbeitsassistenz-Modelle konzipiert, die hauptsächlich von Eltern schwerer behinderter Jugendlicher favorisiert werden: Für eine kleine Anzahl – z.B. fünf – Jugendliche fungiert eine pädagogische Fachkraft als „Arbeitsassistent", indem sie die Arbeitsanweisungen im Betrieb didaktisch übersetzt, die Handgriffe trainieren hilft, bei sachlichen oder zwischenmenschlichen Problemen vermittelt usw. Ausbildungsbegleitende Hilfen Arbeitsassistenzmodell

Für das Arbeitsassistenzmodell benötigt der behinderte Mensch keinen Ausbildungs-, sondern lediglich einen Arbeitsplatz. Wer im Bereich abH oder Arbeitsassistenz tätig wird, braucht neben behindertenpädagogischen Kenntnissen und praktischem Geschick insbesondere auch soziale und Konfliktlösungsfähigkeiten.

In den letzten Jahren nimmt die Organisationsform „Berufsausbildung in einer überbetrieblichen Einrichtung" (BüE) zahlenmäßig stark zu. Sie ist für Auszubildende bestimmt, die wegen schulischer Mängel oder sozialer Schwierigkeiten auch mit abH (noch) nicht in einem Betrieb, sondern nur unter besonderem Betreuungsaufwand in einer überbetrieblichen Einrichtung gefördert werden können. Berufsausbildung in einer überbetrieblichen Einrichtung

Die berufliche Integration kann auch über ein Berufsbildungswerk (BBW) angestrebt werden. Berufsbildungswerke sind überregionale Einrichtungen zur beruflichen Erstausbildung behinderter Jugendlicher und junger Erwachsener, die besonderer Hilfen bedürfen. Berufsförderungswerke (BFW) dienen hingegen Berufsbildungswerk Berufsförderungswerk

215

der Fortbildung und Umschulung behinderter Erwachsener, die meistens bereits berufstätig waren. Bundesweit gibt es etwa 50 Berufsbildungswerke, etwa 30 davon sind auf bestimmte Behinderungsarten spezialisiert, die übrigen nehmen unterschiedlich behinderte Menschen auf, darunter auch psychisch kranke Menschen. In Berufsbildungs- und Berufsförderungswerken arbeiten Fachleute verschiedener Disziplinen und Ausbildungsgänge mit PädagogInnen zusammen.

Auch wenn ein behinderter Mensch das BBW oder das BFW erfolgreich durchlaufen hat, ist seine berufliche Integration nicht gesichert. Der freie Arbeitsmarkt funktioniert nach kapitalistischen Gesetzmäßigkeiten und ist daher in Zeiten verbreiteter Arbeitslosigkeit an der beruflichen Integration behinderter Menschen nicht interessiert. Für viele von ihnen bleibt nur die Beschäftigung in einer Werkstatt für Behinderte. In Deutschland gibt es rund 650 solcher Einrichtungen mit mehr als 150.000 behinderten Beschäftigten. Die Beschäftigten erhalten „im bundesweiten Durchschnitt z.Z. etwa 250,--DM" monatlich (vgl. Bundesanstalt für Arbeit 1993, S. 147). Werkstätten für Behinderte bieten Beschäftigung, aber keine berufliche Integration im eigentlichen Sinne. Wer als pädagogische Fachkraft in einer Werkstatt für Behinderte tätig wird, findet ein vielfach reformbedürftiges Arbeitsfeld vor.

Werkstatt für Behinderte

In Anbetracht der Tatsache, daß die berufliche Integration zahlreicher behinderter Menschen nicht befriedigend oder gar nicht gelingt, stellt sich die Frage, ob dieses Integrationsziel allgemein beibehalten werden soll. Ein Ziel, das in so hoher Anzahl verfehlt wird, bewirkt bei allzu vielen behinderten Menschen nur Frustration und Depression. Kann auf dieses Ziel verzichtet werden? Ist ein Leben in akzeptierter Arbeitslosigkeit eine anstrebenswerte Alternative? Diese Fragen müssen neu durchdacht und geklärt werden. Solange für nichtbehinderte Menschen das Ziel der Vollbeschäftigung programmatisch aufrechterhalten wird, muß es nach meiner Auffassung auch für behinderte Menschen gelten.

4.2. Erwachsenes Leben

Das Leben erwachsener Menschen, behindert oder nicht, wird nicht nur durch den Beruf bestimmt, sondern ebenso durch viele andere Entwicklungs- und Gestaltungsbereiche, insbesondere Wohnen, Partnerschaft, Sexualität, Familiengründung, Freizeitvorlieben, Älterwerden. In all diesen Bereichen gibt es sehr große Unterschiede auch zwischen behinderten Menschen, bedingt durch Art und Schweregrad der Behinderung sowie durch andere individuelle Persönlichkeitsmerkmale.

Formen des Wohnens

Beispielsweise findet man hinsichtlich des Wohnens unter anderem folgende Formen in Deutschland: Viele behinderte Erwachsene wohnen bei ihren Eltern, bis die Eltern selbst alt und hilfsbedürftig werden. Andere ziehen als Erwachsene aus und wohnen selbständig. Wieder andere leben vom Jugendalter an in einem behinderungsspezifischen Wohnheim; solche Wohnheime bestehen oft im Zusammenhang mit Werkstätten für Behinderte. Von Wohnheimen aus sind in den letzten Jahren auch Außenwohngruppen errichtet worden, das sind Wohngemeinschaften behinderter Erwachsener, die mehr oder weniger selbständig in einem normalen Umfeld leben. Die aus dem nordamerikanischen Raum kommende, vor allem von körperbehinderten Erwachsenen getragene Bewegung „Autonomes Leben" (Independent Living) fordert mit Nachdruck das selbstbestimmte Wohnen und Leben in normalen Wohnumgebungen, erforderlichenfalls unterstützt, aber niemals dirigiert durch professionelle Helfer. Die entsprechenden Wohngemeinschaften sind nicht immer auf behinderte Menschen beschränkt, es gibt auch „gemischte WG's".

Der gesamte Bereich des erwachsenen Lebens behinderter Menschen ist bisher nur stellenweise ein pädagogisches Arbeitsfeld geworden. Das sollte prinzipiell auch in Zukunft so bleiben, weil nur ein Teil der erwachsenen Menschen mit Behinderungen pädagogische Beratung und Unterstützung braucht oder wünscht.

5. Schlußbemerkung: Zu den Berufsaussichten für SonderpädagogInnen

Die Entwicklung der Behindertenpädagogik in Theorie und Praxis weist allgemein auf mehr Integration hin. Allerdings ist die Gegenwart institutionell noch stark vom bisherigen Konzept der separierten Betreuung, Unterrichtung, Beschäftigung und Unterbringung bestimmt. Die Separation wird in manchen Bereichen nur langsam abgebaut, in anderen schneller. In fast allen Fällen von Integration müssen aber weiterhin behindertenpädagogische Hilfen gegeben werden. Das Arbeitsfeld „Hilfen für behinderte Menschen" befindet sich also in einer tiefgreifenden Umstrukturierung. Wer in diesem Feld arbeiten will, wird künftig immer seltener in Sonderkindergärten, Sonderschulen, Behindertenwohnheimen tätig sein und dementsprechend immer häufiger als behindertenpädagogische Fachkraft in allgemeinpädagogischen Einrichtungen kooperativ mitwirken.

Arbeitsplatz zunehmend in Regeleinrichtungen

Auf Grund der Umstrukturierung sind Prognosen über die Anstellungsaussichten schwierig. Mittel- und langfristig steigt der Bedarf an sonderpädagogischen Fachkräften, denn der Anteil behinderter Menschen in unserer Gesellschaft nimmt zu. Die kurzfristigen Anstellungschancen hängen jedoch nicht unmittelbar vom aktuellen Bedarf ab, sondern stärker von den verfügbaren Mitteln der öffentlichen und privaten Anstellungsträger. Behinderte Menschen haben in Haushaltsberatungen keine starke Lobby. Meine zusammenfassende Prognose lautet daher: Das Arbeitsfeld „Hilfen für behinderte Menschen" wird in absehbarer Zeit nicht erheblich expandieren, aber einen konstanten und leicht steigenden Bedarf an sonderpädagogisch ausgebildeten Fachleuten aufweisen.

Bedarf an sonderpädagogischen Fachkräften

Literatur

Bach, H. (Hrsg.): Pädagogik der Geistigbehinderten (Handbuch der Sonderpädagogik, Bd. 5). Berlin 1979.
Bundesanstalt für Arbeit, Nürnberg (Hrsg.): Behinderte Jugendliche vor der Berufswahl. Ausgabe 1993. Wiesbaden 1993.

Deutscher Bildungsrat, Empfehlungen der Bildungskommission: Zur pädagogischen Förderung behinderter und von Behinderung bedrohter Kinder und Jugendlicher. Bonn 1973 (Stuttgart 1974).
Eberwein, H. (Hrsg.): Behinderte und Nichtbehinderte lernen gemeinsam. Handbuch der Integrationspädagogik. Weinheim ³1994.
Erath, P.: Vergessen und mißbraucht. „Lernbehinderte" als Opfer allgemeinpädagogischer Ignoranz und sonderpädagogischer Eigeninteressen (Europäische Hochschulschriften, Reihe 11, Bd. 333). Frankfurt a.M. 1987.
Fröhlich, A. (Hrsg.): Pädagogik bei schwerster Behinderung (Handbuch der Sonderpädagogik, Bd. 12). Berlin 1991.
Goetze, H./Neukäter, H. (Hrsg.): Pädagogik bei Verhaltensstörungen (Handbuch der Sonderpädagogik, Bd. 6). Berlin 1989.
Haupt, U./Jansen, G.W. (Hrsg.): Pädagogik der Körperbehinderten (Handbuch der Sonderpädagogik, Bd. 8). Berlin 1983.
Hetzner, R./Podlesch, W.: Kinder mit elementaren Lernbedürfnissen („Schwerstmehrfachbehinderte") in Integrationsklassen. In: Eberwein, H. (Hrsg.): Behinderte und Nichtbehinderte lernen gemeinsam. Handbuch der Integrationspädagogik. Weinheim ³1994, S. 349-358.
Jussen, H./Kröhnert, O. (Hrsg.): Pädagogik der Gehörlosen und Schwerhörigen (Handbuch der Sonderpädagogik, Bd. 3). Berlin 1982.
Kanter, G.O./Speck, O. (Hrsg.): Pädagogik der Lernbehinderten (Handbuch der Sonderpädagogik, Bd. 4). Berlin ²1980.
KMK: Empfehlung zur Ordnung des Sonderschulwesens. Beschlossen von der Kultusministerkonferenz am 16. März 1972. Bonn 1972.
KMK: Empfehlungen zur sonderpädagogischen Förderung in den Schulen in der Bundesrepublik Deutschland. Beschluß der Kultusministerkonferenz vom 6.5.1994. Bonn 1994.
Knura, G./Neumann, B. (Hrsg.): Pädagogik der Sprachbehinderten (Handbuch der Sonderpädagogik, Bd. 7). Berlin 1980.
Maikowski, R./Podlesch, W.: Geistig behinderte Kinder in der Grundschule? Theoretische und praktische Ergebnisse integrativer Erziehung. In: Eberwein, H. (Hrsg.): Behinderte und Nichtbehinderte lernen gemeinsam. Handbuch der Integrationspädagogik. Weinheim ³1994, S. 340-348.
Rath, W./Hudelmayer, D. (Hrsg.): Pädagogik der Blinden und Sehbehinderten (Handbuch der Sonderpädagogik, Bd. 2). Berlin 1985.
Runde, P.: Möglichkeiten und Grenzen der Regulierung sozialer Probleme am Beispiel der beruflichen und sozialen Rehabilitation Behinderter. In: Bleidick, U. (Hrsg.): Theorie der Behindertenpädagogik (Handbuch der Sonderpädagogik, Bd. 1). Berlin 1985, S. 198-234.
Sander, A.: Das Sonder-Schulwesen in der Bundesrepublik Deutschland. Überblick für Lehrer in allgemeinen Schulen. In: Klauer, K.J./Reinartz, A. (Hrsg.): Sonderpädagogik in allgemeinen Schulen (Handbuch der Sonderpädagogik, Bd. 9). Berlin 1978, S. 415-438.
Sander, A.: Prävention und Integration im Primarbereich. In: Baier, H./Bleidick, U. (Hrsg.): Handbuch der Lernbehindertendidaktik. Stuttgart 1983, S. 34-39.
Staatsinstitut für Frühpädagogik und Familienforschung, München (Hrsg.): Handbuch der integrativen Erziehung behinderter und nichtbehinderter Kinder. München 1990.
Wienhues, J.: Die Schule für Kranke, ihre Aufgabe in der pädagogischen und psychosozialen Betreuung kranker Kinder. Rheinstetten 1979.

XII. Stationäre Erziehungshilfen: Heim, Wohngruppe, Pflegefamilie

Wolfgang Trede/Michael Winkler

Inhalt

1. Begriffliche Vorklärungen
2. Forschung
3. Geschichte
4. Entwicklungen seit 1945
5. Gegenwärtige Situation
5.1. Neue rechtliche Rahmenbedingungen
5.2. Die Pluralisierung der Hilfeformen
5.3. Die professionelle Entwicklung des Feldes
6. Probleme einer Methodik der Fremdplazierung

Literatur

1. Begriffliche Vorklärungen

Unter Erziehungshilfen versteht man ein breites Spektrum von sozialen, erzieherischen, beratenden oder therapeutischen Angeboten; dazu zählt das Kinder- und Jugendhilfegesetz (KJHG) u.a. Erziehungsberatung, sozialpädagogische Familienhilfe, Erziehung in einer Tagesgruppe, Vollzeitpflege und Heimerziehung. Erziehungshilfen werden durch unterschiedlich organisierte Träger erbracht, wobei heute professionell wirkende Berufstätige mit Ausbildungen als ErzieherInnen, für Sozialpädagogik, aber auch für Psychologie, sowie – so in Ostdeutschland – in Gesundheitsberufen dominieren, während Selbsthilfegruppen und Ehrenamtliche nur eine untergeordnete Rolle spielen.

Schon seit geraumer Zeit vollzieht die sozialpädagogische Praxis dabei eine Abkehr von der Heimerziehung: Traditionell galt nämlich die „Fremdplazierung" von Minderjährigen, mithin deren „stationäre Unterbringung", Betreuung und Erziehung außerhalb des Zusammenhangs ihrer Herkunftsfamilie als die zentrale und eigentliche Form von „Maßnahmen" der Jugendhilfe. Dagegen gilt die Heimerziehung aktuell nur noch als eine unter vielen Möglichkeiten professioneller Erziehung.

Ambivalenz von Hilfe und Kontrolle

Gleichwohl richtet sich auf sie eine besonders kritische Aufmerksamkeit, wird sie doch wie kein anderes pädagogisches Handlungsfeld von Spannungen und Ambivalenzen geprägt: Wenngleich Erziehungshilfen nach Vorstellung des KJHG und der FachvertreterInnen als pädagogische Dienstleistung gemeinsame Absprachen und Planungen aller Beteiligten voraussetzen, hängen sie doch als wesentlich öffentlich finanzierte Aktivitäten von gesellschaftlichen Normvorstellungen und auf diesen gründenden politischen Entscheidungen ab. Sie enthalten daher stets Elemente von Kontrolle und Disziplinierung, mit welchen soziale Normalisierungsansprüche durchgesetzt werden sollen. Besonders augenfällig wird dies bei der Heimerziehung, stellt sie doch im Blick auf die Problemlagen, mit denen sie zu tun hat und die zu bewältigen sie antritt, die sie aber zugleich auch selbst erzeugt, den radikalen Ernstfall von Erziehung schlechthin dar. Stets und unausweichlich bleibt sie in den Ambivalenzen von Hilfe und Kontrolle, von Erziehung und Disziplinierung, von Entlastung und Ausgrenzung, von Schonraum und totaler Institution befangen.

Während allerdings die Öffentlichkeit mit Heimerziehung noch immer die Vorstellung von einer dauerhaften Unterbringung „schwieriger", „verhaltensgestörter" oder gar „verwahrloster" Kinder in mehr oder weniger geschlossenen Einrichtungen verbindet, bereitet eine sachlich angemessene Bestimmung ihrer sozialen und pädagogischen Realität zunehmend Schwierigkeiten. Dies ergibt sich aufgrund der Ausdifferenzierung unterschiedlichster Formen stationärer Unterbringung und ihrer milieunahen Situierung. Ersatzfamilie und heilpädagogische Pflegestellen, Jugendwohngemeinschaften, ausgelagerte Heimplätze und betreutes Jugendwohnen heben aber die sinnliche Evidenz der Heimerziehung und des Pflegekinderwesens auf. Sie verlieren den räumlich-örtlichen Zusammenhang als zentrale Eigenschaft und Grundbedingung ihrer Bestimmung.

Verlust der sinnlichen Evidenz von Heimerziehung

So gilt inzwischen sogar der Begriff Heimerziehung als verbraucht und nur noch „konzeptionell" tauglich. Selbst die vom KJHG vorgeschlagene Formel von der „Hilfe zur Erziehung in einer Einrichtung über Tag und Nacht" reicht nicht mehr hin, um die empirische Vielfalt von Betreuungsformen zu erfassen.

Stellt man zudem in Rechnung, daß eine Unterbringung von jungen Menschen außerhalb ihrer Herkunftsfamilie auch jenseits des Zusammenhangs von Erziehungshilfe etwa in Internaten keineswegs ungewöhnlich ist, liegt es nahe, im Rahmen eines pädagogischen Diskurses anstelle von Heimerziehung über ein Leben und Aufwachsen „am anderen Ort" zu sprechen. Problem- und sachstrukturell geht es nämlich um die Organisation von Orten des Lebens, die entwicklungsfähigen Subjekten Ruheräume und Schutzzonen anbieten, zugleich individualisiert oder im kollektiven Zusammenhang Lernmöglichkeiten eröffnen, welche die Annahme der eigenen Person und zugleich eine selbständige Weltaneignung ermöglichen.

Leben „am anderen Ort"

2. Forschung

Zwar hat sich in den vergangenen 20 Jahren die Forschungslage im Bereich der Heimerziehung verbessert, trotzdem besteht eine Jugendhilfeforschung bis heute nur in Ansätzen. Als nach wie vor defizitär muß die Forschung zum Pflegekinderwesen gelten, zumal im deutschsprachigen Raum nicht mehr als eine Handvoll von Forschungsarbeiten breiter bekannt geworden sind (vgl. Textor 1995). Was empirische Studien betrifft, so sind hier zu nennen die vergleichende Untersuchung von Annemarie Dührssen (1964) über die Entwicklung von Heim-, Pflege- und Familienkindern, die die erheblichen Schädigungen von Säuglings- und Kleinkindern im institutionellen Milieu aufgrund wechselnder Bezugspersonen brandmarkte, die Arbeit von Jürgen Blandow (1972), in der der Erfolg von Dauerpflegeverhältnissen und dessen mögliche Determinanten untersucht wurden, die Erhebung von Heun (1984) über Pflegekinder im Heim und schließlich die Studie von Heidi Nielsen (1990) über die Beendigung von Pflegeverhältnissen und die Folgen für die Betroffenen.

So zahlenmäßig gering sich die Forschungen zum Pflegekinderwesen auch ausnehmen, so groß war dennoch ihre praktische Wirkung. Dies trifft insbesondere auf die berühmte amerikanische Arbeit von Goldstein, Freud und Solnit „Jenseits des Kindeswohls" (1974) zu, die die psychologische Bindungstheorie für die pädagogische und vormundschaftsgerichtliche Praxis mit dem Verweis auf die zentrale Bedeutung des kindlichen Zeitbegriffs in bezug auf Bindungen fruchtbar machten. Und auch der aktuelle Streit darüber, ob die Pflegefamilie gegenüber der Herkunftsfamilie eher als Ersatz- oder als Ergänzungsfamilie zu fungieren habe, geht auf Forschungsaktivitäten zurück. Das Deutsche Jugendinstitut (1987) hatte die Bedeutung der Verbindung zwischen leiblichen und Pflegeeltern, die Achtung und Berücksichtigung des gesamten „Familiensystems" in der Arbeit mit Pflegefamilien betont und die Pflegefamilie als „Ergänzungsfamilie" konstruiert. Demgegenüber entdeckten Nienstedt/Westermann in ihren Fallstudien (1989), daß die Beziehungen von Pflegekindern zu ihren leiblichen Eltern sehr häufig „Angstbindungen" seien oder aber Bindungslosigkeit herrsche, und plädierten insofern für das Konzept der „faktischen Elternschaft" in der Pflegefamilie, die Pflegefamilie müsse sich dem Kind als Ersatzfamilie anbieten.

Bedeutung des kindlichen Zeitbegriffs

Ersatz- oder Ergänzungsfamilie?

Deutlich größer ist das Interesse an der empirischen Erforschung von Funktion und Leistung der Heimerziehung, wobei die Befunde selbst eher irritieren:

Vornehmlich *quantifizierend* angelegte, an statistisch darstellbaren Befunden interessierte Untersuchungen lassen nämlich erkennen, daß die Behauptung von den allein negativen Sozialisationseffekten der Heimerziehung nicht zutrifft. So ist schon länger bekannt, daß der Vorbehalt einer nahezu unvermeidbaren Deprivierung von Heiminsassen nicht zutrifft (vgl. Ernst/von Luckner 1987). Die Untersuchung von Ulrich Bürger (1990) hinsichtlich der Legalitätsbewährung und im Blick auf den Schulerfolg kommt zu dem Ergebnis, daß Heimerziehung hier erfolgreich wirkt, den jungen Menschen bessere Chancen eröffnet, als sie beim Verbleib in der Herkunftsfamilie hatten. Wenngleich Heimerziehung häufig ein (letztes) Glied in einer Kette öffentlicher Interventionen bildet, stellt sie nicht den Ausgangspunkt einer lebenslang währenden Anstaltsbiographie dar, wie etwa der Stigmatisierungsansatz vermutet. Dem widersprechen übrigens schon die Unterbringungszeiten (im Jahre 1993 betrugen diese durchschnittlich 32 Monate). Hansen zeigt für die Persönlichkeitsentwicklung von Kindern und Jugendlichen ebenfalls eher positive Effekte, die er zudem mit Befunden aus einer Vergleichsgruppe kontrastieren kann, die ausschließlich im familiären Zusammenhang aufwächst (Hansen 1994) – freilich erinnert er auch daran, daß Heimerziehung ihre Grenzen in der Vorbelastung von Kindern und Jugendlichen findet.

Qualitativ angelegte Studien zur Heimerziehung geben hingegen immer noch erheblich Anlaß zur Skepsis. Obwohl sich mittlerweile zeigt, daß der Problematik einer hinreichenden Kontinuität und Verfügbarkeit von Bezugspersonen nicht der bislang angenommene zentrale Stellenwert zukommt, erscheint Heimerziehung in der Beurteilung durch die jungen Menschen selbst in einer Reihe von Faktoren defizitär. Prekär wie eh und je scheinen vor allem die Plazierungsprozesse selbst und die Vorgänge des Verlegens und Abschiebens (vgl. Freigang 1986). Auch mehren sich die Anzeichen dafür, daß Kinder und Jugendliche eher wieder in Einrichtungen untergebracht werden, ohne die Eignung des Unterbringungsortes angemessen zu prüfen oder sie an den Plazierungsprozessen in einer Weise zu beteiligen, die ihnen und den ErzieherInnen jene Wahlmöglichkeiten eröffnen, die für das Gelingen von Heimerziehung offensichtlich unabdingbar sind (vgl. Wieland u.a. 1992).

3. Geschichte

Daß die Geschichte der Fremdplazierung bislang nur in Ansätzen erforscht ist, hängt mit der Mehrdeutigkeit ihrer Problem- und Sachstrukturen zusammen. Sie entwickelt sich in einem Geflecht von unterschiedlichen Gründen und Bedingungen. Neben Aufgaben der sozialen und kulturellen Reproduktion, neben ökonomischen Gründen und solchen der Sicherung sozialer Disziplin spielen theologische wie altruistische Motive eine Rolle bei dem Versuch, karitativ auf soziale Notlagen zu reagieren. Zugleich aber entsteht Heimerziehung auch aus dem Zusammenhang der Bewahrung und Versorgung von Behinderten, wie später als

Mittel zu einer effektiven therapeutischen Bearbeitung von Krankheiten erst des Körpers, dann der Seele. Schließlich führen auch im engeren Sinne pädagogische, sogar unterrichtlich-didaktische Erwägungen dazu, die Erziehung am anderen Ort ins Auge zu fassen. Dabei hat die Erziehung am anderen Ort auch eine gleichsam paradigmatisch modellhafte Funktion für Erziehung schlechthin: An ihr lassen sich – wie Rousseaus Erziehungsroman „Emile" schon belegt – die Probleme, Strukturbedingungen und Prozesse studieren, die Erziehung auszeichnen; historisch gehen fast regelmäßig die faktischen Versuche, eine neue Erziehung gesellschaftlich zu etablieren, mit Formen einer Fremdplazierung einher. Diese bis in die Gegenwart reichende Gemengelage läßt sich kaum entwirren; Stichpunkte müssen genügen, die nicht einmal grobe Entwicklungslinien darstellen (vgl. immer noch grundlegend: Scherpner 1979; Röper 1976; für Frankreich: Capul 1989; für Holland: Dekker 1985).

Die Ambivalenzen der Heimerziehung brechen erst mit der Neuzeit, insbesondere im Kontext der Aufklärung auf. Die Erziehung am anderen Ort fokussiert geradezu die Diskurse, in welchen die neuzeitliche Gesellschaft um ihr Selbstbild ringt. An den zunehmend als „sittlich verwildert" wahrgenommenen armen, verwaisten und obdachlosen Kindern und Jugendlichen kann sie gewissermaßen volkspädagogisch ein Gegenbild ihrer eigenen impliziten Verhaltensnormen entwerfen, damit aber auch die Abweichung zähmen, die sie doch selbst erzeugt. Gleichzeitig gilt der Umgang mit solchen Kindern als Prüfstein einer Aufklärung, die den Fortschritt für alle als Ergebnis von pädagogischen Bemühungen verspricht.

<small>Volkspädagogische Aufgabe von Heimerziehung</small>

Heimerziehung konstituiert sich dabei in einem eigentümlich verschwimmenden Bereich zwischen der Ausgrenzung und Zähmung von Armut und Abweichung einerseits, andererseits einer Disziplinierung, mit der die Subjekte zu jenen Einstellungen und Verhaltensweisen finden, welche den wirtschaftlichen Ansprüchen einer zunächst nur protokapitalistischen Ökonomie genügen. Waisenhäuser, Hospize, das Hospital, aber auch die Armen- und Arbeitshäuser haben ihren Ort und ihre Funktion bei der Bewältigung und Kontrolle der „fragilen Existenz", in der große Teile der Bevölkerung ihr Leben zwischen Normalität und Marginalisierung fristen.

Das 1596 gegründete Amsterdamer Tuchthuis gilt zwar als Prototyp einer Arbeitserziehung von Armen, wie sie seit Mitte des 16. Jahrhunderts in den englischen Zwangsarbeitsanstalten institutionalisiert wurde, überschreitet diese aber in einer irritierenden Wende. Als Anstalt für die „zuchtlose Jugend" gegründet zielt es auf moralische Besserung durch Erziehung. Auch dies ist ambivalent, bedeutet es doch zunächst, daß das gesellschaftliche Problem der Armut „moralisiert" und zugleich den Individuen zur Last gelegt wird. Auf der anderen Seite wird aber zugleich auch deutlich, daß unabhängig von der materiellen Situation der Betroffenen explizit pädagogische Problemlagen eintreten können, welche einer „Erziehungshilfe" bedürfen. Und diese sind nicht bloß individuell, gleichsam als Entwicklungsstörung bedingt, sondern können noch dadurch bedingt sein, daß eine Gesellschaft historisch kontingent oder aber aus ihren eigenen, systematischen Strukturen heraus ihre sozialisatorische Kraft verliert.

<small>Amsterdamer ‚Tuchthuis' und das Ziel moralischer Besserung</small>

August Hermann Francke reagiert mit dem Aufbau seines Waisenhauses in Halle auf die immense Not in Folge des 30jährigen Krieges, verfolgt aber zuerst eine religionspädagogische Ambition. Es geht um die Erziehung zu Gott, indem die Kinder einer strengen, auf die Tiefen ihrer Seelen gerichteten Beobachtung und gleichzeitig einer säkularen Ausbildung unterworfen werden. So aber entsteht geradezu ein neuer, der industriöse Menschentypus, der die Tugend wirtschaftlicher Arbeit als Zuwendung zu Gott verinnerlicht hat; Francke kann damit das Waisenhaus als ein erfolgreiches Wirtschaftsunternehmen begründen, das den beteiligten jungen Menschen ökonomisch wie ideell eine Lebenssicherheit verschafft, die sie nirgends hätten finden können.

Religionspädagogische Ziele und der Merkantilismus

Der wirtschaftliche Erfolg dieser Franckeschen Anstalten hat eine Vielzahl von Folgegründungen angeregt, in denen aber das merkantilistische Programm zunehmend dominiert. Ende des 18. Jahrhunderts geraten die Zustände in diesen zu profitablen Betrieben gewendeten Waisenhäusern endgültig in die öffentliche Kritik. Im „Waisenhausstreit" wird angesichts der immensen Sterbezahlen gegen die Vernutzung der kindlichen Arbeitskraft unter erbarmungswürdigsten und außerordentlich gesundheitsschädlichen Umständen deren Unterbringung insbesondere in ländlichen Familien gefordert.

Waisenhausstreit

Dabei bricht hier zugleich eine zweite Konfliktlinie auf: die zwischen kollektiver Erziehung und familiärer Erziehung. Spätestens im 18. Jahrhundert halten sich Befürworter und Gegner der Erziehung in Anstalten und Ersatzfamilien mit nahezu austauschbaren Argumenten die Waage: Auf beiden Seiten spielen ökonomische Vorbehalte etwa gegen die Ausbeutung von Kindern in Anstalten und umgekehrt in der Landwirtschaft, Gesundheitsbedenken, wie aber auch solche eine Rolle, die auf die Ausbildungsmöglichkeiten abheben; gewarnt wird vor Entfremdungseffekten durch die Unterbringung von Kindern in ländlichen Familien, die mögliche Rohigkeit von Pflegeeltern, aber auch von Anstaltsbetreuern (vgl. Sauer 1979).

Pestalozzis „Wohnstubenerziehung" und die Entdeckung von Subjektivität

Rein äußerlich hat Johann Heinrich Pestalozzi den Ausweg aus der Alternative Heimerziehung und familiäre Erziehung gewiesen. In seinen beiden Waisenhausgründungen in Stans und Neuhof versucht er die Grundlagen einer pädagogischen Heimerziehung zu schaffen. Strukturell ist ihm eine Bewältigung dieser Situation nur in einem kollektiven Zusammenhang möglich, in dem jedoch gleichzeitig die familiäre Atmosphäre der „Wohnstube" verwirklicht werden soll. In ihr ist dem Erzieher nicht bloß die „allseitige Besorgung" aufgetragen, welche den Kindern eine hinreichende physische wie psychische Sicherheit gewährt. Unter dem freilich mißverständlichen Anspruch einer „Erziehung zur Armut" sollen die Kinder in die Lage versetzt werden, ihre eigene Lebenssituation zu erfassen und somit sich selbst in einer Weise anzueignen, daß sie zur Kontrolle der eigenen Welt wie auch des eigenen Ich fähig werden. Pestalozzi versucht, den neuzeitlichen Anspruch der Subjektivität in der Erziehung zu verwirklichen. Wohl wissend, daß Subjekte nur dort solche werden und bleiben können, wo sie über Wissen und Fähigkeiten verfügen, verbindet er die Heimerziehung mit dem didaktischen Programm der Elementarbildung.

Wichern und die Rettungshausbewegung

Während Pestalozzis Projekte aus unterschiedlichsten Gründen scheiterten, wirkt der zweite große Reformer der Heimerziehung im 19. Jahrhundert, Johann Hinrich Wichern, mit seiner Gründung des „Rauhen Hauses" in Hamburg bis heute nach. Wenngleich stets theologisch, zugleich aber aus einer deutlich ausgesprochenen Ablehnung des Kommunismus heraus zur „inneren Mission" vornehmlich auch der verarmten arbeitenden Bevölkerung motiviert, greift er die u.a. von Johannes Falk in Weimar entwickelte Idee der „Rettungshäuser" für Kinder auf. Die „unverschuldet" in Not geratenen, daher sittlich von „Verwahrlosung" bedrohten Kinder sollen materiell und psychisch versorgt werden, um sie für den Glauben zu retten. Angesichts der katastrophalen Zustände in den öffentlichen Waisenhäusern geht es weder für Falk noch für Wichern um staatliche Aufgaben. Im Gegenteil: gefordert ist die Gesellschaft selbst, die – so Wichern in seiner „öffentlichen Begründung des Rauhen Hauses" (1833) – mit Spenden dafür Sorge tragen müsse, „auch das nicht verwaiste Kind den Einflüssen einer entschieden verderblichen Umgebung durch den liebevollen Ernst einer christlichen Hausordnung nicht bloß vorübergehend zu entreissen [...], sondern an die Vergebung und den Entschluß fortwährender Besserung zu knüpfen". Grundprinzipien der Heimerziehung zeichnen sich hier ab, wenngleich oft religiös überformt und in der politisch konservativen Rhetorik Wicherns befangen. Zugleich sorgt Wichern dafür, daß die Ausbildung von Diakonen im Rauhen Haus sichergestellt wird.

Am Ende des 19. Jahrhunderts wird – nicht zuletzt auch in den Debatten um die Reform des Strafrechts – die Idee einer Fürsorgeerziehung eingeführt. Kinder und Jugendliche sollen nicht bestraft, sondern insbesondere in Heimen erzogen werden, um so die Chance auf ein selbständiges Leben zu erhalten. Die Realität der Erziehungsanstalten hat diesem pädagogischen Anspruch absolut Hohn gesprochen, so daß nicht zuletzt im Kontext der „sozialpädagogischen Reformbewegung" zu Beginn des 20. Jahrhunderts die Kritik an den Heimen immer stärker wurde. Karl Wilker gelang es, für einen kurzen Zeitraum die Fürsorgeerziehungsanstalt Berlin-Lichtenberg als „Lindenhof" zu einem Modell sozialpädagogischer Gruppenerziehung umzugestalten. Er verwirklichte dort nicht nur die „Öffnung der Anstalt", sondern konnte zugleich auch erfolgreich Formen der kollektiven Selbsterziehung, einschließlich etwa eines „Jungengerichts" etablieren. Nahezu gleichzeitig entwickelt kurz nach der Gründung der Sowjetunion Anton S. Makarenko in der „Gorki-Kolonie" die Prinzipien einer Kollektiverziehung, bei der die Zöglinge nicht nur ihre eigene Lebenssituation gleichsam aus dem Nichts heraus gestalten, sondern sich selbst in einem System der „Perspektiven" für eine Zukunft erziehen, die gesellschaftlich nicht festgelegt ist. August Aichhorn und Siegfried Bernfeld gründen in Wien Erziehungsheime, die in hohem Maße durch die Ideen der Psychoanalyse bestimmt sind. Angeregt durch die hier entwickelten Ansätze haben später in der Emigration Fritz Redl und David Wineman im Pioneer House in Chicago und Bruno Bettelheim in der Orthogenic School Formen der Gruppen- und Individualerziehung für extrem aggressive und entwicklungsgestörte Kinder entwickelt.

<small>Fürsorgeerziehung</small>

<small>Kollektiverziehung</small>

In der Praxis der öffentlichen Erziehung bleiben jedoch solche Modelle randständig. Im Gegenteil: Die Fürsorgerziehung berief sich zwar oft genug auf ihre christlichen Leitbilder, praktizierte ansonsten aber eine zuweilen barbarisch anmutende Pädagogik der Verwahrung und Disziplinierung (vgl. Peukert 1986).

Im Nationalsozialismus wurde der pädagogische Anspruch einer Heimerziehung für Kinder und Jugendliche endgültig aufgehoben, die an der Bewältigung ihrer sozialen Welt oder an der ihrer eigenen Schwierigkeiten scheiterten; die Politik der Ausmerze wurde hier als Prinzip einer Heimerziehung durchgesetzt, die diesen Namen endgültig verwirkt (vgl. Kuhlmann 1989).

<small>Politik der Ausmerze im Nationalsozialismus</small>

4. Entwicklungen seit 1945

Restauration und „Familienprinzip"

Offengehalten werden muß, ob die konzeptionellen und handlungsleitenden Vorstellungen in der Pädagogik der Weimarer Republik, des Nationalsozialismus und der jungen Bundesrepublik durch Kontinuität oder durch Brüche geprägt wurden. Doch haben die für Institutionen schlechthin charakteristischen Beharrungstendenzen, das geringe Ansehen der Fürsorgeerziehung und die wirtschaftlichen Belastungen dazu geführt, daß die Heimerziehung in der Nachkriegszeit in eine restaurative Phase eintrat. Sie etablierte sich als armselig ausgestattete Massenbetreuung und Disziplinierung bei faktisch vollständig fehlender pädagogischer Professionalität.

Alternativen zeigten sich in Westdeutschland nur in Ansätzen: Unmittelbar nach dem Krieg etablierte Andreas Mehringer in München das *Familienprinzip* in der Heimerziehung. Kleine überschaubare, alters- und geschlechtsheterogene Gruppen in abgeschlossenen Wohnungen geben dem Einzelnen die Erfahrung eines Zuhauses; besondere Aufmerksamkeit gilt dem Aufnahmeverfahren und der Nachbetreuung. Heimerziehung soll als eine Heilerziehung verstanden werden, die im „erzieherischen Gespräch" verwirklicht wird, wobei professionelle Ausbildung und Statusanhebung der Erzieherinnen für Mehringer als unabdingbar erscheinen. Konzeptionell ähnlich wurden die „Kinderdörfer" angelegt. Insbesondere die von dem Tiroler Hermann Gmeiner seit 1949 initiierten SOS-Kinderdörfer galten in der Öffentlichkeit schnell als vorbildlich, wenngleich sie fachlich u.a. wegen der Arbeitsbedingungen für Hausmütter und dem fast vollständigen Fehlen männlicher Bezugspersonen umstritten blieben.

Heimkampagnen und „offensive Sozialpädagogik"

Erst die von der Studentenbewegung 1969 forcierten „Heimkampagnen" führten zu entscheidenden Innovationsimpulsen. Als inzwischen klassisches Dokument des politischen Interesses an der Sozialen Arbeit und der Heimerziehung kann der 1971 erschienene Band „Gefesselte Jugend. Fürsorgeerziehung im Kapitalismus" (Autorenkollektiv 1971) gelten, der gleichzeitig auch eine sozialwissenschaftlich inspirierte „Ideologiekritik" der Pädagogik einleitete. Im Hintergrund der Heimkampagnen stand nämlich – neben der Befreiung der in „Fürsorgeknästen" verwahrten Zöglinge – zugleich auch das Interesse an der Verfachlichung und Professionalisierung von Sozialpädagogik insgesamt. Durch die Aufnahme sozialwissenschaftlicher Rationalität sollten in der Jugendhilfe Handlungsformen entwickelt werden, die weniger reaktiv und nicht mehr disziplinierend, sondern beratend und unterstützend wirken sollten im Sinne einer „offensiven Sozialpädagogik" (Giesecke 1973).

Hospitalismus – totale Institution – Stigma-Ansatz

Neben der Auseinandersetzung mit der politisch-ökonomischen Funktion von Heimerziehung und der sie kennzeichnenden, noch bis in die Sprache der „Verwahrlostenpädagogik" hinreichenden Willkür knüpfte die Kritik an drei Theoreme an: Zum einen richtete sich die Aufmerksamkeit auf das von René Spitz beschriebene „Hospitalismussyndrom". Spitz, wie John Bowlby zeigten nämlich, daß die Unterbringung von Kleinstkindern in institutioneller Betreuung selbst bei hinreichender Versorgung psychisch bedrohliche Beziehungs- und tiefgreifende Persönlichkeitsstörungen verursachen könnte. Die Forschungen von Erving Goffman zu den Sozialisationseffekten psychiatrischer Einrichtungen brachten – zweitens – auch die Heimerziehung in den Verdacht, als *totale Institution* ihre Insassen von der Außenwelt abzuschneiden und sie allein auf die internen Subkulturen zu verweisen (vgl. Thiersch 1973). Drittens wurde der „labeling approach" oder auch „Stigmaansatz" als Deutungsmuster für die institutionellen Karrieren von Heimkindern, mithin für ihren – literarisch gesprochen – offensichtlich unausweichlichen Weg vom „Waisenhaus ins Zuchthaus" aufgenommen (vgl. Bürger 1990).

Diese Ansätze begründeten eine zunehmende Ablehnung von Heimerziehung, die einerseits zur Favorisierung der Pflegefamilie (vgl. Bonhoeffer/Widemann 1974), andererseits zum Ausbau von anderen stationären Hilfeformen, insbesondere in Form von Jugendwohngemeinschaften und Kleinstheimen führten. Zum Dokument dieses Prozesses wird der „Zwischenbericht" der Kommission Heimerziehung aus dem Jahre 1977, der vor dem Hintergrund wissenschaftlich gesicherter Befunde für die Heimerziehung einen neuen systematischen Ort im Zusammenhang unterschiedlichster Hilfeangebote erarbeitet. Milieuorientierung, vor allem aber die Vorstellung einer pädagogischen Orientierung nicht nur an lebensweltlichen Zusammenhängen, sondern an einem „gelingenderen Alltag" (Thiersch) werden in der Folge Richtschnur in einer Heimerziehungslandschaft, die sich zunehmend ausdifferenziert. Gleichwohl läßt sich eine Therapeutisierung des Handlungsfeldes nicht übersehen, wenngleich deren Effekte durchaus angezweifelt werden.

„Zwischenbericht" und die Milieu-/Alltagsorientierung

Während die klassische Heimerziehung in der früheren BRD ihre Monopolstellung seit den siebziger Jahren verloren hatte, so bildete sie in der DDR bis zuletzt die zentrale Form der Fremdplazierung. Die Kompetenz zur Anordnung von Heimerziehung lag bei den „Jugendhilfeausschüssen", einer Institution gesellschaftlicher Selbstregelung, in der gleichsam professionalisierte Ehrenamtliche tätig wurden (vgl. BMFSFJ 1994, S. 309). Als Auslöser wirkten Bildungs- und Erziehungseinrichtungen sowie polizeiliche Ermittlungen. Dies spiegelt sich wider in einer Differenzierung der DDR-Heimerziehung einerseits in „Normalheime", die für rund zwei Drittel der Minderjährigen nach schulischen Gesichtspunkten strukturiert wurden; auf der anderen Seite standen die „Spezialheime für erziehungsschwierige, schwererziehbare und verhaltensgestörte Kinder und Jugendliche", und die „Jugendwerkhöfe", die Prinzipien der Kollektiverziehung mit solchen einer Arbeitserziehung, insbesondere auch der Berufsausbildung verbanden. Die letzteren bildeten ein Mittelglied zwischen einer pädagogischen Einrichtung und solchen des Jugendstrafvollzugs, wobei die sanktionierenden Tendenzen überwogen.

Heimerziehung in der DDR

Wenngleich sich auch heute noch kein präzises Bild der DDR-Heimerziehung entwerfen läßt, sind die Parallelen und die Differenzen kaum zu übersehen: Wie in Westdeutschland bestand auch in der DDR eine erhebliche Diskrepanz zwischen pädagogischen Ansprüchen und ihrer Realisierung, wobei sich die Einrichtungen offensichtlich in hohem Maße qualitativ unterschieden (vgl. Mannschatz 1994). Als charakteristische äußerliche Differenz läßt sich dagegen festhalten, daß die Einrichtungen der DDR erheblich größer waren, zudem stärker gegenüber ihrer Umwelt abgegrenzt wurden. Konzeptionell und in der pädagogischen Praxis wurden biographische und psychische Dimensionen vernachlässigt, auch der Gesichtspunkt einer Rückkehr in die Herkunftsfamilie spielte eine untergeordnete Rolle.

5. Gegenwärtige Situation

Ein quantitativer Überblick über die Inanspruchnahme der unterschiedlichen Formen von Heimerziehung und Vollzeitpflege fällt nicht nur wegen der durch den Einigungsprozeß entstandenen Umbruchssituation der Jugendhilfe schwer. Vielmehr erfaßt die Kinder- und Jugendhilfestatistik keineswegs alle jungen Menschen, die für längere Zeit „am anderen Ort" erzogen werden, z.B. nicht geistig behinderte junge Menschen, InternatsschülerInnen oder BewohnerInnen von Schüler- und Lehrlingsheimen. Außerdem kann diese Statistik die faktische Vielfalt der Hilfeformen nicht abbilden.

Erhöhte Inanspruchnahme von Heimerziehung und Pflegefamilien

Mit diesen Einschränkungen können für den Bereich der stationären Erziehungshilfen die folgenden Aussagen gemacht werden (vgl. hierzu auch die Tabelle): Trotz des Rückgangs der absoluten Zahlen in den achtziger Jahren in Westdeutschland (von 132.500 fremdplazierten Minderjährigen im Jahre 1980 auf 86.700 im Jahre 1990), ist die *relative* Inanspruchnahme von stationären Hilfen (gemessen an der Gesamtzahl der Gleichaltrigen) über die achtziger Jahre etwa gleichgeblieben. Seit 1990 sind – nun auch mit Blick auf Gesamtdeutschland – sowohl absolut wie auch relativ steigende Zahlen festzustellen. Entgegen der jugendhilfepolitischen Programmatik, mit mehr präventiven Hilfen Fremdunterbringungen zu vermeiden, steigt also die Bedeutung von Heimen, Wohngruppen und Pflegefamilien.

Tabelle: Stationäre Erziehungshilfen in Gesamtdeutschland außerhalb der eigenen Familie (1990-1993)

	Gesamt	davon: Pflegefamilie	Heim/ WG	Betr. Wohnen	ISE[1]
1990[2]	115.010	43.947	63.341	991	682
1991	124.819	48.017	66.750	1.440	865
1992	134.957	52.124	70.759	1.926	1.033
1993	142.693	54.481	74.324	2.500	1.248
dav.:					
Ost	28.987	8.940	19.226	60	69
West	113.706	45.541	55.098	2.440	1.179

1 Intensive Sozialpädagogische Einzelbetreuung gem. § 35 KJHG

2 1990 = 1.1.1991

Quellen: Statistisches Bundesamt, eigene Berechnungen

Sehr plausibel ist es, daß zunehmende soziale und psychische Notlagen einen zentralen Faktor bei der beschriebenen Dynamik darstellen, aber es gibt natürlich noch eine Reihe anderer bedarfsbeeinflußender Variablen, die hier nicht sämtlich diskutiert werden können.

Jenseits der quantitativ erfaßbaren Veränderungen wird die Entwicklung der erzieherischen Hilfen in den 90er Jahren geprägt durch (1) die im Kinder- und Jugendhilfegesetz (KJHG) neu geordneten rechtlichen Rahmenbedingungen, (2) den immer stärker marktvermittelten Prozeß der Pluralisierung und Differenzierung stationärer Hilfen sowie (3) die spannungsreiche Professionalisierung des Feldes.

5.1. Neue rechtliche Rahmenbedingungen

70 Jahre nach Verabschiedung des (Reichs-)Jugendwohlfahrtsgesetz und nach zwanzigjähriger Reformdiskussion erhielt die Jugendhilfe im Jahre 1991 mit dem KJHG eine neue rechtliche Grundlage (vgl. Münder u.a. 1993). Die zentralen Anliegen des neuen Bundesgesetzes sind dem Gesetzgeber zufolge: eine Verstärkung präventiver Hilfen (explizit auch zur Verhinderung von Heimerziehung), die Ausgestaltung als Leistungsgesetz (im Unterschied zur mehr obrigkeitsstaatlichen Anlage des früheren JWG), eine bessere Beteiligung der Betroffenen an allen sie betreffenden Entscheidungen und die Kommunalisierung der Jugendhilfe, d.h. die Verlagerung der Kostenträgerschaft und aller fachlichen Entscheidungen auf die Ebene der Kommune.

Der Bereich der auf individuelle und familiale Notlagen reagierenden „Hilfen zur Erziehung", wurde im KJHG durchgängig mit einem Rechtsanspruch ausgestattet. Unter den Voraussetzungen, daß „eine dem Wohl des Kindes entsprechende Erziehung *nicht gewährleistet* ist und die Hilfe *geeignet* und *notwendig* ist, haben Personensorgeberechtigte, also i.d.R. die Eltern (und nicht die Minderjährigen selbst!), gemäß § 27 KJHG ein Recht auf Hilfen zur Erziehung. Als nicht abgeschlossener Katalog von Erziehungshilfen werden sodann in den folgenden Paragraphen genannt: Erziehungsberatung (§ 28), soziale Gruppenarbeit (§ 29), Erziehungsbeistandschaft und Betreuungshilfe (§ 30), sozialpädagogische Familienhilfe (§ 31), Erziehung in einer Tagesgruppe (§ 32), Vollzeitpflege (§ 33), Heimerziehung und sonstige betreute Wohnformen (§ 34) sowie die intensive sozialpädagogische Einzelbetreuung (§ 35).

Das KJHG als Zäsur in der Entwicklung der Erziehungshilfen

War das KJHG bei Inkrafttreten von der Fachwelt eher unaufgeregt rezipiert worden, da es doch eine in den Jahren seit 1970 entstandene sozialpädagogische Praxis nur nachträglich kodifiziere, so ist im Zuge seiner Implementation doch ein größerer Veränderungsbedarf u.a. hinsichtlich einer stärkeren Beteiligung der betroffenen jungen Menschen und Familien bei Plazierungs- und Planungsprozessen deutlich geworden. Bei Berücksichtigung des Wunsch- und Wahlrechtes (§ 5 KJHG), der Paragraphen 8 und 9 KJHG über die Beteiligung von Kindern und Jugendlichen und insbesondere der Bestimmungen über die kooperative Planung einer stationären Erziehungshilfe (Hilfeplanung gem. § 36 KJHG) könnte sich der Sozialleistungscharakter von Erziehungshilfen evtl. entfalten.

Betroffenenbeteiligung und Hilfeplanung

In der Jugendhilfepraxis ist hier vieles im Fluß. In den Großstädten steigt die Zahl der „Selbstmelder", der Jugendlichen, die sich an das Jugendamt wenden, um in eine Wohngruppe oder in eine sozialpädagogisch betreute Wohnung ziehen zu können; sie greifen damit in Krisenfällen ebenso selbstverständlich auf das „Angebot" Erziehungshilfe zurück, wie dies schon manche Eltern machen, die mit Hilfe des Rechtsanwaltes den Tagesgruppenplatz für den „mißratenen" Sohn erstreiten. Nur wenige Jugendämter dürften sich allerdings in der alltäglichen Arbeit betroffenenfreundlich umorientiert haben, die vor einer stationären Erziehungshilfe vorgesehenen Hilfeplangespräche werden in der Mehrheit der Fälle lediglich formal abgewickelt. Die Qualifizierung dieses Plazierungs- und Planungsprozesses – Grundvoraussetzung einer zeitlich befristeten Fremdplazierung – bleibt eine große fachliche Herausforderung.

5.2. Die Pluralisierung der Hilfeformen

Eine Qualifizierung der Hilfeplanung ist nicht zuletzt deswegen angezeigt, weil sich die Landschaft der stationären Erziehungshilfen pluralisiert hat:

- *Heimerziehung ist Wohngruppenerziehung.* Wenn es auch noch vielfach „das Heim" als großen Gebäudekomplex gibt, so finden sich getrennte Wohneinheiten, die sich in erheblichem Umfang selbst versorgen. Heimgruppen zogen zunehmend aus den Zentralgebäuden in „Außenwohngruppen", wo 6 bis 9 Kinder und Jugendliche von sozialpädagogischen Fachkräften überwiegend im Schichtdienst rund um die Uhr betreut werden. Diese Außenwohngruppen unterscheiden sich äußerlich kaum noch von ihren Vorbildern, den in den siebziger Jahren entstandenen Jugendwohngemeinschaften.

- *Heimerziehung ist heute die heilpädagogisch-therapeutische „Intensivstation",* wo in unterschiedlichen Settings – als Wohngruppe oder familienähnlich – umschriebene Defizite „behandelt" werden. Zwar arbeitet nur eine Minderheit der Einrichtungen strikt nach einer therapeutischen Schule, doch setzen alle auf einen stärker strukturierten Alltag und auf die gezielte Gestaltung eines therapeutischen Milieus.

- *Heimerziehung ist (Groß-)Familienerziehung.* Aus Kritik an den großen Einrichtungen entwickelten sich *Kinderhäuser* und andere Kleinsteinrichtungen. Hierbei handelt es sich um Eingruppeneinrichtungen, häufig privat betrieben von einem Erzieherpaar, in dem ungefähr 10 Kinder dauerhaft leben und aufwachsen. Größere Heime haben *Familiengruppen* gegründet und verstehen darunter Außenwohngruppen, in denen neben den „Betreuungsjugendlichen" ein Erzieherpaar zusammen mit evtl. eigenen Kindern lebt. *Erziehungsstellen* sind – je nach Blickrichtung und arbeitsvertraglicher Gestaltung – eine Form der Heimerziehung in privaten Haushalten oder eine Form professionalisierter Vollzeitpflege.

- *Heimerziehung ist heute weitgehend selbständiges Wohnen von Jugendlichen* allein oder zu zweit in einer vom Träger angemieteten Wohnung mit sozialpädagogischer Außenbetreuung.

- *Heimerziehung sind heute Einzelbetreuungsmaßnahmen,* die zwar im KJHG (kostenrechnungsmäßig) dem Paragraphen 35 „Intensive sozialpädagogische Einzelbetreuung" zuzuordnen sind, sachlich aber mit der Heimerziehung eng verbunden sind. Hierzu gehören u.a. Formen der zwischen Heimerziehung und Streetwork angesiedelten flexiblen Betreuung (vgl. Klatetzki/Winter 1989), der nachgehenden und aufsuchenden Betreuung für Jugendliche, die aus den Standardangeboten des Heims herausfallen. Und hier sind die reise- und erlebnispädagogischen Projekte zu nennen, die Jugendlichen durch inszenierte Abenteuer wie Felsklettern und Wildwasserfahren sowie die Konfrontation mit einem anderen Kulturkreis und fremden Regionen existenzielle Grenz-, aber auch Bildungserfahrungen vermitteln möchten – häufig allerdings vor allem dazu dienen, eine/n extrem auffällige/n Jugendliche/n für einige Monate „aus dem Verkehr zu ziehen".

- *Heimerziehung sind schließlich niedrigschwellige Schlafplätze und Krisenbetten* für sogenannte Straßenkinder, d.h. für obdachlose Jugendliche, für drogenkonsumierende Jugendliche, für minderjährige Prostituierte, die durch lange Maßnahmekarrieren von der normalen Jugendhilfe so enttäuscht sind, daß sie zunächst lediglich basale Unterstützung in Form eines Zimmers, eines Bettes, eines Bades etc. annehmen können.

Auch das Pflegekinderwesen hat sich erheblich ausdifferenziert, vielfach sind die Grenzen zur Heimerziehung fließend. Neben der normalen Vollzeitpflege entstanden Großpflegestellen, heilpädagogische oder Sonder-Pflegestellen und Kurzzeit- oder Bereitschaftspflegestellen für Krisenintervention. Welche Tendenzen kennzeichnen aktuell das Feld der stationären Erziehungshilfen? *Vielfalt von Pflegekinderbetreuungen*

- Die weitere Differenzierung wird zunehmend kritisch betrachtet im Hinblick auf die ungewollten Nebeneffekte einer spezialistisch ausgeprägten Differenzierung: die durch „Nicht-Zuständigkeit" der Spezialangebote induzierten Maßnahmekarrieren und das systematische Entstehen neuer Bedarfslücken. Als Antwort darauf entstehen zur Zeit *flexibel organisierte integrierte Erziehungshilfen*, die versuchen, jeweils entsprechend des Bedarfs alle Erziehungshilfen des KJHG milieunah und „aus einer Hand" anzubieten. *Flexible Erziehungshilfen*

- Die milieunahe Situierung von Hilfen und generell die Orientierung an der Lebenswelt der AdressatInnen nehmen zu. Dabei wird diese neue Orientierung u.U. weniger durch die fachliche Einsicht vorangebracht, daß man Lebensbewältigung am besten im „richtigen" Leben lernt und nicht in der Sonderwelt eines Heimes auf der grünen Wiese, als durch die Kommunalisierung der Jugendhilfe, die zu einem Rückgang überregionaler Unterbringungen führen wird. *Milieunähe*

- So sehr auf der Ebene der unmittelbaren Praxis auf kleine überschaubare Organisationsstrukturen gesetzt wird, so deutlich orientiert man sich auf der Einrichtungs- und Trägerebene an großen Einheiten, zumal diese sich entgegen des Vorurteils durchaus als innovativ und flexibel gezeigt haben. Dazuhin bläst der kalte Wind einer zunehmend von betriebswirtschaftlichen Kriterien bestimmten Jugendhilfe gerade den kleinen Projekten und Trägern ins Gesicht. Sozialmanagement, Kundenorientierung, kostenmäßige Durchforstung der „Ware Jugendhilfe" sind die aktuellen Zauberworte einer Entwicklung, die zwar noch offen ist, deren mögliches Humanisierungspotential für die personenbezogenen sozialen Dienstleistungen jedoch äußerst skeptisch zu beurteilen ist. *Die „Ware" Jugendhilfe*

5.3. *Die professionelle Entwicklung des Feldes*

Nun ist – um im betriebswirtschaftlichen Jargon zu bleiben – das wichtigste Produktionsmittel der Erziehungshilfen der/die ErzieherIn. Wie steht es um die Fachkräfte im Arbeitsfeld der stationären Erziehungshilfen? Wenn wir zunächst auf die Jugendhilfe als Arbeitsmarkt schauen, so fällt die über viele Jahre hinweg ungebrochene und bis in die letzte Zeit reichende *Expansion der Stellen* auf. Zum zweiten ist ein *Prozeß der Verfachlichung und Akademisierung* des Berufsfeldes festzustellen. „Verfachlichung" meint dabei, daß es nicht nur immer mehr bezahlte Beschäftigte in den Erziehungshilfen gibt, sondern daß diese auch zunehmend einschlägig sozialpädagogisch ausgebildet sind. „Akademisierung" verweist auf die *Stellenexpansion und Verfachlichung*

Tatsache, daß die Fachkräfte vermehrt an (Fach-)Hochschulen ausgebildet werden. Ende 1990 waren in Westdeutschland über 22 Prozent des Personals im Bereich der Heimerziehung Fachhochschul- oder Universitätsausgebildete. Zum Vergleich: Im Kindergarten beträgt die Akademikerquote rund 2 Prozent! In ostdeutschen Erziehungshilfeeinrichtungen ergibt sich aufgrund der in der DDR mehr schulpädagogisch orientierten Ausbildungsgänge eine andere Qualifikationsstruktur.

Professionalisierung des Pflegekinderwesens

War ein wesentliches Charakteristikum des Pflegekinderwesens in der Vergangenheit seine Ehrenamtlichkeit, in idealtypischer Zuschreibung die nicht professionell verstellte Hinwendung zu einem bedürftigen Kind, so stimmt dieses Bild heute nicht mehr. Auch Pflegeeltern, vor allem die Pflegemütter fordern zunehmend selbstbewußt eine angemessene Honorierung ihrer öffentlichen Erziehungsarbeit. Erziehungsstellen und heilpädagogische Pflegestellen sind in einer Vorreiterrolle und erhalten bereits heute ein vom BAT-Tarif abgeleitetes Honorar. Neben der besseren Bezahlung entstehen mit Pflegeelternschulen und Vorbereitungsseminaren für zukünftige Pflegeeltern Qualifizierungsinstitutionen, Pflegeeltern werden durch Wochenendseminare und die Mitwirkung in der Hilfeplanung zunehmend in einen professionellen Diskurs integriert.

Der Alltag von HeimerzieherInnen scheint im Gegensatz zur beeindruckenden Expansion und Professionalisierung des Feldes sehr häufig von beruflicher Unzufriedenheit geprägt (vgl. Günther/Bergler 1992). Diese speist sich dabei aus den als belastend und frustrierend erlebten Arbeitsbedingungen – Schichtdienst, Überforderung im beruflichen Alltag, schlechte Weiterqualifizierungs- und Aufstiegschancen, geringe finanzielle Vergütung und mangelndes gesellschaftliches Prestige. Die Folge ist eine hohe Fluktuation.

Widersprüche und Probleme im Berufsbild

Eine „moderne" Heimerziehung, die dezentralisiert stattfindet und in der das Institutionelle und spezialisierte Berufsrollen nicht mehr so wichtig sind, kann Gefahr laufen, auf dem Rücken der GruppenmitarbeiterInnen ausgetragen zu werden, die überwiegend als ErzieherIn ausgebildet sind. Deren Anforderungen steigen, die dafür erforderlichen Kompetenzen werden jedoch in einer auf den Kindergarten zentrierten ErzieherInnen-Ausbildung nicht vermittelt. Die fachliche Entwicklung der Heimerziehung sowie die damit einhergehende Professionalisierung des Fachpersonals gerät zunehmend in einen Widerspruch zu traditionell gebliebenen und nunmehr überholten Rahmenbedingungen der beruflichen Tätigkeit.

6. Probleme einer Methodik der Fremdplazierung

Eine Methode im Sinne einer klar definierten, kausal- wie zielorientierten Technik gibt es in der Heimerziehung ebensowenig wie in anderen pädagogischen Handlungsfeldern; es überwiegen konzeptionelle Vorstellungen, die entweder – negativ – als Wissen um mögliche Problemfelder oder – positiv – als Orientierung an Polaritäten und Spannungen durch die ErzieherInnen gleichsam reflexiv eingehandelt werden müssen, um Routinisierungen von Handlungsabläufen entgegenzuwirken.

Keine Methode – eine Methode?

Dieser Zwang zu *Methodenbewußtsein ohne Methodensicherheit* hängt prinzipiell damit zusammen, daß jede Erziehung mit Subjekten zu tun hat, die durch das pädagogische Handeln selbst nur einen Anstoß erhalten können, sich in selbständiger und selbsttätiger Weise mit der eigenen Umwelt auseinanderzusetzen und sich zu bilden. Pädagogisches Handeln realisiert sich damit zunächst in der Organisation eines „therapeutischen Milieus", dann aber in der von bildenden Umwelten: So liegt das fundamentale Handlungsprinzip von Heimerziehung paradoxerweise zunächst in der Bereitstellung des anderen Ortes, in welchem Kinder und Jugendliche einerseits alltäglich *leben*, zugleich besondere, auf ihre individuellen Schwierigkeiten zielende Hilfen erhalten.

Allerdings liegt das Grunddilemma aller Heimerziehung darin, daß sie als institutionalisierte soziale Organisation zur Verstetigung und Verhärtung tendiert, mithin weder auf die gelungenen Entwicklungsprozesse von jungen Menschen durch eigene Veränderung reagiert, noch aber die Offenheit sicherstellen kann, die für subjektive Entwicklungsprozesse erforderlich ist. Darauf weist schon Makarenko hin, wenn er „den Stillstand des Kollektivs" beobachtet und dieses mit einer riskanten neuen Aufgabe konfrontiert, um die Dynamik des Bildungsprozesses in Gang zu halten. Offensichtlich liegt hierin auch die besondere Stärke erfolgreicher Familienerziehung, daß sie eher als institutionelle Regelungen sich mit den beteiligten Subjekten verändert und für diese öffnen kann. Dynamik von Bildungsprozessen – Sicherheit von Institutionen

Für die Heimerziehung bedeutet dies, daß sie sich auf der Handlungsebene mit ihrem institutionellen Charakter auseinandersetzen muß: Eine erste Dimension liegt darin, gegenüber solchen Versorgungssituationen, die eine „Rentnermentalität" (Bernfeld) erzeugen, Kinder und Jugendliche an der Herstellung ihrer Lebensbedingungen zu beteiligen, sie dann zu befähigen, ihren eigenen sozialen Zusammenhang selbst zu konstituieren und zu regeln. Die reformpädagogischen Beispiele von Kindergerichten und Kinderparlamenten können hier Anregungen geben, zugleich lassen sich die Befunde über die Ausbildung von Alltagskulturen in den Einrichtungen selbst pädagogisch nutzen (vgl. Landenberger/Trost 1988). Pragmatisch konkretisiert sie sich auch in dem Konzept „Sich am Jugendlichen orientieren", das Hekele u.a. entwickelt haben und erfolgreich nutzen (vgl. Arend u.a. 1987). In einer zweiten Dimension kann man den radikalen Überlegungen der französischen Psychoanalytikerin Maud Mannoni folgen. Ihr Konzept einer „Sprengung der Institution" verlangt, daß den Kinder und Jugendlichen stets die Möglichkeit eröffnet wird, die Einrichtung zu verlassen und Erfahrungen in der umgebenden Lebenswelt zu machen. Subjektorientierung

Die Problematik unterschiedlichster Rollenerwartungen an die ErzieherInnen widerspiegeln sich in den alltäglichen Handlungssituationen: Diese sollen einerseits informell ablaufen. Auf der anderen Seite zeigt sich nicht nur, daß der Erziehungserfolg in hohem Maße davon abhängt, wie weit gerade alltägliche Standardsituationen wie Mittagessen, Hausaufgabenbetreuung und Zubettgehen pädagogisch reflektiert gestaltet und genutzt werden (vgl. Planungsgruppe Petra 1988). Vielmehr scheint entscheidend, daß der Alltag der Einrichtung insgesamt möglichst deutlich geordnet und für die Beteiligten transparent wird; Diffusität und Unübersichtlichkeit wirken offensichtlich nachteilig (Hansen 1994, S. 227ff.). Zumindest mit Jugendlichen wird deshalb von Möglichkeiten des „contracting" Gebrauch gemacht, um gemeinsame Erwartungen und Ziele für alle Beteiligten überprüfbar festzulegen. Sicherheit - Transparenz - Aushandeln

Literatur

Arend, D./Hekele, K./Rudolph, M.: Sich am Jugendlichen orientieren. Frankfurt a.M. ⁴1995.
Autorenkollektiv: Gefesselte Jugend. Frankfurt a.M. 1971.
Bürger, U.: Heimerziehung und soziale Teilnahmechancen. Pfaffenweiler 1990.
Blandow, J.: Rollendiskrepanzen in der Pflegefamilie. München 1972.
Bonhoeffer, M./Widemann, P. (Hrsg.): Kinder in Ersatzfamilien. Stuttgart 1974.
Bundesministerium für Familie, Senioren, Frauen und Jugend (Hrsg.): Neunter Jugendbericht. Deutscher Bundestag, 13. Wahlperiode. Drucksache 13/70. Bonn 1994.
Capul, M.: Abandon et marginalité. Les enfants placés sous l'Ancien Régime. Toulouse 1989.
Dekker, J. D..: Straffen, redden en opvoeden. Het outstaan en de outwikkeling van de residentiële heropvoeding in West-Europa, 1814-1914, met bijzondere aandacht voor ,Nederlandsch Mettray'. Assen 1985.
Deutsches Jugendinstitut (Hrsg.): Handbuch Beratung im Pflegekinderbereich. München 1987.
Dührssen, A.: Heimkinder und Pflegekinder in ihrer Entwicklung. Göttingen 1964.
Ernst, C./von Luckner, N.: Stellt die Frühkindheit die Weichen? Eine Kritik an der Lehre von der schicksalshaften Bedeutung erster Erlebnisse. Stuttgart 1987.
Freigang, W.: Verlegen und Abschieben. Weinheim/München 1986.
Giesecke, H. (Hrsg.): Offensive Sozialpädagogik. Göttingen 1973.
Goldstein, J./Freud, A./Solnit, A,: Jenseits des Kindeswohls. Frankfurt a.M. 1974.
Günther, R./Bergler, M.: Arbeitsplatz Stationäre Jugendhilfe. Frankfurt a.M. 1992.
Hansen, G.: Die Persönlichkeitsentwicklung von Kindern in Erziehungsheimen. Ein empirischer Beitrag zur Sozialisation durch Institutionen der öffentlichen Erziehungshilfen. Weinheim/München 1994.
Heun, H.-D.: Pflegekinder im Heim. München 1984.
Klatetzki, Th., Winter, H.: Zwischen Streetwork und Heimerziehung. Flexible Betreuung durch das Rauhe Haus. In: Materialien zur Heimerziehung 18(1989), Heft 4, S. 1-7.
Kuhlmann, C.: Erbkrank oder erziehbar? Jugendhilfe als Vorsorge und Aussonderung in der Fürsorgeerziehung in Westfalen von 1933-1945. Weinheim/München 1989.
Landenberger, G./Trost, R.: Lebenserfahrungen im Erziehungsheim. Identität und Kultur im institutionellen Alltag. Frankfurt a.M. 1988.
Mannschatz, E.: Jugendhilfe als DDR-Nachlaß. Münster 1994.
Münder, J. u.a.: Frankfurter Lehr- und Praxiskommentar zum KJHG. Münster ²1993.
Nielsen, H.: Beendigung von Pflegeverhältnissen. In: Hamburger Pflegekinderkongreß: Dokumentation, Münster 1990, S. 211-216.
Nienstedt, M./Westermann, A.: Pflegekinder. Psychologische Beiträge zur Sozialisation in Ersatzfamilien. Münster 1989.
Peukert, D. J. K.: Grenzen der Sozialdisziplinierung. Aufstieg und Krise der deutschen Jugendfürsorge 1878 bis 1932. Köln 1986.
Planungsgruppe Petra: Analyse von Leistungsfeldern der Heimerziehung. Ein empirischer Beitrag zur Indikation. Frankfurt a.M. ²1988.
Röper, F. F.: Das verwaiste Kind in Anstalt und Heim. Ein Beitrag zur historischen Entwicklung der Fremderziehung. Göttingen 1976.
Sauer, M.: Heimerziehung und Familienprinzip. Neuwied/Darmstadt 1979.
Scherpner, H.: Geschichte der Jugendfürsorge. Bearbeitet von Hanna Scherpner. Göttingen ²1979.
Textor, M./Warndorf, P.K. (Hrsg.): Familienpflege. Forschung, Vermittlung, Beratung. Freiburg 1995.
Wieland, N./Marquardt, U./Panhorst, H. u.a.: Ein Zuhause – kein Zuhause. Lebenserfahrungen und -entwürfe heimentlassener junger Erwachsener. Freiburg 1992.
Zwischenbericht Kommission Heimerziehung der obersten Landesjugendbehörden und der Bundesarbeitsgemeinschaft der Freien Wohlfahrtspflege. Heimerziehung und Alternativen – Analysen und Strategien. Frankfurt a.M. 1977.

XIII. Soziale Randgruppenarbeit: Obdachlose, Nichtseßhafte, Jugenddelinquenz

Karl August Chassé

Inhalt

1. Gesellschaft, Randgruppen und Soziale Arbeit
2. Obdachlosigkeit und Nichtseßhaftigkeit
2.1. Geschichte und Entwicklung
2.2. Wichtige Grundbegriffe und theoretische Positionen
2.3. Spezifische Handlungskonzepte und Methoden
2.4. Forschungsstand
2.5. Kritische Bilanz
2.6. Tätigkeitsfeld für PädagogInnen

3. Jugenddelinquenz
3.1. Geschichte und Entwicklung
3.2. Grundbegriffe und Erklärungen
3.3. Handlungskonzepte und Methoden
3.4. Forschungsstand
3.5. Kritische Bilanz
3.6. Arbeitsfeld für PädagogInnen

Literatur

1. Gesellschaft, Randgruppen und Soziale Arbeit

Mit sogenannten Randgruppen hat sich die soziale Arbeit seit ihren Ursprüngen befaßt. Die Sorge für Witwen und Waisen, die Bekämpfung der Wanderarmut, die Arbeit mit verwahrlosten Jugendlichen standen am Anfang der Sozialen Arbeit. Soziale Arbeit fügte sich freilich weitgehend ein in die neuzeitliche Sozialdisziplinierung abweichender Gruppen (vgl. Peukert 1986). Individualisierende Problemzuschreibungen waren die Legitimation für kontrollierende und strafende Arbeitsformen (Arbeitshaus, Disziplinierung, Bestrafung). Nur allmählich löst sich Soziale Arbeit von solchen essentialistischen Zuschreibungen, bemerkt ihren eigenen Anteil an der Definition und Formierung sozialer Probleme und beginnt kritische Sichtweisen und Lösungsformen zu entwickeln und den Spielraum dazu zu erweitern.

Benachteiligte Gruppen waren in der Geschichte freilich nicht immer diskriminiert. So war bis ins späte Mittelalter der Arme ein integrierter Stand in der Gesellschaft, der nicht ausgegrenzt war, sondern den Frommen Wohltätigkeit ermöglichte. Am Armen konnte sich die Gesinnung der Wohlhabenderen der Gemeinde bewähren. Die Neuzeit entwirft ein gegensätzliches Bild. Das sich mit der bürgerlichen Gesellschaft durchsetzende Prinzip der allgemeinen Arbeitsamkeit, der protestantischen Ethik, etabliert ein neues Arbeits- und Sozialethos, das den nichtarbeitenden Armen aus der Gesellschaft ausgrenzt. Armut wird geächtet und ist suspekt, weil sie zentrale Normen der Gesellschaft verletzt. Disziplinierender Zwang wird die neuzeitliche Form des Umgangs mit Armut, die jene bald nicht mehr physisch liquidiert, sondern zur Arbeit zwingt. Im neunzehnten Jahrhundert entstehen die Vorläufer der modernen Sozialarbeit in der ehrenamtlichen Armenpflege, die die befristete Unterstützung an die Überprüfung der Lebensumstände und der Arbeitswilligkeit bindet.

Das zwanzigste Jahrhundert macht deutlich, daß Existenz und Probleme gesellschaftlicher Randgruppen keine vorübergehende Erscheinung in der Entfaltung der modernen bürgerlichen Gesellschaft sind. Im Kräftefeld ökonomischer und gesellschaftlicher Entwicklungen und sozialstaatlicher Regulierung rufen Modernisierungsprozesse Marginalisierungsphänomene hervor, verstärken sie oder schwächen sie ab; Armut und Randgruppenexistenz sind dynamische Phänomene. Gerade das letzte Jahrzehnt zeigt, daß Randgruppen parallel zur Wohlstandssteigerung anwachsen; die Gesellschaft entwickelt sich sozial gespalten, widersprüchlich.

Als Randgruppen gelten heute gesellschaftliche Gruppen, bei denen sich so gravierende Anhäufungen von sozialen Benachteiligungen vereinigen, daß sie vom üblichen Leben in unserer Gesellschaft ausgeschlossen sind (vgl. Bolte/Hradil 1988, S. 237). Randständigkeit entsteht aus ungünstigen materiellen Bedingungen (Armut, Benachteiligung), wird mitproduziert (geformt) durch Institutionen des Sozialstaats bzw. der Sozialen Arbeit und geht einher mit problematischen Beziehungen zur übrigen Bevölkerung (Diskriminierung, Vorurteile, Isolation). Kumulierende individuelle bzw. soziale Belastungen führen für die Mitglieder von Randgruppen zur Nichtteilhabe an üblichen Standards gesellschaftlicher Normalität (vgl. Schäfers 1990, S. 209). Entstehung und Dynamik von Rand-

Begriff Randgruppen

gruppen haben also mit der ungleichen Verteilung der Mittel und Ressourcen zur Erreichung der gesellschaftlich akzeptierten Werte und Normen zu tun (vgl. Iben 1971, S. 19).

Hieran wird deutlich, daß der Randgruppenbegriff ein wesentlich politischer Begriff ist. Was als Grenze für eine akzeptable Unterversorgung oder annehmbare Ausstattung gilt, sind zugleich politische und gesellschaftliche Fragen. Gesellschaftliche Marginalisierungsphänomene wie ihre Bewertung sind zugleich Teil politisch-sozialer Regulationsprozesse. Das Ergebnis der Randgruppendiskussion der letzten 30 Jahre ist darin zu sehen, daß die mit gesellschaftlichen Benachteiligungen verbundenen gruppenspezifischen Belastungen individueller und sozialer Art herausgearbeitet wurden. Der Randgruppenarbeit geht es damit immer auch um die Aufhebung von Unterversorgungslagen und gesellschaftlicher Benachteiligung; sie hat eine (sozial- und kommunal-)politische Dimension der (Mit-) Gestaltung von Lebenslagen und Handlungschancen. Politische Dimensionen von Marginalisierung

Der neuere sozialpädagogische Diskurs um die Bedeutung gesellschaftlicher Modernisierung bringt auf drei Ebenen bisherige Säulen der Randgruppentheorie ins Wanken.

Zum einen weiten sich trotz gestiegener individueller Lebenschancen durch neu strukturierte soziale Benachteiligungen und Ungleichheitsstrukturen Prozesse der Randgruppenbildung und Marginalisierung aus in neue gesellschaftliche Ursachenfelder hinein (z.B. jugendlicher Berufseintritt, Frauen, Problemgruppen des Arbeitsmarkts, Alleinerziehende usw.). Randgruppenbildung vollzieht sich in der heutigen Gesellschaft, die kaum noch auf historisch überkommenen (Klasse, Milieu, Traditionen), sondern stärker auf selbstgeschaffenen Bedingungen (Individualisierung, Enttraditionalisierung, Mobilität, Zwang zur Selbstgestaltung der Biographie usw.) beruht, nicht mehr lediglich aus der systematischen Kumulation von Benachteiligung der untersten Einkommensgruppen. Disparitäten und Ungleichheitslagen, die sozialstaatliches und pädagogisches Handeln im weitesten Sinne zur Folge haben, lassen sich nicht mehr auf bestimmte soziale Gruppen eingrenzen (vgl. Rauschenbach 1992, S. 50). Zweitens muß sich Soziale Arbeit auf eine neue Struktur individueller und sozialer Problemlagen und die Erosion bzw. den Zerfall gewachsener, naturwüchsiger Lebenszusammenhänge beziehen. Sie steht in der paradoxen Situation, die Handlungsfähigkeit des einzelnen bei gleichzeitigem Bedeutungsverlust lebensweltlicher Bezüge und Netzwerke entwickeln bzw. stützen zu müssen. Dies kann sie nur, indem sie die lebensweltlichen Bezüge stärkt und ausbaut, die inhomogener, zersplitterter, zeitlich begrenzter, sozial differenzierter werden. Diese Entwicklung wird eine Stärkung der Dienstleistungsorientierung und die Entwicklung neuer Angebotsstrukturen erfordern (institutionelle und organisatorische), die sich tendenziell an alle richten.

Ausweitung risikobelasteter Lebenslagen reflexive Modernisierung

Drittens werden normative Bezugspunkte der Randgruppenarbeit fragwürdig. Die Pluralisierung von Familienformen und die Aushöhlung des Normalarbeitsverhältnisses usw. (mit ihren Folgen wie z.B. die Ausweitung der Jugendphase) lassen Orientierungspole der Sozialarbeit wie Normalexistenz und den Integrationsbegriff undeutlich werden; vor der Bandbreite pluraler Formen der Lebensbewältigung stehen Selbstverständnis, Klientenbezug und methodische Orientierung der sozialen Arbeit zur Neuverhandlung an. Vor diesem Entwick-

Lebensbewältigung als Konzept

lungshorizont gewinnen in der Fachdiskussion konzeptionelle Orientierungen und Ansätze an Bedeutung, die gestaltende und planende Funktionen von sozialer Arbeit in den Vordergrund stellen: Gemeinwesenarbeit und Stadtteilbezug, Integration von Arbeit und Leben, Teilhabeförderung und Selbstzuständigkeit der Adressaten, Entwicklung bzw. Mitgestaltung von Sozialräumen, politische Einmischungsstrategien usw. Soziale Arbeit muß in neuer Weise die Existenzgrundlagen von Lebenslagen absichern suchen (Ausbildung, Wohnen, Arbeit) und dies mit einer beteiligenden, dialogischen Handlungsorientierung, die die Selbsthandlungsmöglichkeiten der Betroffenen stärken will (vgl. Kreft 1988, S. 55f.).

2. Obdachlosigkeit und Nichtseßhaftigkeit

2.1. Geschichte und Entwicklung

Wohnungsnot, Wohnraumenge und Wohnungsverlust begleiteten die Herausbildung der modernen Arbeiterschaft im neunzehnten Jahrhundert. Unfälle, Krankheiten, Arbeitsplatzverlust waren häufige Ursachen der Exmittierung, die nicht als Hilfeanlaß, sondern als Störung der öffentlichen Ordnung gesehen wurde. Am Rande der Städte entstanden z.T. selbstgebaute, Hütten- und Barackensiedlungen, die sich in Zeiten der Arbeitslosigkeit vergrößerten. Auch Hütten- und Zeltdörfer bestanden in der Weimarer Zeit.

Nach dem Zweiten Weltkrieg waren zunächst Armut, Elend und Wohnungslosigkeit allgemeine Erscheinungen; sie wurden erst zu Beginn der sechziger Jahre allmählich überwunden. Mit dem Beginn des Wirtschaftswunders wurden soziale Gruppen sichtbar, an denen die allgemeine Verbesserung der Lebensverhältnisse vorübergegangen war. Während diese Randständigen – Obdachlose, Nichtseßhafte – zunächst als eine Personengruppe angesehen wurde, die aus eigener Schuld den Ausgang aus der allgemeinen Not und die Einbindung in die Gesellschaft versäumt hatten, vollzog sich Ende der sechziger Jahre mit der Studentenbewegung ein Perspektivenwechsel der Sozialen Arbeit im Randgruppenbereich.

(a) Nach ersten Anfängen der sog. katalytischen Sozialarbeit in den fünfziger Jahren entwickelte sich Obdachlosenarbeit als aktivierende Sozialarbeit in sozialen Brennpunkten, also Wohngebieten, in denen Faktoren, die die Lebensbedingungen ihrer Bewohner und insbesondere die Entwicklungschancen von Kindern und Jugendlichen negativ bestimmen, gehäuft auftreten. Ziel ist die Aktivierung der Bewohner für die konkrete Verbesserung ihrer Wohn- und Lebensbedingungen. Dabei haben Selbsthilfegruppen und Landesarbeitsgemeinschaften mit der Zeit erhebliche Erfolge in der Verstetigung pädagogischer Angebote in den Siedlungen, in der Modernisierung auf das Niveau des sozialen Wohnungsbaus, durch Auflösung von Obdachlosensiedlungen erreicht.

Während die Arbeit in den Siedlungen stark zurückgegangen ist, konzentrieren sich mit der Wohnungsnot und dem zunehmenden Mangel der Kommunen an Notunterkünften die Entwicklungen im Arbeitsbereich der Obdachlosigkeit stärker auf die Verhinderung des Wohnungsverlusts.

(b) Vorläufer der heutigen Nichtseßhaftenhilfe waren die Wandererherbergen des 19. Jahrhunderts, denen zur Milderung der Massenarbeitslosigkeit der Gründerkrise ein Hilfesystem (ab 1882) von Arbeiterkolonien, -herbergen und Wanderarbeitsstätten (von v. Bodelschwingh, Innere Mission gegründet) zur Seite trat. Das Wandern war in der Zeit vor der Sozialversicherung eine übliche Form der Bewältigung von Arbeitslosigkeit. Die Naturalverpflegungsstationen sollten ein geregeltes Weiterwandern ohne Betteln möglich machen. Die Verpflichtung zur Arbeit ohne Lohn und Sozialversicherung für die befristete Bereitstellung von Unterkunft und Verpflegung, die die Bodelschwinghschen Heime kennzeichnete, sollte die Wanderarmen vor Vagabundage und Arbeitsentwöhnung bewahren. Die ursprüngliche Funktion einer privaten Arbeitslosenhilfe ging mit der Einführung der Fürsorge für Erwerbslose (1918) und der staatlichen Arbeitslosenversicherung (1927) verloren; die Wandererfürsorge entwickelte sich zur Bewahrungsfürsorge für alleinstehende mittellose Arbeits- und Wohnungslose, die das Wandern jedoch nach wie vor voraussetzt, d.h. mit herstellt. Nach dem 2. Weltkrieg blieb die Nichtseßhaftenhilfe Teil der Gefährdetenhilfe für „Personen, die aus Mangel an innerer Festigkeit ein geordnetes Leben in der Gemeinschaft nicht führen können" (so das BSHG von 1961). Konzeptuell blieb es bei der befristeten Heim- bzw. Anstaltshilfe als Anleitung und Gewöhnung an ein Leben „in der Gemeinschaft" und in Arbeit.

Bedeutungswandel des Wanderns

Heftige Kritik wurde an diesem Hilfesystem ab den siebziger Jahren geübt. Es trage selbst durch Verweigerung rechtmäßiger Hilfen, unzureichende Unterstützung, Mobilitätzwang und Ausgrenzungsmechanismen zur Verstetigung und Verfestigung der Mangelsituation bei bzw. produziere diese mit. Auch die Ideologie einer Veranlagung zur Nichtseßhaftigkeit erwies sich als nicht haltbar. Neuere Ansätze der Hilfe – ambulante Beratungsstationen – stellen die Überwindung der konkreten Notsituationen der Mittellosigkeit, Wohnungslosigkeit, Arbeitslosigkeit in den Vordergrund.

Hilfesystem produziert Nichtseßhaftigkeit

2.2. Wichtige Grundbegriffe und theoretische Positionen

Obdachlosigkeit wie Nichtseßhaftigkeit sind in der Regel unmittelbare Folge eines Wohnungsverlustes. Einen individuellen (Rechts-)Anspruch auf eine menschenwürdige Wohnung gibt es nicht. Die Kommunen sind lediglich zum ordnungspolitischen Umgang mit Wohnungsverlust verpflichtet; dieser Aufgabe kommen sie durch die Bereitstellung schlechtesten vorhandenen Wohnraums (Sanierungs- und Abrißhäuser) und durch die Errichtung von Einfachst- und Schlichtwohnungen weit unterhalb der Standards des sozialen Wohnungsbaus nach. Als Obdachlos gilt, wer aufgrund der ordnungsrechtlichen Bestimmungen der Länder oder Gemeinden in eine Unterkunft eingewiesen wird. Für Unterkünfte gilt nicht Miet- sondern Anstaltsrecht. In Unterkünfte werden meist nur Familien und alte Menschen eingewiesen, alleinstehende Personen erhalten in der Regel nur eine befristete Unterkunft und werden auf diese Weise bald Nichtseßhaft, falls sie nicht in kurzer Zeit wieder eine Wohnung finden.

Wohnungsverlust ein ordnungspolitisches Problem

(a) In Städten bilden *Obdachlosenunterkünfte* meist räumlich abgetrennte Siedlungen und sind soziale Brennpunkte. Die Absonderung in Siedlungen, Straßen oder Vierteln bedeutet zugleich eine umgreifende Stigmatisierung durch die Adresse.

Obdachlosigkeit selbst gilt inzwischen als extrem niederdrückende Lebenslage, die nach Möglichkeit vermieden werden sollte. Diese Unterversorgung in einem fundamentalen Lebensbereich mit ihren psychosozialen Belastungen für die betroffenen Familien hat häufig irreversible Folgen für Gesundheit, Arbeits- und Lebenschancen sowie die Sozialisation von Kindern und Jugendlichen.

Nichtseßhaftigkeit als Erkenntnisfalle

(b) *Der Begriff Nichtseßhaft* wurde in der Zeit des deutschen Faschismus geprägt und erst vor kurzem aufgegeben. „Nichtseßhaftigkeit" transportiert ein Konzept: er interpretiert die Wohnsitzlosigkeit und Mobilität der Betroffenen als Veranlagung zu einer „nichtseßhaften Lebensweise" aufgrund von normativer Abweichung oder abnormer Persönlichkeitsstruktur. Diese Denktradition mit überwiegend medizinisch-psychiatrischem Hintergrund hat sich bis in die siebziger Jahre gehalten und ist auch noch in der Durchführungsverordnung zu §72 Bundessozialhilfegesetz (BSHG) nachzuweisen. Erst in der letzten Zeit wird der Begriff Nichtseßhaft durch „Wohnungslos" bzw. „alleinstehende Wohnungslose" ersetzt (so hat sich die Bundesarbeitsgemeinschaft Nichtseßhaftenhilfe in BAG Wohnungslose umbenannt), um – auch im Unterschied zur Obdachlosigkeit – das zentrale Problem des Fehlens einer Wohnung und eines Haushalts zu bezeichnen. Damit wird das Schwergewicht der Hilfe auf die unmittelbare Not gelegt; weitergehende persönliche Hilfe (etwa zur Überwindung der sozialen Isolation) wird damit nicht ausgeschlossen, ist aber nachgeordnet.

2.3. Spezifische Handlungskonzepte und Methoden

Vermeidung von Wohnungsverlust

In der wissenschaftlichen Diskussion – weniger in der Praxis der Städte und Gemeinden – hat sich inzwischen die Position durchgesetzt, daß die wichtigste Intervention die Vermeidung des Wohnungsverlusts ist. §15a BSHG gibt dazu als Kann-Bestimmung im Verein mit § 554 BGB eine rechtliche Handhabe. Allgemein gültige Kriterien der Anwendung gibt es nicht. Viele Gemeinden nutzen die Möglichkeit, im Vorfeld des Wohnungsverlustes durch die nach § 15a BSHG möglichen Hilfen der Mietschuldenübernahme und Sicherheitsleistungen, Regelung der finanziellen Verhältnisse, Familienberatung und Schuldenberatung, Wohnungslosigkeit als Folge einer Räumungsklage mit Räumungstitel zu vermeiden. Die Erfahrungen damit sind überaus positiv, in 80 Prozent bis 90 Prozent aller Fälle kann auf Dauer Wohnungsverlust vermieden werden. Auch wohnungspolitische Maßnahmen der Kommune wie Mieterschutz, Mieterberatung, Sicherung preiswerter Wohnungen, Erhaltungssatzungen nach § 172 BauGB, Umwandlungsverbote von Miete in Wohnungseigentum, städtische Förderungsprogramme mit Mietobergrenzen und Belegungsrechten u. dgl. können sozialschwache Mieter absichern. Doch bleiben auch hier Lücken (z. B. bei Abriß der Wohnung), die nur sozialpolitisch durch die Bereitstellung bezahlbaren Wohnraums geschlossen werden können.

Gemeinwesenarbeit

(a) Soziale Arbeit in Obdachlosensiedlungen – sozialen Brennpunkten – ist im wesentlichen Gemeinwesenarbeit, die über die Aktivierung und Beteiligung der

Bewohner Verbesserungen der Lebenssituation initiiert und organisiert (vgl. Iben 1992; Oelschlägel 1992): frühkindliche Förderung, Mutter-Kind-Gruppen, Krabbelstuben, Kindergärten, Spielstuben usw., Lern- und Freizeithilfen für Kinder im Schulalter, -Hortbetreuung, Hausaufgabenbetreuung-, Jugendarbeit und berufliche Förderung, gesundheitliche Hilfen und Beratung, Aufklärung für werdende Mütter; Verbesserung der Wohnbedingungen (Wohnungsgrößen, Bausubstanz und Umfeldbedingungen), Bewohnerbeteiligung und Interessenvertretung in bezug auf die Belegung, auf Sanierung (Verbesserung des Wohnstandards auf das Niveau des Sozialen Wohnungsbaus) oder Auflösung (Abriß) der Obdachlosensiedlungen und gruppenweise Umsiedlung (Hilfen zur Beschaffung der Wohnung, Umzugshilfe, nachgehende Betreuung usw.), Hausbauprojekte usw.

(b) Die Nichtseßhaftenhilfe der Asyle und Übernachtungseinrichtungen läßt sich nicht als Handlungskonzept bezeichnen, es handelt sich um eine hilflose Notmaßnahme, die zudem quantitativ unzureichend bleibt, denn schätzungsweise 40.000 Personen bleiben wegen fehlender Übernachtungsplätze auf der Straße.

Die Arbeit in den stationären Heimen ist inzwischen grundlegend reformiert worden; sie bieten nun meist sozialversicherungspflichtige Arbeitsplätze, so daß Ansprüche auf Sozialleistungen erworben werden. Einige Heime haben sich auf therapeutische Angebote spezialisiert. Ob ambulante Beratung oder stationäre Integrationshilfe – in der gegenwärtigen Situation des Arbeits- und Wohnungsmarkts drohen diese Angebote eine Sackgasse zu bleiben, weil der Übergang in eine Normalexistenz nur selten gelingen kann. Der Status des Nichtseßhaften (ebenso wie des Obdachlosen) ist selber ein Integrationshindernis ersten Ranges. Als Reaktion auf diese Lage gibt es einige durch Arbeitsprojekte realisierte Bauvorhaben, an denen Betroffene selbst mitarbeiteten.

Status als Integrationshindernis

2.4. *Forschungsstand*

Eine amtliche Statistik über Wohnungslosigkeit existiert nicht. Zurückhaltende Schätzungen gehen von etwa 400.000 obdachlosen und 150.000 nichtseßhaften Personen aus. Die Abgrenzung zu von Wohnungslosigkeit Bedrohten (z. B. bei Bekannten Untergekommenen) oder auch in extrem schlechten Wohnverhältnissen Lebenden ist schwierig; zusammen wird die Zahl der Betroffenen auf über eine Million Personen geschätzt.

(a) Obdachlose: Die Forschung zeigt, daß zwischen von Wohnungsverlust bedrohten, aber nicht obdachlos werdenden, und tatsächlich obdachlos werdenden Personen und Familien keine signifikanten Unterschiede bestehen (vgl. Koch 1986). Es sind mehr oder weniger zufällige Ereignisse wie Verzögerungen von Sozialleistungen usw., die für einen Teil der von Wohnungsverlust Bedrohten in die manifeste Obdachlosigkeit führen. Die sozialen und biographischen Merkmale sind weitgehend ähnlich; betroffen sind insbesondere kinderreiche Familien, alleinerziehende Mütter und ältere alleinstehende Personen. Die schulische Ausbildung ist zumeist niedrig, Berufsabschlüsse fehlen oder beziehen sich auf handwerkliche Tätigkeiten mit schlechten Marktchancen. Die Einkommen liegen nicht selten unter dem Regelsatz der Sozialhilfe; die Anteile für Miete sind er-

Obdachlosigkeit weitgehend zufallsbestimmt

heblich. Zur Zeit der Wohnungskündigung haben die meisten ein niedriges Arbeitseinkommen. Schulden verringern den disponiblen Einkommensanteil weiter.

Zahlreiche negative Auswirkungen des Lebens in Obdachlosensiedlungen auf psychisches Befinden, Gesundheit, Selbstwahrnehmung und Handlungsmöglichkeiten von Erwachsenen sowie erhebliche Beeinträchtigungen der Sozialisationsbedingungen für Kinder und Jugendliche (Entwicklungsrückstände, Sonderschulquote, Verhaltensauffälligkeit usw.) wurden nachgewiesen (vgl. Iben 1971; Hess/Mechler 1973).

(b) Nichtseßhafte: Die Struktur der Nichtseßhaften hat sich in den letzten zwei Jahrzehnten erheblich verändert. Zunehmend sind Jugendliche und junge Erwachsene sowie Frauen betroffen.

Untersuchungen der achtziger Jahre zeigen Strukturprobleme des Hilfesystems für Nichtseßhafte, das in hohem Maße den gleichzeitigen Ausschluß aus anderen Hilfesystemen (Wohnungshilfe, Arbeitslosenhilfe, Sozialhilfe usw.) vollzieht (vgl. Rohrmann 1987). Es ist zudem in wesentlichen Teilen therapeutisch und pädagogisch, somit zu sehr an Defiziten des Individuums orientiert statt an Selbsthilfe und Verteilungsgerechtigkeit. Ein großer Teil der Nichtseßhaften wandert nicht, sondern hält sich ohne oder mit wechselnden Unterkünften dauernd in einer Gemeinde auf. Die Mobilität ist regional eng begrenzt und an Gelegenheitsarbeitsmärkte angepaßt (vgl. Specht 1985). Die Zunahme der Nichtseßhaftigkeit in größeren Städten hängt z. T. mit der Verengung des lokalen Teilwohnungsmarkts für günstige Kleinwohnungen und des regionalen Jedermann-Arbeitsmarkts zusammen (vgl. Specht 1985; Schuler-Wallner/Wollkopf 1991).

Hilfesystem grenzt aus

2.3. Kritische Bilanz

Einen freien Wohnungsmarkt, der die ausreichende Versorgung aller gewährleistet, hat es nie gegeben. Es fehlt nicht (nur) Wohnraum, sondern bezahlbarer Wohnraum. Angesichts der hohen Arbeitslosigkeit und dem anhaltenden Verlust preiswerten Wohnraums muß mit weiter steigenden Zahlen Wohnungsloser gerechnet werden. Generell hinken die Lösungsversuche der Problementwicklung erheblich hinterher und sind Problemvermeidungen zu schwach ausgeprägt. Die neuen Länder scheinen überwiegend auf Prävention zu setzen, doch ist die Situation derzeit kaum zu überblicken.

(a) Innovationen in einzelnen Bereichen (Modernisierung von Obdachlosensiedlungen, ABM-Projekte von und für Siedlungsbewohner, genossenschaftliche Wohnbauprojekte (auch für kinderreiche Familien), betreutes Wohnen usw., geben zwar der Fachdiskussion Impulse, doch fehlt es an einer breiteren Umsetzung (vgl. Chassé/Preußer/Wittich 1988; Iben 1992).

(b) Im Nichtseßhaftenbereich zeigt sich die Unzulänglichkeit sozialer Arbeit unter den gegenwärtigen rechtlichen und institutionellen Rahmenbedingungen am deutlichsten. Bis zur Kenntnis dieser Befunde und einer radikalen Infragestellung der bisherigen Nichtseßhaftenarbeit hat es viele Jahre gebraucht; die Konsequenz ist die Abwendung von der bisherigen Form der Nichtseßhaftenhilfe. Der Ausbau ambulanter Beratungsstellen hat hier eine merkliche Verbesserung gebracht, Formen der Zusammenarbeit mit anderen Stellen müssen erprobt und die Finanzierungs- und Zuständigkeitsprobleme gelöst werden. Die gesellschaftlichen Rahmenbedingungen setzen der Arbeit derzeit enge Grenzen.

Perspektive der Neuorientierung im Bereich des Wohnungsverlusts ist die Verlagerung Sozialer Arbeit in den Entstehungskontext des Problems, den Stadtteil bzw. die Lebenswelt. Hier geht es einerseits um wirksamere Maßnahmen und Hilfen gegen Wohnungsverlust. Sie müßten ergänzt werden durch ein abgestuftes System psychosozialer Hilfen und Maßnahmen bei biographischen Umbruchsituationen und Risiken im Lebenslauf im Gemeinde- bzw. Stadtteilkontext, das die Vernetzung vorhandener Angebote und die Verbindung von informellen und professionellen Unterstützungs- und Hilfemöglichkeiten zur Voraussetzung hat. Obdachlosen- wie Nichtseßhaftenarbeit transformiert sich unter dieser Perspektive in ein Konzept stadtteil- bzw. lebensweltbezogener Arbeitsansätze der sozialen Arbeit, deren übergreifende Perspektive die Lebensbewältigung in bezug auf prekäre Lebenslagen und benachteiligte Gruppen ist.

Prävention im Lebenskontext

2.6. Tätigkeitsfeld für PädagogInnen

Einen wesentlichen Tätigkeitsbereich stellt die Arbeit in sog. Schlichtungsstellen zur Verhinderung des Wohnungsverlusts dar. Sie sind organisatorisch meist der Sozialverwaltung angegliedert, werden aber auch von freien Trägern betrieben. In Zusammenarbeit mit Wohnungsbaugesellschaften, Gerichten und durch Öffentlichkeitsarbeit werden Räumungsfälle aufgefunden, angesprochen, beraten (Einkommens-, Haushalts-, Schuldenberatung) und Lösungen erarbeitet. Im weiteren Sinne gehört zu jeder stadtteilorientierten Arbeit der Aspekt der Sozialen Arbeit im Wohnungsbereich.

(a) In Obdachlosensiedlungen fehlen in der Regel die elementaren Einrichtungen der sozialen Infrastruktur. Materielle Beratung (Sozialhilfe, AFG-Leistungen, Schulden), Kinder- und Jugendarbeit, sozialpädagogische Familienhilfe, Mutter-Kind-Arbeit, Freizeiten für Eltern und Kinder, Abenteuerspielplätze, Arbeit in und um das Gemeinwesen (Nachbarschaftsarbeit, Stadtteilarbeit), Interessenvertretung nach innen und außen sind nur einige Beispiele für das breite Spektrum notwendiger Tätigkeitsbereiche. Obdachlosenarbeit sollte immer als Gemeinwesenarbeit betrieben werden (vgl. Oelschlägel 1992). In der Regel treten freie Träger und Initiativen als Initiatoren und Träger auf; sie müssen um ihre Finanzierung kämpfen. Obdachlosenarbeit hat sich immer schon stark an die Frauen gewandt; Konzepte der Frauen- und Mädchenarbeit im Randgruppenbereich wurden in der jüngsten Zeit weiterentwickelt (vgl. Bitzan/Klöck 1993).

(b) Im präventiven Bereich gilt das für Obdachlose Gesagte. Übernachtungsheime (Asyle) haben selten pädagogische Arbeitsplätze. Stationäre Einrichtungen (Landheime), überwiegend in konfessioneller Trägerschaft, bieten oft differenzierte Tätigkeitsbereiche (persönliche Betreuung, materielle Hilfe, Arbeitsförderung, Qualifizierung, Therapie, Drogenarbeit usf.), so daß die hier tätigen Sozialpädagogen mit PsychologInnen, Ausbildern, Anleitern, Hauspersonal usw. zusammenarbeiten. Die Tätigkeiten in ambulanten Beratungsstellen, meist in freier Trägerschaft, reichen von persönlicher Beratung und Betreuung (Hilfen zur Inanspruchnahme von materiellen Leistungen) bis zur Beschaffung und Erhalt von Wohnung und Arbeit, betreutem Wohnen, zur Freizeitgestaltung und allgemein zur Behebung der Ausgrenzung und Benachteiligung in den verschiedensten Lebensbereichen. Oft konfliktreich wird mit dem Sozialamt, der Arbeitsverwaltung, dem Wohnungsamt, Wohnungsgesellschaften, Vermietern usw. zusammengearbeitet. Die Arbeit kann als schwierig gelten, da auch ambulante Beratungsstellen mit den allgemeinen Schwierigkeiten des Wohnungs- und Arbeitsmarkts sowie den weitverbreiteten Vorurteilen gegenüber dieser Klientel, behördlichen Sparversuchen und willkürlicher Gewährungspraxis konfrontiert sind.

3. Jugenddelinquenz

3.1. Geschichte und Entwicklung

Mit verwahrlosten und delinquenten Jugendlichen beschäftigt sich Soziale Arbeit seit ihren Anfängen. Doch erst mit Pestalozzi und später der Rettungshausbewegung hat sich die Soziale Arbeit von der rohen Strafe des Arbeitshauses abgewandt und pädagogische Lösungen in der erzieherischen Gestaltung der Lebenssituation und der Verbindung von Bildung und Arbeit gesucht. Der Dualismus von Strafe und Pädagogik besteht im Umgang mit straffälligen Jugendlichen bis heute fort.

Widersprüchliche Prinzipien: Strafe und Erziehung

Die Rechtsprechung des Mittelalters und der frühen Neuzeit behandelte Kinder und Jugendliche aus Mitleid milder. Mit der Erkenntnis der sozialen Konstitution von Kindheit und Jugend gewann die Einsicht an Boden, daß Delinquenz von Kindern und Jugendlichen anders zu beurteilen und zu behandeln sei als das entsprechende Verhalten von Erwachsenen und daß die herkömmlichen Zwecke von Strafe – Vergeltung, Sühne, Abschreckung, sichernde Isolierung – für Jugendliche unzulänglich sind. Im Jugendgerichtsgesetz von 1923 wurden Erziehung und Bestrafung des Täters als unterschiedliche Mittel gesellschaftlicher Disziplinierung gesetzt und weitergehende Reformvorstellungen blockiert (vgl. Peukert 1986). Die Unterordnung der Pädagogik unter das Recht bzw. die Justiz bleibt bis heute umstritten. Unterbrochen durch den Nationalsozialismus gilt im Kern diese Rechtsform bis heute fort. Strafverfahren gegen Jugendliche und junge Erwachsene sind speziellen Jugendgerichten übertragen. Von (Freiheits-)strafen ist abzusehen, wenn sog. Maßregeln (z.B. Heimerziehung, Gebote und Verbote in der Lebensführung, Auflagen usw.) oder Zuchtmittel (z.B. betreutes Arbeiten, Verwarnung, Wiedergutmachung, Entschuldigung) Erfolg versprechen. Die Jugendgerichtshilfe bringt im Gerichtsverfahren die sozialen, erzieherischen und fürsorgerischen Aspekte ein (ohne allerdings anwaltliche Rechte zu besitzen) und macht einen Sanktionsvorschlag, auch organisiert sie die pädagogischen Interventionen bzw. führt sie durch.

Das letzte Jahrzehnt ist von der ambulanten Bewegung bestimmt, d.h. dem Bestreben, Verfahren und Verurteilungen weitgehend zu vermeiden. In mehr als der Hälfte aller Straftaten Jugendlicher, vor allem bei Bagatell- und Massendelikten (Ladendiebstahl, Verkehrsverstöße, Schwarzfahren usw.) wird inzwischen von Strafverfolgung abgesehen oder das Verfahren vorgerichtlich erledigt, durch eine Ermahnung, Belehrung oder z.B. durch Verkehrserziehung, Soziales Training und andere Angebote (sog. Diversion). Der Täter-Opfer-Ausgleich wird zunehmend eingesetzt als pädagogische Maßnahme der Wiedergutmachung und Entschuldigung/Versöhnung. *Diversion*

3.2. Grundbegriffe und Erklärungen

Was jeweils als abweichendes oder auch delinquentes Verhalten gilt, unterliegt in hohem Maße selber dem gesellschaftlichen Wandel, wie an den Beispielen vorehelicher Geschlechtsverkehr, Schwangerschaftsabbruch, Homosexualität, Drogengebrauch deutlich wird. Um die strafrechtliche Auffälligkeit der Jugendlichen von der Kriminalität Erwachsener abzusetzen, wird heute der Ausdruck Jugenddelinquenz vorgezogen.

Über die Ursachen der Jugenddelinquenz existiert inzwischen eine kaum überschaubare Literatur psychoanalytischer, sozialisationstheoretischer, interaktionistischer, sozial- und sexualwissenschaftlicher u.a. Provenienz (vgl. ausführlich Albrecht 1993).

Der heutige Diskussionsstand läßt sich an drei Strängen markieren. Einerseits erscheint Delinquenz als sozialer Etikettierungs-Prozeß durch Instanzen sozialer Kontrolle, also auch der Jugendstrafjustiz. Hieraus ergibt sich die Tendenz zur Entstigmatisierung jugendlicher Delinquenz. *Jugenddelinquenz als Etikettierung*

Zum zweiten läßt sich das Dehnen und Überschreiten von Regeln und Normen als im weiten Sinn für die Lebensphase Jugend „normales" Verhalten betrachten (Jugend als Phase potentieller Devianz). Formen abweichenden Verhaltens – Drogenkonsum, Risiko-Verhalten, Gewalt und Kriminalität – sind grundsätzlich als Bewältigungsmittel anzusehen. Jugend als Lebensphase leistet die Ablösung von der Familie und die Aneignung der Welt des Sozialen; dies Spannungsverhältnis unterschiedlicher Prinzipien von sozialen Strukturen (Intimität der Familie versus universalistische Strukturen sozialer Werte, Normen, Symbole) kennzeichnet die gesellschaftliche Dimension und die Komplexität der Entwicklungsaufgaben von Jugend. Weil sich soziale Normen zunehmend weniger transparent und allgemein verbindlich darstellen, wird die Implementierung von Regeln verbindlichen Verhaltens und somit der Sozialisationsprozeß von Kindern und Jugendlichen schwieriger. *Jugend leistet Übergang in Welt des Sozialen*

Diese Prozesse können drittens nur im Kontext gesellschaftlicher Bedingungen, Veränderungen und Krisenerscheinungen betrachtet werden (z.B. Familienprobleme, jugendliche Sinnkrisen, Arbeitslosigkeit usw.). Eine zunehmend größere Bedeutung haben bei der Bewältigung der Jugendphase – auch angesichts des Bedeutungsverlusts traditioneller Jugendorganisationen und -vereine – informelle Gleichaltrigencliquen, die sich innerhalb einer jugendkulturellen Pluralität ausbilden. Probleme bereiten jugendliche Subkulturen, die sich durch aggressi- *Soziale Ungleichheiten* ves, gewaltbereites und delinquentes Verhalten auszeichnen. Hier sind es soziale und individuelle bzw. familiale Benachteiligungen, fehlende gesellschaftliche Chancen und Perspektiven, die den Zugang und somit die Wahl legitimer wie illegitimer Wege zur Erreichung gesellschaftlicher Ziele sozial strukturieren. Auch die Möglichkeiten des Erreichens von sozialen Bindungen an andere Personen, auf Lebensentwürfe und persönliche Ziele, auf normative Vorstellungen und der Einbindung in soziale Netzwerke sind sozial unterschiedlich strukturiert. Diese hier nur skizzierten Konzepte zur Erklärung von Jugenddelinquenz haben den Vorteil, daß sie die gesellschaftlich und pädagogisch beeinflußbaren Faktoren, die das Spannungsfeld Jugend, Gesellschaft und Delinquenz bestimmen, aufzeigen können.

3.3. Handlungskonzepte und Methoden

Durch den Ausbau diversiver Angebote und Programme sind die Beziehungen der Jugendgerichtshilfe zur allgemeinen Jugendhilfe enger und die Übergänge zur wohnortnahen und aufsuchenden Arbeit mit benachteiligten Jugendlichen fließender geworden.

Die Jugendgerichtshilfe hat in den letzten Jahren, in Zusammenhang mit dem Ausbau der Diversion, zahlreiche neue Formen pädagogischer Maßnahmen und Hilfen entwickelt. Das Spektrum dieser Maßnahmen, die oft auch von Initiativen angeboten werden, reicht von den eher herkömmlichen gemeinnützigen Arbeiten, Betreuung (z.B. bei der Geldverwaltung), Verkehrsunterricht und -kursen bis hin zu Gruppenarbeit, Trainingskursen, Wohngruppen sowie erlebnispädagogischen Angeboten und dem Täter-Opfer-Ausgleich. Zugleich hat sich die jugendstrafrechtliche Praxis schrittweise dahin geändert, daß häufiger anstelle von Freiheitsstrafen ambulante und wohnortnahe Hilfen angewandt werden. In alternativen Modellen und Projekten wird Jugendgerichtshilfe in erlebnisorientierte Freizeitangebote und aufsuchende Projekte der Jugendsozialarbeit eingebunden. Aus pädagogischer Perspektive geht es dabei immer darum, ein Gegenmilieu aufzubauen oder entlastende und positive Teile des jugendkulturellen Milieus zu stützen und auszubauen, so daß eine soziale Erweiterung und Entspannung des Gruppenmilieus bewirkt und das Übernehmen von alternativen Handlungsmustern leichter wird.

Jugendarrest wird fast gar nicht mehr und Jugendstrafe seltener angewandt; Strafen werden zunehmend häufiger auf Bewährung ausgesprochen. Der Jugendstrafvollzug wird einerseits abgebaut, zum anderen stärker pädagogisch gestaltet – z.B. durch überschaubare Wohngruppen, integrierte Arbeits- und Ausbildungsstätten, Veränderungen in der Lohngestaltung, offenen Vollzug, pädagogisch qualifiziertes Personal – sowie verstärkt sozialpädagogische Hilfen bei der Reintegration.

3.4. Forschungsstand

In der Polizeistatistik sind Jugendliche überproportional zum Anteil ihrer Altersgruppe vertreten, und zwar besonders in den Deliktgruppen Drogenmißbrauch, Körperverletzung, Verkehrsdelikte, Gewaltunzucht u. dgl. (bezogen auf die Altersgruppen von 14 bis 24 Jahren). Die Zahlen sind rückläufig. Zu fast der Hälfte werden die als kriminell eingestuften Taten im Gruppenkontext begangen, fast ausschließlich von männlichen Jugendlichen.

Jugendkriminalität

Der Jugendstrafvollzug ist im letzten Jahrzehnt bis 1993 auf ca. 3.500 Jugendliche und Heranwachsende zurückgegangen (zu 95% männlich).

Schon früh konnte nachgewiesen werden, daß mobile Jugendarbeit und andere Formen aufsuchender sozialer Arbeit mit Jugendlichen Jugendkriminalität verringern (vgl. Specht 1979). Jugendkulturelle Szenen wie die Drogensubkultur (vgl. Gerdes/Wolffersdorff 1979), Ladendiebe und Rocker (vgl. Haferkamp 1975) grenzen sich durch spezifische, auch gesellschaftskritische, Werte, Normen, Verhaltensweisen, Sprache usw. ab.

Zuschreibungs- und Stigmatisierungsprozesse bestimmen bereits die polizeilichen Ermittlungs- und Vernehmungsmethoden (vgl. Girtler 1980; Wulf 1984). Die starke Position des Richters im Jugendgerichtsverfahren läßt dem Jugendlichen wenig Möglichkeiten zum Einbringen individueller Gestaltungsstrategien (vgl. Reichertz 1984). Der Jugendstrafvollzug erlaube keine Bearbeitung der persönlichen und sozialen Schwierigkeiten, die die Gefangenen mitgebracht haben; Untersuchungen in den siebziger Jahren kamen zu dem Ergebnis, daß die Folgen der Haft die Voraussetzungen für eine soziale Existenz des Gefangenen draußen verschlechtern (vgl. Kersten/v. Wolffersdorff 1980). In der Wahrnehmung jugendlicher Straftäter stellen sich pädagogische Institutionen wie Schule, Heim, Jugendgericht und -vollzug selbst als strafende und gewaltanwendende Instanzen dar, die sich grundsätzlich von Polizei und Strafjustiz nicht unterscheiden (vgl. ebd.; Cremer-Schäfer 1985). Ausmaß und Ursachen von Gewaltdispositionen und rechtsradikale Einstellungen Jugendlicher hängen mit sozialisationsrelevanten gesellschaftlichen Konfliktfeldern und problembelasteten Lebensperspektiven zusammen und werden in ihrer gesellschaftspolitischen Brisanz unterschätzt (vgl. Heitmeyer 1987, 1993).

Knast hilft nicht

3.5. Kritische Bilanz

Im Bereich der Jugenddelinquenz, der Jugendgerichtsbarkeit und dem Strafvollzug ist derzeit viel in Bewegung. Veränderungen im Jugendgerichtsgesetz 1990 geben dem Täter-Opfer-Ausgleich (Schadenswiedergutmachung, Entschuldigung beim Opfer, Arbeitsleistung und Zahlungen an gemeinnützige Einrichtungen) ein größeres Gewicht. Trotz unstrittiger Fortschritte durch Diversion, verstärkten Einsatz von Bewährungsstrafen und offenem Vollzug geht die Auseinandersetzung um die Unvereinbarkeit von Strafe und Erziehung weiter. Da nachhaltige Änderungen derzeit nicht zu erwarten sind – der Verzicht auf Strafe ist in der Öffentlichkeit nicht durchsetzbar – muß auf die Aufwertung der Jugendgerichtshilfe im Verfahren (Fragerecht, Zeugnisverweigerungsrecht, Beweiserhebungsrecht), ihren Umbau auf rein pädagogische Funktionen (die gerichtsorientierten müßten dann von Einrichtungen der Justiz wahrgenommen werden), auf den Täter-Opfer-Ausgleich als Konfliktregelungsmodell, auf stärkere Anstrengungen zur Rückfallvermeidung gesetzt werden, um die oft beklagte Dysfunktionalität der Jugendgerichtshilfe zu beheben. Im Blick auf die langfristige Abschaffung des Jugendstrafrechts muß der Vollzug wohnort- und milieunah ausgestaltet, die Bewährungshilfe ausgebaut und die präventiven Hilfen wohnortnah und vernetzt mit Diversions- und Vollzugsformen ausgestaltet werden. Diese Perspektive erfordert auch neue Träger- und Organisationsstrukturen, die erst zu entwickeln und zu erproben sind.

3.6. Arbeitsfeld für PädagogInnen

Die Jugendgerichtshilfe als eigener Zweig der Jugendhilfe erarbeitet eine sozialpädagogische Einschätzung des Jugendlichen für das Jugendgerichtsverfahren und leistet die Kooperation und Koordination mit anderen beteiligten Diensten (Familienhilfe, psychologischer Dienst usw.), um Beratung und Betreuung des Jugendlichen und seines Umfeldes (Elternarbeit, Gruppenarbeit, Gemeinwesenarbeit) sicherzustellen. Organisatorisch ist Jugendgerichtshilfe zum Teil in den Allgemeinen Sozialen Dienst eingebunden, zum Teil eine eigene Jugendamtsabteilung. Große Bedeutung haben in den letzten Jahren freie Träger (Vereine usw.) gewonnen, die auf Diversion bezogene differenzierte Angebote entwickeln und durchführen (vgl. auch Maelicke 1988). Dadurch hat sich die Tätigkeit des Jugendgerichtshelfers stärker auf die Hilfe für jugendliche Mehrfach- und Massivtäter verlagert. Auch die Bewährungshilfe und die Wiedereingliederungshilfe (Resozialisierung) nach dem Strafvollzug wird von Sozialarbeitern/SozialpädagogInnen geleistet. Sie sind in der Regel dem Gericht angegliedert. Hier geht es sowohl um Unterstützung und Beratung bei materiellen Problemen (Wohnung, Lebensunterhalt, Arbeit) wie um die soziale Integration in ein stützendes Umfeld. Die Fallzahlbelastung ist sehr hoch.

Im reformierten Vollzug wird den Jugendlichen möglichst viel an Bildung und Ausbildung innerhalb (bzw. im halboffenen Vollzug auch außerhalb) der Gefängnismauern angeboten; hier gehört die Organisation und Durchführung individueller Hilfen und Beratung, Gruppenarbeit, soziales Lernen, Freizeitangebote usw. in Zusammenarbeit mit Vollzugspersonal, Ausbildern, Anleitern, Meistern, LehrerInnen, TherapeutInnen usw. zum Arbeitsfeld des SozialpädagogInnen.

Literatur

Achter Jugendbericht: Bericht über Bestrebungen und Leistungen der Jugendhilfe. Bonn 1990.

Albrecht, G.: Jugend, Recht und Kriminalität. In: Krüger, H.H. (Hrsg.): Handbuch der Jugendforschung. Opladen ²1993, S. 495-525.

Bitzan, M.: In Widersprüchen ganzheitlich arbeiten? Methodische Überlegungen aus der Gemeinwesenarbeit mit Frauen. In: Rauschenbach, T. u.a. (Hrsg.): Der sozialpädagogische

Blick. Lebensweltorientierte Methoden in der sozialen Arbeit. Weinheim/München 1993, S. 129-153.

Bitzan, M. /Klöck, T.: Wer streitet denn mit Aschenputtel? Konfliktorientierung und Geschlechterdifferenz. München 1993.

Bolte, M./Hradil, S.: Soziale Ungleichheit in der BRD. Opladen 1988.

Chassé, K. A./Preußer, N./Wittich, W. (Hrsg.): Wohnhaft. Armut und Obdachlosigkeit. München 1988.

Chassé, K. A. u.a. (Hrsg.): Randgruppen 2000. Bielefeld 1992.

Cremer-Schäfer, H.: Biographie und Interaktion. Selbstdarstellungen von Straftätern und der gesellschaftliche Umgang mit ihnen. München 1985.

Iben, G.: Randgruppen der Gesellschaft. München 1971.

Iben, G.: Gemeinwesenarbeit in sozialen Brennpunkten. Aktivierung, Beratung und kooperatives Handeln. München ²1992.

Gerdes, K. /Wolffersdorf-Ehlert, C.: Suche nach Gegenwart. Teilnehmende Beobachtung in der Drogenszene Münsters. Stuttgart 1979.

Girtler, R.: Vagabunden in der Großstadt. Stuttgart 1980.

Girtler, R.: Polizei-Alltag: Ziele, Strategien und Strukturen polizeilichen Handelns. Opladen 1980.

Haferkamp, H.: Kriminelle Karrieren. Handlungstheorie, Teilnehmende Beobachtung und Soziologie krimineller Prozesse. Reinbek 1975.

Heitmeier, W.: Rechtsextremistische Orientierungen von Jugendliche. Empirische Ergebnisse und Erklärungsmuster. Weinheim 1992.

Heitmeyer, W.: Bielefelder Rechtsextremismus-Studie. Weinheim/München 1993.

Hess, H./Mechler, A.: Getto ohne Mauern. Frankfurt a.M. 1973.

Hurrelmann, K./Ulich, D. (Hrsg.): Neues Handbuch der Sozialisationsforschung. 4. neubearb. Aufl. 1991. Weinheim/Basel 1991.

Kersten, J./v. Wolffersdorff, C.: Jugendstrafe. Innenansichten aus dem Knast. Frankfurt a.M. 1980.

Keupp, H.: Verunsicherungen. Risiken und Chancen des Subjekts in der Postmoderne. In: Rauschenbach, T./Gängler, H. (Hrsg.): Soziale Arbeit in der Risikogesellschaft. Neuwied 1992, S. 165-183.

Koch, F.: Ursachen von Obdachlosigkeit. Dortmund 1986.

Maelicke, B.: Ambulante Alternativen zum Jugendarrest und Jugendstrafvollzug. Weinheim 1988.

Müller, S./Otto, H.U. (Hrsg.): Damit Erziehung nicht zur Strafe wird. Bielefeld 1988.

Oelschlägel, D.: Gemeinwesenarbeit im Armutsquartier. In: Tobias, G./Boettner, J. (Hrsg.): Von der Hand in den Mund. Armut und Armutsbewältigung in einer westdeutschen Großstadt. Essen 1992, S. 92-105.

Peukert, J. K.: Grenzen der Sozialdisziplinierung. Köln 1986.

Rauschenbach, T.: Soziale Arbeit und soziales Risiko. In: Rauschenbach, T./Gängler, H. (Hrsg.): Soziale Arbeit in der Risikogesellschaft. Neuwied 1992, S. 25-60.

Reichertz, J. (Hrsg.): Sozialwissenschaftliche Analysen jugendgerichtlicher Interaktion. Tübingen 1984.

Rohrmann, E.: Ohne Arbeit – ohne Wohnung. Wie Arme zu Nichtseßhaften werden. Heidelberg 1987.

Ruhstrat, E.-U. u.a.: Ohne Arbeit keine Wohnung, ohne Wohnung keine Arbeit. Bielefeld 1991.

Sack, F./König, R. (Hrsg.): Kriminalsoziologie. Frankfurt a.M. 1968.

Schäfers, B.: Gesellschaftlicher Wandel in Deutschland. Stuttgart 1990.

Schuler-Wallner, G./Wollkopf, U.: Wohnungsnot und Obdachlosigkeit in der BRD. Darmstadt 1991.

Specht, W.: Jugendkriminalität und mobile Jugendarbeit. Neuwied 1979.

Specht, T.: Die Situation der alleinstehenden Wohnungslosen in Hessen. Frankfurt a.M. 1985.

Wulf, P.: Strafprozessuale und kriminalpraktische Fragen der polizeilichen Beschuldigtenvernehmung auf der Grundlage empirischer Untersuchungen. Heidelberg 1984.

XIV. Interkulturelle Arbeit: Migranten, Einwanderungsgesellschaft, interkulturelle Pädagogik

Ursula Apitzsch

Inhalt

1. Zum Begriff der „interkulturellen Arbeit"
2. Zur Begriffsgeschichte des „Interkulturellen"
3. Theoretische Positionen
4. Institutionen und pädagogisches Feld interkultureller Arbeit
5. Bilanz und Perspektiven

Literatur

1. Zum Begriff der „interkulturellen Arbeit"

Im Begriff der *„interkulturellen Arbeit"* überlagern sich das Begriffsspektrum der „Ausländerarbeit" und das der „interkulturellen Pädagogik". Beide sollen daher zunächst kurz skizziert, sodann der Begriff der „interkulturellen Arbeit" näher spezifiziert werden.

„Ausländerarbeit" hat sich in der sozialwissenschaftlichen Diskussion in der Bundesrepublik als Kurzformel für den Begriff der „Ausländersozialarbeit" entwickelt. Er verfestigte sich u.a. durch die Zeitschrift „Informationsdienst zur Ausländerarbeit", welche vom „Institut für Sozialarbeit und Sozialpädagogik" in Frankfurt am Main herausgegeben wird. Ein 1984 herausgegebenes Lexikon trug den Titel „Handwörterbuch Ausländerarbeit" (vgl. Auernheimer 1984). Bezeichnend für die Verwendung des Begriffs ist die Tatsache, daß es sich nicht um einen Genitivus Subjectivus (Arbeit der Ausländer) handelt, sondern um einen Genitivus Objectivus (Arbeit für Ausländer). Der Begriff bezieht sich zunächst vor allem auf die freiwilligen (vgl. Funcke 1981, S. 34), später die zunehmend professionalisierten Praxisbereiche, in denen in einer Art „Notstandspraxis" (Hamburger 1994) der faktische Einwanderungsprozeß in die Bundesrepublik – die sich von ihrem Staatsbürgerschaftsrecht her nicht als Einwanderungsland versteht – seit Anfang der sechziger Jahre praktisch und theoretisch begleitet wird. Mit der Ausarbeitung von Praxis und Theorie ist von Anfang an eine ideologiekritische Problematisierung der Arbeit „für" AusländerInnen, d.h. die selbstkritische Reflexion möglicher „Pädagogisierung" und „Ethnisierung" von Migrationsbewegungen verbunden.

Dieser ideologiekritischen Reflexion ist auch die Ablösung des Begriffs der „Ausländerpädagogik" durch den der „interkulturellen Pädagogik" geschuldet. Dabei ist – wie Franz Hamburger feststellte – die Rede von *der* „Interkulturellen Pädagogik" eine unzulässige Generalisierung (vgl. Hamburger 1994, S. 33). Um die richtige Verwendung des Begriffs der „Interkulturellen Pädagogik" wird vielmehr in harten theoretischen Auseinandersetzungen gerungen. Umstritten ist bereits der Begriff des „Interkulturellen" selbst. Im allgemeinen setzt sich Hohmanns Vorschlag durch, die Faktizität der Migrationssituation mit dem Begriff des „Multikulturellen" zu bezeichnen, während darauf bezogene normative Handlungskonzepte als „interkulturelle" verstanden werden (vgl. Hohmann 1983, S. 5). Zutreffend ist hier wohl der Hinweis von Auernheimer, daß es sich dabei um eine der deutschen Diskussion eigentümliche Unterscheidung handelt, die in der internationalen Diskussion kaum eine Entsprechung findet. Vielmehr sei der Sprachgebrauch international dergestalt zu typisieren, daß in anglophonen Kulturen eher von einer „multicultural education" die Rede sei, während in der frankophonen Diskussion die „éducation interculturel" thematisiert werde (vgl. Auernheimer 1990, S. 3).

Aber nicht nur die Bedeutung des Begriffes „interkulturell", sondern auch die der „Interkulturellen Pädagogik" insgesamt bleibt außerordentlich umstritten. So wird gefragt, ob es einen aus der Allgemeinen Pädagogik auszugrenzenden Begriff der „Interkulturellen Pädagogik" legitimerweise geben könne und wer deren AdressatInnen seien. Während Bayer/Habel (1987, S. 92) „Interkulturelle

Pädagogik" als „Bildungsförderung von Kindern und Jugendlichen zwischen bzw. mit verschiedenen Ethnien" definieren, bestimmt Nieke umgekehrt die Aufgabe der „Interkulturellen Pädagogik" gerade als reflexive Wendung gegebener Fremdheitserfahrungen in der multikulturellen Gesellschaft für die Mitglieder der Mehrheitsgesellschaft (vgl. Nieke 1986). Dickopp (1984) und Borrelli (1986) verstehen schließlich die „Interkulturelle Pädagogik" als Orientierung der Erziehung an einer universalen Moralität und damit als Selbstreflexion der Disziplin überhaupt, so daß sich schließlich die Notwendigkeit einer „Interkulturellen Pädagogik" als eigenständiges Fach erübrigen würde.

Bukow und Llaryora (1988) kritisieren ebenfalls aus einer universalistischen Argumentation heraus, jedoch in einem unterschiedlichen Begründungszusammenhang, die „Interkulturelle Pädagogik". Sie kritisieren, daß durch Askription (Zuschreibung) in der „Interkulturellen Pädagogik" angebliche kulturelle Identitäten erst in einer Form von „Ethnogonie" geschaffen würden, die dann anschließend pädagogisch vermittelt werden sollten. Fremdheit werde so nicht abgebaut, sondern entstehe durch die Pädagogisierung ständig neu. Franz Hamburger folgt sowohl dieser Kritik ethnisierender Tendenzen der Pädagogik als auch der Anregung Niekes. Er plädiert von daher für eine Selbstreflexivität interkultureller Erziehung, die wesentlich als politische Bildung begriffen werden solle (vgl. Hamburger 1994, S. 46). Dies bedeutet für ihn jedoch nicht die Vernachlässigung der wissenschaftlichen Analyse des „*Interkulturellen Lernens*", welches jedoch weniger im „offiziellen Curriculum des organisierten Bildungssystems" als vielmehr im außerschulischen Leben stattfinde (vgl. Hamburger 1989, 1994, S. 447). Auernheimer hingegen kritisiert die Argumente von Bukow und Llaryora als Ausfluß „evolutionistischer Sichtweise", insofern hier mit Bezug auf Max Weber und seinen Begriff der Vergesellschaftung kulturelle Identität nur mehr „als historisches Relikt" begriffen werde (vgl. Auernheimer 1990, S. 30). An Hamburgers kritischer Stellungnahme zur „Interkulturellen Pädagogik" kritisiert er, daß damit „ihre Legitimation als eigenes Fachgebiet" weggefallen sei (vgl. Auernheimer 1990, S. 31). Auernheimer selbst versucht diese Legitimation durch eine tiefenhermeneutische Begründung der „Interkulturellen Pädagogik" zu liefern. Wie in der Ethnopsychoanalyse müsse bei der sozialwissenschaftlichen Analyse der Lage von Minderheiten auf die Problematik der Beziehung zwischen ForscherIn und Forschungsgegenstand in der Form der Analyse von Übertragung und Gegenübertragung Rechnung getragen werden (vgl. ebd. 1990, S. 34).

Der Begriff der „interkulturellen Arbeit" ersetzt den Begriff der „Ausländerarbeit" zunehmend im Verlauf der achtziger Jahre. Diese begriffliche Veränderung geht einher mit der allmählichen Erkenntnis, daß AusländerInnen nicht immer AusländerInnen bleiben, sondern trotz des zumeist fehlenden Rechtsstatus als deutsche Staatsbürger doch in der 2. und 3. Generation zumindest zu „BildungsinländerInnen" werden. Der Begriff der „interkulturellen Arbeit" bedeutet zugleich aber auch eine Begriffserweiterung über den Bereich der Sozialarbeit hinaus. Interkulturelle Arbeit begleitet praktisch und theoretisch den Prozeß der *Pluralisierung* der bundesrepublikanischen Gesellschaft, wobei das Phänomen der Pluralisierung durch Arbeitsmigration seinen zunächst sehr dominanten Charakter allmählich verliert. Pluralisierung ereignet sich z.B. auch durch Flucht,

Interkulturelles Lernen

Interkulturelle Arbeit

Asylanträge und Zuwanderung aus den ehemaligen deutschen Ostgebieten. Daß Pluralisierung sich nicht nur durch Migrationsbewegungen vollzieht, sondern auch durch interne kulturelle und soziale Entwicklungen innerhalb von Nationalstaaten, wird im Prozeß der deutschen Einigung drastisch erfahrbar. Zuwanderung von Spätaussiedlern sowie der notwendige Integrationsprozeß nach der deutschen Einheit machen deutlich, daß sich interkulturelle Arbeit keineswegs nur auf Integrations-, Assimilations-, oder Akkulturationsprozesse bei der Bewegung von Individuen zwischen verschiedenen Nationalstaaten beziehen muß. Schließlich wird retrospektiv zunehmend deutlich, daß auch die Bildung des Deutschen Reiches sowie die Bildung der Bundesrepublik Deutschland nach 1945, d.h. die *Nationalstaatsbildung* selbst, mit erheblichen Migrationsströmen verknüpft war (vgl. Bade 1992), so daß der heute empfundene Pluralisierungsprozeß keineswegs auf dem Hintergrund eines monokulturellen nationalen Erbes gedeutet werden kann.

Bei der Verwendung des Begriffs „Interkultureller Arbeit" wird versucht, an kritische Implemente des Begriffs der „Ausländerarbeit" einerseits, des „Interkulturellen Lernens" andererseits anzuknüpfen. Der Begriff der „Ausländerarbeit", der 1981 auch in einem offiziellen Schreiben der Staatsministerin Liselotte Funcke verwendet wird (vgl. Funcke 1981, S. 34), zentriert die Arbeit „für" AusländerInnen ausdrücklich auf freiwillige Arbeit von Initiativgruppen insbesondere im Bereich der Hausaufgabenhilfe für ausländische Kinder. Diese freiwillige Arbeit „für" AusländerInnen hat insofern eine kritische Funktion, als sie die Notstandssituation eingewanderter Familien in einem Land zum Ausdruck bringt, das sich selbst nicht als Einwanderungsland begreift. Die kritische Funktion des Begriffs des „Interkulturellen Lernens" bestand darin, daß auf faktisch sich vollziehende Lernprozesse in einer *Migrationsgesellschaft* abgestellt wurde, mochten diese Lernprozesse nun gesteuert oder ungesteuert sein. Der Begriff „interkulturelle Arbeit" enthält darüber hinaus aber noch eine neue Komponente. Er trägt nämlich der Tatsache Rechnung, daß trotz aller – zum Teil berechtigten – Kritik an der Einrichtung besonderer Bildungs- und Fürsorgemaßnahmen für ausländische Familien sich in den neunziger Jahren faktisch ein ausdifferenziertes Feld pädagogischer, berufsbildender und sozialarbeiterischer Professionalität entwickelt hat, das der Realität der Migrationssituation geschuldet ist.

2. Zur Begriffsgeschichte des „Interkulturellen"

In der Bundesrepublik sind – wie in anderen westeuropäischen Industrieländern – zumindest zwei Phasen der Auseinandersetzung mit der Migrationsproblematik erkennbar. Die erste Phase ist mit der Abwendung von der *Ausländerpädagogik* zu Beginn der achtziger Jahre abgeschlossen. Signifikant ist hierbei z.B. die Umbenennung der Fachzeitschrift „Ausländerkinder", die ab dem Jahrgang 1988 den Namen „Interkulturell" erhielt (vgl. Auernheimer 1990, S. 12). Während die Beschäftigung mit der Ausländerpädagogik insbesondere den Gedanken der Integration in den Vordergrund gestellt hatte, rückt jetzt die Kultur der Einwanderer in den Vordergrund. In einer dritten Phase ist schließlich in der Bundesrepublik – wie zuvor schon in den achtziger Jahren vor allem in Großbritannien und den USA (vgl. Steiner-Khamsi 1992) – eine Kritik des *multikulturellen Curriculums* erkennbar (vgl. Radtke 1988). Von Autoren wie Stuart Hall (1980) wird den kommunalen Schulbehörden in England, die einem multikulturellen „Racism Awareness Training (RAT)" verpflichtet sind, vorgeworfen, daß ethnische Konzepte und binäre Strukturen (Weiße/Schwarze) als real existent hingenommen und damit ethnische Strukturen überhaupt zum Teil erst hervorgebracht werden. Für die Bundesrepublik weisen KritikerInnen auf den Verwendungskontext interkultureller Programmatik hin (vgl. Czock 1993). Es wird darauf aufmerksam gemacht, welche Rolle die Institutionen und Richtlinien der Forschungsförderung für die Entwicklung des interkulturellen Paradigmas spielen (vgl. Radke 1987).

_{Multikulturelles Curriculum}

Zusammenfassend ist zu betonen, daß mit dem Begriff des „Interkulturellen" außerordentlich unterschiedliche, ja gegensätzliche Positionen bezeichnet werden. Auf der einen Seite wird in wissenschaftlichen Publikationen ebenso wie in Zeitgeist-Magazinen der Gedanke einer auf rechtlicher Gleichstellung basierenden Integrationspolitik von AusländerInnen überlagert von einer weitgehend pluralistisch orientierten kulturellen Definition und dazu notwendigen Segregation der AusländerInnen. Das sogenannte Minderheiten-Kollektiv wird auf diese Weise durch „Interkulturelle Pädagogik" überhaupt erst erzeugt, insofern die „Interkulturelle Pädagogik" von der *kulturellen* Selbstdefinition der AdressatInnen ausgeht (vgl. Hamburger 1994, S. 41).

In einem völlig anderen Verständnis des Interkulturellen wird dagegen die universalistische Ausrichtung dieses Ansatzes betont: „Das interkulturelle Element macht ernst mit der Erkenntnis, daß unser Planet nur unter universellem Anspruch weiterbestehen kann, daß die Völker nur noch miteinander lernen können, und daß Lernen keine Konkurrenz duldet. Damit ist aber auch eine Lektion bezeichnet, die ihresgleichen nicht hat, da die Tradition sie bisher ausschloß. Bildung gewinnt ihre aufsprengende, ihre subversive Kraft" (Gamm 1981, S. 209). Gamm sieht dieses Prinzip des Interkulturellen im Gegensatz zum „traditionell endemischen Charakter von Erziehung", der nicht nur an den Ursprüngen der europäischen Bildungssysteme erläutert werden könne, sondern auch in den gängigen Kosten/Nutzen-Erwägungen der Bildungsökonomen zum Tragen gekommen sei. Entsprechend dürfe das interkulturelle Paradigma nicht dahingehend verstanden werden „im Zirkel von Didaktik die bestehenden ... kulturellen Lücken zu schließen" (Gamm 1986, S. 106). Die Akzeptanz eines bloßen Nebeneinander und die Betonung der Verschiedenheit der Kulturen sind danach gerade nicht selbstverständlich identisch mit interkultureller Bildung. Die letztere ist relativistisch nicht zu definieren, sondern nur in bezug auf eine in der Tradition der Aufklärung entwickelte universalistische Moral.

Dieses Verständnis des Interkulturellen weist den Weg zum Verfassungspatriotismus in der Tradition der Französischen Revolution als moralischer Grundlage eines Konzepts des Multikulturellen, welches den interkulturellen Diskurs als Prozeß gegenseitiger *Anerkennung* ermöglicht (vgl. Habermas 1993, S. 147ff.). „In multikulturellen Gesellschaften bedeutet die gleichberechtigte Koexistenz der Lebensformen für jeden Bürger eine gesicherte Chance, ungekränkt in einer kulturellen Herkunftswelt aufzuwachsen und seine Kinder darin auf-

_{Anerkennung}

255

wachsen zu lassen, die Chance, sich mit dieser Kultur – wie mit jeder anderen – auseinanderzusetzen, sie konventionell fortzusetzen oder sie zu transformieren, auch die Chance, sich von ihren Imperativen gleichgültig abzuwenden oder selbstkritisch loszusagen" (ebd., S. 175). Diese Definition kennzeichnet die Vorstellung von einer Einwanderungsgesellschaft, in der die Angehörigen vieler Kulturen nicht jeweils ethnisch integriert sind, sondern als „Mitglieder" unter einem gemeinsamen Gesetz leben.

3. Theoretische Positionen

Damit ist ausdrücklich ein Verständnis von Kultur verlassen, welches die Kategorie der *„kulturellen Basispersönlichkeit"* in den Mittelpunkt einer Theorie interkultureller Sozialisation bzw. *„Enkulturation"* gestellt hatte. Der Begriff der „kulturellen Basispersönlichkeit" wurde dabei z.B. von Schrader u.a. (1979) im Sinne eines kulturellen Über-Ichs verstanden. Die zentrale Vorstellung dieser – in Anlehnung an den amerikanischen Kulturanthropologen Kardiner sowie den deutschen Kultursoziologen Claessens entwickelten – Theorie der Enkulturation besteht darin, daß Identität nicht ausgebildet werden könne ohne die Fixierung einer bestimmten kulturellen Rolle, die ein Gegengewicht darstelle gegen die „Instinktverunsicherung und Offenheit des Menschen" (Claessens 1972, S. 15), die somit die „Entlastung" des Menschen von prinzipieller Reizüberflutung übernehme (entsprechend der Vorstellung der philosophischen Anthropologie Gehlens und Plessners). Diese kulturelle Rolle wird als ethnisch determiniert und nach ihrer vollständigen Ausbildung (im Vorschulalter) nicht mehr veränderbar vorgestellt. Sie wird als das für den Menschen selbstverständlich Gegebene, das „Natürliche" aufgefaßt, das nicht hinterfragt werden kann (vgl. Schrader u.a. 1979, S. 58). Dieser Ansatz vertritt die Vorstellung, daß universale Werte nur eingeschlossen in eine bestimmte kulturelle Rolle Gültigkeit haben. Kulturell „diffuse" Kinder werden daher als „Anpassungskünstler" beschrieben, die keine stabile Identität ausbilden können (ebd., S. 71). Kultur funktioniert hier wie eine Art zweiter Natur, die den Menschen wie ein ehernes Gehäuse umschließt und ihn nur um den Preis des Zerbrechens seiner Identität daraus entläßt.

Auf der Grundlage einer Theorie der „kulturellen Basispersönlichkeit" war es relativ leicht gewesen, *pädagogischen Handlungsbedarf* zu begründen. Herstellung von Handlungsfähigkeit zwischen den Kulturen ist das Ziel (kritisch dazu Hamburger 1994, S. 38). „Kulturen werden hier wie feststehende Einheiten betrachtet, ihre zunächst nur begriffliche Unterscheidung wird erweitert um die Annahme, daß diese Kulturen wesentlich gegensätzlich und tatsächlich segmentiert existieren. Eine durchaus mögliche Gegenhypothese wäre, daß die gemeinten Kulturen in zentralen Elementen übereinstimmen und sich überschneiden und daß sie sich insbesondere in der konkret realisierten Kultur von Migranten ohne Kontradiktionen verknüpfen" (ebd.).

Lehnt man nun eine solche Begründung sozialen und pädagogischen Handelns ab, welche im wesentlichen aus der Vermittlerfunktion zwischen Kulturen abgeleitet wird, so stellt sich die Frage eines professionellen Handlungsbedarfs

Kulturelle Basispersönlichkeit

Pädagogischer Handlungsbedarf

und professioneller Handlungsmuster auf dem Hintergrund einer zivilgesellschaftlich begründeten Anerkennung von Subjekten, in welcher Kultur und Gesellschaft nicht in eins gesetzt werden und die Aneignung von Kultur gerade im kritischen Hinausgehen über sie gesehen wird (vgl. Habermas 1993).

4. Institutionen und pädagogisches Feld interkultureller Arbeit

Ausländische Arbeiter und ihre Familien sind in der Bundesrepublik seit der Mitte der siebziger Jahre zu einem beliebten soziologischen und pädagogischen Forschungsgegenstand geworden. Für die Erziehungswissenschaften bot die Ausländerpädagogik neben der Entdeckung einer *neuen „Zielgruppe"* auch die Möglichkeit eines neuen Professionalisierungsstranges und neuer Studiengänge. Auf die damit einhergehende Gefahr, möglicherweise einer falschen Expertisierung Vorschub zu leisten, insofern die gesellschaftliche und politische Stigmatisierung des Problemfeldes auf die Zielgruppe übertragen werde (vgl. Krüger-Potratz 1973, S. 175), wurde insbesondere in der sozialpädagogischen Diskussion mit Vehemenz aufmerksam gemacht (vgl. dazu auch Sonderheft 7/1983 der Zeitschrift „Neue Praxis"). Eine Reihe von Autoren (besonders pointiert Hamburger) haben aus der Kritik an der Ausländerpädagogik die Konsequenz gezogen, Professionalisierungsforderungen, die auf diese spezifische Gruppe gerichtet sind, zugunsten eines Diskurses über die rechtliche Anerkennung eines echten Einwanderungsstatus von Arbeitsmigranten zunächst zurückzunehmen. Dem wurde von VertreterInnen ausländerpädagogischer Studiengänge (vgl. Boos-Nünning u.a. 1984) entgegengehalten, daß – wie die Beispiele Großbritanniens und Schwedens zeigten – der gesicherte rechtliche Status der Einwanderer keine grundsätzlich andere pädagogische Situation geschaffen habe als in anderen Aufnahmeländern und daß das Warten auf politische Vorgaben pädagogische Untätigkeit nicht legitimieren könne.

Festzuhalten ist jedenfalls, daß das Arbeitsfeld der sog. „Ausländerarbeit" und der „Ausländerpädagogik" bis heute kein in sich einheitliches und geschlossenes *Tätigkeitsfeld* ist. „Seit Anfang der achtziger Jahre gibt es in der Bundesrepublik eine Vielzahl von Projekten, Initiativen, nationalen und internationalen Vereinen, die sich mit Ausländerfragen und Ausländerproblemen beschäftigen", darüber hinaus ist jede soziale Institution, jede Schule, jedes Jugend- oder Sozialamt, „jeder freie Träger der Sozialarbeit und jede pädagogische Einrichtung von der Kleinstkindbetreuung bis zur Erwachsenenbildung oder Familienberatung prinzipiell ein Arbeitsfeld der Ausländerarbeit, wenn Migranten in ihrem Zuständigkeitsbereich leben und die Dienste und Angebote der Institutionen in Anspruch nehmen" (Karsten 1984, S. 7).

Trotz der Diffusität lassen sich einige Schritte hin zu einer Professionalisierung interkultureller Arbeit unterscheiden: (1) Parallel zur Anwerbephase von Arbeitsmigranten in den sog. „Anwerbeländern" Südeuropas bis zum Anwerbestop von 1974 findet bei den Wohlfahrtsverbänden eine Einrichtung von Sozialberatungsstellen statt, wobei die großen Einwanderungsgruppen nach ihren Nationalitäten den einzelnen Trägern zugeordnet werden. (2) Nach dem Anwerbestop Mitte der siebziger Jahre werden im Zusammenhang der Familienzusammenführung der Migrantenfamilien vermehrt professionelle Hilfen in Schulen und Kindergärten erforderlich. (3) Mit dem Heranwachsen der z.T. bereits in Deutschland geborenen, jedenfalls hier sozialisierten zweiten Generation entsteht die Notwendigkeit eines Krisenmanagements im Bereich der beruflichen und außerschulischen Bildungsarbeit, um die extremsten Benachteiligungen ausländischer Jugendlicher aufzufangen und sozialen Konflikten präventiv vorzugreifen. Wichtige Entscheidungen zur Institutionalisierung dieser interkulturellen Arbeit werden durch das sog. „Kühn-Memorandum" aus dem Jahre 1979 angeregt. Insgesamt gesehen bleibt das Berufsfeld der *SozialberaterIn* jedoch diffus (vgl. Thränhardt 1983), auch wenn es nicht an theoretischen Versuchen mangelt, der Praxis sozialer Dienste für AusländerInnen einen konzeptionellen Stellenwert einzuräumen (vgl. z.B. Tiedt 1985).

Im Mittelpunkt sozialwissenschaftlicher Forschungen der siebziger Jahre zum Bereich der Migrationsproblematik steht jedoch eindeutig das Interaktionsfeld *Schule*. Der Rat der Europäischen Gemeinschaft hatte am 25.7.1977 „Richtlinien über die schulische Betreuung der Kinder von Wanderarbeitern" erlassen (vgl. Jakobs 1982). Diese sollten den evidenten Ausschluß von Migrantenkindern aus dem höheren Schulsystem der Bundesrepublik zu beseitigen helfen. In den Empfehlungen der deutschen Kultusministerkonferenz stand jedoch 1971 und verstärkt noch nach dem Anwerbestop nach 1973 in neuen Leitsätzen (Empfehlungen von 1976) nicht nur die Integration ausländischer Kindern in das deutsche Schulsystem, sondern auch der Erhalt der Rückkehrfähigkeit in die Schulen der Auswanderungsländer zur Debatte. Entsprechend ambivalent waren die praktischen Konsequenzen der Kultusminister-Empfehlungen, die zudem noch durch das kulturföderalistische System der Bundesrepublik gebrochen wurden. Neben der Sonderform von nationalen Klassen im bayerischen Schulsystem gab es eine Vielzahl unterschiedlicher Beschulungsmodelle mit multinationalen Vorbereitungsklassen, nationalen Vorbereitungsklassen, zweisprachigen Klassen sowie besonderen Ausländerklassen für Ballungsgebiete (vgl. Röhr-Sendelmeier 1986). Der Anteil ausländischer SchülerInnen in deutschen Regelklassen sollte 20% nicht übersteigen. Alle diese Maßnahmen waren jedoch nicht geeignet, eine wirkliche Integration ausländischer SchülerInnen zu erreichen. Alle Statistiken zeigten, daß im Prinzip 60% aller Migrantenkinder noch Anfang der achtziger Jahre ohne Hauptschulabschluß die Schule verließen (vgl. Czock 1993, S. 71).

Die wissenschaftliche Forschung im Umkreis des Beschulungsproblems der Kinder ausländischer Arbeiter stand primär das Problem von „Sprachschwierigkeiten" insbesondere beim *Zweitspracherwerb* (der deutschen Sprache). Bis heute besteht ein signifikanter Zusammenhang zwischen der Sprachkompetenz und dem sozialen Status junger MigrantInnen. Die jungen AusländerInnen mit den geringsten Sprachkompetenzen „sind entweder in Berufsvorbereitungskursen, arbeitslos oder aber nicht berufstätig" (vgl. Beer-Kern 1994, S. 81).

Dabei wurde zunächst im Anschluß an die dominante Konzeption der „kulturellen Basispersönlichkeit" (Schrader u.a. 1979) im Anschluß an das Forschungsprojekt „Ausländische Kinder in deutschen Schulen" (gefördert durch das Land NRW 1972 - 1974) die Benachteiligung ausländischer Kinder im Rahmen der

Theorie des restringierten Sprachcodes (vgl. Bernstein 1970) sowie im Rahmen einer Typologie des Einreisealters konzeptualisiert (vgl. Schrader u.a. 1975, S. 73). Während zuvor Hermann Müller in seiner grundlegenden Übersicht über „Ausländerkinder in deutschen Schulen" (1974) die soziale Situation ausländischer Kinder als ein komplexes soziales Syndrom zu kennzeichnen versucht hatte, in dem Strukturen des Abgabe- und Aufnahmelandes ebenso wie der Migrationsfamilie, der individuellen Orientierungen und der Sprachproblematik eine Rolle spielten, wurde die Integrationsmöglichkeit ausländischer Kinder nun weitestgehend als durch das Einreisealter determiniert angesehen.

Da den als Kleinstkind eingereisten oder im Migrationsland geborenen Kindern ausländischer Arbeiter eine besondere Chance der Identität als „Neu-Deutsche" eingeräumt wird, bei denen der Prozeß der Akulturation entfällt, verlagert sich in den kommenden Jahren das wissenschaftliche Interesse auch auf die interkulturelle Arbeit im *Vorschulalter*. Die Diskussion um die wichtige Vorschulerziehung von Migrantenkindern verläuft allerdings auch in den achtziger Jahren in polaren Argumentationen. Während auf der einen Seite die muttersprachliche Betreuung der Kleinkinder durch die Anstellung ausländischer ErzieherInnen in multinationalen Kindergärten gefordert wird (vgl. Pfriem/Vink 1980), wird andererseits an den Besuch des Kindergartens die Hoffnung geknüpft, daß ausländische Kinder frühzeitig „mit Regeln und Wertvorstellungen der deutschen Gesellschaft bekannt" werden (Zehnbauer 1984, S. 342). Mit der Einreise neuer Migrantengruppen im Verlauf der achtziger Jahre (wobei die Probleme der Migrantenkinder aus den Anwerbeländern allmählich gegenüber den Problemen von Asylbewerbern und ihren Familien in den Hintergrund treten) wird die Wichtigkeit eines frühen Einreisealters zunehmend betont, um Schulkarrieren als „kulturfreie" Folgen der Migration konzipieren zu können (vgl. Esser 1989, S. 335). Ob diese Hypothese sich gerade gegenüber der Problematik von Flüchtlingskindern tatsächlich als haltbar erweist, ist bislang noch unzureichend erforscht (vgl. G. Apitzsch 1995).

Vorschulerziehung

Sowohl über den Schulerfolg als auch über das *Freizeitverhalten* ausländischer Jugendlicher läßt sich letztlich keine sinnvolle Aussage machen ohne Rücksicht auf die *Gender-Problematik*. Während lange Zeit ausländische Mädchen als sozial besonders benachteiligt angesehen wurden (vgl. Rosen/Stüwe 1985), hat sich heute eindeutig herausgestellt, daß ausländische Mädchen gerade aufgrund ihrer verstärkten Familienbindung und geringeren Peer-group-Orientierung und einer damit verbundenen strikteren Evaluation tatsächlicher Chancen in der Einwanderungsgesellschaft deren Bildungsagenturen effizienter wahrnehmen als männliche Kinder und Jugendliche. Ausländische Mädchen, die sich mit dem „Projekt Familienemigration" frühzeitig identifizieren, in den meisten Fällen aber wegen fehlgeschlagener Rückkehrprojekte der Eltern einen negativen Verlauf der Immigration für die ersten Generation bilanziert haben, beginnen in einer Art „*Dialektik der Familienorientierung*" eine bewußte Zukunft in der Aufnahmegesellschaft zu planen. Männliche Jugendliche hingegen, die gerade in Migrantenfamilien südeuropäischer Herkunft traditionellerweise von Pflichten und Verantwortung für die Familie häufig freigesetzt sind, können diesen Freiraum unter den Bedingungen der Immigration lediglich in der Weise nutzen, daß sie sich in der Freizeit als Außenseiter profilieren. Gerade innerhalb

Freizeitverhalten

Genderproblematik

ihrer *Peer-group* können sie in tendenziell deviante Karrieren hineingelangen (vgl. Apitzsch 1989). Der besonderen Situation gerade männlicher Jugendlicher der zweiten Migrantengeneration zwischen individuellem Bruch mit der Familie und kollektiver Konstruktion der Zugehörigkeit zu einer (manchmal imaginierten) Mitgliedschaft zu einer Immigrantenkolonie versuchen solche Konzepte der *internationalen Jugendarbeit* Rechnung zu tragen, die den Migrantenjugendlichen eigene Räume für die Gestaltung ihrer Freizeit zur Verfügung stellen (vgl. Albrecht 1983; Müller 1985).

Internationale Jugendarbeit [margin]

Eine Professionalisierung interkultureller Pädagogik im Vorschul- und Schulbereich erfolgt trotz der Etablierung gleichnamiger Studiengänge in pädagogischen Regelmaßnahmen nicht, sondern bleibt auf das weite und unübersichtliche Feld von Modellversuchen verschiedenster staatlicher und privater Träger verwiesen (vgl. Schmidt 1983).

Die seit den achtziger Jahren entwickelten „Praxishilfen Berufliche Weiterbildung" der Pädagogischen Arbeitsstelle des Deutschen Volksschulverbandes (seit 1994 Deutsches Institut für Erwachsenenbildung: DIE) begleiteten das BMBW-Projekt „Entwicklung und Erprobung eines Konzepts zur beruflichen Qualifizierung von ausländischen ArbeitnehmerInnen". Dieses verfolgte die zentralen Professionalisierungsstränge a) der überregionalen Koordination und wissenschaftlichen Begleitung von Qualifizierungsmaßnahmen, b) der Entwicklung und Erprobung von Fortbildungskonzeptionen für Ausbilder-/MitarbeiterInnen, c) der Entwicklung und Erprobung von Handreichungen und Praxishilfen für die berufliche Weiterbildung (vgl. Bender/Szablewski-Cavus 1995).

Berufliche Weiterbildung [margin]

Die Arbeiten von Boos-Nünning/Hohmann/Reich zu den verschiedenen Aspekten der Bildungsplanung und des Unterrichts mit ausländischen Kindern sowie der von ihnen mitbegründeten Forschungsgruppe ALFA beeinflußten wesentlich die Einrichtung erster „Maßnahmen zur Fort- und Weiterbildung von deutschen Lehrern für Kinder ausländischer Arbeitnehmer" (vgl. Boos-Nünning 1976). Das Deutsche Jugendinstitut München hat sich seit 1975 im Rahmen seiner familien- und jugendpolitischen Forschungsarbeiten mit den Problemen ausländischer Arbeiterfamilien, Kinder und Jugendlichen befaßt (vgl. Weidacher 1982, S. 8). Es schloß 1986 mit einer Tagung zum Thema „Integrationsforschung und Ausländerarbeit – Bilanz und Perspektiven" den entsprechenden eigenen Forschungsschwerpunkt. Die Entwicklung teilweiser professionalisierter Felder in den Bereichen interkultureller Arbeit folgte diesen Vorgaben öffentlicher und privater Forschungspolitik.

Die Nachrangigkeit der Bildungsprogrammatik gegenüber politischen Zielvorgaben wird auch in der *Erwachsenenbildung* heftig kritisiert. Der UNESCO-Forscher Gelpi vermutete bereits 1975 in einer grundsätzlichen Mißtrauenserklärung gegenüber spezifischen *Weiterbildungs*angeboten für AusländerInnen, daß es sich hier möglicherweise nur darum handele, die Bewegungen ausländischer Arbeitskräfte und ihrer Familien den jeweiligen staatlichen Zielen der Aufnahmeländer anzupassen. In den Volkshochschulen hatte sich zwar die zunehmende ausländische Klientel als eine neue Zielgruppe neben anderen sogenannten „bildungsfernen" oder „lernungewohnten" Gruppen etabliert, aber die Bildungsmaßnahmen beschränken sich im wesentlichen auf den Bereich „Deutsch als Fremdsprache" sowie auf die berufliche Integration der zweiten Generation in

Erwachsenenbildung [margin]

verschiedenen staatlich unterstützten Berufsbildungsprogrammen (vgl. Apitzsch 1989). Nach dem Berufsbildungsbericht des Bundesministeriums für Bildung und Wissenschaft vom Jahre 1982 verließ die Hälfte ausländischer Kinder die Schule ohne Hauptschulabschluß. Aus diesen Gründen wurden an Volkshochschulen verstärkt Lehrgänge zum nachträglichen Erwerb des Hauptschulabschlusses durchgeführt. Ziel der Lehrgänge war jedoch nicht nur die Erlangung des Zertifikates, sondern neben Integrationshilfen für die Arbeits- und Berufswelt auch die Förderung der allgemeinen Bildung. Als zentrale didaktische Prinzipien galten dabei (1) das fächerübergreifende Prinzip, (2) die Lebens- und Arbeitsweltorientierung sowie (3) die Hilfe zur Selbsthilfe (vgl. Meisel 1982).

In den frühen achtziger Jahren wurden eine Reihe von segregierten Sondermaßnahmen zur Integration ausländischer Jugendlicher in die Berufswelt durchgeführt. Am stärksten waren ausländische Jugendliche ab 1981 in den sogenannten „Maßnahmen zur Berufsvorbereitung und Sozialen Eingliederung" (MBSE) vertreten. Diese Maßnahmen sollten die Aufnahme eines Ausbildungsverhältnisses ermöglichen, wurden von ausländischen Jugendlichen aber vor allem deshalb frequentiert, weil sie zur Verkürzung der sog. „Wartezeit" bei der Familienintegration nachreisender Migrantenkinder führten. Sie vermittelten jedoch selbst keine Berufsausbildung und boten daher keine berufliche Perspektive. Gezielte Maßnahmen zur Förderung ausländischer Jugendlicher in der betrieblichen Ausbildung wurden im Rahmen mehrerer Modellprogramme zur Förderung der Ausbildung ausländischer Jugendlicher in anerkannten Ausbildungsberufen, dem sog. „*Benachteiligtenprogramm*" und den sog. „ausbildungsbegleitenden Hilfen" angeboten (vgl. Vink 1982). Seit Ende der achtziger Jahre konzentrierten sich staatliche Sonderprogramme auf die berufliche Bildung erwerbsloser jugendlicher und erwachsener Ausländer (vgl. Djafari/Bruning 1994; Bender/Szablewski-Cavus 1994; Bender/Nispel u.a. 1994).

Benachteiligtenprogramm

Trotz der sich verfestigenden Schlechterstellung ausländischer Personen im Beschäftigungssystem auch durch Prozesse technologischen Wandels und im Rahmen einer unternehmerischen Qualifizierungsoffensive im Verlauf der achtziger Jahre hatten AusländerInnen einen verschwindend geringen Anteil an *innerbetrieblicher und gewerkschaftlicher Weiterbildung*. Dies zeigt auch die Dokumentation des einzigen bislang unternommenen Modellvorhabens zur „Entwicklung, Erprobung und Auswertung von gemeinsamen Seminaren ausländischer und deutscher Arbeitnehmer mit betrieblicher Multiplikatorfunktion (BALD)". Der Projektbericht trat dem vielfach kolportierten Cliché entgegen, in den betrieblichen und gewerkschaftlichen Arbeitnehmervertretungen gebe es keine Probleme zwischen AusländerInnen und Deutschen (vgl. Kühne u.a. 1989, S. 69).

Innerbetriebliche und gewerkschaftliche Weiterbildung

Mit der *Familienzusammenführung* und „Feminisierung" der Migration ab Mitte der achtziger Jahre (vgl. Apitzsch 1994) traten betriebliche Probleme in der Öffentlichkeit zurück zugunsten der Aufmerksamkeit für die Situation ausländischer Familien. Mit der internationalen ökonomischen Krise von 1973 waren Versuche einhergegangen, Migrationsströme aus den Peripherieländern Europas in die Metropolen zu stoppen, die zuvor durch regierungsamtliche Anwerbekommissionen gefördert worden waren. Diese Bestrebungen hatten einen paradoxen sozialen Effekt. Pendel- und Rotationsmigrationen gerieten zur endgül-

Migrationsfamilien

tigen Auswanderung, da die problemlose Rückkehr aus den Herkunfts- in die Einwanderungsregionen nicht mehr gesichert war. Die Familienangehörigen – insbesondere die weiblichen – wurden nachgeholt, die Jugendlichen der zweiten und dritten Generation frequentierten die Schulen des Aufnahmelandes. Die Frauen der *Migrationsfamilien* traten damit in bezug auf ihre Reproduktionsleistungen, aber auch als neue Arbeitskräfte in Erscheinung. Die Bedeutung der familiären Integration für die strukturelle und soziale Assimilation der Folgegeneration und die Statusveränderung durch die Migrantenfamilie rückte in den Mittelpunkt des wissenschaftlichen Interesses an interkultureller Arbeit. In Analysen von Nauck (1985, 1988) wurde auf die Bedeutung der Migrantenfamilie in handlungstheoretischen Interpretationen der Migrationszyklen hingewiesen. Mit der veränderten *Rolle der Frau* innerhalb der Migrationsfamilie schließt Nauck an Erkenntnisse an, die seit Beginn der siebziger Jahre vornehmlich in frauenspezifischen Studien über Herkunftsregionen der Migration erstellt worden waren (z.B. Ley 1979; Wilpert/Morokvasic 1983; Morokvasic 1987). Wilpert folgerte aus den neuen Verantwortlichkeiten von Frauen als Mütter und Berufstätige neue Definitionen der Autoritätsbeziehungen in der Migrantenfamilie. Sie knüpfte wie Nauck an Leys Schweizer Untersuchung aus dem Jahre 1979 an, in der die Frauenarbeit als dominanter Faktor des Veränderungsprozesses der Migrantenfamilie aufgezeigt worden war. Ley hatte nach den Konsequenzen der veränderten Rolle der Frau für ihre gesellschaftlichen Handlungsmöglichkeiten gefragt.

Die Rolle der Frau

Aus ihrer Untersuchung ergaben sich drei für die weitere Forschung wichtige Hypothesen: (1) Es war zu erwarten, daß im Migrationsprozeß die Stellung der Frau nicht geschwächt, sondern gestärkt wurde, da die Frau sich neben dem Bereich des Hauses den Bereich des Berufes erschloß und daher einen erheblichen Autonomiegewinn erfahren konnte. (2) Es war aber zugleich zu erwarten, daß aufgrund der „Double-bind"-Situation der Frau zwischen Beruf und Familie zunehmende gesellschaftliche und soziale Konfliktkonstellationen gerade aus dem Emanzipationsprozeß selbst heraus entstehen würden. (3) Beide Hypothesen galten in verstärktem Maße für die zweite Generation von Migrantinnen. Während für die erste Generation die Eroberung der Berufswelt und der damit verbundene Eintritt in die bürgerliche Öffentlichkeit noch etwas Provisorisches darstellte, das irgendwann durch die Rückkehr in die traditionelle Dorfgemeinschaft wieder abgelöst werden sollte, erwies sich mit zunehmender Verweildauer im Einwanderungsland die Bestimmung der sozialen Identität durch den Beruf und eine damit verbundene Individualisierung als irreversibel.

Im Zusammenhang der Feminisierung der Migration entstand das neue, mehr oder wenige professionalisierte Segment „interkultureller Frauenarbeit". Aus dem Hessischen Aktionsprogramm für Frauen wurden z.B. ab 1984 Mutter-Kind-Beratungszentren und interkulturelle Treffpunkte für Mädchen und Frauen gefördert (vgl. Gülteken 1989, S. 76). Es entstanden Bildungsangebote wie Sprachkurse, Gesundheitskurse, schulische und berufliche Beratung für Mädchen, Handarbeits- und Nähkurse. Eine Reihe von EG-Modellversuchen für Frauen im Bereich beruflicher Weiterbildung sowie der Ausbildung zur selbständigen Unternehmerin werden im Rahmen der EG aufgelegt (z.B. das Programm „New Opportunity for Women" (NOW)). Das BMBW förderte 1990-1994 die „Entwicklung

Interkulturelle Frauenarbeit

und Erprobung eines Konzepts zur beruflichen Qualifizierung von ausländischen ArbeitnehmerInnen" (Nispel/Szablewski-Cavus 1995).

Trotz all dieser Fortschritte in der interkulturellen Frauenarbeit verringerte sich seit 1974 der Anteil der sozialversicherungspflichtig beschäftigen ausländischen Frauen bei gleichzeitiger Erhöhung des Anteils der Migrantinnen an der ausländischen Wohnbevölkerung. Daraus kann jedoch nicht geschlossen werden, daß weniger ausländische Frauen berufstätig waren. Vielmehr ist (vergleichbar der Entwicklung in anderen Staaten Westeuropas und der USA) davon auszugehen, daß sich ausländische Frauen zunehmend in ungesicherten Arbeitsverhältnissen befinden, die statistisch nicht erfaßt werden. Trotz formal immer besserer Bildungsabschlüsse werden ausländische Frauen und Mädchen zunehmend in ungeschützte Arbeitsverhältnisse abgedrängt (vgl. Karsten 1987), aber die rechtlichen und sozialen Voraussetzungen dieser Entwicklung in ihrer Verschränkung mit biographischen Verläufen (vgl. Apitzsch 1990, 1991) sind noch wenig analysiert. Für den Bereich der beruflichen Bildung ausländischer Frauen insbesondere in den genannten Modellversuchsprogrammen ist zu problematisieren, daß weiterhin Frauen insbesondere für personenbezogene Dienstleistungen beruflich sozialisiert werden (vgl. Karsten 1992).

5. Bilanz und Perspektiven

Interkulturelle Arbeit antwortete auf die vielfältigen Probleme von Migration und Einwanderungsgesellschaft in der Regel nicht in der Weise, daß sie die konkreten Migrationsgeschichte zur Interpretationsfolie wählte, sondern indem sie die Tatsache des Verlaufs der Sozialisation zwischen verschiedenen Kulturen in den Mittelpunkt stellte. Sie verlangte zunächst vor allem handlungstheoretisch begründete Assimilation, Unterwerfung unter die Normen und Ziele des Aufnahmelandes, später im Zuge der verbreiteten Programmatik einer multikulturellen Gesellschaft die Forderung nach gleichberechtigter Anerkennung aller Kulturen. Damit aber wurden Migranten, Flüchtlinge, Asylbewerber mit einem merkwürdigen interpretatorischen double-bind konfrontiert. Einerseits nämlich wurde die Gleichberechtigung aller Kulturen unterstellt, andererseits jedoch sollten alle Schwierigkeiten der Situation der Kinder von Einwanderern aus der interkulturellen Situation herausgedeutet werden, die somit weiterhin als Defizit interpretiert werden mußte. Zweifellos waren dies in der Regel nichtintendierte Folgen einer wohlmeinenden ausländerfreundlichen Grundstimmung in der Pädagogik. Dahinter verbarg sich die eigentümlich defiziente Rezeption der Migrationsdiskussion der klassischen Einwanderungsländer. Die Tatsache, daß die Bundesrepublik sich bis heute nicht dazu verstehen konnte, sich offen als Einwanderungsgesellschaft zu definieren, die ihre eigenen Regeln zu diskutieren und zu respektieren hat, hatte zur Konsequenz, daß insbesondere die Potentiale der nordamerikanischen Anerkennungs- und Nichtdiskriminierungsdiskussion ebenso wie deren Dilemmata weitgehend ignoriert wurden.

Erst in neuerer Zeit interessiert sich interkulturelle Forschung – insbesondere innerhalb der Rezeption der Theorietradition der Chicago School und des symbolischen Interaktionismus – für Bildungsgänge, die üblicherweise nach dem Defizit-Schema interpretiert wurden, tatsächlich aber erhebliche kreative Potentiale beinhalten. In dieser Tradition scheint die Aufgabe der interkulturellen Arbeit darin zu bestehen, einerseits biographisches Wissen zu respektieren und subjektive Leistungen zu unterstützen, um Verlaufskurven (d.h. Phasen scheinbarer konditioneller Gesteuertheit und die mit ihnen verbundenen Leiden für die Subjekte) abzuwehren, andererseits Möglichkeiten zu erforschen, mit theoretischen Methoden und praktischen Ansätzen Projektstrukturen und Vernetzungen in die Bildungslandschaft einzuziehen, die quer zu den auf Normalbiographien aufsitzenden Laufbahnstrukturen liegen (vgl. Apitzsch 1994b).

Voraussetzung dazu wäre allerdings, daß zumindest für Angehörige der zweiten Migrantengeneration der Einwandererstatus akzeptiert und rechtlich geregelt wird, so daß die Erfahrungen klassischer Einwanderungsländer auf einer gesicherten rechtlichen Basis transformierbar gemacht werden können.

Literatur

Albrecht, U.: Internationale Jugendarbeit im Stadtteil. München 1983.
Apitzsch, G.: Flüchtlingskinder haben keine Lobby. In: GEW-Info. Dezember 1992, S. 7-9.
Apitzsch, U.: Italiener in der Bundesrepublik. In: Auernheimer, G. (Hrsg.): Handwörterbuch Ausländerarbeit. Weinheim/Basel 1984, S. 187-190.
Apitzsch, U.: Lernen in der Kolonie oder Kolonialisierung von Lebenswelten? Überlegungen zur interkulturellen Bildungsarbeit. In: Siebert, H./Weinberg, J. (Hrsg.): Literatur- und Forschungsreport Nr. 15/1985, S. 55-73.
Apitzsch, U.: Interkulturelle Bildung. In: Nuissl, E. (Hrsg.): Report Nr. 23/1989, S. 71-81.
Apitzsch, U.: Besser integriert und doch nicht gleich. Bildungsbiographien jugendlicher Migrantinnen als Dokument widersprüchlicher Modernisierungsprozesse. In: Rabe-Kleberg, U. (Hrsg.): Besser gebildet und doch nicht gleich! Frauen und Bildung in der Arbeitsgesellschaft. Bielefeld 1990, S. 197-219.
Apitzsch, U.: Migrationsforschung und Frauenforschung. In: Deutsche Forschungsgemeinschaft/Senatskommission für Frauenforschung (Hrsg.): Sozialwissenschaftliche Frauenforschung in der Bundesrepublik Deutschland. Berlin 1994, S. 240-254.
Apitzsch, U.: Migration und Erwachsenenbildung. In: Lenz, W. (Hrsg.): Modernisierung der Erwachsenenbildung. Wien/Köln/Weimar 1994, S. 57-73.
Apitzsch, U.: Migration und Biographie. Zur Konstitution des Interkulturellen in den Bildungsgängen junger Erwachsener der 2. Migrantengeneration. Opladen 1995 (im Erscheinen).
Auernheimer, G. (Hrsg.): Handwörterbuch Ausländerarbeit. Weinheim/Basel 1984.
Auernheimer, G.: Interkulturelle Erziehung. Darmstadt 1990.
Bade, K.J. (Hrsg.): Deutsche im Ausland – Fremde in Deutschland. Migration in Geschichte und Gegenwart. München 1992.
Bayer, M./Habel, W.: Interkulturelle Erziehung als Herausforderung für allgemeine Bildung. In: Heid, H./Herrlitz, H.-G. (Hrsg.): 21. Beiheft der Zeitschrift für Pädagogik, Allgemeinbildung. Beiträge zum 10. Kongreß der Deutschen Gesellschaft für Erziehungswissenschaft. Weinheim/Basel 1987, S. 191-210.
Beer-Kern, D: Schulbildung junger Migranten. Berlin/Bonn (BIBB) 1994.
Bender, W./Nispel, A. u.a. (Hrsg.): Ausländische Erwachsene qualifizieren. Kommentierte Auswahlbiographien. Frankfurt a.M. 1994.
Bender, W./Szablewski-Cavus, P. (Hrsg.): Ausländische Erwachsene qualifizieren. Rahmenbedingungen und konzeptionelle Ansätze. Frankfurt a.M. 1994.
Bender, W./Szablewski-Cavus, P. (Hrsg.): Gemeinsam lernen und arbeiten. Interkulturelles Lernen in der beruflichen Weiterbildung. Frankfurt a.M. 1995.

Bernstein, B.: Soziale Struktur, Sozialisation und Sprachverhalten. Aufsätze 1958-1970. Amsterdam 1970.
Boos-Nünning, U./Hohmann, M./Reich, H.H.: Integration ausländischer Arbeitnehmer. Schulbildung ausländischer Kinder. Bonn 1976.
Boos-Nünning, U. u.a.: Krise oder Krisengerede? Von den Pflichten einer illegitimen Wissenschaft. In: Reich, H.H./Wittek, F. (Hrsg.): Migration – Bildungspolitik – Pädagogik. Essen/Landau 1984, S. 7-33.
Borrelli, M. (Hrsg.): Interkulturelle Pädagogik. Baltmannsweiler 1986.
Bukow, W.-D./Llaryora, R.: Mitbürger aus der Fremde. Soziogenese ethnischer Minoritäten. Opladen 1988.
Claessens, D.: Familie und Wertsystem. Eine Studie zur „zweiten soziokulturellen Geburt" des Menschen und der Belastbarkeit der „Kernfamilie". Berlin 1972.
Czock, H.: Der Fall Ausländerpädagogik. Erziehungswissenschaftliche und bildungspolitische Codierung der Arbeitsmigration. Frankfurt a.M. 1993.
Dickopp, K.-H.: Aspekte einer theoretischen Begründung von interkultureller Erziehung. In: Reich/Wittek (1984), S. 57-66.
Djafari, N./Brüning, G. u.a.: Ausländerinnen in der beruflichen Qualifizierung. Eine Handreichung, Frankfurt a.M. 1994.
Esser, H.: Familienmigration, Schulsituation und interethnische Beziehungen. Prozesse der „Integration" bei der 2. Generation von Arbeitsmigranten. In: Zeitschrift für Pädagogik, 35 (1989), H. 3, S. 317ff.
Forschungsverbund „Probleme der Ausländerbeschäftigung". Integrierter Endbericht. Bonn 1979.
Funcke, L.: Brief vom 14. Mai 1981 an den Verband der Initiativgruppen in der Ausländerarbeit e.V.. In: Materialien zum Projektbereich „Ausländische Arbeiter", Nr. 32/1981, S. 34.
Gamm, H.-J.: Ausländerkinder im Konflikt. In: Essinger, H./Helmich A./Hoff, G. (Hrsg.): Ausländerkinder im Konflikt. Königstein / Ts. 1981, S. 205ff.
Gamm, H.-J.: „Interkulturelle Pädagogik" – über die Schwierigkeiten eines Begriffs. In: Borrelli, M. (Hrsg.): Interkulturelle Pädagogik. Baltmannsweiler 1986, S. 96-109.
Gelpi, E.: Una sfida all' educazione permanente. In: ECAP-CGIL (Hrsg.): La lingua degli emigrati. Rimini/Firenze 1977.
Glumpler, E.: Schullaufbahn und Schulerfolg türkischer Migrantenkinder. Hamburg 1985.
Granato, M.: Bildungs- und Lebenssituation junger Italiener, Berlin/Bonn (BIBB) 1994.
Granato, M./Meissner, V.: Hochmotiviert und abgebremst. Junge Frauen ausländischer Herkunft in der Bundesrepublik Deutschland. Berlin/Bonn (BIBB) 1994.
Gültekin, N.: 5 Jahre „interkultureller Treffpunkt für Mädchen und Frauen" in Frankfurt. In: Institut für Sozialarbeit und Sozialpädagogik (Hrsg.): Informationsdienst zur Ausländerarbeit Nr. 4/1989. Frankfurt a.M., S. 76/77.
Habermas, J.: Anerkennungskämpfe im demokratischen Rechtsstaat. In: Gutmann, A. (Hrsg.): Multikulturalismus und die Politik der Anerkennung. Frankfurt a.M. 1993, S. 147-196.
Hall, S.: Rasse – Klasse – Ideologie. In: Das Argument 122/1980, S. 507ff.
Hamburger, F.: Der Kulturkonflikt und seine pädagogische Kompensation (1988). In: Hamburger, F.: Pädagogik der Einwanderungsgesellschaft. Frankfurt a.M. 1994, S. 33-46.
Hamburger, F.: Interkulturelles Lernen in einer offenen Gesellschaft (1989). In: Hamburger, F.: Pädagogik der Einwanderungsgesellschaft. Frankfurt a.M. 1994, S. 47-53.
Hamburger, F.: Pädagogik der Einwanderungsgesellschaft. Frankfurt a.M. 1994.
Hohmann, M.: Interkulturelle Erziehung – Versuch einer Bestandsaufnahme. In: Ausländerkinder in Schule und Kindergarten (1983), Heft 4, S. 4ff.
Jakobs, H.: Ein- und Beschulungsmodelle für ausländische Kinder und Jugendliche in der Bundesrepublik Deutschland. In: DJI-Materialien. München 1982.
Karsten, M.-E.: Sozialarbeit mit Ausländern. München 1984.
Karsten, M.-E.: Migrantinnen. Traditionelle Frauenarbeit in ungeschützten und illegalen Verhältnissen. In: Rudolph, H. u.a. (Hrsg.): Frauen in ungeschützten Arbeitsverhältnissen. Hamburg 1987, S. 178-185.
Karsten, M.-E.: Die Sozialunionsfalle – Sozialpolitik in Europa, Migration und die Situation von Frauen. In: Widersprüche 42, 1992, S. 9-18.

Korte, H.: Soziale Hintergründe der Situation der ausländischen Arbeitnehmer. In: Hansen, G./Klemm, K. (Hrsg.): Kinder ausländischer Arbeitnehmer. Essen 1979.
Krüger-Potratz, M.: Die problematische Verkürzung der Ausländerpädagogik als Subdisziplin der Erziehungswissenschaft. In: Hamburger, F. u.a. (Hrsg.): Sozialarbeit und Ausländerpolitik. Neue Praxis, Sonderheft 7. Neuwied/Darmstadt 1983, S. 172-182.
Kühn, H.: Stand und Weiterentwicklung der Integration der ausländischen Arbeitnehmer und ihrer Familien in der Bundesrepublik Deutschland. Bonn 1979 (Kühn-Memorandum).
Kühne, T. u.a.: Bildungsarbeit mit ausländischen und deutschen Arbeitnehmern (BALD). Dortmund 1989.
Ley, K.: Frauen in der Emigration. Eine soziologische Untersuchung der Lebens- und Arbeitssituation italienischer Frauen in der Schweiz. Frauenfeld/Stuttgart 1979.
Meisel, K.: Erwachsenenbildung mit Ausländern zwischen Schule und Beruf. In: Hessische Blätter für Volksbildung 2/1982, S. 117ff.
Müller, F.: Theater mit italienischen Jugendlichen als Praxis interkultureller Kommunikation. In: Rehbein, J. (Hrsg.): Interkulturelle Kommunikation. Tübingen 1985, S. 324-336.
Müller, H.: Gutachten zur Schul- und Berufsbildung der Gastarbeiterkinder (Kinder ausländischer Arbeitnehmer). Verband Bildung und Erziehung (VBE) (Hrsg.). Köln/Bochum 1971.
Müller, H. (Hrsg.): Ausländerkinder in deutschen Schulen. Stuttgart 1974.
Nauck, B.: Arbeitsmigration und Familienstruktur. Eine Analyse der mikro-sozialen Folgen von Migrationsprozessen. Frankfurt a.M. 1985.
Nauck, B.: 20 Jahre Migrantenfamilien in der Bundesrepublik. Familiärer Wandel zwischen Situationsanpassung, Akkulturation und Segregation. In: Nave-Herz, R. (Hrsg.): Wandel und Kontinuität der Familie in der Bundesrepublik Deutschland. Stuttgart 1988, S. 279-297.
Morokvasic, M.: Migration im internationalen Vergleich. In: Wilpert, C./Morokvasic, M. (Hrsg.): Bedingungen und Folgen internationaler Migration. Berlin (TU) 1983, S. 277-315.
Morokvasi, M.: Jugoslawische Frauen. Die Emigration – und danach. Frankfurt a.M. 1987.
Nieke, W.: Multikulturelle Gesellschaft und interkulturelle Erziehung. Zur Theoriebildung in der Ausländerpädagogik. In: Die Deutsche Schule 78 (1986), S. 462-473.
Nispel, A./Szablewski-Cavus, P. (Hrsg.): BBM-Projektforum „Berufliche Bildung von Migrant/innen". Frankfurt a.M. 1995.
Piazola, P.H.: Der bildungspolitische Beitrag der Bundesrepublik im Ausländerbereich. In: Deutsches Jugendinstitut (Hrsg.): Ausländerarbeit und Integrationsforschung. Bilanz und Perspektiven. München 1987.
Pfriem, R. / Vink, J.: Materialien zur interkulturellen Erziehung im Kindergarten. Stuttgart 1980.
Radtke, F.-O.: 10 Thesen über Möglichkeiten und Grenzen interkultureller Erziehung. In: Erziehung und Bildung als öffentliche Aufgabe. 23. Beiheft der Zeitschrift für Pädagogik 1988, S. 50ff.
Reich, H.H./Wittek, F. (Hrsg.): Migration – Bildungspolitik – Pädagogik. Aus der Diskussion um die interkulturelle Erziehung in Europa. Essen/Landau 1984.
Richter, H.: Subkulturelle Segregation zwischen Assimilation und Remigration – Identitätstheoretische Grundlegungen für einen dritten Weg in der Ausländerpolitik. In: Hamburger, F. u.a. (Hrsg.): Sozialarbeit und Ausländerpolitik. Neuwied/Darmstadt 1983, S. 106-125.
Rosen, R./Stüwe, G.: Ausländische Mädchen in der Bundesrepublik. Opladen 1985.
Röhr-Sendlmeier, U.: Die Bildungspolitik zum Unterricht für ausländische Kinder in der Bundesrepublik – Eine kritische Betrachtung der vergangenen 30 Jahre. In: Deutsch Lernen (1986), Heft 1, S. 51-67.
Schmidt, A.: Förderung der Gastarbeiterforschung durch die Stiftung Volkswagenwerk 1974-1981. In: Korte, H./Schmidt, A. (Hrsg.): Migration und soziale Folgen. Göttingen 1983, S. 16-27.
Schrader, A./Nikles, B./Griese, H.: Die Zweite Generation. Sozialisation und Akkulturation ausländischer Kinder in der Bundesrepublik. Kronberg/Ts. 1976.
Thränhardt, D.: Ausländer im Dickicht der Verbände – ein Beispiel verbandsgerechter Klientenselektion und korporatistischer Politikformulierung. In: Hamburger, F. u.a. (Hrsg.): Sozialarbeit und Ausländerpolitik. Neuwied/Darmstadt 1983, S. 62-78.
Tiedt, F.: Sozialberatung für Ausländer. Perspektiven für die Praxis. Weinheim/Basel 1985.

Weidacher, A.: Ausländische Arbeiterfamilien – Kinder und Jugendliche. Situationsanalysen und Maßnahmen, Bibliographie. München 1982.
Wilpert, C./Morokvasic, M.: Bedingungen und Folgen internationaler Migration. Berichte aus Forschungen zu den Migrationsbiographien von Familien, Jugendlichen und ausländischen Arbeiterinnen. Berlin (TU) 1983.
Zehnbauer, A.: Vorschul- und Elementarerziehung. In: Handwörterbuch Ausländerarbeit. Weinheim/Basel 1984, S. 338-344.

XV. Pädagogische Aus-, Fort- und Weiterbildung: Fachschule, Fachhochschule, Universität

Thomas Rauschenbach

Inhalt

1. Pädagogische Aus-, Fort- und Weiterbildung: Ein vernachlässigtes Arbeitsfeld?
2. Die Fachschule als Arbeitsfeld
2.1. Zur Lage der sozialen und pädagogischen Fachschulen
2.2. Berufstätigkeit an Fachschulen für Sozialpädagogik
3. Die Fachhochschule als Arbeitsfeld
3.1. Fachhochschulen für Sozialpädagogik/Sozialarbeit
3.2. Zugangswege zur Fachhochschule
4. Die Universität als Arbeitsfeld
4.1. Erziehungswissenschaft an den Universitäten
4.2. Universitäre Qualifizierungswege und Arbeitsmöglichkeiten
5. Die Fort- und Weiterbildung von pädagogischen ExpertInnen als Arbeitsfeld
6. Bilanz

Literatur

1. Pädagogische Aus-, Fort- und Weiterbildung: Ein vernachlässigtes Arbeitsfeld?

<small>Typologie pädagogischer Arbeitsfelder</small>

Arbeitsfelder für pädagogisch qualifizierte Berufsgruppen werden in aller Regel mit zwei Merkmalen in Verbindung gebracht: zum einen mit *pädagogisch relevanten Praxisorten*, beispielsweise Kindergarten, Heim, Schule, Jugendhaus oder Familienbildungsstätte, d.h. mit pädagogischen Orten außerhalb des Ausbildungssystems; und zum anderen mit *unmittelbarem Klienten-, Kunden- bzw. Adressatenkontakt*, also mit dem, was man auch „pädagogischen Bezug", face-to-face-Kommunikation oder direkten Personenbezug nennen könnte. Die persönliche Begegnung zwischen pädagogischer Fachkraft und Heranwachsenden, zwischen Erzieher und Educandus ist insofern der gedankliche Ausgangspunkt einer pädagogisch qualifizierten Berufstätigkeit. Gleichwohl gibt es nicht nur diesen Typus von pädagogischer Berufstätigkeit:

<small>Klientenarbeit vor „Ort"</small>

– Die alltagsunterstützenden, -ergänzenden und -ersetzenden Tätigkeiten pädagogisch qualifizierter Berufsgruppen in den lebensweltlichen Bezügen ihrer Adressaten lassen sich lediglich als einen ersten, wenngleich als zahlenmäßig wichtigsten Typus pädagogischer Arbeitsfelder beschreiben.

<small>Referenten- und Stabstätigkeiten</small>

– Ein zweiter Typus bündelt sich in jenen Tätigkeiten und Aufgaben, in denen pädagogisch ausgebildete Fachkräfte nicht unmittelbar mit Kindern, Heranwachsenden oder Klienten zu tun haben, sondern überwiegend oder ausschließlich in Führungs-, Stabs- und Referentenpositionen im Rahmen pädagogischer Einrichtungen tätig sind. Hierbei handelt es sich gewissermaßen um „Praxistätigkeiten ohne regelmäßigen Klientenkontakt".

<small>Qualifizierung von Experten</small>

– Und ein dritter Typus schließlich vereint jene Tätigkeiten, in denen es nicht vorrangig um die praktische Anwendung erlernter Fertigkeiten und Fähigkeiten in einer pädagogischen Praxis außerhalb der Ausbildung geht, sondern vorrangig um die Qualifizierung pädagogischer ExpertInnen sowie die Vermittlung und Erzeugung erziehungswissenschaftlichen Wissens. Dabei handelt es sich primär um Orte des Lehrens und Lernens, des Forschens und der Wissenschaft.

Dabei kann man zwischen der Aus-, Fort- und Weiterbildung von Experten einerseits und der Qualifizierung von Laien andererseits unterscheiden. Während sich die Schulen des allgemeinbildenden Schulwesens, also die Grund- und Hauptschule, die Realschule, die Gesamtschule und das Gymnasium, auf die, wie das Wort schon sagt, allgemeinbildende Wissensvermittlung von Kindern und Jugendlichen spezialisiert haben (vgl. dazu Klafki, in diesem Band), wendet sich die Erwachsenenbildung in der allgemeinen Bildungsarbeit, etwa in den Volkshochschulen, meist nur an interessierte Laien (vgl. Tietgens, in diesem Band).

<small>„Endverbraucher" oder „Großhändler"</small>

Beide Tätigkeitsfelder haben damit als Adressaten der Wissensvermittlung gewissermaßen die „Endverbraucher" im Blick und lassen sich somit ebenfalls der lebensweltnahen Klientenarbeit vor Ort zuordnen. Demgegenüber gibt es jedoch Institutionen und Arbeitsfelder, die sich, um nochmals im Bild zu bleiben, ganz überwiegend an die Gruppe der „Großhändler" wendet. In diesem Arbeitsfeld geht es mithin zuallererst um die Qualifizierung von pädagogischen Expertinnen und Experten sowie, allerdings nur in einem Teil dieses Arbeitsfeldes, um die Ausbildung der (pädagogischen) Ausbilder. Expertenqualifizierung und Ausbildung der Ausbilder sind damit die beiden Komponenten, mit denen dieses Arbeitsfeld umschrieben werden kann; oder anders formuliert: die berufliche Ausbildung von PädagogInnen als Arbeitsfeld.

Ausbildung der Ausbilder

Der damit zusammenhängende institutionelle Rahmen läßt sich am ehesten mit den Begriffen Fachschule, Fachhochschule und Universität umschreiben. Dazu gehören also auf der einen Seite nicht die Bereiche von Schule und Ausbildung, sofern dort z.B. LehrerInnen in allgemeinbildender oder berufsbildender Form (pädagogische) Nicht-Experten qualifizieren. Und dazu gehören auf der anderen Seite auch nicht jene Tätigkeitsbereiche, in denen ausschließlich Forschung betrieben wird, etwa in Forschungsinstitutionen (vgl. dazu Krüger, in diesem Band). Das hier anstehende Arbeitsfeld für pädagogisch qualifizierte Berufsgruppen zielt mithin auf all jene Bereiche und Aufgaben, in denen erziehungswissenschaftlich relevantes Wissen zum Zwecke der Qualifizierung von ExpertInnen und der beruflichen Aus-, Fort- und Weiterbildung vermittelt wird.

Orte der Expertenqualifizierung

In diesem Zusammenhang lassen sich vier Orte als mögliche Arbeitsfelder unterscheiden, (1) die Fachschule, (2) die Fachhochschule und (3) die Universitäten als die gesetzlich regulierten Bereiche der ExpertInnenqualifizierung sowie (4) das bislang wenig regulierte Feld der Fort- und Weiterbildung von bereits pädagogisch qualifiziertem Personal in nicht-gewinnorientierten Fortbildungsakademien anerkannter freier Bildungsträger bzw. bei gewerblich organisierten Anbietern.

2. Die Fachschule als Arbeitsfeld

Nach einem Beschluß der Kultusministerkonferenz aus dem Jahre 1975 zur Gliederung des beruflichen Schulwesens handelt es sich bei den Fachschulen um Schulen, „die grundsätzlich den Abschluß einer einschlägigen Berufsausbildung oder eine entsprechende praktische Berufstätigkeit voraussetzen; als weitere Voraussetzung wird in der Regel eine zusätzliche Berufsausübung gefordert. Sie führen zu vertiefter beruflicher Fachbildung und fördern die Allgemeinbildung. Bildungsgänge an Fachschulen in Vollzeitform dauern in der Regel mindestens ein Jahr, Bildungsgänge an Fachschulen in Teilzeitform dauern entsprechend länger" (vgl. KMK 1975). Fachschulen setzen demnach eine berufliche Erstausbildung und zusätzliche Berufserfahrung voraus; sie gehören somit nicht zur beruflichen (Erst-)Ausbildung sondern zur beruflichen Weiterbildung (vgl. auch Arnold/Müller, in diesem Band). Üblicherweise kann im Bereich von Industrie und Handwerk infolgedessen an einer Fachschule die Meisterprüfung abgelegt werden. Vereinfacht kann man daher sagen, daß an den bundesdeutschen Fachschulen in der Regel die Spitzenfachkräfte für die nicht-akademischen Berufssegmente ausgebildet werden.

KMK-Definition der Fachschule

Fachschule als berufliche Weiterbildung

2.1. Zur Lage der sozialen und pädagogischen Fachschulen

Die Ausbildungslandschaft für soziale und pädagogische Berufe stellt sich immer noch als ein zerklüftetes, uneinheitliches und feingliedriges Gebilde dar, das durch eine Vielzahl von Ausbildungsabschlüssen und Schulformen gekennzeichnet ist. Von KinderpflegerInnen, FamilienhelferInnen, HeilerziehungspflegerInnen über HeilpädagogInnen, AltenpflegerInnen bis zu ErzieherInnen, Fachkräften für Soziale Arbeit und SozialassistentInnen eröffnet sich eine breite Palette von Ausbildungen, bei denen es sich mehr oder weniger deutlich um pädagogisch-soziale Berufe handelt. Der quantitative Schwerpunkt liegt dabei eindeutig auf der ErzieherInnenausbildung und somit auf der Fachschule für Sozialpädagogik (in Bayern auch Fachakademie genannt), die im folgenden exemplarisch im Mittelpunkt stehen soll.

Die Fachschule für Sozialpädagogik ist gewissermaßen der Prototyp der nicht-akademischen Ausbildungsstätte für pädagogisch-soziale Fachkräfte. Derzeit gibt es bundesweit 367 Fachschulen für Sozialpädagogik (FSP), davon 320 in den alten und 47 in den neuen Bundesländern. Im Unterschied zum allgemeinbildenden Schulsystem sind davon immerhin fast 40% in privater Trägerschaft (82 Schulen in katholischer, 48 in evangelischer Trägerschaft). Eine Befragung der Fachschulen für Sozialpädagogik Anfang der neunziger Jahre in den alten Bundesländern hat gezeigt, daß rund 40% der sozialpädagogischen Fachschulen Bestandteil eines „allgemeinen" Berufsschulzentrums – auch „Bündelschulen" genannt – und etwas mehr als 30% eines „sozialen" Berufsschulzentrums mit sozialpflegerischen und hauswirtschaftlichen Ausbildungen sind, während knapp 30% nach wie vor als „eigenständige" Fachschulen organisiert sind – und diese Schulen sind nicht zufällig fast durchgängig in privater Trägerschaft (vgl. ausführlich Rauschenbach/Beher/Knauer 1995, S. 283ff.).

Die Ausbildungsdauer beträgt an der FSP bei der regulären Vollzeitausbildung zur staatlich anerkannten ErzieherIn in fast allen Bundesländern drei Jahre, die sich aus einer überwiegend fachtheoretischen, zweijährigen, nach Schulhalbjahren getrennten Ausbildung an der Fachschule selbst und einem sich daran anschließenden, von der Schule betreuten, einjährigen Berufspraktikum in einer sozialpädagogischen Praxisstelle zusammensetzt. Allerdings finden sich in den einzelnen Bundesländern mit Blick auf diese Durchschnittswerte immer wieder Ausnahmen.

Gemessen an den eingangs genannten Vorgaben für einen fachschulischen Bildungsgang befindet sich die ErzieherInnenausbildung und die FSP in einer eigentümlichen Sonderstellung. Auf der einen Seite dauert die vollzeitschulische Ausbildung für ErzieherInnen zwar deutlich länger als die KMK dies für die Variante der Vollzeitform mit einer einjährigen Dauer vorsieht, auf der anderen Seite wird aber die geforderte Zulassungsvoraussetzung eines einschlägigen Berufsausbildungsabschlusses sowie einer zusätzlichen Berufsausübung in aller Regel nicht erfüllt. Mit anderen Worten: An den FSPs werden überwiegend SchülerInnen ausgebildet, die über keine abgeschlossene, reguläre berufliche (Erst-)Ausbildung verfügen. Deshalb wird im Falle der sozialpädagogischen Fachschulen bisweilen auch von „unechten" Fachschulen gesprochen.

Die Ausbildung zur ErzieherIn ist mit ihrer 150jährigen Geschichte – neben der LehrerInnenausbildung – nicht nur eine der ältesten, sondern auch eine der größten Ausbildungen im Bereich der Sozial- und Erziehungsberufe. Seit Mitte der siebziger Jahre werden jährlich zwischen 10.000 und 15.000 ErzieherInnen – mit zuletzt wieder steigenden Werten – ausgebildet. Pro Jahr nehmen inzwischen – nicht zuletzt aufgrund des vom Bundestag beschlossenen Rechtsanspruchs auf einen Kindergartenplatz – weit mehr als 15.000 SchülerInnen eine Ausbildung zur staatlich anerkannten ErzieherIn auf, davon rund 90% Frauen.

Ausbildungsumfang

Die Ausbildung zur ErzieherIn stellt im engeren Bereich der sozialen und sozialpädagogischen Berufe gewissermaßen die Plattform der unstrittig anerkannten Fachkraftausbildungen dar; vergleichbar unstrittig dürfte auch die HeilpädagogInnenausbildung sein. Weitaus strittiger sind hingegen bislang die Altenpflege- und die Kinderpflegeausbildung. Während letztere unterhalb der ErzieherInnenausbildung an der Berufsfachschule angesiedelt ist (zur Berufsfachschule vgl. Arnold/Müller, in diesem Band), wird für die Altenpflegeausbildung seit Jahren über eine *bundeseinheitliche* Regelung auf Fachschulniveau kontrovers diskutiert. Alle anderen Ausbildungen an beruflichen Schulen im sozialen Sektor bewegen sich aufgrund der Trägerpluralität und des Tatbestandes der föderalismusbedingten Länderhoheit vielfach in unübersichtlichen und uneinheitlichen Grauzonen zwischen arbeitsfeld-, träger- oder landesspezifisch geregelten einrichtungsnahen Ausbildungen. Insoweit kann vorerst eigentlich nur im Falle der FSP und der dort angesiedelten ErzieherInnenausbildung unstrittig von einer flächendeckenden (sozial-)pädagogischen ExpertInnen- und Fachkraftausbildung gesprochen werden.

Fachkraftproblematik

2.2. *Berufstätigkeit an Fachschulen für Sozialpädagogik*

Die Fachschule für Sozialpädagogik ist, wie der Name schon sagt, eine Schule und damit „eigentlich" ein Arbeitsfeld für ausgebildete Lehrerinnen und Lehrer. Doch stellt sich die personelle Situation an beruflichen Schulen oft sehr anders dar als im allgemeinbildenden Schulwesen und unterscheidet sich auch noch einmal innerhalb der verschiedenen beruflichen Fachrichtungen. So verbergen sich unter dem Begriff „BerufsschullehrerIn" unterschiedliche Qualifikationen und Berufsabschlüsse, die in dieser Vielfalt bei anderen Schulformen der Sekundarstufe II (z.B. Gymnasien) nicht existieren. Für die LehrerInnen an beruflichen Schulen gilt im besonderen Maße, daß sie über verschiedene Wege und Berufsausbildungen zur Ausübung des LehrerInnenberufs gelangen können. Ebenso ist es durchaus üblich, daß mehrere Studien- und/oder Berufsabschlüsse erworben werden, von denen einer ein Lehramtsabschluß sein kann, aber nicht unbedingt sein muß.

Fachschule als Arbeitsplatz

Daß an der FSP nicht durchgängig ausgebildete LehrerInnen zu finden sind, hat unterschiedliche Gründe, Gründe, die zum einen in der Geschichte des ErzieherInnenberufs, bzw. genauer: in der Ausbildung der (ErzieherInnen-)Ausbilder liegen, d.h. der traditionellen Jugendleiterinnenausbildung ab Anfang dieses Jahrhunderts (vgl. dazu Rauschenbach/Beher/Knauer 1995, S. 327ff.), die aber zum andern in der Tatsache begründet sind, daß bis Ende der sechziger Jahre fast zwei Drittel der Ausbildungsstätten in nicht-staatlicher Trägerschaft waren – und bis heute noch zwei Drittel der ErzieherInnen bei freien Trägern angestellt sind –, so daß

Nicht-staatliche Träger

Sozialpädagogik als 13. berufliche Fachrichtung

der Staat lange Zeit wenig Veranlassung sah, eine eigenständige Lehramtsausbildung zum Erwerb einer Lehrbefähigung in der 13. beruflichen Fachrichtung „Sozialpädagogik" einzuführen (vgl. KMK 1973).

Zu fragen ist vor diesem Hintergrund danach, wie zum einen (a) die personelle Lage an den FSPs faktisch aussieht, wie sich also das Lehrpersonal dort zusammensetzt. Zu fragen ist zum anderen aber auch, (b) welche Möglichkeiten der beruflichen Qualifizierung für PädagogInnen bestehen, um als Lehrkraft an den Fachschulen unterrichten zu können, welche Zugangswege somit dieses Arbeitsfeld eröffnen.

Zusammensetzung des Lehrerpersonals

(a) Hinsichtlich der *Zusammensetzung des Lehrpersonals* an FSPs lassen sich generell vier Gruppen mit verschiedenen Qualifikationsprofilen unterscheiden, und zwar unabhängig davon, ob eine pädagogisch-praktische Zusatzausbildung oder ein Vorbereitungsdienst (Referendariat) absolviert wurde: (1) AbsolventInnen einer Wissenschaftlichen Hochschule mit mindestens 1. Staatsprüfung für ein Lehramt (also einschlägig ausgebildete Lehrkräfte unterschiedlicher Fachrichtungen), (2) AbsolventInnen einer Wissenschaftlichen Hochschule mit den akademischen Graden „Magister", „Diplom", „Promotion" oder „sonstiges Staatsexamen" (also ohne Lehramtsabschlüsse), (3) AbsolventInnen einer Fachhochschule einschließlich gleichwertiger Abschlüsse an den ehemaligen staatlichen und kirchlichen Höheren Fachschulen und (4) Lehrkräfte mit anderen, nicht-akademischen Berufsabschlüssen (unterhalb einer Fachhochschul- oder Universitätsausbildung) wie z.B. staatlich anerkannte ErzieherInnen, GymnastiklehrerInnen etc.

Umfang der Lehrkräfte

Es ist bislang eine unbekannte statistische Größe, wieviele Lehrkräfte mit welcher dieser Qualifikationen insgesamt an den Fachschulen unterrichten, da amtliche Daten über den Umfang der an der ErzieherInnenausbildung beteiligten Lehrkräfte nicht vorliegen. Auf der Basis einer selbst durchgeführten bundesweiten Befragung sämtlicher FSPs in den alten Bundesländern ist allerdings davon auszugehen, daß an den Fachschulen für Sozialpädagogik Anfang der neunziger Jahre mindestens 6.000 LehrerInnen beschäftigt waren (und ca. 4.000 LehrerInnen an den Berufsfachschulen für Kinderpflege). Dabei handelt es sich allerdings um die Gesamtzahl *aller* LehrerInnen, unabhängig davon, ob jemand vollzeit-, teilzeit- oder nur stundenweise an der Schule beschäftigt ist. Zumindest ist es ein strukturelles Merkmal vieler Berufsschulzentren bzw. sogenannter „Bündelschulen", daß das Lehrpersonal oft in mehreren Bildungsgängen mit unterschiedlicher Stundenzahl gleichzeitig unterrichtet.

Frauendomäne

Kennzeichnend für die Lehrkräfte an sozialpädagogischen Fachschulen ist es, daß es sich hierbei, entgegen der Entwicklung im gesamten beruflichen Schulwesen, um eine klassische Frauendomäne handelt. Bei der ErzieherInnenausbildung beträgt der Anteil der weiblichen Lehrkräfte immerhin 60%. Untergliedert man das Lehrpersonal an den Fachschulen in die vier genannten Qualifikationsprofile, so zeigt sich, daß immerhin 47% irgendeinen Lehramtsabschluß und weitere 22% einen anderen Universitätsabschluß haben, während 27% einen Fachhochschul- und knappe 5% einen nicht-akademischen Berufsabschluß vorweisen können. Immerhin rund ein Drittel unterrichtet damit ohne vollakademischen Abschluß, hat also für dieses Arbeitsfeld keinen universitären

Zugangsweg benötigt. Erwartungsgemäß liegt dieser Anteil bei den nicht-staatlichen Schulen etwas höher, während an den staatlichen Fachschulen immerhin 53% einen Lehramtsabschluß vorweisen können (vgl. Beher/Knauer/Rauschenbach 1995, S. 9f.). Und schließlich bleibt festzuhalten, daß Anfang der neunziger Jahre etwa 7% sämtlicher Lehrkräfte an der FSP über einen Abschluß in der beruflichen Fachrichtung Sozialpädagogik verfügen, also jenem Abschluß, der im Grunde genommen die zentrale Qualifikation für die Bildungsgänge an den sozialpädagogischen Ausbildungsstätten der berufsbildenden Schulen darstellt.

Ausbildungen des Lehrerpersonals

(b) Das einschlägige Qualifikationsprofil und damit der *zentrale Zugangsweg* zum Arbeitsfeld „sozialpädagogische Fachschule" ist der Lehramtsstudiengang Sozialpädagogik. Als eigenständige Lehramtsausbildung konnte sich die 13. berufliche Fachrichtung „Sozialpädagogik" bislang jedoch nur in den vier Bundesländern Nordrhein-Westfalen, Bayern, Bremen und Sachsen etablieren und zwar an den Universitäten Dortmund, Bamberg und Bremen sowie neuerdings an der TU Chemnitz. Darüber hinaus besteht in Baden-Württemberg an der Universität Tübingen für AbsolventInnen des Diplomstudiengangs Erziehungswissenschaft mit der Studienrichtung Sozialpädagogik die Möglichkeit, ebenfalls den Vorbereitungsdienst, also das Referendariat zu absolvieren, sofern sie während ihres Diplomstudiums den Schwerpunkt „Erziehung in früher Kindheit" gewählt, in diesem Arbeitsfeld auch ihr Sechsmonats-Praktikum absolviert und darüber hinaus eine zusätzliche Prüfung im Fach „Kinder- und Jugendliteratur/Medienpädagogik" erfolgreich abgelegt haben. Nicht zuletzt aufgrund dieser vergleichsweise wenigen Ausbildungsmöglichkeiten wird bis heute von den Trägern und Kultusbehörden der Länder die Möglichkeit der Einstellung anderer Qualifikationsprofile und Berufsgruppen an den FSPs vielfach genutzt.

Lehramtsstudiengang Sozialpädagogik

Um das zentrale Lehramtsqualifikationsprofil am Beispiel Nordrhein-Westfalens zu illustrieren (vgl. auch Höltershinken 1995): Bei dem Lehramtsstudiengang Sozialpädagogik handelt es sich um einen Sek. II-Studiengang der beruflichen Fachrichtung. In einem 8-semestrigen Studium muß Sozialpädagogik als erstes Fach in einem Umfang von 84 SWS gewählt werden. Ergänzt wird es durch ein zweites Fach (z.B. Deutsch, Englisch, Psychologie oder Sport) sowie dem obligatorischen erziehungswissenschaftlichen Studium von 32 SWS. Die Zulassung zum Vorbereitungsdienst setzt neben dem erfolgreich abgelegten 1. Staatsexamen eine insgesamt einjährige fachpraktische Ausbildung in den Arbeitsfeldern der Sozialen Arbeit voraus. Nach einem 18-monatigen Referendariat mit dem Abschluß der 2. Staatsprüfung und einer damit durchschnittlichen Gesamtdauer von etwa 6 bis 7 Ausbildungsjahren eröffnet sich den AbsolventInnen anschließend die Möglichkeit, an den Fachschulen für Sozialpädagogik in den Fächern „Erziehungswissenschaft/Pädagogik", „Soziologie", „Recht/Verwaltung", „Didaktik und Methodik der sozialpädagogischen Praxis", „Spielerziehung" und „Medienerziehung" zu unterrichten. Daneben besitzen die sozialpädagogischen Lehrkräfte zugleich die Befähigung, an den Berufsfachschulen für Kinderpflege im Bereich „Erziehungslehre" und „Fachpraxis für Kinderpflege" sowie an den Fachoberschulen des Sozial- und Gesundheitswesens das Fach „Pädagogik" zu unterrichten.

Ausbildungsumfang

Unterrichtsmöglichkeiten

Betrachtet man vor diesem Hintergrund die Berufsperspektiven in diesem Arbeitsfeld, so kann man ohne Einschränkung sagen, daß sie – bei insgesamt al-

Berufschancen

lerdings geringen Basisgrößen – aufgrund der steigenden SchülerInnenzahlen und der Zunahme von Ausbildungsstätten und neuen Bildungsgängen zur Zeit uneingeschränkt günstig sind. Diese Prognose läßt sich vorerst jedoch nur für die zweite Hälfte der neunziger Jahre aufstellen. Insgesamt hat dieser Studiengang ein Profil entwickelt, das sich aufgrund seiner Orientierung an jungen Erwachsenen als AdressatInnen der Arbeit zum einen deutlich unterscheidet von anderen Lehramtsstudiengängen, das aber in Anbetracht seiner schulisch-wissensvermittelnden Aufgabe zum anderen auch abweicht von dem erziehungswissenschaftlichen Diplomstudiengang, der vorrangig für jene Praxis qualifiziert, über die das Lehrpersonal an Fachschulen „nur" unterrichtet.

Eigenständigkeit des Studiengangs

Möglicherweise besteht an den Fachschulen deshalb ein Identitätsproblem für das dort tätige Lehrpersonal. Denn, obgleich an der FSP „ErzieherInnen" ausgebildet werden, ist die Rückbindung in die Erziehungswissenschaft bzw. die Sozialpädagogik keineswegs so selbstverständlich. Etwas überspitzt könnte man formulieren: Das einzige Fach, das an der FSP nicht unterrichtet wird, ist das Fach „Sozialpädagogik". Und so ist auch die professionelle Identität des Lehrpersonals an diesen Fachschulen keineswegs so ausgeprägt, daß diese sich selbst als *sozialpädagogische* Lehrkräfte betrachten (so wie sich etwa ein Physiklehrer auch als Physiker versteht). Eine gewisse Identitätsdiffusion oder gar eine berufliche Identitätslosigkeit ist bei vielen, vor allem nicht-einschlägigen Lehrkräften offenbar die Folge (vgl. Engelhardt/Ernst 1992). Es bleibt abzuwarten, ob sich dies bei den AbsolventInnen sozialpädagogischer Lehramtsstudiengänge anders entwickelt.

Fehlende berufliche Identität

3. Die Fachhochschule als Arbeitsfeld

Im Zuge der Aufwertung und Angleichung der bundesdeutschen Ingenieurausbildung an europäische Standards wurde Ende der sechziger, Anfang der siebziger Jahre als neuer eigenständiger Ausbildungstypus die Fachhochschule – oberhalb der Fachschule und unterhalb der Universitäten – eingeführt. Damit sollte das Profil und der Status der ehemaligen Höheren Fachschulen in einem neuen Gewand gestärkt werden. Zugangsvoraussetzung für ein Fachhochschulstudium ist die Fachhochschulreife, die u.a. mit dem erfolgreichen Abschluß einer 12. Klasse einer allgemeinbildenden, weiterführenden Schule erworben wird, oder der erfolgreiche Abschluß der Fachoberschule.

Aufbau der Fachhochschule

Fachhochschulen werden bildungssystematisch zwar dem Hochschulsystem zugerechnet, sind jedoch bislang den *Wissenschaftlichen* Hochschulen, also den Universitäten und Pädagogischen Hochschulen nicht gleichgestellt. Diese Differenz kommt u.a. darin zum Ausdruck, daß die bundesdeutschen Fachhochschulen über kein eigenständiges Promotionsrecht verfügen und kein Habilitationsrecht besitzen. Zudem ist die Personalstruktur dadurch gekennzeichnet, daß es einerseits fast keinen akademischen „Mittelbau", also Wissenschaftliche MitarbeiterInnen und AssistentInnen gibt und daß andererseits FachhochschulprofessorInnen ein höheres Lehrdeputat zu erfüllen haben und – im Durchschnitt – etwas schlechter bezahlt werden als UniversitätsprofessorInnen.

Stellung der Fachhochschulen

3.1. Fachhochschulen für Sozialpädagogik/Sozialarbeit

Fachhochschulstudiengänge setzen sich aus einem sechs- bzw. siebensemestrigen Studium und einer einjährigen fachpraktischen Ausbildung zusammen, die im Falle der Ausbildung in Sozialpädagogik/Sozialarbeit – je nach Bundesland – entweder als einjähriges Berufsanerkennungsjahr im Anschluß an die Diplomprüfung absolviert wird („zweiphasige Ausbildung") oder aber als zwei sechsmonatige Praktika in das Fachhochschulstudium integriert sind („einphasige Ausbildung"). Das Studium selbst wird mit einem Fachhochschuldiplom abgeschlossen; im Anschluß an das Berufsanerkennungsjahr und einer staatlichen Prüfung wird zusätzlich die staatliche Anerkennung als Sozialpädagoge/Sozialarbeiter verliehen, eine Prüfung, die der zweiten Verwaltungsprüfung für den gehobenen Dienst gleichwertig ist (und damit Berufsmöglichkeiten in der Sozialverwaltung, also in den Jugend-, Sozial- und Gesundheitsämtern eröffnet).

Aufbau und Umfang des Studiums

Fachhochschulen für Sozialpädagogik/Sozialarbeit – z.T. firmieren sie auch unter dem Titel Fachhochschulen für Sozialwesen – bzw. Studiengänge für Sozialpädagogik/Sozialarbeit an Fachhochschulen und Gesamthochschulen gibt es in der Bundesrepublik derzeit an 69 Standorten, davon 14 Neugründungen in den neuen und 55 Ausbildungsstätten in den alten Bundesländern. Auch bei den Fachhochschulen ist – ähnlich wie bei den Fachschulen – der relativ hohe Anteil an Ausbildungsstätten in freier Trägerschaft zu berücksichtigen. Jährlich schlossen in den achtziger Jahren etwa 6.000 bis 7.000 Diplom-SozialarbeiterInnen und/oder Diplom-SozialpädagogInnen erfolgreich ihr Studium ab; aufgrund der neu hinzukommenden Fachhochschulen in den neuen Bundesländern und der in den letzten Jahren wiederum gestiegenen Neueinschreibungen ist mit einer mittelfristig höheren AbsolventInnenquote zu rechnen. Von ihrer Arbeitsfeldorientierung her sind die FachhochschulabsolventInnen in der Regel deutlich breiter ausgebildet als die ErzieherInnen; sie verteilen sich dementsprechend auch weitaus gleichmäßiger auf die unterschiedlichen Arbeitsfelder der Sozialen Arbeit.

Daten und Fakten zur Fachhochschule

3.2. Zugangswege zur Fachhochschule

An den Fachhochschulen für Sozialpädagogik/Sozialarbeit waren in den alten Bundesländern Anfang der neunziger Jahre nach der amtlichen Hochschulstatistik insgesamt rund 1.000 ProfessorInnen beschäftigt; hinzukommen dürften für die neuen Bundesländer vermutlich noch einmal deutlich mehr als 100 FH-Professuren (vgl. auch Rauschenbach/Christ 1994). Hierin enthalten sein müßte im Grunde genommen das gesamte wissenschaftliche Fachhochschulpersonal, also sämtliche ProfessorInnen für die Fachgebiete und Fächer, die an den Fachhochschulen für Sozialpädagogik/Sozialarbeit vertreten sind, seien es Professuren für Recht, Soziologie oder Psychologie, für Erziehungswissenschaft, Theologie (bei kirchlichen Fachhochschulen) oder Sozialpolitik oder seien es – neuerdings – Professuren für Sozialarbeitswissenschaft.

Personal an Fachhochschulen

277

Während in den achtziger Jahren die Chancen einer erfolgreichen Bewerbung auf eine Fachhochschulprofessur angesichts des Stellenstopps bzw. -abbaus eher gering waren, hat sich die Lage in dieser Hinsicht deutlich verändert: Ansteigende Zulassungszahlen, ein sich neu etablierender Fachhochschularbeitsmarkt in den neuen Bundesländern, eine allmählich einsetzende Pensionierungswelle von FachhochschulprofessorInnen der ersten Stunde sowie ein bildungspolitisch günstiger Rückenwind für den Ausbau der Fachhochschullandschaft haben hier zu einer nachhaltigen Besserung der diesbezüglichen Berufsperspektiven beigetragen.

Berufliche Perspektiven

Welche Zugangswege eröffnen unterdessen für welche Qualifikationsprofile dieses Arbeitsfeld „Fachhochschule für Sozialpädagogik/Sozialarbeit"? Im Unterschied zur Fachschule ist dies nicht allein mit einem einfachen Lehramtsabschluß oder sonstigen Hochschulabschluß möglich; die Zugangsberechtigung eröffnet auch nicht ein Abschluß an der Fachhochschule selbst, wenngleich die Fachhochschulen vielfach BewerberInnen bevorzugen, die zumindest ein (früheres) Studium an einer Fachhochschule für Sozialpädagogik/Sozialarbeit vorweisen können. Als formale Zugangsvoraussetzungen lassen sich insgesamt drei Anforderungen formulieren, die im Bundesdurchschnitt die Chance auf eine Fachhochschulprofessur eröffnen:

Zugangswege zum Arbeitsplatz Fachhochschule

– Unabdingbar ist zum einen ein vollakademischer Universitätsabschluß, etwa in Psychologie, Soziologie, Theologie oder Philosophie, in den letzten 10 bis 15 Jahren vor allem aber im Diplomstudiengang Erziehungswissenschaft mit dem Studienschwerpunkt Sozialpädagogik, da dieses Qualifikationsprofil den Fachhochschulanforderungen und den Studiengängen Sozialpädagogik und/oder Sozialarbeit am ehesten entspricht.

Zulassungsvoraussetzungen für eine FH-Professur

– Neben dem nachzuweisenden universitären Hochschulabschluß müssen die BewerberInnen nach dem Hochschulgesetz für eine Fachhochschulprofessur zum andern über eine fünfjährige berufliche Tätigkeit verfügen, von der mindestens drei Jahre außerhalb der Hochschule erfolgt sein müssen. Damit soll sichergestellt werden, daß die BewerberInnen dem besonderen Profil eines berufs- und praxisqualifizierenden Studiengangs durch eigene außerschulische und außeruniversitäre Berufserfahrung gerecht werden können.

– Und schließlich müssen BewerberInnen eine ausreichende wissenschaftliche Qualifikation nachweisen, in der Regel durch eine qualifizierte Promotion und durch weitere wissenschaftliche Leistungen. Habilitation wird hierbei nicht vorausgesetzt. In der Berufungspraxis schwankt dabei das Qualifikationsprofil zwischen Promotion – in einigen Fällen waren gar Berufungen ohne Promotion möglich – und sonstigen Qualifikationsmerkmalen, die dem Stellenprofil nahekommen.

Insgesamt sind damit die formalen Zugangsvoraussetzungen benannt. Vielfach kommt hierzu noch der oben genannte Nachweis eines einschlägigen Fachhochschulstudiums hinzu, der sicherstellen soll, daß die BewerberInnen mit den besonderen Bedingungen einer Fachhochschulausbildung vertraut sind. Fachhochschulstudium, darauf aufbauendes Universitätsstudium, einschlägige, mehrjährige Berufspraxis, Promotion und sonstige wissenschaftliche Leistungen: Dies ist der Anforderungskatalog, mit dem heutzutage in der Regel eine Fachhochschulprofessur erreicht werden kann.

Gleichwohl hat sich in den letzten Jahren eine Debatte entwickelt, die ein neues Qualifikationsprofil unter dem Etikett „Sozialarbeitswissenschaft" anstrebt. Damit soll erreicht werden, daß bei der Besetzung einer Fachhochschulprofessur (1) eine Affinität zum Gegenstandsbereich Soziale Arbeit gegeben ist, daß (2) dem fachlichen Zentrum der Ausbildung, Sozialpädagogik/Sozialarbeit, eine auch fach- und ausbildungssystematisch integrale wissenschaftliche Rolle zukommt und daß (3) den Fachhochschulen selbst ein stärkeres Rekrutierungsrecht bzw. eine Definitions- und Qualifizierungsrolle für ihr künftiges Personal zugestanden wird. Ob das Etikett „Sozialarbeitswissenschaft" diesbezüglich tatsächlich eine Änderung bewirken kann, bleibt abzuwarten.

Sozialarbeitswissenschaft als neues Qualifikationsprofil

4. Die Universität als Arbeitsfeld

Die Universität ist im Grunde genommen seit jeher ein Ort für die „Ausbildung der Ausbilder", zumindest für die Ausbildung der ExpertInnen-Ausbilder. Unstrittig repräsentiert sie dabei das formal am höchsten angesiedelte Niveau des Bildungssystems, das zur Ausbildung seines eigenen Personals keine andere Institution mehr über sich kennt. Universitäten sind der wichtigste und zentrale Bestandteil der Wissenschaftlichen Hochschulen, denen – abgesehen von den Fachhochschulen – noch die Pädagogischen Hochschulen, Kunsthochschulen etc. zugerechnet werden (also alle Hochschulen, denen qua Gesetz das Promotions- und Habilitationsrecht eingeräumt wird).

Stellung der Universität

Alle Fächer und Fachgebiete, die als wissenschaftliche Disziplinen anerkannt sind, sind auch an Universitäten mit eigenen Lehrstühlen, Forschungsgebieten und Studiengängen vertreten. Die Reproduktion des Faches und des fachlich einschlägigen (Hochschul-)Personals, oder anders formuliert: der Disziplin und der Profession finden damit – und dies ist die Besonderheit der Universitäten – gewissermaßen selbstreferentiell, also in Eigenregie statt. D.h.: *Nur* an Universitäten findet die Vermittlung *und* Erzeugung des fachlichen Wissens gleichermaßen statt und *nur* die Universitäten können ihr Personal und den wissenschaftlichen Nachwuchs – über den Weg der Promotion und der Habilitation – unabhängig von anderen Institutionen qualifizieren.

Funktion der Universität

4.1. Erziehungswissenschaft an den Universitäten

Das Fach Erziehungswissenschaft basiert als Arbeitsfeld, wie es sich an den Universitäten heute darstellt, auf zwei Wurzeln, (a) der erziehungswissenschaftlichen Hauptfachausbildung und (b) der Lehramtsausbildung.

(a) Im Grunde genommen war die Nachwuchsfrage einer der Gründe und Auslöser für die Einführung *erziehungswissenschaftlicher* Hauptfachstudiengänge (vgl. ausführlich Gängler 1994). Neben der Promotion als ursprünglich einziger Möglichkeit einer inneruniversitären Qualifikation in Erziehungswissenschaft sollten zusätzliche Abschlußarten geschaffen werden, um auf diese Weise auch den zunehmenden außeruniversitären Beschäftigungsmöglichkeiten mit erzie-

Erziehungswissenschaftliche Hauptfachstudiengänge

hungswissenschaftlichem Zuschnitt gerecht zu werden. Deshalb wurden, zu-
Magister nächst vereinzelt, Ende der fünfziger Jahre, Anfang der sechziger Jahre Magisterstudiengänge in Pädagogik eingeführt, bevor dann Ende der sechziger Jahre mit der Etablierung des Diplomstudiengangs Erziehungswissenschaft ein flächendeckendes und von Anfang an stark nachgefragtes Angebot an Studienmög-
Diplom lichkeiten in einem erziehungswissenschaftlichen Hauptfachstudiengang geschaffen wurde (vgl. Rauschenbach 1992). Damit entfaltete sich ein außeruniversitär-berufsqualifizierendes Profil zum dominanten Merkmal dieses Studiengangs, mit der Konsequenz, daß die traditionell universitäre Aufgabe der „Ausbildung der Ausbilder" etwas aus dem Blickfeld geriet und dadurch – auch in der Konzeption des Studienganges – gewissermaßen zu einem ungeplanten, eher zufälligen Nebenprodukt universitärer Ausbildung wurde.

Der Diplomstudiengang wird als mindestens achtsemestriger Studiengang seit Anfang der siebziger Jahre angeboten, zuletzt an rund 50 Wissenschaftlichen
Aufbau des Hochschulen (davon bislang vier in den neuen Bundesländern). Dem Ausbil-
Diplomstudiengangs dungskonzept zufolge muß nach der Diplom-Vorprüfung eine Studienrichtung gewählt werden, wobei Sozialpädagogik und, mit einigem Abstand, Erwachsenenbildung und Sonderpädagogik seit jeher am stärksten nachgefragt wurden. Zuletzt schlossen pro Jahr 1.500 bis 2.000 AbsolventInnen ihr Studium erfolgreich ab (vgl. ausführlich Rauschenbach 1994). Da jedoch seit Anfang der neunziger Jahre die Neueinschreibungen im Diplomstudiengang regelrecht explodiert sind, muß in den nächsten Jahren wieder mit einem deutlichen Anstieg der AbsolventInnenzahlen gerechnet werden.

(b) Im Zuge der Expansion des Bildungswesens in Deutschland Ende der sechziger, Anfang der siebziger Jahre kam es auf der einen Seite zu einem Auf- und Ausbau des Hochschulwesens, also zu Neugründungen nicht nur der Fachhochschulen, sondern auch von Pädagogischen Hochschulen und Universitäten. Zu-
Lehramtsausbildung gleich weitete sich auf der anderen Seite die LehrerInnenausbildung deutlich aus, so daß auch hierdurch indirekt dem Wandel der traditionell kleinen Universitäten zu Massenuniversitäten Vorschub geleistet wurde. Durch die in der Folgezeit in den meisten Bundesländern beschlossene Integration der gesamten LehrerInnenausbildung – und damit auch der Pädagogischen Hochschulen – in die Universitäten kam es für die Erziehungswissenschaft zwangsläufig zu einer Ausweitung ihres universitären Arbeitsfeldes und ihrer universitären Aufgaben.

Hauptaufgabe der erziehungswissenschaftlichen Fachbereiche in der Bundesrepublik war und ist, wie bei allen Fächern, zunächst die Sicherstellung fachlich einschlägiger *Forschung und Lehre*. Dabei wird der Forschung an Universi-
Forschung und Lehre täten grundsätzlich ein höherer Stellenwert eingeräumt als an Fachhochschulen, was unter anderem darin zum Ausdruck kommt, daß UniversitätsprofessorInnen ein geringeres Lehrdeputat zu erbringen haben und daß der Forschung und wissenschaftlichen Produktivität bei den Stellenbesetzungsverfahren weit mehr Bedeutung zugemessen wird als bei entsprechenden Fachhochschulverfahren (zur Forschung vgl. auch Krüger, in diesem Band).

Im Rahmen der Lehre haben sämtliche erziehungswissenschaftlichen Fachbereiche in der Bundesrepublik, entsprechend der Kapazitätsverordnung, zuallererst das erziehungswissenschaftliche Lehrangebot in den *Lehramtsstudien-*
Aufgaben in der Lehre *gängen* sicherzustellen. Dies bindet an vielen Standorten bereits den größten Teil

des vorhandenen Lehrdeputats. Darüber hinaus werden vielfach zugleich erziehungswissenschaftliche Diplom- und/oder Magisterstudiengänge sowie an einigen Universitäten auch Lehramtsstudiengänge für Erziehungswissenschaft oder Sozialpädagogik angeboten. Die Folge dieser gleichzeitigen Zuständigkeit für mehrere Studiengänge ist vielfach, daß erstens keine sachgerechte Trennung des Lehrangebotes entsprechend den Anforderungen in den angebotenen Studiengängen gewährleistet werden kann und daß zweitens innerhalb eines gemeinsamen Fachbereichs Erziehungswissenschaft vielfach eine Trennung zwischen dem lehramtsorientierten und dem hauptfachorientierten wissenschaftlichen Personal zu beobachten ist. Zusammengenommen hatte aber die starke Einbindung in die Lehrverpflichtungen sämtlicher Lehramtsausbildungen und in die Versorgung einer großen Zahl an Hauptfachstudierenden zur Folge, daß das Personal im Fach Erziehungswissenschaft seit den siebziger Jahren insgesamt eher ausbildungs- als forschungsorientiert war.

4.2. *Universitäre Qualifizierungswege und Arbeitsmöglichkeiten*

An den erziehungswissenschaftlichen Fachbereichen der alten Bundesländer waren Anfang der neunziger Jahre etwas mehr als 1.000 ProfessorInnen und etwa 2.500 Wissenschaftliche MitarbeiterInnen beschäftigt (vgl. Rauschenbach/Christ 1994, S. 73ff.); hinzu kommen schätzungsweise noch einmal rund 200 ProfessorInnen und ungefähr 500 MitarbeiterInnen in den neuen Bundesländern (vgl. Kell 1995, S. 31). Daraus wird bereits ersichtlich, daß an den Universitäten – im Unterschied zu den Fachhochschulen – neben den ProfessorInnen eine nicht unerhebliche Zahl sonstiger wissenschaftlicher MitarbeiterInnen beschäftigt ist. Hierbei lassen sich unterschiedliche Typen der wissenschaftlichen Mitarbeit unterscheiden:

Lehrkräfte an Universitäten

– Im Rahmen der Nachwuchsförderung gibt es die zeitlich befristeten *Wissenschaftlichen Angestellten* (vielfach 5 Jahre), die in der Regel während dieser Zeit die Gelegenheit zur Promotion erhalten.
– Sofern eine bereits erfolgreich abgeschlossene Promotion vorliegt und eine bestimmte Altersgrenze – zumindest in einigen Bundesländern – nicht überschritten ist (z.T. 32 oder 35 Jahre), kann sich der entsprechende Personenkreis auf eine *HochschulassistentInnenstelle* bewerben, die einer Professur persönlich zugeordnet und als Stelle ebenfalls befristet ist (maximal 6 Jahre) und die den StelleninhaberInnen genügend Zeit lassen soll, sich im Rahmen dieser Beamtentätigkeit auf Zeit zu habilitieren, also auf der Basis einer Habilitationsschrift und eines mündlichen Habilitationsvortrags zu zeigen, daß man prinzipiell zur Übernahme einer Professur befähigt ist.
– Neben den befristet beschäftigten Wissenschaftlichen MitarbeiterInnen gibt es die Gruppe der unbefristet Beschäftigten, sei es als Wissenschaftliche Angestellte, sei es als Studienräte im Hochschuldienst oder seien es vor allen Dingen die *Akademischen Räte und Oberräte*. Ihnen allen ist gemein, daß sie sich auf diesen Stellen nicht mehr qualifizieren müssen und infolgedessen ein erhöhtes Lehrdeputat und zusätzliche Aufgaben im Rahmen der Hochschulselbstverwaltung zu erbringen haben.

Typen des wissenschaftlichen Personals

Neben diesen eher typischen MitarbeiterInnengruppen gibt es noch eine ganze Reihe weiterer nicht-professoraler Statusgruppen, die aber hier zu vernachlässigen sind (z.B. abgeordnete LehrerInnen, Akademische Direktoren, HochschuldozentInnen). Insgesamt wird aufgrund dieser breiten Palette an MitarbeiterInnenformen sichtbar, daß es an den Universitäten zum einen neben der Universitätsprofessur noch eine ganze Reihe anderer Beschäftigungsmöglichkeiten gibt (die keineswegs alle nur Durchgangsstationen sind und später zwingend in eine Professur münden) und daß es zum andern – anders als bei den Fachhochschulen – einiger inneruniversitärer Jahre und Zwischenschritte bedarf, bevor sich überhaupt eine realistische Möglichkeit eröffnet, sich mit einer begründeten Hoffnung auf eine Universitätsprofessur zu bewerben.

Besetzungsverfahren einer Professur

Jede zu besetzende Universitätsprofessur muß bundesweit öffentlich ausgeschrieben werden. Für das sich daran anschließende Bewerbungsverfahren wird eine fachlich qualifizierte Berufungskommission gebildet, die dem entsprechenden Fachbereich bzw. der Fakultät einen Berufungsvorschlag zu unterbreiten hat, in der Regel eine sogenannte „Dreier-Liste", also einen abgestuften Vorschlag von drei geeigneten KandidatInnen. Dieser vom Fachbereich/von der Fakultät zu verabschiedende und durch externe, z.T. vergleichende Gutachten untermauerte Vorschlag muß darüber hinaus vom Senat der Hochschule gebilligt werden; die Berufung selbst wird dann auf der Basis des von der Universität unterbreiteten Vorschlags vom zuständigen Wissenschaftsministerium vorgenommen.

Auf eine Universitätsprofessur können sich Personen bewerben, die über folgende Voraussetzungen verfügen:

Zulassungsvoraussetzungen

– Einen in der Regel fachlich einschlägigen, überdurchschnittlichen Abschluß eines Universitätsstudiums;
– Eine fachlich einschlägige, überdurchschnittliche Promotion;
– Eine fachlich einschlägige Habilitation oder – im Falle zu geringer BewerberInnenzahlen mit erfolgreich abgelegter Habilitation – habilitationsadäquate Leistungen, die in der Regel durch eine sehr gute Promotion sowie weitere wissenschaftsrelevante Publikationen erbracht werden können (dies muß jedoch durch auswärtige Gutachten bescheinigt werden);
– eine für das Stellenprofil relevante Liste wissenschaftlicher Publikationen sowie – je nach Hochschule und Stelle – der Nachweis über durchgeführte empirische Forschungsprojekte.

Insgesamt ist es bei derartigen Stellenverfahren die Regel, daß – obgleich dies keine zwingende Voraussetzung ist – BewerberInnen durch eine vorherige wissenschaftliche Tätigkeit an einer Universität nachweisen können, daß sie zusätzlich über Lehr- und evtl. sogar Prüfungserfahrungen verfügen. Rekonstruiert

Wissenschaftsbiographien

man vor diesem Hintergrund WissenschaftlerInnenkarrieren, so lassen sich in der Erziehungswissenschaft vielfach zwei Merkmale beobachten: erstens, daß viele in dieses innerwissenschaftliche Arbeitsfeld eher ungeplant „hineingerutscht" sind und zweitens, daß bei vielen am Anfang eine studentische Hilfskraftstelle stand.

Was die beruflichen Perspektiven mit Blick auf das Arbeitsfeld „Wissenschaftliche Hochschulen/Universitäten" anbelangt, so lassen sich der Tendenz nach

die gleichen Veränderungen wie bei den Fachhochschulen konstatieren: Nach
„sieben mageren Jahren" hat in den letzten Jahren in vielen erziehungswissenschaftlichen Fachgebieten durch altersbedingt frei werdende Lehrstühle und
eine unerwartet hinzugekommene Hochschullandschaft im Osten Deutschlands ein Nachfrageschub nach wissenschaftlich qualifiziertem Personal eingesetzt wie er selbst in der ersten Expansionsphase Anfang der siebziger Jahre
nicht zu verzeichnen war (vgl. Rauschenbach/Christ 1994). Die Folge ist, daß
in einigen Bereichen der Erziehungswissenschaft zwischenzeitlich Professuren
nur noch mit zeitlicher Verzögerung und inhaltlichen Kompromissen besetzt
werden können.

Verbesserte Berufschancen

5. Die Fort- und Weiterbildung von pädagogischen ExpertInnen als Arbeitsfeld

Im Gegensatz zum Ausbildungssystem für pädagogische ExpertInnen an Fachschulen, Fachhochschulen und Universitäten als Arbeitsfeld, das im Rahmen des
staatlich sanktionierten Bildungswesen vergleichsweise stabil verankert ist, ist
die Weiterbildung für pädagogische Berufsgruppen bislang wenig einheitlich
und übersichtlich geordnet. Wenngleich die Fort- und Weiterbildung für LehrerInnen in den meisten Bundesländern in Form von sogenannten „Landesinstituten" organisiert wird, ist dies – gemessen an der Gesamtzahl von mehreren
Hunderttausend Lehrerinnen und Lehrern – doch ein bislang vergleichsweise be-
scheidenes Arbeitsfeld (zur LehrerInnenfortbildung vgl. auch Klafki, in diesem
Band).

Weiterbildung für LehrerInnen

Noch weniger geregelt ist die Fort- und Weiterbildung für die ebenfalls
700.000 bis 800.000 Berufstätigen in den außerschulischen pädagogisch-sozia-
len Berufen. Hier kann man von einer staatlich geregelten Fort- und Weiterbil-
dung allenfalls im Zusammenhang mit den Landesjugendämtern sprechen,
wenngleich auch hier eine Kluft zwischen Angebot und Bedarf unübersehbar ist.
Demgegenüber lassen sich als Weiterbildungsanbieter für pädagogisch-soziale
Berufe am ehesten die Wohlfahrtsverbände identifizieren, etwa die Diakonische
Akademie in Stuttgart oder das breite Weiterbildungsangebot von Caritas, dem
Deutschen Paritätischen Wohlfahrtsverband, der Arbeiterwohlfahrt oder dem
Deutschen Roten Kreuz. Daneben sind als bundeszentrale Fortbildungsstätten für
pädagogisch-soziale Berufe etwa die Akademie des „Deutschen Vereins für öffentliche und private Fürsorge" sowie das „Institut für Sozialpädagogik und Sozialarbeit – ISS" – beide in Frankfurt – zu nennen; alle diese Institutionen sind in
der „Konferenz bundeszentraler Fortbildungsinstitutionen" zusammengeschlossen (vgl. Engel-Kemmler/Maelicke/Scherpner 1990). Schließlich gibt es in diesem Bereich einen fast nicht mehr überschaubaren ungeregelten Markt an lokalen und regionalen Anbietern, Bildungswerken, eingetragenen Vereinen und privaten Instituten. Hierbei reicht das Angebot von längerfristigen therapeutischen
oder anderen Zusatzausbildungen, die vielfach vom Arbeitsamt gefördert werden
über berufsgruppenspezifische Angebote – etwa für ErzieherInnen – bis zu an-
bieterspezifischen Weiterbildungsangeboten.

Weiterbildung für soziale Berufe

Ungeregelter Markt

Erstausbildung und Weiterbildung

Insgesamt fallen im Zusammenhang mit diesen Fort- und Weiterbildungen zwei Besonderheiten auf: Zum einen sind bislang die Erstausbildungsstätten, also vor allem die Fachhochschulen und Universitäten an den Aufgaben der Fort- und Weiterbildung so gut wie nicht beteiligt; Aufbau- und Zusatzstudiengänge bilden hier eine gewisse Ausnahme. Auch besteht in dieser Hinsicht keine institutionalisierte Verknüpfung zwischen Aus-, Fort- und Weiterbildung. Zum andern – und dies hängt z.T. mit dem ersten Punkt zusammen – fehlt bislang vor allem im außerschulischen Bereich ein qualifiziertes Weiterbildungsangebot, das dem Umstand Rechnung trägt, daß seit Mitte der siebziger Jahre *akademisch* ausgebildetes Personal auf den Arbeitsmarkt drängt. Oder anders formuliert: Wissenschaftlich ausgebildetes Personal und Führungskräfte in einem immer komplexer und anspruchsvoller werdenden Teilarbeitsmarkt benötigen eine ihrer Ausbildung und ihren beruflichen Anforderungen entsprechende hochqualifizierte Fort- und Weiterbildung. Nicht ohne Grund wird dieses Defizit derzeit durch Weiterbildungsangebote zu Fragen des Bildungs-, Kultur- und Sozialmanagements zu beheben versucht. Hier wären neue Formen der wissenschaftlichen

Defizit: Weiterbildung für akademisches Personal

Weiterbildung an den bundesdeutschen Hochschulen gefordert, ein noch wenig erschlossenes Arbeitsfeld, das neue Berufsperspektiven eröffnen würde.

6. Bilanz

Das Arbeitsfeld der beruflichen Aus-, Fort- und Weiterbildung von und für PädagogInnen läßt sich kaum als zusammenhängendes Feld präsentieren. Zu unterschiedlich sind die Zugangswege und Qualifikationsanforderungen, zu ungleich sind die dort anfallenden Aufgaben. Insofern bietet sich eine bereichsspezifische Untergliederung zwischen Fachschule, Fachhochschule, Universität und Orten der beruflichen Fortbildung an.

Dennoch bleibt es unverzichtbar, auch dieses Segment, in dem nicht wenige ErziehungswissenschaftlerInnen – zumindest zeitweilig – ihr berufliches Betätigungsfeld finden, als ein eigenes Arbeitsfeld mit eigenen Anforderungsprofilen,

Aus-, Fort- und Weiterbildung als eigenes Arbeitsfeld

Beschäftigungskriterien und Entwicklungsmöglichkeiten sichtbar zu machen. Gerade, weil viele Studierende aufgrund fehlender Anschauung und Vorerfahrung sich nicht vorstellen können, daß dieses Arbeitsfeld einmal für sie selbst eine realistische Berufsperspektive eröffnen könnte, kommt es darauf an, dieses immer nur informell existierende Arbeitsfeld in seinen Koordinaten zu beschreiben.

Literatur

Beher, K./Knauer, D./Rauschenbach, Th.: Zum Standort der Sozialpädagogik im beruflichen Schulwesen. Ausbildungs- und Personalstruktur an Fachschulen für Sozialpädagogik und Berufsfachschulen für Kinderpflege. In: Die berufsbildende Schule 47 (1995), Heft 1, S. 5-12.

Engel-Kemmler, J./Maelicke, B./Scherpner, M. (Hrsg.): Fortbilden und Gestalten. München/Weinheim 1990.

Engelhardt, W.J./Ernst, H.: Dilemmata der ErzieherInnenausbildung zwischen Institution und Profession. In: Zeitschrift für Pädagogik 38 (1992), Heft 3, S. 419-435.

Gängler, H.: Akademisierung auf Raten. In: Krüger/Rauschenbach (1994), S. 229-252.
Höltershinken, D.: Zur Situation des Studiengangs der beruflichen Fachrichtung Sozialpädagogik. Konkretisierung am Beispiel des Landes Nordrhein-Westfalen. In: Bader, R./Pätzold, G. (Hrsg.): Lehrerbildung im Spannungsfeld von Wissenschaft und Beruf. Bochum 1995, S. 197-214.
Kell, A: Erziehungswissenschaftliche Fakultäten, Fachbereiche, Institute und erziehungswissenschaftliches Personal in den Universitäten der neuen Bundesländer. In: Kell, A. u.a. (Hrsg.): Erziehungswissenschaft im Aufbruch? Weinheim 1995, S. 29-43.
KMK: Rahmenvereinbarung über die Ausbildung und Prüfung für das Lehramt mit Schwerpunkt Sekundarstufe II – Lehrbefähigung für Fachrichtungen des beruflichen Schulwesens. Beschluß der Kultusministerkonferenz vom 05. Oktober 1973. Bonn 1973.
KMK: Bezeichnungen zur Gliederung des beruflichen Schulwesens. Beschluß der Kultusministerkonferenz vom 08. Dezember 1975. Bonn 1975.
Krüger, H.-H./Rauschenbach, Th. (Hrsg.): Erziehungswissenschaft. Die Disziplin am Beginn einer neuen Epoche. Weinheim/München 1994.
Rauschenbach, Th.: Sind nur Lehrer Pädagogen? Disziplinäre Selbstvergewisserungen im Horizont des Wandels von Sozial- und Erziehungsberufen. In: Zeitschrift für Pädagogik 38 (1992), Heft 3, S. 385-417.
Rauschenbach, Th.: Ausbildung und Arbeitsmarkt für ErziehungswissenschaftlerInnen. Empirische Bilanz und konzeptionelle Perspektiven. In: Krüger/Rauschenbach (1994), S. 275-293.
Rauschenbach, Th./Christ, B.: Abbau, Wandel oder Expansion? Zur disziplinären Entwicklung der Erziehungswissenschaft im Spiegel ihrer Stellenbesetzungen. In: Krüger/Rauschenbach (1994), S. 69-92.
Rauschenbach, Th./Beher, K./Knauer, D.: Die Erzieherin – Ausbildung und Arbeitsmarkt. Weinheim/München 1995.

XVI. Erziehungswissenschaftliche Forschung: Hochschulen, außeruniversitäre Forschungseinrichtungen, Praxisforschung

Heinz-Hermann Krüger

Inhalt

1. Grundbegriffe, Typen und Themen erziehungswissenschaftlicher Forschung
2. Zur Geschichte pädagogischer Forschung
3. Institutionen erziehungswissenschaftlicher Forschung
3.1. Hochschulen
3.2. Außeruniversitäre Forschungseinrichtungen
4. Erziehungswissenschaftliche Fachbereiche und Forschungsinstitutionen als Beschäftigungsfeld für PädagogInnen
5. Bilanz und Perspektiven

Literatur

Ein Blick in die einschlägigen Handbücher und Einführungswerke in die Erziehungswissenschaft aus den letzten beiden Jahrzehnten (vgl. etwa Wulf 1975; Lenzen 1983f.; Roth 1991) macht deutlich, daß der Bereich erziehungswissenschaftliche Forschung als eigenständiges Arbeitsfeld nicht thematisiert wird. Skizziert wird in der Regel das breite forschungsmethodische Instrumentarium der Erziehungswissenschaft, nicht aber die Typen, Themenschwerpunkte sowie personellen und finanziellen Ressourcen erziehungswissenschaftlicher Forschung. Und wenn es um die pädagogischen Berufsfelder und Berufe geht, so werden zwar LehrerInnen, SozialpädagogInnen oder ErwachsenenbildnerInnen vorgestellt, nicht aber die in dieser Disziplin arbeitenden ForscherInnen bzw. die erziehungswissenschaftliche Forschung als spezifisches Handlungsfeld. Dies ist insofern überraschend, als die Daten des Informationszentrums Sozialwissenschaften (vgl. Empirische Sozialforschung 1991) sowie die Jahresberichte der forschungsfördernden Institutionen und Stiftungen belegen, daß von den jährlich verzeichneten 5.000 Forschungsprojekten etwa zehn Prozent von erziehungswissenschaftlichen Einrichtungen durchgeführt werden und daß somit in der Erziehungswissenschaft entgegen manchem Vorurteil kaum weniger empirische Forschung betrieben wird als in der gewöhnlich als besonders forschungsintensiv geltenden Psychologie (vgl. Kuckartz 1994, S. 543).

1. Grundbegriffe, Typen, Positionen und Themen erziehungswissenschaftlicher Forschung

Grundlagenbezogene Forschung

Versucht man die Vielzahl an Forschungstypen und Forschungseinrichtungen, die unter die Kategorie erziehungswissenschaftliche Forschung subsumiert werden können, zu klassifizieren, so kann man zum einen nach der Art des Forschungsinteresses zwischen grundlagenbezogener, also eher theoretischer Forschung und anwendungsorientierter, also eher praxisorientierter Forschung unterscheiden.

Anwendungsorientierte Forschung

Heinrich Roth hat zusammen mit Dagmar Friedrich bereits 1975 (S. 28) einen ähnlichen Systematisierungsvorschlag formuliert und dabei die anwendungsorientierte Forschung noch einmal in entwicklungsorientierte und praxisorientierte Forschung unterteilt. Als Beispiel für vorwiegend theorieorientierte Forschung nennen sie die Lernforschung oder die Bildungstheorie, für primär entwicklungsorientierte Forschung die pädagogische Testkonstruktion oder die Bildungsplanung und für vorwiegend praxisorientierte Forschung die Begleitforschung bzw. die Evaluationsforschung, die sich auf die Beschreibung und Bewertung der Ergebnisse von Modellversuchen bezieht.

Eine zweite Möglichkeit, erziehungswissenschaftliche Forschung zu klassifizieren, besteht darin, der Frage nachzugehen, wie geforscht wird. Im Zentrum steht hier also die Frage nach den Forschungsmethoden. Sie markieren den Unterschied zum Alltagsvorgehen, indem sie Regeln vorgeben, die einen intersubjektiv nachvollziehbaren Zugang zur sozialen Welt sicherstellen sollen. In der Universitätspädagogik dominierte bis in die frühen sechziger Jahre dieses Jahrhunderts die Hermeneutik als Forschungsmethode der Geisteswissenschaften, die sich auf die verstehende Auslegung von Texten konzentriert. Erst seit Mitte der sechziger Jahre konnte sich in der erziehungswissenschaftlichen Forschung der empirisch-analytische Forschungsansatz stärker durchsetzen, der sich auf quantitative Forschungsmethoden wie Tests, Experimente oder standardisierte Befragungen stützt. Daneben haben sich seit den späten siebziger Jahren im Methodenspektrum der pädagogischen Forschung auch die aus der Tradition der Phänomenologie, des Symbolischen Interaktionismus und der Ethnomethodologie kommenden Ansätze qualitativer Forschung etabliert, die Forschungsmethoden wie die teilnehmende Beobachtung oder das offene Interview bevorzugen.

Qualitative Forschung

Das Mitte der siebziger Jahre noch von einer Reihe von ErziehungswissenschaftlerInnen favorisierte Modell der Aktions- bzw. Handlungsforschung (vgl. Heinze u.a. 1975), das Forschung und Praxisveränderung zu verknüpfen und die Trennung von ForscherInnen und PraktikerInnen zugunsten eines möglichst direkten Zusammenwirkens zwischen beiden Gruppen zu überwinden suchte, hat sich hingegen angesichts der ungesicherten methodologischen Standards der Ergebnisse (Probleme der intersubjektiven Überprüfbarkeit, Generalisierbarkeit) in der erziehungswissenschaftlichen Forschungslandschaft nicht behaupten können. Auch praxisorientierte Begleitforschungsprojekte sind inzwischen dazu übergegangen, deutlich zwischen einer ersten Phase versuchsbegleitender Forschung etwa in Gestalt einer prozeßorientierten (formativen) oder einer wirkungsorientierten (summativen) Evaluation (vgl. Weishaupt 1992, S. 65) und einer zweiten konstruktiven Phase, in der auf der Basis der empirischen Analysen Modell- und Maßnahmevorschläge zur Verbesserung der pädagogischen Praxis formuliert werden, zu unterscheiden.

Handlungsforschung

Welche Themengebiete werden nun im Rahmen der erziehungswissenschaftlichen Forschung untersucht? Geht man in Anlehnung an Roth und Friedrich (1975, S. 23) von einem weit gefaßten Begriff von Bildungsforschung aus, der sich auf das gesamte Bildungssystem einschließlich der außerschulischen Bildungsprozesse bezieht, d.h. der somit alle Bereiche des Bildungswesens von der Familie, über den Elementarbereich, die Schule, die Berufsausbildung, die Jugendhilfe, die Hochschule bis hin zur Weiterbildung umfaßt, so können die meisten erziehungswissenschaftlichen Forschungsprojekte thematisch dem Bereich der Bildungsforschung zugeordnet werden. Forschungsgebiete einer so weit definierten Bildungsforschung sind dann etwa die eher schulbezogene Lehr-, Lernforschung, die Curriculumforschung oder die Pädagogische Diagnostik, die Berufsbildungsforschung, die Hochschulforschung, aber auch die Weiterbildungsforschung und die Jugendhilfeforschung. Baumert u.a. (1992, S. 37ff.) haben die Objektbereiche der empirischen Bildungsforschung aufgeschlüsselt nach Fachgebieten innerhalb der Erziehungswissenschaft und auch im Vergleich zu den anderen an der Bildungsforschung beteiligten Disziplinen (z.B. Soziologie, Psychologie) untersucht. Dabei kommen sie zu dem Befund, daß die empirische Bildungsforschung auch am Ausgang der achtziger Jahre immer noch in erster Linie Schulforschung ist, während Teildisziplinen wie die Sonderpädagogik, die Erwachsenenbildung oder die Sozialpädagogik nur jeweils mit einem etwa zehnprozentigen Anteil am Gesamtvolumen der erziehungswissenschaftlichen Bildungsforschung beteiligt sind. Andere thematische Akzente werden hingegen in der empirischen Bildungsforschung außerhalb der Erziehungswissenschaft ge-

Bildungsforschung

setzt, wo Fragestellungen der Berufsbildungs-, der Hochschul- und der Weiterbildungsforschung ein deutlich größeres Gewicht haben.

Neben dem weiterhin zentralen Gebiet der Bildungsforschung hat sich im Rahmen der Erziehungswissenschaft in den letzten Jahren zudem die Wissenschaftsforschung als neues Forschungsgebiet etabliert. Sie beschäftigt sich mit der empirischen Betrachtung der Wirklichkeit des Faches Erziehungswissenschaft. Untersucht werden die institutionellen, personellen und materiellen Voraussetzungen und Bedingungen für Forschung und Lehre in der Disziplin Erziehungswissenschaft ebenso wie die unterschiedlichen Orte, Arten und Verwendungszusammenhänge erziehungswissenschaftlichen Wissens (vgl. Krüger/ Rauschenbach 1994).

Wissenschaftsforschung

2. Zur Geschichte pädagogischer Forschung

Lange bevor sich die Erziehungswissenschaft in Deutschland in den zwanziger Jahren mit eigenen Lehrstühlen an vielen Universitäten etablieren konnte, setzte bereits die Gründung von pädagogischen Forschungsinstituten ein. So wurden schon kurz nach der Jahrhundertwende u.a. in Bremen, Gelsenkirchen oder Leipzig pädagogisch-psychologische Institute von reformerischen Gruppen aus der Lehrerschaft selber eingerichtet und finanziert, die sich von den experimentellen Forschungen neue Erkenntnisse für die Didaktik, die Psychologie des Kindes- und Jugendalters und die Lehrerfortbildung versprachen (vgl. Tenorth 1994, S. 22). An der Gründung weiterer Institute, wie des pädagogisch-psychologischen Instituts 1910 in München oder des Instituts für Jugendkunde 1913 in Hamburg, die beide vom ‚Bund für Schulreform' initiiert worden waren, beteiligten sich auch die führenden Vertreter einer sich neu formierenden empirischen Pädagogik wie Alois Fischer bzw. Ernst Meumann. Insbesondere Meumann kann zum szientischen Flügel der Reformpädagogik gerechnet werden. Empirisch-pädagogische Forschung und Reformbewegungen der Praxis waren für ihn zwei Seiten der gleichen Medaille, da er auf der Basis der Ergebnisse der empirischen Tatsachenforschung den LehrerInnen objektive, dem Streit der Parteien enthobene, allein auf der Beobachtung des Kindes gestützte Beratung geben wollte (vgl. Tenorth 1988, S. 215).

Pädagogische Forschungsinstitutionen

In der Folgezeit entstanden noch eine Reihe weiterer außeruniversitärer Institute, die sich der empirisch-pädagogischen Forschung widmeten. 1914 wurde das preußische Zentralinstitut für Erziehung und Unterricht als ein vom Reich und den Ländern (außer Bayern) finanziertes Unternehmen gegründet, das umfangreiche Aufgaben im Bereich der Beratung, der statistischen Bestandsaufnahme, der Begutachtung und der Lehrerfortbildung übernahm (vgl. Dudek 1990, S. 99). Erich Hylla und Otto Bobertag arbeiteten an der Entwicklung von Intelligenztests, Max Kullnik erstellte Daten zur Schulentwicklung in Preußen.

Dem katholischen Milieu entstammend wurde 1922 in Münster mit Hilfe kirchlicher und staatlicher Stellen das ‚Deutsche Institut für wissenschaftliche Pädagogik' gegründet, das sich als eine Lehr- und Forschungsstätte für katholische Pädagogik verstand (vgl. ebd., S. 169). Ebenso etablierten sich auch im Bereich der außerschulischen Pädagogik einige Forschungsinstitutionen. Z.B. eröffnete der Leiter des Leipziger Volksbildungsamtes Paul Hermberg 1925 die Statistische Zentralstelle für die deutschen Volkshochschulen, deren Forschungen auf empirischem Wege Informationen über die Bildungsinteressen von Volkshochschulteilnehmern ermittelten (vgl. Born 1991, S. 47). Während die Aktivitäten der empirischen Pädagogik in außeruniversitären Instituten in den ersten Jahrzehnten des 20. Jahrhunderts sehr vielfältig waren, kam an den Universitäten empirisch orientierten Erziehungswissenschaftlern wie Alois Fischer, Peter Petersen oder Rudolf Lochner bestenfalls eine Außenseiterrolle zu. In Deutschland war die empirische pädagogische Forschung im Verlaufe der zwanziger Jahre weitgehend in die Psychologie, wie etwa bei Stern, oder in die Soziologie, wie bei Geiger, abgewandert. Denn bei der akademischen Institutionalisierung an Universitäten hatten sich die Vertreter anderer wissenschaftstheoretischer Schulen, vor allem die Repräsentanten der Geisteswissenschaftlichen Pädagogik, durchgesetzt (vgl. Tenorth 1988, S. 219).

Auch in der Nachkriegszeit wurde die Universitätspädagogik in Westdeutschland eindeutig durch Vertreter der Geisteswissenschaftlichen Pädagogik bestimmt, die an die Themen und methodischen Vorgehensweisen vor 1933 anknüpften.

An außeruniversitären Forschungsinstitutionen bestanden vor 1960 nur die 1951 gegründete Hochschule für Internationale Pädagogische Forschung in Frankfurt (seit 1964: Deutsches Institut für Internationale Pädagogische Forschung), das Unesco-Institut für Pädagogik in Hamburg (seit 1952), das Comenius-Institut in Münster (seit 1954) sowie als Serviceeinrichtung mit Dienstleistungsaufgaben seit 1958 die Pädagogische Arbeitsstelle des Deutschen Volkshochschulverbandes (vgl. Weishaupt 1992, S. 49).

Ausgelöst durch die von Georg Picht (1964) angestoßene Debatte um „Die deutsche Bildungskatastrophe" sowie die in der Folgezeit einsetzenden vielfältigen Bemühungen um eine organisatorische Reform des Bildungswesens veränderte sich die bildungspolitische, institutionelle und finanzielle Basis für empirische Forschung im pädagogischen Bereich seit Mitte der sechziger Jahre in Westdeutschland fast schlagartig. Es entstanden neue Beratungs- und Planungsinstanzen wie der Deutsche Bildungsrat, dessen Bildungskommission in ihrer zehnjährigen Tätigkeit insgesamt 50 Gutachten vorlegte, die den gesamten Bereich des Bildungswesens behandelten. Auf der Ebene der Regierungen wurde dieses Planungsgremium 1970 durch die Bund-Länder-Kommission für Bildungsplanung ergänzt, die Planungsinstrumente entwickeln sollte, um die im Grundgesetz neu aufgenommenen „Gemeinschaftsaufgaben" im Bildungsbereich zu verwirklichen (vgl. Tenorth 1988, S. 273). Allein zwischen 1963 und 1970 wurden 22 weitere außeruniversitäre Institute gegründet, deren Finanzvolumen in dieser Zeit um das 17fache von 2,68 Mill. DM 1963 auf 44,27 Mill. DM 1970 anstieg. Für die Finanzierung der außeruniversitären Bildungsforschung war zudem vor allem die Stiftung Volkswagenwerk von großer Bedeutung, die zwischen 1962 und 1975 insgesamt rund 346 Mill. DM für Forschungen im Bildungsbereich bewilligte (vgl. Weishaupt 1992, S. 5).

Neben verwaltungsabhängigen Landesinstituten auf der Ebene der Bundesländer, die vornehmlich die Schulentwicklung unterstützen sollten, wurden in

Deutscher Bildungsrat

dieser Zeit auch Institute gegründet, von denen man sich eine Intensivierung der Grundlagenforschung im Bereich der Bildungsforschung versprach, wie insbesondere durch das Max-Planck-Institut für Bildungsforschung in Berlin (seit 1963). Wesentliche Impulse für die Jugendhilfeforschung gingen von dem 1963 in München etablierten Deutschen Jugendinstitut aus, das u.a. die Aufgabe hat, eine unabhängige Sachverständigenkommission bei der Erstellung eines Jugendberichtes über die Bestrebungen und Leistungen der Jugendhilfe zu unterstützen, der der Bundesregierung in jeder Legislaturperiode vorgelegt wird (vgl. Lüders 1989, S. 809). Die Forschungsaktivitäten dieses Institutes sowie die in den siebziger und frühen achtziger Jahren publizierten Jugendberichte einzelner Bundesländer dürfen jedoch nicht darüber hinwegtäuschen, daß die Jugendhilfeforschung und Jugendhilfeplanung insgesamt in diesem historischen Zeitraum ein Stiefkind der Bildungsforschung gewesen und auf bescheidenem Niveau geblieben ist (vgl. Mollenhauer u.a. 1975, S. 319; Wuggenig 1989, S. 836).

Die Bedingungen für Forschung in der Erziehungswissenschaft wurden nicht nur durch die Expansion außeruniversitärer Forschungseinrichtungen, sondern auch durch die Ausweitung des Personals an den Hochschulen selbst verbessert. So wuchs der Hochschullehrerbestand in der Pädagogik allein zwischen 1966 und 1980 etwa um das Fünfeinhalbfache, von 196 im Jahre 1966 auf ungefähr 1.100 im Jahre 1980 (vgl. Baumert/Roeder 1990, S. 76). Dadurch wurde auch die fast ausschließliche Dominanz der Geisteswissenschaftler auf pädagogischen Lehrstühlen gebrochen. Wissenschaftler, die ihre Methodenausbildung in der Psychologie oder der Soziologie erhalten hatten, besetzten in den siebziger Jahren in nicht unbeträchtlicher Zahl erziehungswissenschaftliche Professuren (vgl. Baumert u.a. 1992, S. 7). Weitere Impulse für die Stärkung der Forschungskapazitäten im Fach Erziehungswissenschaft gingen in den siebziger Jahren von der Deutschen Forschungsgemeinschaft aus, die 1975 im Bereich der Lehr-Lern-Forschung, der Pädagogischen Förderung Behinderter und der Pädagogischen Jugendforschung Schwerpunktprogramme mit einer Laufzeit von je 5 Jahren einrichtete, wobei der Schwerpunkt Pädagogische Jugendforschung 1980 noch einmal um 5 Jahre verlängert wurde (vgl. Becker 1989, S. 259). 1986 richtete die DFG zudem an der Universität Bielefeld einen Sonderforschungsbereich zum Thema „Prävention und Intervention im Kindes- und Jugendalter" ein, an dem neben dem psychologischen und soziologischen Fachbereich auch eine erziehungswissenschaftliche Fakultät beteiligt ist.

Es wäre jedoch verkürzt und einseitig, die Entwicklung der erziehungswissenschaftlichen Forschung seit Mitte der sechziger Jahre in Westdeutschland nur als Erfolgsgeschichte darzustellen. Die Krise der Bildungsreform und des Lehrerarbeitsmarktes in den achtziger Jahren führte zu einem deutlichen Rückgang der Zahl der außeruniversitären Einrichtungen der Bildungsforschung auf momentan 28 Institute sowie zu einer rückläufigen Entwicklung bei der Drittmittelförderung der empirisch-pädagogischen Forschung an Hochschulen (vgl. Weishaupt 1992, S. 49).

3. Institutionen erziehungswissenschaftlicher Forschung

Erziehungswissenschaftliche Forschung findet gegenwärtig in institutionalisierter Form zum einen in Wissenschaftlichen Hochschulen, zum anderen in außeruniversitären Forschungseinrichtungen statt. Dabei ist die an Universitäten durchgeführte pädagogische Forschung eindeutig dominierend. Drei Viertel der Anfang der neunziger Jahre beim Sozialwissenschaftlichen Informationssystem erfaßten erziehungswissenschaftlichen Forschungsprojekte sind an Wissenschaftlichen Hochschulen angesiedelt, ein Viertel an öffentlichen, staatlichen oder verbandsabhängigen außeruniversitären Instituten (vgl. Baumert u.a. 1992, S. 30). Diese Forschung wird entweder aus Eigenmitteln der Wissenschaftlichen Hochschulen bzw. außeruniversitären Institute finanziert oder sie stützt sich vornehmlich auf finanzielle Zuwendungen (Drittmittel), die bei Ministerien, Stiftungen und der Deutschen Forschungsgemeinschaft beantragt werden können.

3.1. Hochschulen

Personell ist die universitäre Erziehungswissenschaft der bedeutsamste Teil der institutionalisierten pädagogischen Forschung. Trotz des in den achtziger Jahren einsetzenden Stellenabbaus belief sich das hauptberufliche Personal in der Erziehungswissenschaft in den alten Bundesländern 1988 auf 2.120 Personen, wovon 1.012 zur Gruppe der hauptberuflichen ProfessorenInnen und 1.108 zur Gruppe des akademischen Mittelbaus gehörten. Zusätzlich sind allein bis Ende 1993 im Zuge des Neuaufbaus der Erziehungswissenschaft in den neuen Bundesländern noch einmal 135 Professuren (vgl. Rauschenbach/Christ 1994, S. 91) und sicherlich weit mehr als doppelt soviele Mittelbaustellen an Universitäten dazu gekommen, auch wenn man dabei mit berücksichtigen muß, daß der Umstrukturierungsprozeß der erziehungswissenschaftlichen Fachbereiche in Ostdeutschland gleichzeitig mit einem massiven Personalabbau vor allem bei den wissenschaftlichen MitarbeiterInnenstellen verbunden war.

Personal in der Erziehungswissenschaft

Wie stellt sich nun die Forschungsintensität und die Forschungsförderung in den erziehungswissenschaftlichen Fachbereichen dar? Baumert und Roeder (1990, S. 87f.) haben in einer Untersuchung herausgefunden, daß der Anteil der HochschullehrerInnen in den alten Bundesländern, die kein Forschungsprojekt innerhalb von 3 Jahren durchgeführt haben, in der Zeit zwischen 1976 und 1988 von 5,8 auf 16,1 Prozent angestiegen ist und daß gleichzeitig der Anteil der HochschullehrerInnen, die Drittmittel für pädagogische Forschung erhalten haben, von 70,9 auf 57,7 Prozent zurückgegangen ist. Bei der Einwerbung von Drittmitteln, insbesondere DFG-Mitteln, ist die Gruppe der ErziehungswissenschaftlerInnen mit empirischer methodischer Orientierung, die etwa 20 Prozent aller HochschullehrerInnen im Fach Erziehungswissenschaft umfaßt, etwas erfolgreicher. Auch unterscheiden sich die einzelnen pädagogischen Fachbereiche hinsichtlich ihrer Forschungsorientierung ganz erheblich. So finden sich an den Extrempolen auf der einen Seite Fachbereiche, die ein erfolgreiches Forschungsmanagement betreiben und jederzeit den Vergleich mit den Nachbardis-

Forschungsintensität

ziplinen bestehen können und auf der anderen Seite wenig forschungsintensive, praxisorientierte Fachbereiche, die die Schwelle zur Forschungsförderung selten überschreiten.

Praxisforschung

Neuerdings erheben auch die Fachbereiche für Sozialwesen an Fachhochschulen den Anspruch, als Stätte erziehungswissenschaftlicher Forschung anerkannt zu werden. Salustowicz (1993) kommt in einer Studie zur Fachhochschulforschung zu dem Ergebnis, daß etwa ein Drittel der FachhochschulprofessorInnen im Bereich Sozialwesen sich in ihrem Selbstverständnis als forschungsorientiert begreifen und vor allem im Kontext von Praxisforschung und Evaluationsforschung tätig sind.

Spezielle Institute an Universitäten

Neben den erziehungswissenschaftlichen Fachbereichen gibt es an einigen Universitäten noch spezielle Institute, die sich mit Fragen empirischer pädagogischer Forschung beschäftigen. Das größte dieser Institute ist sicherlich das Institut für Pädagogik der Naturwissenschaften an der Universität Kiel, dessen Arbeitsschwerpunkte von der Grundlagenforschung in der Pädagogik des naturwissenschaftlichen Unterrichts bis hin zur Entwicklung und Erprobung naturwissenschaftlicher Unterrichtsmaterialien reichen (vgl. BMBW 1994, S. 34). Als weitere wichtige und anerkannte Forschungseinrichtungen seien exemplarisch das Institut für Schulentwicklungsforschung an der Universität Dortmund genannt, das neben der wissenschaftlichen Begleitung von Modellversuchen im Bildungswesen seit 1979 in zweijährigem Turnus repräsentative Umfragen zur Schulentwicklung durchführt (vgl. Rolff u.a. 1990), sowie das Zentrum für empirische pädagogische Forschung an der Universität Koblenz-Landau, das sich vor allem durch Forschungen im Bereich der Pädagogischen Diagnostik profiliert hat.

3.2. *Außeruniversitäre Forschungseinrichtungen*

Die Einrichtungen der außeruniversitären Bildungsforschung lassen sich grob in wissenschaftsorientierte, serviceorientierte, verbandsabhängige und verwaltungsabhängige Institute unterscheiden. Kommerzielle Forschungsinstitute wie etwa Emnid in Bielefeld oder Psydata in Frankfurt haben hingegen für die erziehungswissenschaftliche Forschung nur eine randständige Bedeutung. Dazu kommt noch ein in den Dokumentationsbänden zur erziehungswissenschaftlichen Forschung zumeist kaum erfaßter ‚grauer Markt' von selbstorganisierten kleinen Forschungsinstituten, die sich auf der Basis von Mittelzuwendungen der Bundesanstalt für Arbeit, der Kommunen oder Ministerien finanzieren, zumeist praxisorientierte Forschung vor allem im Bereich der Jugendhilfe betreiben und gerade für diplomierte HauptfachpädagogInnen ein nicht unbedeutendes Beschäftigungsfeld darstellen.

Wissenschaftliche Institute

Die größten und renommiertesten wissenschaftlichen Institute im Bereich der Bildungsforschung sind das Max-Planck-Institut für Bildungsforschung (MPI) in Berlin und das Deutsche Institut für Internationale Pädagogische Forschung (DIPF) in Frankfurt neuerdings mit einer Außenstelle in Berlin. Beides sind Institute in öffentlicher Trägerschaft. Diese Institute lassen sich nicht allein der Erziehungswissenschaft zuordnen, sie vereinigen MitarbeiterInnen aus mehreren sozialwissenschaftlichen Disziplinen und arbeiten auf der Basis verschiedenartiger theoretischer Ansätze und methodischer Konzepte, vorrangig im Bereich der Grundlagenforschung. So werden im Max-Planck-Institut für Bildungsforschung gegenwärtig etwa neben soziologischen Untersuchungen zu Bildungs- und Entwicklungsprozessen im gesamten Lebenslauf und psychologischen Studien zur Entwicklung kognitiver und geistiger Fähigkeiten über die Lebensspanne auch stärker erziehungswissenschaftlich akzentuierte Projekte, z.B. zur Entwicklung des Bildungswesens in den alten und neuen Bundesländern, durchgeführt (vgl. MPI 1993). Zu den Langzeitaufgaben des Deutschen Instituts für Internationale Pädagogische Forschung gehören Forschungen zur deutschen Bildungsgeschichte und Bildungspolitik, zur Entwicklung des computergestützten Unterrichts sowie die Dauerbeobachtung ausgewählter ausländischer Bildungssysteme. Die aktuellen Forschungsarbeiten befassen sich mit der Analyse von Bildung und Erziehung im sozialkulturellen Wandel, mit Steuerungsproblemen im Bildungswesen sowie mit Problemen der Erziehung in multikulturellen Gesellschaften (vgl. BMBW 1994, S. 34). Im Bereich der außerschulischen Bildungsforschung stellt das Deutsche Jugendinstitut (DJI) in München die quantitativ größte Forschungsinstitution (mit über 100 zumeist unbefristeten MitarbeiterInnenstellen) in öffentlicher Trägerschaft dar, die sich mit Fragen anwendungsorientierter Grundlagenforschung im Spektrum von Jugendhilfe-, Jugend- und Familienforschung beschäftigt (vgl. DJI 1994).

Stärker eine serviceorientierte Einrichtung der außerschulischen Bildungsforschung ist die Pädagogische Arbeitsstelle des Deutschen Volksschul-Verbandes (PAV) in Frankfurt. Die Arbeitsstelle führt zwar auch eigene Studien z.B. zur Methodik der Lehrtätigkeit in der Weiterbildung durch. Ihre Hauptaufgabe sieht sie jedoch darin, Grundlageninformationen über die Methodik und Didaktik in allen Weiterbildungsbereichen zu dokumentieren und für die Forschung und Praxis zur Verfügung zu stellen (vgl. BMBW 1994, S. 35). Von den verbandsabhängigen Instituten seien exemplarisch das von der evangelischen Kirche finanzierte Comenius-Institut mit Sitz in Münster und Berlin erwähnt, das sich mit Fragen der Religionspädagogik und kirchlichen Bildungsarbeit beschäftigt oder das von der Arbeiterwohlfahrt finanziell unterstützte Institut für Sozialarbeit und Sozialpädagogik (ISS) in Frankfurt, das die wissenschaftliche Begleitung von Modellversuchen und neuen Handlungsansätzen in der Jugendhife durchführt.

Den größten Anteil unter den Instituten der außeruniversitären Bildungsforschung machen die staatsabhängigen Einrichtungen aus. Neben dem Bundesinstitut für Berufsbildung (BIBB) in Berlin, das direkt zum Geschäftsbereich des Bundesministeriums für Bildung und Wissenschaft gehört und sich mit aktuellen Fragestellungen und Problemlagen der Arbeitsmarktsituation und der beruflichen Bildung auseinandersetzt, gibt es in den meisten alten Bundesländern und inzwischen auch in einigen neuen Bundesländern verwaltungsabhängige Institute. Diese sind in der Regel nachgeordnete Dienststellen der Kultusministerien der Länder und haben die Aufgabe, regionale Schulentwicklungen praxisnah zu unterstützen und/oder die Fort- und Weiterbildung von LehrerInnen zu organisieren bzw. durchzuführen.

Insgesamt arbeiten gegenwärtig in den Instituten der außeruniversitären Bildungsforschung nach meinen eigenen Berechnungen auf der Basis der Angaben

Mittelzuwendung im Handbuch Erziehungswissenschaft (1994) knapp 1000 Personen, davon jeweils etwa je die Hälfte in Staatsinstituten bzw. in Instituten mit nicht-staatlicher Trägerschaft. Die Mittelzuwendung für die außeruniversitären Einrichtungen der Bildungsforschung sind in der Zeit von 1963 bis 1989 von 2,7 Mio. DM auf rund 224 Mio. DM angestiegen. Problematisch an dieser Entwicklung ist jedoch, daß die Finanzmittel für die wissenschaftlichen Forschungseinrichtungen bezogen auf das finanzielle Gesamtvolumen seit Mitte der siebziger Jahre kontinuierlich zurückgegangen sind, während die finanziellen Zuweisungen für die in den siebziger Jahren expandierenden Staatsinstitute kontinuierlich angestiegen sind. Seit Mitte der achtziger Jahre fließt mehr als die Hälfte der Mittel für außeruniversitäre Bildungsforschung in diese nachgeordneten Behörden (vgl. Baumert u.a. 1992, S. 27).

Die Folge dieser Entwicklung ist nicht nur eine finanzielle Schwächung der verwaltungsunabhängigen außeruniversitären Grundlagenforschung, sondern auch ein deutlicher Rückgang der von Ministerien und Verwaltungen bereitgestellten Drittmittel für die universitäre empirisch-pädagogische Forschung.

4. Erziehungswissenschaftliche Fachbereiche und Forschungsinstitutionen als Beschäftigungsfeld für PädagogInnen

Erziehungswissenschaftlicher Nachwuchs Verläßliche Aussagen zu den Chancen des erziehungswissenschaftlichen Nachwuchses im Beschäftigungssegment Lehre und Forschung an Wissenschaftlichen Hochschulen bzw. in außeruniversitären Forschungsinstitutionen zu machen, fällt ausgesprochen schwer, da zu diesem Bereich nur wenige gesicherte empirische Informationen vorliegen. Am besten ist im Fach Erziehungswissenschaft noch die Entwicklung der HochschullehrerInnenstellen untersucht, deren Erwerb neben der Promotion in der Regel zudem den erfolgreichen Abschluß einer Habilitation voraussetzt. Wurden die Aussichten für den habilitierten erziehungswissenschaftlichen Nachwuchs eine Lebenszeit-Professur zu bekommen in den späten achtziger Jahren noch als sehr schlecht eingeschätzt, da die Erziehungswissenschaft aufgrund der Krise des LehrerInnenarbeitsmarktes damals einen deutlichen Rückgang an HochschullehrerInnen zu verkraften hatte (vgl. Lenzen 1991, S. 1092), so hat sich diese Situation seit Anfang der neunziger Jahre gravierend verändert. So wurden allein in den Jahren 1990 bis 1993 bedingt durch den alltagsbedingten Ersatzbedarf in den alten und den Umstrukturierungsprozeß der Erziehungswissenschaft in den neuen Bundesländern an den Wissenschaftlichen Hochschulen insgesamt 257 HochschullehrerInnenstellen (143 in West- und 114 in Ostdeutschland) ausgeschrieben sowie zusätzlich noch 160 ProfessorenInnenstellen an Fachhochschulen im Bereich Sozialwesen (vgl. Rauschenbach/Christ 1994, S. 83ff.).

Habilitierte ErziehungswissenschaftlerInnen Die Folge dieser Entwicklung ist, daß das lange Zeit unerfreulich stark gefüllte Reservoir an qualifizierten, habilitierten NachwuchswissenschaftlerInnen sich weitgehend geleert hat und die Zukunftschancen für habilitierte ErziehungswissenschaftlerInnen in den nächsten Jahren relativ gut sind. Dies gilt vor allem für das Fachgebiet Schulpädagogik, wo ein besonders großer Mangel an qualifiziertem Nachwuchs besteht.

Im Hinblick auf die Situation bei den Mittelbaustellen kommen Kuckartz und Lenzen (1994, S. 137) auf der Basis einer Befragung von 44 Wissenschaftlichen Hochschulen in den alten Bundesländern zu dem Befund, daß die Anzahl unbefristeter Akademischer Ratsstellen in den vergangenen Jahren weiter zurückgegangen ist, während die Lage bei den zeitlich befristeten wissenschaftlichen Mitarbeiter- bzw. AssistentInnenstellen, die sich als Nachwuchsstellen für diplomierte bzw. promovierte HauptfachpädagogenInnen eignen, weitgehend stabil geblieben ist. Verbessert hat sich inzwischen die Situation der Frauen, die 30 Prozent der neu besetzten AssistentInnenstellen und über 40 Prozent der neubesetzten MitarbeiterInnenstellen einnehmen. Nach eigenen Berechnungen (u.a. auf der Grundlage des Handbuches Erziehungswissenschaft 1994) gibt es an den Wissenschaftlichen Hochschulen in den neuen Bundesländern gegenwärtig etwa 350 Mittelbaustellen. Zusammen mit den sicherlich noch weit über 1000 Mittelbaustellen in den alten Bundesländern stehen dem Fach Erziehungswissenschaft momentan somit insgesamt etwa 1400 Mittelbaustellen in Deutschland zur Verfügung, von denen ein kleiner Teil in den nächsten Jahren durch NachwuchswissenschaftlerInnen wieder besetzt werden kann. — *Mittelbaustellen*

Das Stellenvolumen der außeruniversitären Institute für Bildungsforschung umfaßt zur Zeit knapp 1000 Stellen, davon sind etwa 80 Prozent unbefristet. Diese sind in den sog. Staatsinstituten teilweise mit abgeordneten LehrerInnen besetzt, in den wissenschaftsorientierten Forschungseinrichtungen sind ErziehungswissenschaftlerInnen neben SoziologInnen, PsychologInnen u.s.w. oft eine Minderheit, so daß de facto gegenwärtig selbst bei großzügigen Schätzungen etwa ein Drittel der Stellen von diplomierten oder promovierten Hauptfach-PädagogInnen besetzt sind bzw. zukünftig wieder besetzt werden können. Ähnlich ungünstig stellen sich immer noch die Relationen selbst in erziehungswissenschaftlich akzentuierten Forschungsprojekten an Universitäten bzw. in außeruniversitären Instituten dar, wo mehr als die Hälfte der circa 500 zeitlich befristeten Drittmittelstellen immer noch durch NachwuchswissenschaftlerInnen aus den Nachbardisziplinen (vor allem Soziologie und Psychologie) besetzt werden, da sie oft eine bessere Methodenausbildung nachweisen können (vgl. Empirische Sozialforschung 1991; Weishaupt 1992). — *Stellenvolumen der außeruniversitären Institute* / *Drittmittelstellen*

Bei der Reform der Rahmenprüfungsordnung für den Diplomstudiengang Erziehungswissenschaft wurde zwar den Forschungsmethoden ein größerer Stellenwert eingeräumt. So sieht die 1989 von der Westdeutschen Rektorenkonferenz und der Kultusministerkonferenz verabschiedete Rahmenordnung nun zehn Semesterstunden im Grundstudium, darunter vier Stunden für Statistikkurse, und zehn Semesterwochenstunden im Hauptstudium vor. Auf den Umfang des Gesamtstudiums bezogen bedeutet dies, daß nun fast 15 Prozent der Semesterwochenstunden auf das Studium der Forschungsmethoden entfallen sollen. Eine synoptische Analyse der mir von fast allen Hochschulen vorliegenden aktuellen Prüfungs- und Studienordnungen des Diplomstudienganges Erziehungswissenschaft zeigt jedoch, daß nur eine Minderheit der west- und ostdeutschen Hochschulen diesen Rahmenvorgaben in der Methodenausbildung von Diplom-PädagogInnen einigermaßen gerecht wird. Angesichts dieser problematischen Ausbildungssituation im Hinblick auf die Förderung der Methoden- und Forschungskompetenz von Hauptfach-PädagogInnen ist es geradezu überraschend, daß nach — *Methodenausbildung*

Informationen der wenigen vorliegenden Regionalstudien zur Berufseinmündung von Diplom-PädagogInnen noch etwa 10 Prozent der AbsolventInnen dieses Studienganges nach Studienabschluß auf in der Regel befristeten Stellen im Bereich von universitärer oder außeruniversitärer Forschung untergekommen sind (vgl. Bahnmüller u.a. 1988, S. 104; Flacke/Prein/Schulze 1989, S. 115).

5. Bilanz und Perspektiven

Wie stellen sich nun die Erträge und Zukunftsperspektiven der erziehungswissenschaftlichen Forschung dar? Dazu einige abschließende Bemerkungen.

Die empirische Schulforschung hat inzwischen eine Vielzahl von quantitativen Studien zur Bildungsbeteiligung, zum Schulklima, zu somatischen Problemen bei SchülerInnen etc. vorgelegt (vgl. Fend 1990, S. 705). Außerdem hat sie umfangreiche Bedarfsprognosen zur Bildungsentwicklung in den alten und neuen Bundesländern erstellt (vgl. Weegen 1994) und dadurch die seit Mitte der

Erfolgsbilanz siebziger Jahre fehlende gesamtstaatliche Bildungsplanung ein Stück weit kompensiert. Auch im Bereich der Berufsbildungsforschung, die in den achtziger Jahren kaum Ergebnisse vorweisen konnte, gibt es in jüngster Zeit Fortschritte, da die Deutsche Forschungsgemeinschaft inzwischen ein Schwerpunktprogramm mit dem Ziel eingerichtet hat, berufsrelevante Bildungsprozesse im Kontext technischer, ökonomischer und gesellschaftlicher Bedingungen zu untersuchen (vgl. Achtenhagen 1991, S. 195). Die Forschungsresultate des 1990 publizierten achten und des1994 fertiggestellten neunten Jugendberichtes verbesserten die Informationen über die aktuellen Strukturentwicklungen der Jugendhife bzw. über die Situation der Kinder und Jugendlichen sowie der Jugendhilfe in den neuen Bundesländern. Im Bereich der erziehungswissenschaftlichen Wissenschaftsforschung liegen erste Studien zur historischen Entwicklung der Disziplin sowie zu den Personal- und Forschungsressourcen des Fachs vor (vgl. Krüger/Rauschenbach 1994). Nicht zu vergessen ist die Tatsache, daß auch die qualitative Forschung in vielfältigen Bereichen der Pädagogik von der Biographieforschung über die Jugend- bis hin zur Frauenforschung im vergangenen Jahrzehnt an Bedeutung gewonnen hat (vgl. Krüger 1995).

Diese scheinbare Erfolgsbilanz der erziehungswissenschaftlichen Forschung darf allerdings nicht darüber hinwegtäuschen, daß immer noch eine Reihe von Aspekten auf der Soll-Seite zu verbuchen sind. So wurde z.B. im neuen Kinder-

Defizite und Jugendhilfegesetz von 1991 eine Verpflichtung der öffentlichen Jugendhilfeträger zur Planung festgelegt, jedoch haben erst wenige Jugendämter umfassende Planungsprozesse durchgeführt und zusätzliche finanzielle und personelle Ressourcen dafür zur Verfügung gestellt (vgl. Gläss/Herrmann 1994, S. 7).

Rückläufig sind seit einem Jahrzehnt die staatlichen Mittelzuwendungen für die erziehungswissenschaftliche Grundlagenforschung. Dies gilt leider gegenwärtig ebenso noch für die Anzahl der Anträge auf Sachmittel, die ErziehungswissenschaftlerInnen bei der Deutschen Forschungsgemeinschaft stellen (vgl. Heid 1993, S. 110). Die Erziehungswissenschaft ist auch Anfang der neunziger Jahre in ihrem main-stream eine literarisch räsonierende Schreibtischdisziplin.

Aber auch jene Minderheit von etwa 20 Prozent der ErziehungswissenschaftlerInnen, die sich einem quantitativ orientierten empirisch-analytischen Forschungsansatz verbunden fühlen, räumen konzeptionelle und methodische Schwächen der bislang durchgeführten Untersuchungen ein. Sie seien zumeist durch Theoriearmut gekennzeichnet und in ihren Fragestellungen zu sehr auf die Schule fixiert (vgl. Strittmater/Dinter 1991, S. 204). Außerdem mangele es an repräsentativen Querschnittsuntersuchungen und vor allem an quantitativen Längsschnittstudien, die individuelle Entwicklungen längerfristig verfolgen. Schwächen gerade im methodischen Bereich weisen jedoch auch eine Reihe von qualitativ orientierten erziehungswissenschaftlichen Forschungsprojekten auf, die die inzwischen elaborierten Standards qualitativer Forschung unterlaufen und statt dessen eher handgestrickte Auswertungsverfahren bevorzugen (vgl. Krüger 1995).

Zukünftige Aufgaben der erziehungswissenschaftlichen Forschung sind somit die verstärkte Realisierung von repräsentativen Querschnitts- und Längsschnittuntersuchungen, die zumindest in Theorien mittlerer Reichweite konzeptionell eingebunden sind sowie von qualitativen Fallstudien, die sich in allen Forschungsschritten konsequent an den Kriterien einer qualitativen Methodologie orientieren und die zudem das disziplinspezifische Frageformat einer pädagogisch akzentuierten qualitativen Forschung noch deutlicher ins Blickfeld rükken sollten. All diese forschungsprogrammatischen Überlegungen zur Weiterentwicklung der erziehungswissenschaftlichen Forschung bleiben jedoch ohne materielle Basis, wenn nicht zugleich die finanzielle Förderung der pädagogischen Grundlagenforschung bedeutend verstärkt wird. Zur Verbesserung der Voraussetzungen für erziehungswissenschaftliche Forschung gehört auch, daß die Methodenausbildung und die Vermittlung von Forschungskompetenzen in der erziehungswissenschaftlichen Hauptfachausbildung deutlicher profiliert wird. Durch die konsequente Realisierung der in der Diplomrahmenprüfungsordnung vorgesehenen Ausbildung in quantitativen und qualitativen Forschungsmethoden mit einem Gesamtvolumen von 20 Semesterwochenstunden, durch die Einführung eines Wahlpflichtfaches erziehungswissenschaftliche Forschung sowie von Forschungspraktika, durch Forschungswerkstätten und kasuistische Fallseminare könnte die Forschungsorientierung erziehungswissenschaftlicher Hauptfachstudiengänge deutlicher akzentuiert und damit gleichzeitig die Berufschancen für HauptfachpädagogInnen im Beschäftigungssegment universitäre und außeruniversitäre Forschung erhöht werden.

Vieles spricht derzeit dafür, daß die Aufgabenstellungen der erziehungswissenschaftlichen Forschung in den nächsten Jahren an Bedeutung gewinnen und damit sich die Zugangsmöglichkeiten zu finanziellen Ressourcen vielleicht wieder verbessern werden. Angesichts der Herausforderungen, die sich etwa aus den Anforderungen der deutschen Vereinigung und der europäischen Integration für die Entwicklung und Gestaltung des Bildungs-, Erziehungs- und Sozialwesens, aus den Folgen der technischen Veränderungen und der strukturellen Massenarbeitslosigkeit für die berufliche Bildung und Weiterbildung, aus den Auswirkungen der Pluralisierungsprozesse von Familienformen für die Schule und die Jugendhilfe ergeben, ist auch wieder mit einem verstärktem Interesse und einer zunehmenden Nachfrage nach problemlösungsrelevanten Wissensbeständen der erziehungswissenschaftlichen Forschung zu rechnen.

Zukünftige Aufgaben

Literatur

Achtenhagen, F.: Erträge und Aufgaben der Berufsbildungsforschung. In: Beck, K./Kell, A. (Hrsg.): Bilanz der Bildungsforschung. Weinheim 1991, S. 185-200.
Bahnmüller, R. u.a.: Diplom-Pädagogen auf dem Arbeitsmarkt. Weinheim/München 1988.
Baumert, J./Roeder, P.M.: Forschungsproduktivität und ihre institutionellen Bedingungen. In: Zeitschrift für Pädagogik 36 (1990), Heft 1, S. 73-97.
Baumert, J. u.a.: Zum Status der empirisch-analytischen Pädagogik in der deutschen Erziehungswissenschaft. In: Ingenkamp, K. u.a. (Hrsg.): Empirische Pädagogik 1970-1990. Bd. I, Weinheim 1992, S. 1-90.
Becker, H.: Das DFG-Schwerpunktprogramm ‚Pädagogische Jugendforschung'. In: Breyvogel, W. (Hrsg.): Pädagogische Jugendforschung. Opladen 1989, S. 259-264.
Born, A.: Geschichte der Erwachsenenbildungsforschung. Bad Heilbrunn 1991.
Bundesministerium für Bildung und Wissenschaft (Hrsg.): Leistungsplan 1993/94. Bildungsforschung und Modellversuchsförderung. Bonn 1994.
Deutsches Jugendinstitut: Jahresbericht 1993. München 1994.
Dudek, P.: Jugend als Objekt der Wissenschaften. Opladen 1990.
Empirische Sozialforschung 1991. Eine Dokumentation von St. Kühnel und H. Rohlinger. Hrsg. vom Zentralarchiv für Empirische Sozialforschung an der Universität Köln in Zusammenarbeit mit dem Informationszentrum Sozialwissenschaften. Frankfurt/New York 1992.
Fend, H.: Bilanz der empirischen Bildungsforschung. In: Zeitschrift für Pädagogik 36 (1990), Heft 5, S. 687-709.
Flacke, K./Prein, G./Schulze, J.: Studium und Beruf – Dortmunder Diplom-PädagogInnen. Dortmund 1989.
Gläss, H./Herrmann, F.: Strategien der Jugendhilfeplanung. Weinheim/München 1994.
Haft, H./Kordes, H.: Empirisch-pädagogische Forschung am Ausgang ihrer ‚realistischen Phase'. In: Haft, H./Kordes, H. (Hrsg.): Methoden der Erziehungs- und Bildungsforschung, Bd. 2 der Enzyklopädie Erziehungswissenschaft. Stuttgart 1984, S. 13-39.
Handbuch Erziehungswissenschaft 1994/95. Hrsg. von der DGfE. Weinheim 1994.
Heid, H.: Anmerkungen zur Forschungssituation in den Erziehungswissenschaften. In: Erziehungswissenschaft 4 (1993), Heft 7, S. 110-125.
Heiner, M. (Hrsg.): Paxisforschung in der sozialen Arbeit. Freiburg 1988.
Heinze, Th. u.a.: Handlungsforschung im pädagogischen Feld. München 1975.
Krüger, H.H.: Bilanz und Zukunft der erziehungswissenschaftlichen Biographieforschung. In: Krüger, H.H./Marotzki, W. (Hrsg.): Erziehungswissenschaftliche Biographieforschung. Opladen 1995, S. 32-54.
Krüger, H.H./Rauschenbach, Th. (Hrsg.): Erziehungswissenschaft. Die Disziplin am Beginn einer neuen Epoche. Weinheim/München 1994.
Kuckartz, U.: Methoden erziehungswissenschaftlicher Forschung 2: Empirische Methoden. In: Lenzen, D. (Hrsg.): Erziehungswissenschaft. Reinbek 1994, S. 543-567.
Kuckartz, U./Lenzen, D.: Daten zur Stellensituation in der deutschen Erziehungswissenschaft und zu den Chancen des wissenschaftlichen Nachwuchses. In: Erziehungswissenschaft 5 (1994), Heft 9, S. 130-143.
Lenzen, D. (Hrsg.): Enzyklopädie Erziehungswissenschaft. Handbuch und Lexikon der Erziehung in 11 Bänden. Stuttgart 1983ff.
Lenzen, D.: Hochschullehrer/Hochschullehrerin und wissenschaftlicher Nachwuchs. In: Roth (1991), S. 1082-1097.
Lüders, Ch.: Jugendforschung und die Jugendberichterstattung. In: Markefka, M./Nave-Herz, R. (Hrsg.): Handbuch der Familien- und Jugendforschung Bd. 2, Neuwied/Frankfurt a.M. 1989, S. 809-820.
Max-Planck-Institut für Bildungsforschung: Arbeitsbericht 1992. Berlin 1993.
Mollenhauer, K. u.a.: Forschungen im Bereich der Jugendhilfe. In: Deutscher Bildungsrat: Bildungsforschung, Bd. 2, Stuttgart 1975, S. 319-415.
Picht, G.: Die deutsche Bildungskatastrophe. Olten/Freiburg 1964.

Rauschenbach, Th./Christ, B.: Abbau, Wandel oder Expansion? Zur disziplinären Entwicklung der Erziehungswissenschaft im Spiegel ihrer Stellenbesetzungen. In: Krüger/Rauschenbach (1994), S. 69-92.
Rolff, H.G. u.a. (Hrsg.): Jahrbuch der Schulentwicklung, Band 6. Weinheim/München 1990.
Roth, H./Friedrich, D.: Einleitung. In: Deutscher Bildungsrat: Bildungsforschung, Teil 1. Stuttgart 1975, S. 19-54.
Roth, L. (Hrsg.): Pädagogik. Handbuch für Studium und Praxis. München 1991.
Salustowicz, P.: Forschung an Fachhochschulen. Weinheim 1993.
Strittmater, P./Dinter, F.: Stand und Perspektiven der Lehr-Lern-Forschung. In: Beck, K./Kell, A. (Hrsg.): Bilanz der Bildungsforschung. Weinheim 1991, S. 201-218.
Tenorth, H.E: Geschichte der Erziehung. Weinheim/München 1988.
Tenorth, H.E.: Profession und Disziplin. Zur Formierung der Erziehungswissenschaft. In: Krüger/Rauschenbach (1994), S. 17-28.
Weegen, M.: Perspektiven zwischen LehrerInnenbedarf und LehrerInnenmangel. In: Krüger/Rauschenbach (1994), S. 201-214.
Weishaupt, H.: Begleitforschung zum Modellversuch im Bildungswesen. Weinheim 1992.
Wuggenig, U.: Jugendhilfe, Jugendpflege und Jugendfürsorge. In: Markefka, M./Nave-Herz, R. (Hrsg.): Handbuch der Familien- und Jugendforschung, Bd. 2, Neuwied/Frankfurt 1989, S. 821-838.
Wulf, Ch. (Hrsg.): Wörterbuch der Erziehung. München 1975.

Autorinnen und Autoren

Apitzsch, Ursula, geb. 1947, Dr. phil. habil., Professorin für Soziologie und Politologie an der Universität Frankfurt; Arbeitsschwerpunkte: Migrationsforschung, Biographieforschung, Soziologie und Politologie, Kulturtheorie

Arnold, Rolf, geb. 1952, Dr. phil., Professor für Pädagogik, insbes. Betriebs- und Berufspädagogik an der Universität Kaiserslautern; Arbeitsschwerpunkte: Betriebspädagogik, berufliche Weiterbildung, internationale Berufsbildung

Böllert, Karin, geb. 1958, Dr. phil., Professorin für Sozialpädagogik an der Universität Rostock; Arbeitsschwerpunkte: Familienforschung, Theorie der Sozialpädagogik, Sozialplanung und Jugendhilfe

Chassé, Karl-August, geb. 1948, Dr. phil., Professor für Sozialpädagogik an der Fachhochschule Jena; Arbeitsschwerpunkte: Armutsforschung, Randgruppen, Jugenddelinquenz, Heimerziehung

Engel, Frank, geb. 1953, Dipl.-Päd., wiss. Mitarbeiter an der Universität Bielefeld; Arbeitsschwerpunkte: Sozialökologische Forschung, Pädagogische Beratungstheorien

Hurrelmann, Klaus, geb. 1944, Dr. rer. pol. habil., Professor für Gesundheitswissenschaft an der Universität Bielefeld; Arbeitsschwerpunkte: Gesundheits- und Sozialisationsforschung, Prävention und Intervention im Kindes- und Jugendalter

Karsten, Maria-Eleonora, geb. 1949, Dr. phil., Professorin für Sozialpädagogik/Sozialmanagement an der Universität Lüneburg; Arbeitsschwerpunkte: Familienforschung, Theorie der Sozialpädagogik, Professionsforschung, Jugendhilfeplanung, Jugend- und Sozialberichtswesen

Klafki, Wolfgang, geb. 1927, Dr. phil., emer. Professor für Erziehungswissenschaft an der Universität Marburg; Arbeitsschwerpunkte: Geschichte der Pädagogik, Wissenschaftstheorie, Allgemeine Pädagogik und Bildungstheorie, Schultheorie und Schulreform, Allgemeine Didaktik

Klees-Möller, Renate, geb. 1951, Dr. phil., Vertretungsprofessur für Sonderpädagogik an der Universität Dortmund; Arbeitsschwerpunkte: Frauenforschung, Sozialisationsforschung, Mädchenarbeit

Krüger, Heinz-Hermann, geb. 1947, Dr. phil. habil., Professor für Allgemeine Erziehungswissenschaft an der Universität Halle-Wittenberg; Arbeitsschwerpunkte: Theorien und Methoden der Erziehungswissenschaft, Bildungsforschung, Kindheits- und Jugendforschung

Müller, Hans-Joachim, geb. 1946, Dr. phil., wiss. Mitarbeiter an der Universität Kaiserslautern; Arbeitsschwerpunkte: Berufliche Bildung, Betriebspädagogik, Weiterbildung

Nestmann, Frank, geb. 1949, Dr. phil. habil., Professor für Sozialpädagogik mit dem Schwerpunkt Beratung und Rehabilitation an der Technischen Universität Dresden; Arbeitsschwerpunkte: Theorien und Methoden der Beratung, soziale Unterstützungsforschung

Otto, Hans-Uwe, geb. 1942, Dr. rer. soc., Dr. h.c., Professor für Sozialpädagogik und Sozialarbeit an der Universität Bielefeld; Arbeitsschwerpunkte: Professionstheorie, Theorie der Sozialpädagogik, Jugendhilfeforschung

Palentien, Christian, geb. 1969, Dipl.-Päd., wiss. Mitarbeiter an der Universität Bielefeld; Arbeitsschwerpunkte: Gesundheitsforschung, Jugendforschung

Rabe-Kleberg, Ursula, geb. 1948, Dr. phil. habil., Professorin für Erziehungswissenschaft an der Universität Halle-Wittenberg; Arbeitsschwerpunkte: Professionsforschung, Bildungsforschung, Sozialisationsforschung, institutionalisierte kindliche Sozialisation

Rauschenbach, Thomas, geb. 1952, Dr. rer. soc., Professor für Sozialpädagogik an der Universität Dortmund; Arbeitsschwerpunkte: Theorie der Sozialen Arbeit, Ausbildung und Arbeitsmarkt für soziale Berufe, Verbändeforschung

Sander, Alfred, geb. 1938, Dr. phil., Professor für Erziehungswissenschaft und Sonderpädagogik an der Universität des Saarlandes, Saarbrücken; Arbeitsschwerpunkte: Sonderschulforschung, Integrationspädagogik

Tietgens, Hans, geb. 1922, Dr. phil., Honorarprofessor an der Universität Marburg, ehem. Leiter der Pädagogischen Arbeitsstelle des Deutschen Volkshochschulverbandes, Frankfurt a.M.; Arbeitsschwerpunkte: Erwachsenenbildungsforschung, Didaktik der Erwachsenenbildung

Thole, Werner, geb. 1955, Dr. phil., Professor für Theorie und Praxis der Jugendhilfe an der Fachhochschule Hildesheim (z.Zt. Universität Dortmund); Arbeitsschwerpunkte: Soziale Arbeit in Theorie und Praxis, Außerschulische Kinder- und Jugendarbeit, Kinder- und Jugendforschung

Trede, Wolfgang, geb. 1956, Dipl.-Päd., Geschäftsführer der Internationalen Gesellschaft für erzieherische Hilfen, Frankfurt a.M.; Arbeitsschwerpunkte: Theorie und Praxis der Erziehungshilfen, Geschichte der Heimerziehung, Rechte von Kindern und Jugendlichen in der Jugendhilfe

von Wensierski, Hans-Jürgen, geb. 1954, Dr. phil., Professor für Jugendarbeit und Jugendkulturarbeit an der Fachhochschule Jena; Arbeitsschwerpunkte: Jugendforschung, Biographieforschung, Kultur- und Medienpädagogik

Winkler, Michael, geb. 1953, Dr. phil. habil., Professor für Allgemeine Pädagogik an der Universität Jena; Arbeitsschwerpunkte: Theorie der Sozialpädagogik, Heimerziehung, veränderte Lebensbedingungen von Kinder- und Jugendlichen, Allgemeine und historische Pädagogik

MIX
Papier aus verantwortungsvollen Quellen
Paper from responsible sources
FSC® C105338

If you have any concerns about our products,
you can contact us on
ProductSafety@springernature.com

In case Publisher is established outside the EU,
the EU authorized representative is:
**Springer Nature Customer Service Center GmbH
Europaplatz 3, 69115 Heidelberg, Germany**

Printed by Libri Plureos GmbH
in Hamburg, Germany